LIBERAL ARTS COLLEGE

世界の心理学50の名著

T・バトラー＝ボードン
米谷敬一 訳

言いにくいことを、うまく伝える会話術
幸せはいつもちょっと先にある
人間のタイプと適性
青年ルター
なぜ選ぶたびに後悔するのか
服従の心理 ― アイヒマン実験
心理学の根本問題
いやな気分よ、さようなら
女性の脳
元型論 ― 無意識の構造
影響力の武器
自我と防衛機制
意味への意志
ゲシュタルト療法
論理療法
人間知の心理学
自己評価の心理学
妻を帽子とまちがえた男
愛する二人別れる二人
夢判断
児童の自己中心性
心の構成
水平思考の学習
心の葛藤
毎日を気分よく過ごすために
ブラックメール ― 他人に心をあやつられない方法
世界でひとつだけの幸せ
大衆運動
暴力から逃れるための15章
人格の次元
ひき裂かれた自己
人間性の最高価値
羨望と感謝
人間女性における性行動
ロジャーズが語る自己実現の道
クリエイティヴィティ ― フロー体験と創造性の心理学
脳のなかの幽霊
人生ゲーム入門 ― 人間関係の心理学
愛の性質
第1感 ― 「最初の2秒」の「なんとなく」が正しい
私の声はあなたとともに
見える暗闇 ― 狂気についての回想
脳の性差 ― 男と女の本当の違い
大脳半球の働きについて ― 条件反射学
自由への挑戦
人間の本性を考える ― 心は「空白の石版」か
パッセージ ― 人生の危機

Discover
ディスカヴァー

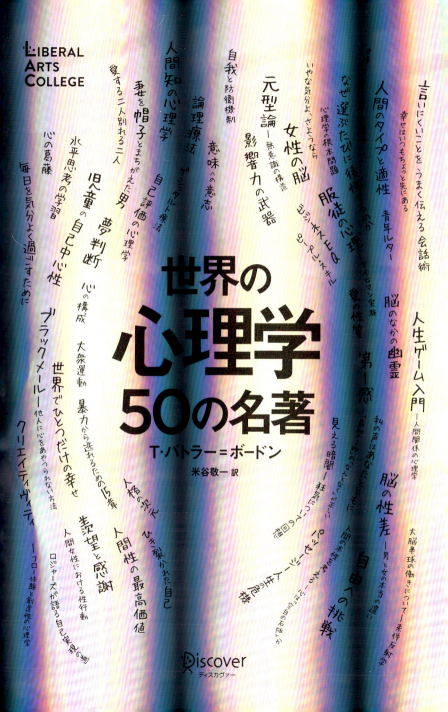

すばらしいガイドブックだ。
明快な文章とあざやかな切り口のおかげで、
複雑な概念も身近で役に立つものになる。
私もこの本を読みながら、「ああ、そうだったのか」と何度思ったことか。

ダグラス・ストーン

『言いにくいことをうまく伝える会話術』共著者

バトラー＝ボードンの情熱的な語り口に、
読む者も思わず惹きつけられるだろう。
彼の心理学に対する造詣の深さは、並大抵のものではない。

「USAトゥディ」紙

本書に寄せられた賛辞

目次

PROLOGUE
心理学は人間性の科学である　19

CHAPTER 1
脳科学から考える人間の心理

01
2006
女性の脳
ルーアン・ブリゼンディィン
男性と女性の世界観が違うのは、性ホルモンの作用が異なるためである。
49

02
1890
心理学の根本問題
ウィリアム・ジェームズ
心理学は精神生活の科学、つまり自己に関する科学である。
59

03
1953
人間女性における性行動
アルフレッド・キンゼイ
現代人の性生活は、多様で広範囲のものになっている。
69

脳の性差が、
私たちの判断に強く影響を
及ぼしている。
04
1989
脳の性差
——男と女の本当の違い
アン・モア／
デビッド・ジェセル
79

精神の発達により、子どもは
自己の視点だけでなく
他者の視点も獲得していく。
05
1923
児童の自己中心性
ジャン・ピアジェ
91

遺伝科学と進化心理学による
人間の本性の理解が、
人間の進歩につながる。
06
2002
人間の本性を考える
——心は「空白の石版」か
スティーブン・
ピンカー
101

神経学的に
特異な症例を解明すれば、
人間の自己認識の仕組みに
関する洞察が得られる。
07
1998
脳のなかの幽霊
V・S・
ラマチャンドラン
111

絶えずアイデンティティを
創造するのが
人間の脳の特徴である。
08
1985
妻を帽子とまちがえた男
オリバー・サックス
121

CHAPTER 2

無意識の影響力

直感的な恐怖心が、私たちの身を守る。
09
1999
暴力から逃れるための15章
ギャヴィン・ディー＝ベッカー
135

無意識の心は、知恵と潜在能力の貯蔵庫である。
10
1982
私の声はあなたとともに
ミルトン・エリクソン／シドニー・ローゼン
147

夢は無意識に潜む欲望と、その卓越した英知をあらわす。
11
1900
夢判断
ジークムント・フロイト
159

瞬時に下した判断も、慎重に時間をかけて下した判断にひけをとらない。
12
2005
第1感
――「最初の2秒」の「なんとなく」が正しい
マルコム・グラッドウェル
169

人間の心の深層には、イメージと神話の世界がある。
13
1968
元型論
――無意識の構造
カール・ユング
179

CHAPTER 3

幸福の心理学

14 1969
自己評価の心理学
理性と自分自身の信条に従って生きようとすれば、自然に自己を評価できるようになる。
ナサニエル・ブランデン 193

15 1980
いやな気分よ、さようなら
考え方を変えれば、気分をコントロールすることができる。
デビッド・D・バーンズ 201

16 1961
論理療法——自己説得のサイコセラピイ
非論理的な考えから否定的な感情が生まれる。
アルバート・エリス／ロバート・A・ハーパー 209

17 2006
幸せはいつもちょっと先にある
遠くの未来の幸せは、想像とは違うものになりやすい。
ダニエル・ギルバート 217

常に感覚をとぎ澄ませ、頭でっかちにならず、身体の声に耳を傾けよう。
18
1951
ゲシュタルト療法
フレデリック・パールズ
225

選択肢が少ないときのほうが皮肉なことに、幸せになれる。
19
2004
なぜ選ぶたびに後悔するのか
バリー・シュワルツ
237

幸せは、個人的な強みと徳性をはぐくむことの中にある。
20
2002
世界でひとつだけの幸せ
マーティン・セリグマン
249

アイデンティティや過去の生活に、うつ病の原因がある。
21
1990
見える暗闇
——狂気についての回想
ウィリアム・スタイロン
261

気分を理解し、コントロールすれば人生はよりよいものになる。
22
1996
毎日を気分よく過ごすために
ロバート・E・セイヤー
273

CHAPTER 4

自分を理解するための心理学

23
1980
人間のタイプと適性
性格のタイプを知れば、人の行動が理解できる。
イザベル・ブリッグス・マイヤーズ
287

24
1958
青年ルター
アイデンティティの危機は、強く揺るぎない自我をつくり上げるためには必要なものである。
エリク・エリクソン
299

25
1947
人格の次元
すべての人格は、二つか三つの生まれつきの基本的次元に従って判定できる。
ハンス・アイゼンク
311

26 1936 自我と防衛機制 アンナ・フロイト 319
アイデンティティを守るために人は自己中心的になってしまう。

27 1945 心の葛藤 カレン・ホーナイ 329
現実に向き合う努力で人は変わることができる。

28 1957 羨望と感謝 メラニー・クライン 341
幼児期に苦痛や喜びをどう処理するかで、成人期の基本的人生観が決まる可能性がある。

29 1960 ひき裂かれた自己 R・D・レイン 351
人生は強い自己意識を持っていなければ苦痛なものになる。

30 1976 パッセージ——人生の危機 ゲイル・シーヒィ 363
きわめて個人的な変化が起きたように見えても、実は人生の季節が変わったにすぎない場合が多い。

CHAPTER 5

モチベーションの研究

31
1927
人間知の心理学
劣等感が人生の目標を決める。
アルフレッド・アドラー
377

32
1969
意味への意志
苦悩や運命を意識的に受容すれば、最高の業績に転換できる。
ヴィクトール・フランクル
387

人々が大義に身を投じるのは、人生に対する責任を回避し、現在の生活から逃れるためである。
33
1951
大衆運動
エリック・ホッファー
395

人間性に関する見方を広げて、常に進歩し、自己実現に向けて歩む必要がある。
34
1971
人間性の最高価値
アブラハム・マズロー
403

人間の特性を理解すれば、良心に反する命令に盲目的に従う可能性は低くなる。
35
1974
服従の心理
――アイヒマン実験
スタンレー・ミルグラム
415

ものの考え方が条件づけられているという点で、われわれは自分で思うほど自律的な存在ではない。
36
1927
大脳半球の働きについて
――条件反射学
イワン・パブロフ
427

人間は環境によってつくられるが、環境に適応し、つくり出す能力も持っている。
37
1971
自由への挑戦
B・F・スキナー
439

人間は「ゲーム」をする生き物である。

38

1964

人生ゲーム入門

——人間関係の心理学

エリック・バーン

453

CHAPTER 6

私たちが愛する理由

自らの統合性を保つには、他人の思いのままにならないことだ。
39
1997
ブラックメール
——他人に心をあやつられない方法
スーザン・フォワード
465

円満な結婚生活や夫婦関係を築く秘訣は、心理学的な調査によって発見できる。
40
1999
愛する二人 別れる二人
ジョン・M・ゴットマン
477

健全な大人になるためには、幼い頃の温かい身体的な結びつきが欠かせない。
41
1958
愛の性質
ハリー・ハーロウ
489

身に染みついた反応と行動パターンを意識できれば、真に自由に生きることができる。
42
1967
幸福になる関係、壊れてゆく関係
トーマス・A・ハリス
499

真の人間関係や触れ合いでは、本当の自分を出せるので、お互いの潜在的な可能性がわかる。
43
1961
ロジャーズが語る自己実現の道
カール・ロジャーズ
507

CHAPTER 7

ビジネスに効く心理学

優れた対人能力を身につければ、欲しいものが手に入り、人間関係も良好になる。

44

1979

ピープル・スキル

ロバート・ボルトン

517

水平思考で、ものの見方を拡げて既存の概念を打ち破ることができる。

45

1970

水平思考の学習
——創造性のためのテキスト・ブック

エドワード・デボノ

529

人間の自動的な行動パターンを理解すれば、それだけ自分の精神の安定に役立つ。

46 1984
影響力の武器
—なぜ、人は動かされるのか
ロバート・B・チャルディーニ 537

自分の仕事の手段や分野に精通して初めて、本当の創造性を発揮できる。

47 1996
クリエイティヴィティ
—フロー体験と創造性の心理学
ミハイ・チクセントミハイ 549

多種多様な形態の知能は、IQテストでは測れない。

48 1983
心の構成
ハワード・ガードナー 559

あらゆる分野で卓越した業績を上げるには、EQ＝心の知能指数を発揮できなければならない。

49 1998
ビジネスEQ
ダニエル・ゴールマン 567

相手の行動の動機を探るように会話をすれば、人間関係を変えるチャンスになる。

50 1999
言いにくいことをうまく伝える会話術
ダグラス・ストーン／他 579

注

○各書の扉の引用には、可能な限り既存の邦訳をそのまま用いた。旧漢字、旧仮名遣いのものについては、旧漢字のみ現代の表記に改め、仮名遣いはそのままとした。未訳のもの、既存の邦訳上で割愛されている部分については、本書訳者が訳出した。

○本文中の引用も、可能な限り既存の邦訳を引用したが、特に短文、単語レベルのものについては、地の文とのつながりなどの制約上、原意をそこなわぬよう配慮しながら、やむを得ず手を加えたところがある。また、既存の邦訳上で割愛されている部分については、本書訳者が訳出した。

○著者により選ばれた五十冊の書名は、邦訳の出版されているものについては、その書名を引用した。調査の範囲で邦訳が見当たらなかったものについては、本書訳者が訳出した。

○本文中で紹介している文献については、邦訳の出版されているものについては『日本語書名』(出版社名)とした。また、調査の範囲で邦訳が見当たらなかったものについては『English Title(本書訳者による邦題)』としている。

○邦訳は、版元の事情等により、現在流通していない場合がある。しかし図書館などでの閲覧は可能であり、また再配本や復刊の可能性もあることから、絶版、長期品切れ等の表記はしていない。

○本書で紹介している表紙画像は都合により、本書著者参考にした原書とは出版社、版などが異なるものもある。

○各書の著者プロフィール欄に記載されている著者の出版年は、邦訳書ではなく原書のものを示している。

※本書でご紹介している作品の中には、現在では当然配慮すべき表現・用語が使用されている場合があります。本書では、原著の表現をそのまま伝えることが作品の正しい理解につながると考え、原文のまま収録している箇所がございます。ご了承ください。

PROLOGUE

心理学は人間性の科学である

はじめに

本書のねらいは、一〇〇年以上の歴史を持つ心理学から五〇冊の名著を選び、数多くの考え方を紹介しながら、特に興味をそそる問題に焦点を当てることである。

何がわれわれを突き動かすのか？
われわれの感じ方や行動の仕方を決めるものは何か？
脳はどんなふうに働くのか？
どのようにして自我が形成されるのか？

こういった問題を意識すればするほど、自覚が生じるのはもちろん、人間性への理解が深まり、人間関係が改善されて効果的に行動できるようになる。つまり、現実に生活を変えることができるのだ。

本書では、フロイト、アドラー、ユング、スキナー、ジェームズ、ピアジェ、パブロフなど、歴史に名を残す大家に加えて、ガードナー、ギルバート、ゴールマン、それにセリグマンといった現代の著者の本も取り上げた。各書の解説を読めば、それぞれの本の要点がわかり、関連する考え方、人物、運動などの情報が得られるようになっている。新旧入り交じったラインアップに目を通せば、最低限の常識として知っておきたい古典や、最新の科学的知見を取り入れた近頃の実用書がどういうものかがつかめる。

●

主としてこの本で取り上げたのは、誰が読んでもためになる一般向けのわかりやすい本である。著者には心理学者ばかりでなく、神経学者、精神科医、生物学者、経営コンサルタント、ジャーナリスト、沖仲仕（港湾作業員）、暴力問題の専門家、小説家など、多彩な顔ぶれがそろっている。人間の行動に関する謎はたった一つの学問分野や考え方だけで解明できるほど単純なものではないだけに、幅広い分野の声に耳を傾ける必要があるのだ。

●

オリバー・サックス、エリク・エリクソン、R・D・レイン、ヴィクトール・フランクルといった精神科医や、カール・ロジャーズ、フリッツ・パールズ、ミルトン・エリクソンなどの著名なセラピストの著作が含まれているが、特に精神医学にこだわったわけではない。問題の解決策を提示するよりも、むしろ人間の思考や行動の動機について一般的な見識を紹介するのが本書の目的である。

●

無意識に関する著作も何冊か含まれているが、これも深層心理学や精神（魂）という概念を重視して選んだわけではない。また、ジェイムズ・ヒルマン（『魂のコード』河出書房新社）、トマス・ムーア（『失われた心　生かされる心』経済界）、キャロル・ピアソン（『The Hero Within（内なるヒーロー）』）、ジョーゼフ・キャンベル（『神話の力』早川書房）など、この分野で特に有名な著者の本は、既刊の『世界の自己啓発50の名著』ですでに取り上げている。

科学としての心理学の歴史

記憶に関する研究で知られる初期の心理学者ヘルマン・エビングハウス（一八五〇～一九〇九年）の著作の中に、「心理学は遠い昔から存在しているのに、その歴史はまだ浅い」という言葉がある。つまり、人間の思考、感情、知能、行動などをめぐる思索は何千年も前から行われていたが、推測でなく事実に基づく学問分野としての心理学は、まだ始まったばかりということだ。エビングハウスの言葉は一〇〇年後の今でも通用する。

●

心理学は生理学と哲学という二つの学問分野から生まれた。ドイツ人のヴィルヘルム・ヴント（一八三二～一九二〇年）がその生みの親とされているのは、哲学より経験に依拠し生理学より精神を重視する点で、心理学は別個の学問だと彼が主張したからだ。一八七〇年代には実験心理学のための心理学研究室を世界で初めて開設したほか、大作『Principles of Physiological Psychology（生理学的心理学綱要）』を書き上げている。

今では専門家しか読まないようなヴントの著作は、本書のリストには入れていない。それに対し、やはり現代心理学の創始者とされているアメリカ人のウィリアム・ジェームズ（一八四二〜一九一〇年）は今でも広く読まれている。小説家のヘンリー・ジェームズを弟に持つジェームズは、医学を学んだ後で哲学に転じたが、ヴントと同様、心理の研究は一つの学問分野として独立させるべきだと考えるようになった。彼は、思考過程や心理作用はすべて生物学的なものであるというドイツ人の神経解剖学者フランツ・ガルの説に基づいて、自己は（希望、愛、欲求、恐怖など一切の感情も含めて）固い頭蓋骨に囲まれた灰色の柔らかい脳の中にあるという注目すべき見解を発表する。心の奥にある魂のようなものから思考が生まれると説明するのは、形而上学の域を出ないとジェームズは感じていたのである。

●

ジェームズが心理学の確立に貢献したとすれば、心理学を一般大衆の興味の対象にした功績はジークムント・フロイトの数々の著作にある。フロイトは今から約一八〇年前の一八五六年に生まれた。その利発さを見抜いていた両親でさえ、我が子の考えたことが後の世界に大きな影響を及ぼすとは夢にも思わなかったに違いない。フロイトは、はじめ大学で法律を学ぶ予定だったが、間際になって気が変わり、医学部に入学する。脳の解剖学的構造の研究と「ヒステリー」に苦しむ患者の治療にたずさわるうちに、心の無意識の領域が行動に影響を及ぼしているのではないかと疑ったフロイトは、やがて夢に興味を持つようになる。

●

今では、自我（エゴ）や無意識といった心理学の概念は知っているのが当たり前だと思われがちだが、そのほとんどは（良かれ悪しかれ）フロイトの遺産なのだ。本書で紹介した著者のうち、優に半数を超える者がフロイト派やポストフロイト派に属しているか、さもなければ反フロイト主義を標榜している。

●

最近、フロイトの研究は非科学的であり、その著作は心理学というより文学作品だ、と批判する風潮がある。この批判が正当であろうがなかろうが、心理学の歴史の中で、フロイトがずば抜けて有名な人物であるという事実には変わりがない。精神分析（患者の無意識を探るためにフロイトが始めたトークセラピーと呼ばれる話し合い療法）はもはや下火になったとはいえ、今でも心理学と言えば、ウィーンの医者が長椅子に横たわる患者から深層心理を引き出そうとしているイメージを真っ先に思い浮かべる人が多いはずだ。

フロイトに反発する立場を最も鮮明に打ち出したのは行動主義心理学だ。イワン・パブロフは、犬を使った有名な実験によって、動物の行動はすべて環境刺激に対する条件反射にすぎないことを明らかにしたが、それに触発された行動主義の主唱者B・F・スキナーは、自由意志を持つ人間が表面にあらわれない動機で行動するなどロマンチックな作り話だと主張した。

●

人間の行動の動機を知るには、心理を解明する（「メンタリズム」または「心理主義」）のではなく、どんな環境の中で行動したかを理解しさえすればよい、とスキナーは言う。われわれの人格形成に決定的な影響を与えるのは環境であり、どんな環境をよしとするかで行動が違ってくる。つまり、よりよい世界を築きたければ、もっと道義をわきまえた有意義な行動を促す環境づくりが必要になる。これには特定の行動だけに報いるような行動のテクノロジー（行動工学）が必要だとスキナーは考えた。

●

一九六〇年代に台頭した認知心理学も、行動主義心理学と同じく厳密な科学的方法を採用したが、再び行動の真の動機は意識であるという立場をとった。環境から刺激を受けて反応するまでの間に、何らかの心的過程がなければおかしいと感じた認知心理学者たちは、人間の心は優れた解釈装置のようなものであり、さまざまなパターンで外部の世界を認識し、現実に適応しようとしている、という考え方を明らかにした。

●

認知心理学の研究から、アーロン・ベック、デビッド・D・バーンズ、アルバート・エリスといった認知療法の専門家たちはその治療法を確立したが、その中心には、思考が感情を生むのであってその逆ではないという考え方があった。確かに、考え方を変えると憂うつな気分が和らぎ、行動をコントロールしやすくなることから、今では精神的な問題の治療には、フロイト派の精神分析の代わりにほとんどこの種の心理療法が行われるようになってきた。

●

認知心理学から最近派生したものとしては「ポジティブ心理学」がある。これは、従来のように精神的な問題を研究するのではなく、どうすれば幸福になり、楽観的で生産的になれるかを研究する心理学だが、人間性心理学の創始者アブラハム・マズローやカール・ロジャーズにある程度その兆候は見られた。マズローは、人間は欲求を満たして自己実現を果たす存在だという説を打ち出し、ロジャーズは、世界には悲観的だが人間については楽観的な見方をしているとかつて述べたことがあった。

●

ここ四〇年、脳科学の進歩によって、行動主義心理学も認知心理学もますます科学的事実を踏まえた研究ができるようになってきた。従来の行動主義の立場では、心の働きを推測するだけの研究は正しくないということになるが、今や科学のおかげで、脳の中をのぞいて実際に行動を生み出す神経経路とシナプスを特定できる時代である。やがてこういう研究が人間観を根本的に変えるかもしれない。

●

現代の脳科学によって、ウィリアム・ジェームズが「精神生活に関する科学」と定義したような心理学が復活する可能性が出てきている。ただし、今度は分子レベルの科学知識に基づいた研究ができる。心理学はもともと生理学から進化したところもあるので、自然科学的なルーツに戻りつつあるとも考えられる。

●

皮肉なことだが、このように物理的な脳の機能に関心が集まるようになってから、意識の本質、自由意志、記憶の形成、感情の経験と抑制といった特に重大な哲学的問題にかかわる謎が少しずつ解明されている。そのうち「心」や「自己」は非常に複雑な脳の神経経路と化学反応によって生まれる幻想にすぎない、と決めつけられる可能性さえある。

心理学は将来どうなるのだろうか？　今確信を持って言えるのは、ますます脳科学の知見を拠り所とするようになるということぐらいかもしれない。

●

心理学が一般に親しまれるようになったのは、ジェームズ、フロイト、ユング、アドラーなど初期の大家が、一般大衆にも理解できる著作を残したからでもある。こういった本のどれもが、いまだに魅力を失ってはいない。難解な概念が多少あっても、心の仕組み、人間の動機づけ、行動などについて知りたいという人々の欲求は根強く、ここ三〇年の間、ポピュラー心理学のちょっとしたブームが続いている。この分野では、ダニエル・ゴールマン、スティーブン・ピンカー、マーティン・セリグマン、ミハイ・チクセントミハイといった著者の本がよく読まれている。

本書では、取り上げた50の名著を、七つのテーマに分類した。興味があるテーマの本を選ぶ参考にしてほしい。

脳科学から考える人間の心理

01『女性の脳』ルーアン・ブリゼンディィン
02『心理学の根本問題』ウィリアム・ジェームズ
03『人間女性における性行動』アルフレッド・キンゼイ
04『脳の性差——男と女の本当の違い』アン・モア／デビッド・ジェセル
05『児童の自己中心性』ジャン・ピアジェ
06『人間の本性を考える——心は「空白の石版」か』スティーブン・ピンカー
07『脳のなかの幽霊』V・S・ラマチャンドラン
08『妻を帽子とまちがえた男』オリバー・サックス

ウィリアム・ジェームズ（『心理学の根本問題』）にとって、心理学は脳の働きに基礎を置く「自然」科学だったが、当時はこの謎に包まれた器官を本格的に研究するだけの道具がなかった。それに対し現在では、科学技術の進歩とともに、脳が生み出す行動からではなく、脳そのものの研究から心理学上の成果が得られる場合が多くなっている。

●

このように脳科学があらためて重視されるようになった結果、人間の行動の生物学的・遺伝的基盤に関するやっかいな問題が出てきた。人間の生き方は生まれつき変わらないものなのか、それとも、白紙状態で生まれ、環境によって生き方を決められるものなのか？　昔ながらの「氏か、育ちか (nature vs nurture)」の議論が今また蒸し返されているのだ。

遺伝学および進化心理学の研究によって、知能や人格といったいわゆる人間の本性の多くは、遺伝的なものか、少なくともホルモンの作用によるものだということがわかっている。スティーブン・ピンカーは『人間の本性を考える』の中でこう指摘している。生物学的要因が人間の行動に大きな影響を及ぼしているという事実は、文化的な理由か政治的な理由でときに否定されるが、知識が増えれば増えるほど認めざるを得なくなるだろう、と。

●

たとえば、ホルモンが女性の脳に及ぼす影響について長年にわたり研究したルーアン・ブリゼンディンは、その成果をまとめた『女性の脳』で、一生を通じて女性がどれほど生物学的要因に左右されるかを鮮やかに示している。

●

もっと基本的なところでは、『脳の性差』の中に、どういう行動をとりやすいかは脳の生物学的な性差によるところが大きく、その性差は妊娠八週までにはほぼ決定的なものになる、という説得力のある事実が示されている。今や大事に守ってきた自己に関する見方でさえ、詳細に検証されようとしているのだ。

●

最近の神経科学によれば、自己は脳が生み出す幻想だと考えるのが一番理解しやすいという。たとえば、オリバー・サックスの注目すべき作品『妻を帽子とまちがえた男』は、現実には「自己意識」の中枢と特定できるような部位がなくても、すべてをコントロールする

「私」という意識を、脳が絶え間なく創造し維持しようとすることを明らかにしている。

●

また、神経科学者のV・S・ラマチャンドランが幻肢（失った手足がまだ存在するかのように感じる現象）について考察した『脳のなかの幽霊』は、現実には（自己が分裂し意識が何層にも分かれていて）もっと複雑だとしても、完全な一つの自己として認識できる驚くべき脳の働きを裏付けているように思われる。

●

ジャン・ピアジェ（『児童の自己中心性』）は、脳を科学的に研究したことは一度もない。スイスの山中でカタツムリの研究をして育ったピアジェは、その早熟な科学的観察力を後に子どもの研究に応用し、環境から適切な刺激が得られれば、子どもは年齢に応じた一定の発達段階に沿って成長する、という理論を発表する。

●

同様に、生物学者出身のセックス研究者アルフレッド・キンゼイ（『人間女性における性行動』）も、哺乳動物としての本能が人間の性行為の原動力になっている、と指摘して男女の性差にまつわるタブーを破ろうとした。

●

ピアジェとキンゼイが示唆しているのは、どんな場合も、人間の行動は主として生物学的要因に影響を受けるが、その行動がどういう形であらわれるかは環境次第である、ということだ。人間行動の遺伝的・生物学的基盤に関する新たな証拠が発見されても、DNAやホルモンや脳構造によって人間が決まると断定するべきではない。人間は他の動物と違って本能を自覚できる。それだけに、自らの本能を方向づけコントロールしようと試みる可能性があるのだ。われわれは氏でも育ちでもなく（遺伝でも環境でもなく）、両方のユニークな組み合わせからできているのである。

無意識の影響力

09『暴力から逃れるための15章』ギャヴィン・ディー＝ベッカー
10『私の声はあなたとともに』ミルトン・エリクソン／シドニー・ローゼン
11『夢判断』ジークムント・フロイト
12『第1感――「最初の2秒」の「なんとなく」が正しい』マルコム・グラッドウェル
13『元型論――無意識の構造』カール・ユング

合理的・理性的な意識を越えた領域も心理学の守備範囲だ。無意識を活用できれば、知恵の宝庫が手に入る。フロイトは『夢判断』で、夢はただの意味のない幻覚ではなく無意識に通じる窓のようなものであり、そこに抑圧された願望があらわれる、ということを明らかにしようとした。フロイトによると、意識はいわば氷山の一角にすぎず、行動の動機づけという点では、大半の水中にある部分、つまり無意識が中心的な役割を果たしているという。

ユング（『元型論』）はさらに踏み込んで、特定の個人とはまったくかかわりのない非理性的な意識構造（集合的無意識）が存在し、そこからさまざまな習慣、芸術、神話、文学などが絶えず生まれてくると主張した。フロイトもユングも、「心の奥に潜むもの」を自覚するにつれて、人生につまずくことが少なくなると考えていた。無意識の領域には、方法さえわかれば利用できる情報と知恵が豊富にあり、二人の偉業によって、人間は無意識に潜む自己と再会できたのである。

●

治療法としての「深層」心理学は、これまで大した成功を収めたとは言えず、その効果も他の精神療法と比べて大差ない場合が多い。催眠療法で有名なミルトン・エリクソン（『私の声はあなたとともに』）は「人間は実に驚くべき力を持っている。ただそれを知らないだけだ」ということを座右の銘にしていた。エリクソンも無意識が賢明な解決策の宝庫だと悟り、患者を無意識に導いて、忘れられていた力を取り戻す治療を行った。

●

意識と無意識の橋渡しをしてくれるのが直感だ。一種の知恵とも言えるこの力を人間は養うことができる。ギャヴィン・ディー＝ベッカーの『暴力から逃れるための15章』には、直感の働きで危うく難を逃れた事例が数多く紹介されている。内なる声に耳を傾けてそれに従う用意がありさえすれば、誰でも生きるか死ぬかという状況を切り抜けられるのだ。

マルコム・グラッドウェルの『第1感』も「無意識に考える」能力に光を当てている。たとえば、正確さという点では、状況や人物を瞬間的に判断した場合も時間をかけた場合もほとんど変わらないらしい。論理や合理性が大切なのは言うまでもないが、勘が鋭い人は心のあらゆる次元と接触し、はっきりした根拠がなくても、感じ取ったことを信じて疑わないのである。

幸福の心理学

14『自己評価の心理学』ナサニエル・ブランデン
15『いやな気分よ、さようなら』デビッド・D・バーンズ
16『論理療法——自己説得のサイコセラピイ』アルバート・エリス／ロバート・A・ハーパー
17『幸せはいつもちょっと先にある』ダニエル・ギルバート
18『ゲシュタルト療法』フレデリック・パールズ
19『なぜ選ぶたびに後悔するのか』バリー・シュワルツ
20『世界でひとつだけの幸せ』マーティン・セリグマン
21『見える暗闇——狂気についての回想』ウィリアム・スタイロン
22『毎日を気分よく過ごすために』ロバート・E・セイヤー

長い間、心理学は「幸福」というものに驚くほどわずかな関心しか示さなかった。幸福の問題を心理学の本格的な研究対象にすることに一役買ったマーティン・セリグマン（『世界でひとつだけの幸せ』）は、「ポジティブ心理学」を提唱し、意外なものまで含めて精神を健康に保つ秘訣を科学的に明らかにした。

●

バリー・シュワルツ（『なぜ選ぶたびに後悔するのか』）は、人間を「マキシマイザー（最大化人間）」と「サティスファイサー（満足人間）」に分けて考え、選択肢を減らせば減らすほど、かえって幸福で満足な人生が送れるとして、それまでの常識に反する見解を示した。

●

ダニエル・ギルバートの『幸せはいつもちょっと先にある』にも驚くべき指摘がある。動物の中で唯一未来を予測できる人間も、どうすれば幸福になれるかという点に関しては間違いを犯しやすいという。

●

ロバート・E・セイヤー（『毎日を気分よく過ごすために』）は、視点をマクロからミクロに移し、毎日の気分の原因を心理学的に分析している。この本のおかげで、時々刻々と変わる気分をうまくコントロールできるようになった人が大勢いるはずだ。それぞれ興味深いものの見方を提示しているこれらの本を読めば、幸せになるのは案外簡単ではないということがわかる。

●

認知心理学革命はメンタルヘルスに劇的な影響を及ぼしたが、デビッド・D・バーンズ（『いやな気分よ、さようなら』）とアルバート・エリス（『論理療法』）もその革命の中心人物だ。思考が感情を生むという二人の主張で、暗い感情のよどみに論理と理性の光が差し込み、再び生活をコントロールできるようになった人は多い。さらに、彼らの仕事は、一般の人々が幸せになる方法にも多大な影響を与えている。というのは、思考と感情のメカニズムがわかれば、ほとんどの人は文字どおり幸せになりたいと「思考する」に決まっているからだ。

●

近年、自己評価（自尊心）という概念が批判にさらされているものの、ナサニエル・ブランデン（『自己評価の心理学』）の独創性に富んだ研究は相変わらず説得力がある。ブランデンによれば、自分なりの主義主張を持ち、それに従って行動することから自己評価（自尊心）が生まれるという。それができなければ、自己嫌悪やうつ状態に陥りやすくなる。

●

しかし、ウィリアム・スタイロンが自らのうつ病との闘いを記録した名高い本『見える暗闇』で指摘しているとおり、うつ状態を引き起こす原因はよくわからない場合が多いし、誰がなっても不思議ではない。依然としてうつは心のガンのようなものだとスタイロンは言う。治療法はもうじき見つかりそうだが、薬やセラピーがあまり効かない人もいるからだ。

自分を理解するための心理学

23『人間のタイプと適性』 イザベル・ブリッグス・マイヤーズ
24『青年ルター』 エリク・エリクソン
25『人格の次元』 ハンス・アイゼンク
26『自我と防衛機制』 アンナ・フロイト
27『心の葛藤』 カレン・ホーナイ
28『羨望と感謝』 メラニー・クライン
29『ひき裂かれた自己』 R・D・レイン
30『パッセージ――人生の危機』 ゲイル・シーヒィ

昔から「汝自身を知れ」とよく言われているが、この言葉は心理学的にいろいろな含みを持つ。人格の外向的神経症的次元に関するハンス・アイゼンク（『人格の次元』）の研究は、他のさまざまな類型論が生まれるきっかけとなった。今は性格特性の「特性五因子論」に従って性格を分類するのがふつうである。その五つとは、外向性、調和性、誠実性、神経症傾向、それに開放性だ。現在、「性格類型」を判断する検査は数限りなくあるので、どれも簡単に信用しないに越したことはないが、本当に有効なものも中にはある。特によく知られているのはイザベル・ブリッグス・マイヤーズ（『人間のタイプと適性』）がつくったマイヤーズ・ブリッグス性格類型検査だ。

●

もちろん、一生のうちに性格が変わる場合もある。「アイデンティティの危機」という用語をつくったエリク・エリクソンは、宗教改革の指導者マルチン・ルターに関する魅力的な性格分析的伝記『青年ルター』の中で、アイデンティティの不安に伴う苦悩だけでなく、アイデンティティを確立したときに生まれる力についても伝えている。一九七〇年代に発表されて好評を得た『パッセージ』でゲイル・シーヒィが指摘するように、成人後に経験する多くの危機は、ある程度予測できるばかりか、成長するチャンスだとわれわれは歓迎するべきなのだ。

●

人間はときに矛盾する自己に対処する必要に迫られる。父親の研究を引き継ぎ、自我心理学に傾注したアンナ・フロイト（『自我と防衛機制』）は、人間はどんなことをしても苦痛を避け、自我を守りたいと思うものだが、こうした抑えがたい衝動がしばしば心理的防衛を生むと述べている。

●

新フロイト派のカレン・ホーナイ（『心の葛藤』）は、子ども時代の経験から「人々のほうに動く」追従指向性、あるいは「人々から離れる」離反指向性を持つ自己が形成されると考えた。この指向性はいわば仮面であり、これを放っておくと、「一途な」人間と彼女が呼ぶ真の自己が圧迫されて神経症になりかねないという。

メラニー・クライン（『羨望と感謝』）は、生まれてまもない乳児の母親との関係から、「統合失調症的」人格が形成される可能性があることに注目した。ただし、うまく育って自己や周りの世界と健全な関係を築くようになる場合がほとんどだと断っている。

確かにわれわれの大半は強い自我を持っているが、統合失調症に関する画期的な著作『ひき裂かれた自己』の中でR・D・レインが明らかにしたように、この基本的な安心感を与えてくれる自己意識に欠け、偽りの自己でその空白を埋めようとする人もいる。日頃意識することなどめったにないが、脳のおかげでわれわれは落ち着いた気分でいられるし、自分自身に違和感を覚えずにすむ。そのありがたみが身にしみてわかるのは、脳がうまく機能しなくなってからのことである。

モチベーションの研究

31『人間知の心理学』 アルフレッド・アドラー
32『意味への意志』 ヴィクトール・フランクル
33『大衆運動』 エリック・ホッファー
34『人間性の最高価値』 アブラハム・マズロー
35『服従の心理 ―― アイヒマン実験』 スタンレー・ミルグラム
36『大脳半球の働きについて ―― 条件反射学』 イワン・パブロフ
37『自由への挑戦』 B・F・スキナー

アルフレッド・アドラー（『人間知の心理学』）は、フロイトが始めた内輪の研究会に参加していたが、人間の行動の主要な動機は性欲であるという説に異議を唱えてフロイトと訣別する。むしろ幼い頃の環境が人間に及ぼす影響に関心を抱いたアドラーは、人間はみな劣等感を埋め合わせようとして、より強い権力を求めると考えた。これが有名なアドラーの「補償」説である。

●

人間の行動の動機は権力への意志であるとしたアドラーの説に対し、アウシュヴィッツ強制収容所の生存者ヴィクトール・フランクル（『意味への意志』）は、実存心理学に基づく「ロゴセラピー」（実存分析）を提唱し、人間は独自に意味を求める存在だと主張した。どんなに苦しいときでも人生の意味を探し求めるのが人間の責任であり、どんな状況であっても少しは意志の自由があるという。

●

さらに、心理学者ではないが、エリック・ホッファーが書いた『大衆運動』によれば、大衆がなすすべもなくより大きな理想を掲げた運動にのみ込まれるのは、自分の人生に責任を持ちたくない、現在の平凡な生活や惨めな生活から逃れたいという気持ちがあるからだという。

●

また、スタンレー・ミルグラム（『服従の心理』）の有名な実験の結果、恐ろしいことに、人間は権威に取り入るために進んで他人を苦しめる場合もあるという事実が明らかになった。

それに対して、人間性心理学者のアブラハム・マズロー（『人間性の最高価値』）は、少数ながら自己実現を果たす人間が存在し、ただ社会に合わせるのではなく、自らの基準に従って行動し潜在能力を発揮するということを突きとめた。自己実現を果たす人間であれ、心ない体制順応主義者であれ、人間性のあらわれであることに変わりはない。

●

人間の自律的行動を促す内面の動機は、昔から詩人や作家や哲学者によって賛美されてきたが、B・F・スキナー（『自由への挑戦』）は、「自我とは、一連のある偶然の状況（コンティンジェンシー）にふさわしい行動が蓄積されたものだ」と決めつけた。人間性などというものはなく、良心や徳性も結局は道徳的行動を促す環境に帰せられるというのである。

●

この考え方の土台になっていたのはイワン・パブロフ（『大脳半球の働きについて』）の研究である。パブロフが犬の行動を条件づける実験に成功したときにも、人間に行動の自由があるかどうかという問題が持ち上がった。

●

このように動機づけの解釈には大きな違いがあるが、ここにまとめたどの本を読んでも、人間の行動の動機、あるいは少なくとも行動の可能性について卓越した見方を学ぶことができるだろう。

私たちが愛する理由

38『人生ゲーム入門――人間関係の心理学』エリック・バーン
39『ブラックメール――他人に心をあやつられない方法』スーザン・フォワード
40『愛する二人別れる二人』ジョン・M・ゴットマン
41『愛の性質』ハリー・ハーロウ
42『幸福になる関係、壊れてゆく関係』トーマス・A・ハリス
43『ロジャーズが語る自己実現の道』カール・ロジャーズ

愛はもともと詩人などの芸術家や哲学者の専門分野だったが、この六〇年で心理学者が人間関係を研究対象にすることが多くなった。一九五〇年代には霊長類研究者のハリー・ハーロウ（『愛の性質』）が、後に語り草になった実験を行う。子ザルに布製の代理母をあてがい、健全に成長するためにはどの程度愛情のこもった触れ合いが必要かを調べたのだ。その結果は、意外にも当時の子育ての常識に反するものだった。

●

最近では、結婚の研究で知られるジョン・M・ゴットマン（『愛する二人別れる二人』）が、新しい角度から人間関係の力学をとらえ直し、ロマンチックな関係が長続きする要因については従来の常識があまり当てはまらないことを発見した。関係を維持したり立て直したりする効果的な方法を知るには、カップルのやりとりを、日常会話のささいな言い回しやたわごとに

至るまで科学的に観察するのが一番確実だという。

●

同様に、これまで感情的脅迫（ブラックメール）などのきわめて個人的な題材は文学作品の中で取り上げられる傾向があったが、近頃ではスーザン・フォワード（『ブラックメール』）のように、人間関係をむしばむブラックメールから身を守る有効な方法を助言するような心理学者もいる。

●

ポピュラー心理学の先駆者エリック・バーン（『人生ゲーム入門』）とトーマス・A・ハリス（『幸福になる関係、壊れてゆく関係』）は、人との親密な触れ合いを大人（A）・親（P）・子ども（C）の三つの自我状態によって分析できる「交流（トランザクション）」と解釈した。人間はいつもお互いにゲームをしているというバーンの説は人間性を皮肉ったような見方だが、ゲームをしていると気がつけば、ゲームを超えた人間関係を構築するチャンスが出てくるのである。

●

人間関係の改善に人間性心理学が貢献してきたのは、カール・ロジャーズによるところが大きい。というのは、ロジャーズの『ロジャーズが語る自己実現の道』のおかげで、「相手の言葉に耳を傾け、無条件で受容する姿勢がなければ、人間関係はうまくいかない」「共感が真の人間の証である」といったことが一般に知られるようになったからだ。

ビジネスに効く心理学

アカデミックな世界では知能の本質について盛んに議論されているが、ビジネスの世界では知能の応用に関心が向いている。この分野で目立つのは、ダニエル・ゴールマン（『ビジネスEQ』）とハワード・ガードナー（『心の構成』）だ。この二冊はともに、知能には単なるIQでは測定できないものが数多く存在することを示唆している。感情的、もしくは社会的な性質を持つ「知能」がたくさんあり、これらが総合的に働くと人生の成功を決定づける要因にもなるという。

●

IQと違って、コミュニケーション能力を高めることは割合にやさしいと、ロングセラーになった『対人能力』の中でロバート・ボルトンは指摘している。

また、ハーバード・ネゴシエーション・プロジェクトによる広範囲の調査をまとめた『言いにくいことをうまく伝える会話術』では、職場での特にやっかいな対人関係のトラブルについて、ダグラス・ストーンが二人の同僚とともに優れたアドバイスをしてくれる。結局のところ、人生はだいたいこのような人と人との相互関係の結果だと思われるので、相手の本音を見抜く方法や事を丸く収める方法を知っておいても損はない。

●

ビジネスで成功する決定的要因の一つは、人を説得する能力である。ロバート・B・チャルディーニの説得の心理学に関する『影響力の武器』は、マーケティング関係者にとって必読書であるのはもちろん、宣伝に釣られる心理を知りたいと思う人が読んでもおもしろい。

●

もう一つの要因は創造性である。エドワード・デボノ(『水平思考の学習』)が考案した「水平思考」と呼ばれる創造的思考法は、使われ始めた一九六〇年代こそ非常に新鮮な印象を与えたが、今日の企業文化では、既成概念にとらわれない思考を求められるのが当たり前になっている。

●

一般向けのものでは、体系的研究に基づいて書かれたミハイ・チクセントミハイの『クリエイティヴィティ』がある。この本を読めば、なぜ豊かで生きがいのある人生を送るには創造性が不可欠なのか、なぜ晩年に至るまで可能性を十分に開花させられない人が多いのかといったことがよくわかる。また、手本にできそうな創造的人間の特徴を紹介している点が、何よりありがたい。

心理学は何を教えてくれるのか

人間知は依然として、化学がまだ錬金術であった頃と同じような状態にあるのである。

アルフレッド・アドラー

人はみな、人間の本性に関する一つの理論をもっている。人はみな、他者の行動を予測しなくてはならないから、行動の出所についての理論を必要とする。

スティーブン・ピンカー

ウィリアム・ジェームズは心理学を「精神生活に関する科学」と定義したが、「人間性を研究する科学」と定義することもできるだろう。前記の文章をアルフレッド・アドラーが書いてからおよそ九〇年たった現在でも、心理学を物理学や生物学に匹敵するほど揺るぎない科学にするという点では前途遼遠である。

●

とりあえずは、われわれ一人一人が、人間の行動の動機に関する自分なりの見解を持つ必要がある。生き残り、成功するためには、己を知り、他人の行動の動機を見抜かなければならないのだ。この種の洞察力は、人生経験を積むうちに身につくのがふつうだが、本を読めばもっと手っ取り早い。

●

読むのは小説でも哲学書でもいいが、人間性をもっぱら研究対象にする科学は心理学以外にないだろう。本書で取り上げたような一般向けの心理学書は、この大切な知恵をわかりやすく教えてくれるはずである。

Chapter1

1 脳科学から考える人間の心理

ルーアン・ブリゼンディン

男性と女性の世界観が違うのは、
性ホルモンの作用が異なるためである。

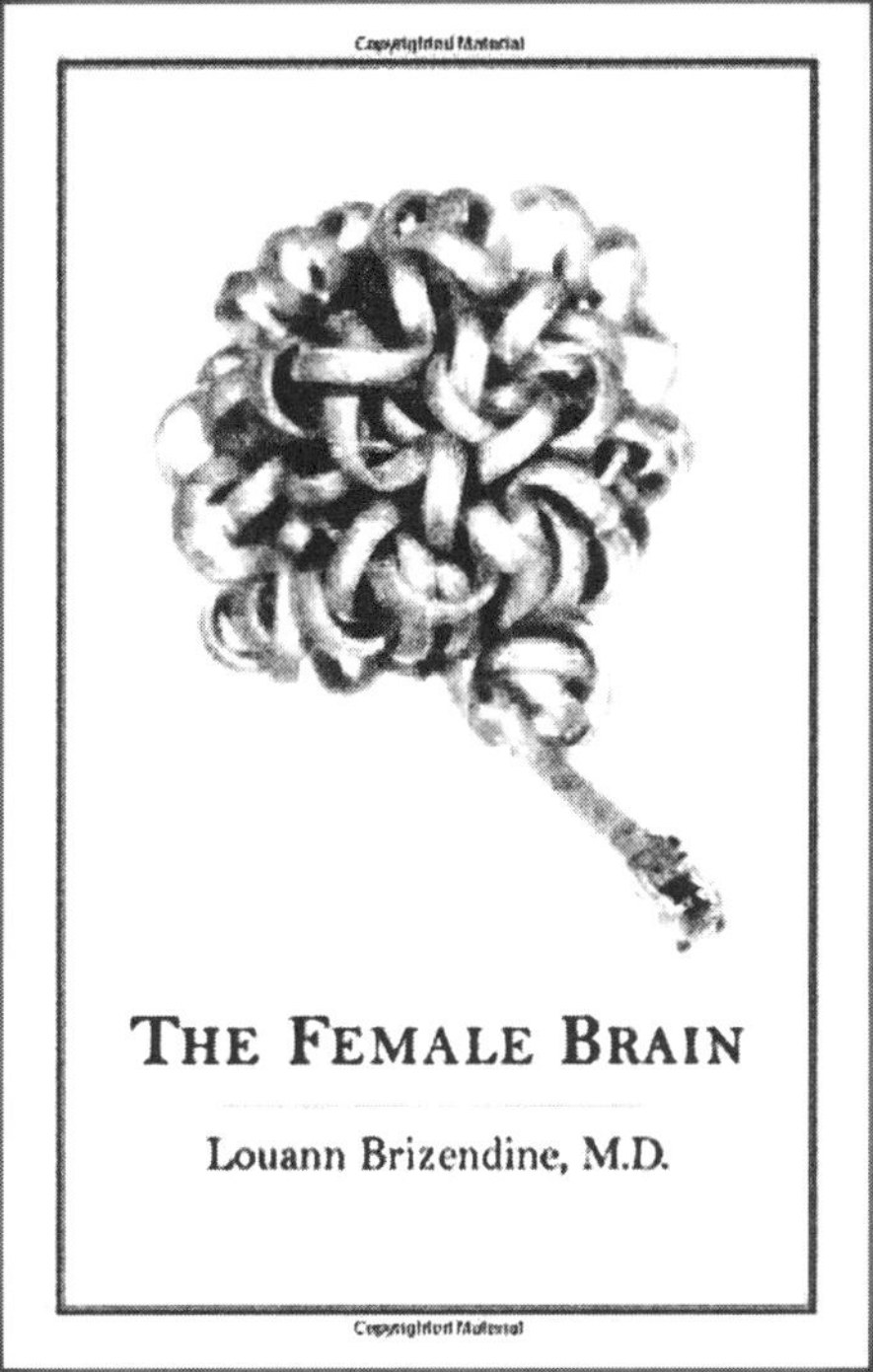

未邦訳

男性と女性が持つ遺伝コードの九九％以上はまったく同じである。ヒトゲノム約三万の遺伝子の中で、男女で異なるものはわずかしかない。しかし、そのわずかな違いによって、喜びや苦痛を感知する神経から知覚、思考、気分、感情などを伝えるニューロンに至るまで、身体の一つ一つの細胞が影響を受けるのだ。

❀

医学生の頃、ルーアン・ブリゼンディンは、女性がうつ病になる割合は男性の二倍であるという決定的な事実が世界各地の研究で証明されたことを知った。女性解放運動のピーク時に大学生活を送った他の多くの学生と同じように、彼女もこれは「男性優位社会による女性の抑圧」の結果だと考えていた。

ところが、思春期以前のうつ病の罹患率には男女差がなかったのである。彼女はこのとき、女性は十代前半になると、ホルモンの変化によって突然気分が落ち込みやすくなるのではないか、と思った。

後に精神科医として、極度の月経前症候群（ＰＭＳ）に苦しむ女性の治療にあたったブリゼンディンは、ホルモンの化学作用が劇的に変化する

Louann Brizendine

ルーアン・ブリゼンディン

カリフォルニア大学バークリー校で神経生物学の学位を取得（一九七二～七六年）。その後、イェール大学で医学、ハーバード・メディカル・スクールで精神医学を学ぶ（一九八二～八五年）。

一九八八年、ハーバード大学で一時教鞭をとった後、カリフォルニア大学サンフランシスコ校のラングレー・ポーター精神科研究所に勤務。

一九九四年、大学付属のウィメンズ・ムード・アンド・ホルモン・クリニックを開設。現在も臨床と講義を受け持つと同時に、気分、活力、性機能などに及ぼすもろもろの影響や、脳に及ぼすホルモンの影響といった問題を中心に研究を続けている。

ために女性の脳が著しい影響を受け、それが現実に対する見方や行動にあらわれるのだと感じた。一九九四年、彼女はサンフランシスコに女性専門のクリニックを開く。気分障害とホルモン療法のクリニックとしては世界で初めてのものだった。

二〇年にわたる精神神経科医としての経験の集大成ともいうべき『The Female Brain（女性の脳）』は、自らの研究と多岐にわたる学問分野の最新の知見を総合して書かれている。

ホルモンの状態が比較的安定している男性の脳。多様な化学物質が複雑に混ざり合うことが多く、少女時代から思春期・成人早期を経て母親になり更年期に至るまで、劇的に状態が変わる女性の脳。本書は男女の脳を対比しながら、なぜ女性の脳内の状態と化学成分が独自の研究に値するのか、また、なぜ人間行動に関する一般論がもっぱら男性の行動に関係しているのかを見事に説明している。

恋愛中の女性脳、セックスの神経生物学、「子育て脳」（妊娠中に脳内の化学成分が変化して考え方が変わること）、成熟した女性脳、閉経後など、興味深いテーマを扱った章が多いが、ここでは幼児期と思春期の女性脳の考察に絞って紹介する。

男女の脳はこんなに違う

ブリゼンディンによれば、身体の大きさが異なるという点を考慮しても、男性の脳は女性の脳より約九％も大きい。この事実から、かつて女性は男性ほど頭がよくないと考えられていた。だが実際には、脳細胞の数はどちらも変わらない。女性の頭蓋骨の中には脳細胞がすし詰め状態になっているのだ。

言語と聴覚にかかわる脳の分野のニューロン数は、女性のほうが優に一一％も多く、記憶に関係する海馬と呼ばれる脳部位も女性のほうが大きいことがわかっている。さらに、他人の顔の表情を読み取るための神経回路も、男性と比べて女性のほうが大きい。したがって、言語、感情的知性（心の知能指数、ＥＱ）、記憶力などに関しては、女性のほうが生まれつき有利なのである。

それに対して男性の場合は、恐怖や攻撃性をコントロールする扁桃体と呼ばれる脳部位の処理能力が優れている。このため、男性は激しやすく、身の危険を感じるとすぐに暴力的な行動を起こしやすいとも考えられる。

女性の脳も生命を脅かしかねない状況に対処できるように進化したが、男性と同じ出来事を経験しても、女性の脳のほうが大きなストレスを受ける。これは子どもや家族全体の身を案じるためだという。現代でも、未払いの請求書に戦々恐々とする女性がいるのは、それがまさに家族の生存を危うくするように思われるからだ、とブリゼンディンは言う。

性欲にも脳の性差があらわれる

脳のスキャニングと画像技術の進歩によって、今ではリアルタイムで脳の働きを観察できる。恋をしている、顔を見つめ合っている、問題を解いている、話をしている、不安を感じているなど、状況に応じて脳のさまざまな部位が照らし出され、活発に働く様子が見てとれるし、活性化する部位に男女差があることもわかっている。実際、問題解決、言語処理、一般的な経験など、同じことをするにも女性は男性とは異なる脳の部位や回路を使っているのである。

基本的な脳の性差の中で特筆すべきものが一つある。調査の結果、男性の場合、八五％が五二秒に一回の頻度でセックスについて考えるのに対し、女性は一日に一回にすぎなかった。性的思考や性行動を生み出す脳部位は男性のほうが二倍半も大きいので、これは驚くにはあたらない。

赤ちゃんの脳にも性差がある

妊娠八週間未満の胎児の脳は、男女差がないように見える――「女性の脳がデフォルト設定（初期設定）だ」とブリゼンディンは述べている。妊娠後約八週間で、男の胎児の脳はテストステロンであふれるが、この男性ホルモンはコミュニケーションにかかわる細胞を破壊し、セックスや攻撃性に関係する細胞の成長を促す働きがある。生化学的には、これ以降、脳の性差は著しくなり、妊娠期間の半ばを過ぎる頃までにはほぼ確定するという。

どちらかと言えば女の赤ちゃんのほうが、生まれつき顔の表情や声の調子に敏感に反応する。

生後三カ月たつと、女の赤ちゃんの「見つめ合い」やアイコンタクト能力は四倍に増大するが、男の赤ちゃんにはまったく変化は見られない。

脳の言語回路が発達しているおかげで、通常女の子のほうが話し出すのが少し早いということはよく知られている。この傾向はその後も続き、成人女性が一日に平均約二万語を話すのに対し、成人男性は平均約七〇〇〇語しか話していないという（この高次の能力は「必ずしも正当に評価されなかった」。おしゃべりをやめさせるために女性を閉じ込めたり、舌に留め具をつけたりした文化も過去にはあった、とブリゼンディンは書いている）。

幼児期におけるもう一つの重要な違いは、女の子のほうが母親の心理状態を敏感に察知しやすいという点だ。女の子を持つ母親はストレスをためないようにしなければいけない。さもないと、その子の将来の育児能力に問題が出る恐れがある。しかし、このような知識があれば、母子間のストレスの連鎖を断ち切ることができる。

女の子の脳は「結びつき」を求める

思春期になると、少女の考え方や行動に変化が生じるが、それは脳内のエストロゲン（発情ホルモン）、プロゲステロン（脳の精神安定剤）、コルチゾール（ストレスホルモン）などのホルモンバランスの変動によるものだ。さらに、オキシトシン（他人と結びつき、愛し合い、関係を持ちたいと思わせるホルモン）やドーパミン（脳内の快楽中枢を刺激するホルモン）などのホルモンも重要な役割を果たす。

このような化学物質の影響を受けて、十代（十三〜十九歳）の少女は、うわさ話やショッピングをする、秘密を打ち明けあう、新しいファッションを試すなど、人との結びつきやコミュニケーションに関係する行為なら何でもしたがり、それに喜びを見出すようになる。始終電話やメールばかりしているのも、誰かと話してストレスを解消したいというのが実情らしい。友人と会ってキャーキャーと歓声を上げるのも、外出禁止になってパニック状態になるのも、このようなホルモンバランスの変動が原因だという。思春期になるとドーパミンやオキシトシンが急増するのは、「オーガズムを別にすれば女性にとって最高の生理的見返りだ」とブリゼンディンは述べている。いったいなぜ、十代の少女は友情を失うことに最大の恐れを感じるのか？　なぜ社会集団をそれほど重視するのだろうか？

生理学的に言えば子育ての最適年齢を迎えようとしているこの時期の女性は、進化の過程で備わった知恵を頼りにする。幼い子どもを連れて男のように攻撃したり逃げたりするわけにもいかないので、結束の強い集団の中に入って身を守るのが賢明だとわかっているのである（危機に直面したときのいわゆる「闘争－逃走」反応は、女性より男性に当てはまる概念）。

親密な社会的関係を築けば女性の脳はきわめてポジティブな方向に変化するが、その関係が失われるとホルモンの変動が起こり、自暴自棄になったり喪失感が強まる。したがって、思春期の女性が強い友情を求めるのも生化学的な根拠があるのだ。

ホルモンが思春期の脳に影響を与える

十代の少女の場合、月経の周期によってもストレスに対処する自信と能力が違ってくる。ブリゼンディンが治療した患者には、ホルモンバランスが異常に乱れた「問題のある」少女が少なからずいた。特に、気が強く人に突っかかるような態度を見せる少女には、高濃度のアンドロゲン（攻撃性と関係のある男性ホルモン）が認められるケースがよくあった。通常でも、アンドロゲンのバランスが乱れると、仲間内であれ男の子に対してであれ、権力志向が強くなることがある。

ちなみに、なぜ十代の少年はふさぎ込んで口数が少なくなるのか？　その原因はテストステロンだ。脳内にあふれるこの男性ホルモンのために、自慰行為に対する激しい衝動を抑えきれないだけでなく、女の子やスポーツに関係がなければ、人と話したりつきあったりする気もなくなるからだという。

脳に及ぼすホルモンの影響がそれぞれ異なるので、概して十代になると、男は男らしく、女は女らしくなる。男の子は他人から自立して自信を得るのに対し、女の子は他人との親密な結びつきから自信を得るのである。

心をより理解するために——

ブリゼンディンは精神科医としてスタートしたものの、後に神経学に軸足を移す。神経学的な立場に立つと、実際の脳の働きをほとんど無視した心理学や社会学の学説を検証することに疑問を感じるようになった。純然たるフェミニストでありながら、彼女は、政治的公正さは人間の行動を理解するには何の役にも立たないと警告している。

確かにそのとおりである。文化的な姿勢や政策を変更してよりよい世界をつくることはできるだろうが、まずは人間の行動を方向づける脳の仕組み——性差が著しい脳の機能——を理解するのが先決だ。

ブリゼンディンは、ハーバード大学の学長ローレンス・サマーズが口火を切った論争に挑んでいる。数学や理科などの成績に男女差があるのは生得的な脳の性差が原因だと主張するサマーズに対して、ブリゼンディンはこう指摘する。

思春期までは数学や理科の成績に男女差はまったく認められない。しかし、男性の脳にみなぎるテストステロンの影響で、男の子は競争心が激しくなると同時に、進んで一人で勉強したりコンピュータを扱ったりして何時間も過ごすようになる。それにひきかえ、十代の女の子の脳はエストロゲンがあふれているので、社会的な結びつきや感情生活のほうに断然興味を持つ。その結果、一人きりで何時間も机について数学の難問をあれこれ考えたり、クラスでトップになろうと頑張ったりする気になれないのだ、と。

女性は大人になっても、脳内ホルモンの影響で、どうしても他人とコミュニケーションをとってうまくやりたいと思うため、数学、科学、工業技術などにかかわる職業に要求されがちな孤独な作業には向かないという。要するにブリゼンディンは、こういう分野に女性が足を踏み入れないのは素質に欠けるからではなく、仕事の性質を脳が判断した結果だと主張しているのだ。さらに、ブリゼンディンはこう述べている。

生物学的要素は確かに大きな影響を及ぼすが、それでわれわれの現実が確定するわけではない。

つまり、生理的あるいは遺伝的な影響力に関する知識があれば、それに注意を払うことができるのだ。現在ではエストロゲンを錠剤で服用できるし、ホルモンも交換できる（本書の巻末にはホルモン補充療法を解説した長い補遺がある）。それはとりもなおさず、女性が以前よりも日常的な現実の経験をコントロールできるということだ。おそらくこのホルモン療法は、経口避妊薬に劣らず、女性の人生と運命に大きな影響を及ぼすことになるだろう。

本書はおびただしい補遺と注釈を除けばそれほど大冊ではないが、脳研究の成果を一般向けにまとめ、とてもウィットに富んだ楽しい読み物に仕上がっているので、これからも長く読み継がれるだろう。また、男性の脳に関する付加的な考察も多く、誰が読んでも楽しめる。

02

1890

心理学の根本問題

ウィリアム・ジェームズ

心理学は精神生活の科学、
つまり自己に関する科学である。

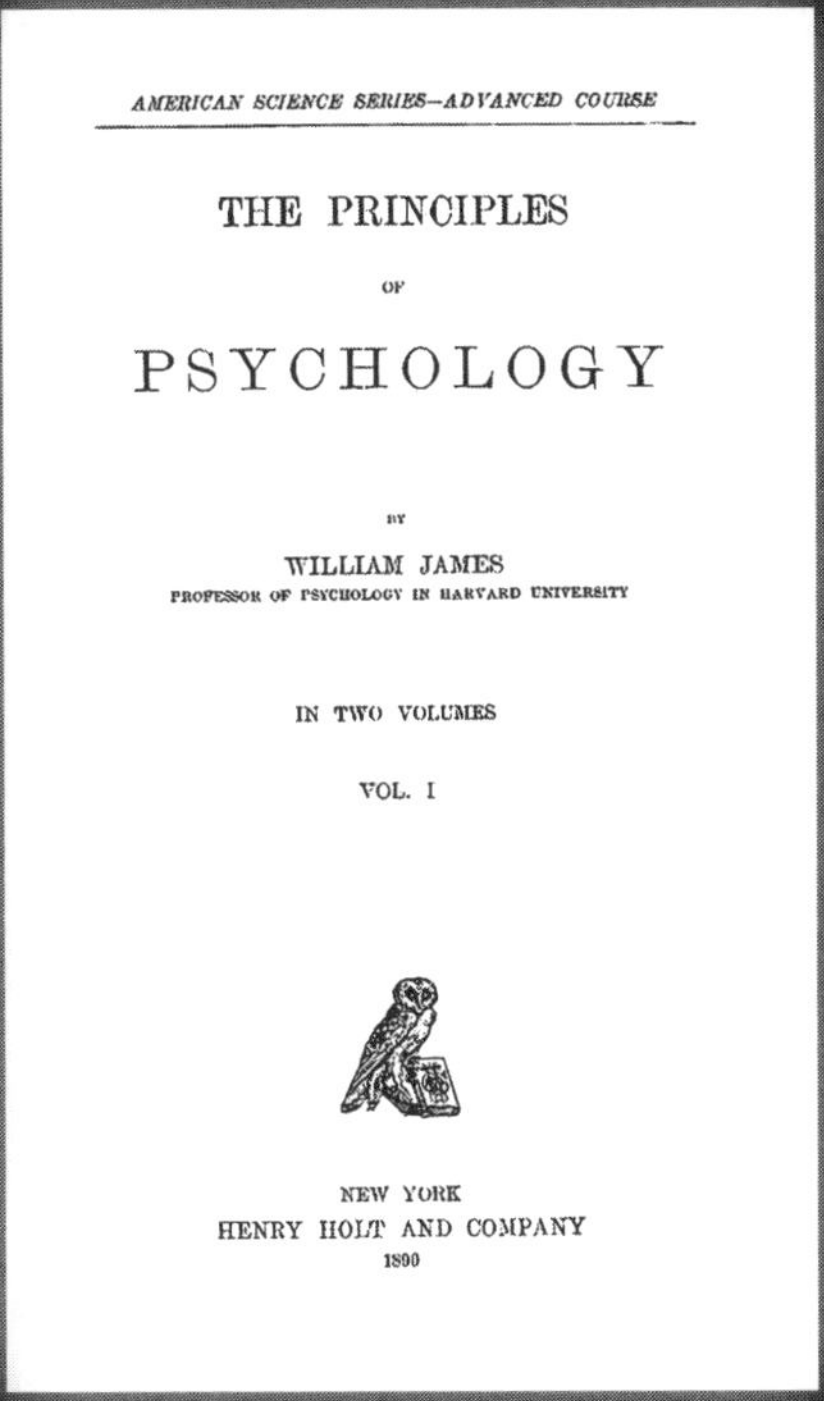

AMERICAN SCIENCE SERIES—ADVANCED COURSE

THE PRINCIPLES

OF

PSYCHOLOGY

BY

WILLIAM JAMES

PROFESSOR OF PSYCHOLOGY IN HARVARD UNIVERSITY

IN TWO VOLUMES

VOL. I

NEW YORK

HENRY HOLT AND COMPANY

1890

邦訳

『心理学の根本問題』

三笠書房　松浦孝作 訳

意識は少しずつ細切れにされているようには思えない。そもそも「連鎖」や「連続」といった言葉では、心にあらわれる意識をぴったり言いあらわすことはできない。意識は接合されたものではなく、流れているものなのだ。「川」や「流れ」にたとえてみれば一番わかりやすい。今後、意識について話すときは、思考の流れ、意識の流れ、あるいは主観の流れという言葉を使いたい。

❀

ウィリアム・ジェームズは、アメリカで最も偉大な哲学者として高く評価されている。と同時に、(ヴィルヘルム・ヴントとともに)現代心理学の生みの親とみなされている。

心理学はかつて哲学の研究領域に含まれていたが、ジェームズは長年大学で哲学を教えていた。彼は二つの学問分野の違いを次のように説明している。心理学は「精神生活に関する科学」、つまり特定の肉体の中で時間と空間に縛られて存在し、物理的なこの世界に関するさまざまな考えや感情を抱く精神を研究する科学である。それに対して、魂や自我といった心の奥深いところに存在する力が生む思考について説明するのが、

William James

ウィリアム・ジェームズ

一八四二年、ヘンリー・ジェームズとメアリー・ジェームズの長男としてニューヨーク市に生まれる。五人兄弟の家庭で気楽な子ども時代を過ごしながら、国際感覚を身につける。裕福な父親は神学や神秘主義に傾倒し、特にスウェーデンの神秘主義者エマヌエル・スウェデンボルグの著作に影響を受けていた。

一八六七年、ドイツに渡り、ヘルマン・フォン・ヘルムホルツに師事して生理学を学びながら、さまざまな思想家の著作や心理学の新しい潮流に触れる。二年後にハーバードに帰り、二十七歳でようやく医学博士号を取得。

その後三年にわたって神経衰弱に悩まされ、まともな研究生活を送れなかったが、一八七二年、三十歳で初めて就職し、ハーバードの生理学講

の形而上学や哲学である。

ェームズはこの新しい学問分野を自然科学とみなし、家の構造を説るときに石やれんがを調べるように、感情、欲求、認識、推論、決どをそれぞれの特徴と傾向に従って分析する必要があると考えた。理論的研究ではなく、心理現象そのものを観察することにしたおか、心理学は大いに発展し、その科学的基盤を強化するという所期のは達成されたのである。

ェームズはうつ病に悩まされることが多く、肉体的にも虚弱だった、『心理学の根本問題』の完成には丸一二年を要した。序文で彼はこべている。

れほど長大なものになったことについては、著者自身が一番遺憾にている。この忙しい時代に、一四〇〇ページもある本の読者が大勢と期待するのは、よほどの楽天家に違いない」

の分量を考えれば、この傑作を「要約する」など僭越きわまりないポイントになると思われる考え方をいくつか紹介する。


師に就任。一八七五年、心理学の講義を始めるとともに、アメリカ初の実験心理学研究所を開設。

　一八七八年、『心理学の根本問題』に取りかかる。同年、ボストンで教師をしていたアリス・ハウ・ギボンズと結婚。五人の子どもをもうける。

　ジークムント・フロイトとカール・ユングが訪米した際には、どちらとも面会を果たしている。著名な教え子には、教育者のジョン・デューイや心理学者のエドワード・ソーンダイクがいる。主な著書は『信仰の哲学』（天佑社）、『宗教的経験の諸相』、『プラグマティズム』（以上、岩波書店）など。

　一九一〇年、ニューハンプシャー州の別荘で死去。

「習慣」の仕組み

「客観的に生物を見た場合、まず強い印象を受けるのは、習慣に従って生きているという事実だ」とジェームズは述べている。

いったい、習慣とは何だろう? 脳と神経系の生理学的研究から、ジェームズは、つまるところ習慣とは、神経中枢の「放電」によって一定の反射経路が連続的に活性化される現象だと判断した。いったんこのような経路ができると、神経の興奮は再びその同じ経路を伝わりやすくなると考えたのだ。

だがジェームズは、動物と人間の習慣的行動には違いがあると指摘する。ほとんどの場合、動物は無意識に行動し、その行動パターンは比較的限られた単純なものだ。

一方、人間は多種多様の欲求や要求を持つため、ある一定の結果を得たいと思えば、意識的に新しい習慣を形成しなければならない。問題は、新たに良い習慣を形成するには努力と勤勉さが求められるということだ。ジェームズはこう述べる。

> 断固たる態度で決意を実行に移すのが、良い習慣をつける秘訣である。

行動によって、願望を習慣に変えるような作用が神経系に生じる。言ってみれば、われわれの願望に合わせて、脳が「発達」を余儀なくされる。こういった行動が繰り返されなければ、習慣の経路が形成されないという。肝心なのは、神経系を敵ではなく味方にすることだ、とジェームズは述べている。

たびたび飲酒を繰り返すうちに常習的な大酒飲みになるように、個々の行為や研究を積み重ねることによって、道徳的には聖人君子となり、実業界や科学界では権威となり専門家となる。

一つ一つの行動は大したことには思えないが、たび重なれば、完成された人格、あるいは破滅的な失敗をもたらすのである。

現在から見れば、こういった主張はどれもごくありふれたものだが、今日の心理学や自己啓発の著作に見られるポジティブな習慣形成を重視する傾向は、もとを正せばジェームズの考察に負うところが大きいと考えられる。

心理学は自分を知るための学問

ジェームズは個人的な自己を主な対象にするのが心理学だと理解していた。つまり、「思考」や「感情」を抽象概念として一般的に論じるのは、「私は思う」「私は感じる」といった現実の個人的思考や感情に比べて、あまり意味がないと考えていた。

人間はお互いに壁一枚で隔てられている（人間の脳は頭蓋骨で囲まれている）、と彼は書いている。さらに、人間は世界をきれいに二分し、一方は自分自身の世界、もう一方は自分以外のすべての人間が存在する世界と考えているとまで言い切る。

人間は誰しも全世界を大胆に二つに分けて考えるが、関心はもっぱら一方の世界に向けられている。二つの世界には同じ言葉が使われ、それぞれ「自我」「非我」と呼ばれていると言えば、何を意味しているかはすぐにわかるだろう。

これも常識に近い単純な見解だが、いかにもジェームズらしく、人が心理学に興味を持つのは、思考や感情に関する一般的な原理原則を研究したいからではなく、ほかならぬ自分の思考や感情の原因を知りたいからだという認識を示している。

人間が「自己」と「他者」に世界を分割しているという考え方には、特に利他的行為を生きがいにする人は抵抗を感じるだろう。だが、それこそ、一つの身体に一つの脳を持ち、絶えず自分以外の外界を見ながら生きる人間の生理的実感なのである。

思考は日々変化する流れ

人間は世界の見方がそれぞれ違うばかりか、一人一人の個人的な意識も日ごとに変わるし、時間によっても違う。ジェームズはこう述べている。

時と場合によって、物事に対する感じ方は変わる。眠いか目が覚めているか、空腹か満腹か、元気か疲れているかといった身体の状態や、夜か朝か、夏か冬かといった季節、そして何よりも、幼少期、成人期、老齢期などの人生の時期によって大きく違ってくる。感受性の変化が一番よくわかるのは、年を重ねるごとに同じ物事に対する感情が違ってくる場合だ。かつては輝かしく刺激的だったものが、退屈でおもしろみのないむだなものに思えてくる。鳥のさえずりにうんざりし、そよ風に悲しみを感じ、空を見上げて暗く沈んだ気持ちになる。

まったく同じ考えが何度も頭に浮かぶことはありえない、とジェームズは述べている。同じものと錯覚する可能性はあるが、絶え間なく変化している世界の現実に対して、われわれも常に対応を変える必要があるので、実際にはありえないという。

一つの事柄を継続的に考えていると、考え方が妙に変わってきて驚くことがよくある。どうして先月はあんなふうに考えたのかと首を傾げたりするものだ。どういうわけか、われわれの精神状態は以前とは違うものになり、年ごとにものの見方が変わってくるが、それでちょうどいいのである。というのは、ひっきりなしに動いてはバランスをとる、この絶え間ない変化がまさに人間の特徴だからだ。

思考は流れと同じように切れ目がない、というジェームズの言葉も有名だ。われわれは「一続きの思考」「一連の思考」といった表現をよく使うが、正確に言えば、思考は流れのようなものだという。

竹の節の部分で竹が切れていないように、思考の変わり目で思考が途切れるわけではない。竹の節が竹の一部であるように、思考も意識の一部である。

ジェームズ以降、心理学は思考、気分、感情などを数多くのカテゴリーに分けて分析し、科学と呼ぶに足る研究をしてきたのは確かである。しかし、それにもかかわらず、意識とはどういうものかを解明できたわけではない、ということは覚えておいたほうがいい。意識は決して、コンピュータのデータ処理にたとえられるようなものではない。意識があれば、絶え間なく流れる川のような思考や感情を経験しているのである。

自己評価を高める秘訣

ジェームズは、ときどき大金持ちや探検家や色男になった自分の姿を想像するが、最後はいつも一つに決めざるを得ないので残念だ、と打ち明けている。いろいろなものになろうとすると、どうしようもない矛盾が生じるのだ。人生で成功するには、あまたの選択肢の中から一つの自我を選び出し、それに「自己の救済を賭ける」必要があるという。

ただ、それにも欠点がある。たとえば、一流の競漕選手、あるいは一流の心理学者になることに賭けた場合、一流になれなければ自己評価（自尊心）に大きな打撃を受けるからだ。

潜在可能性と現実との間にほとんど差がなければ、自己評価は高くなる。ジェームズが考案した次のような自己評価（自尊心）の公式は有名だ。

自尊＝成功÷抱負

とうてい実現できそうもない夢や幻想を追い求めなければ「心が軽くなる」、とジェームズは言う。たとえば、若返りたい、やせたい、音楽のセンスを身につけたい、有名なスポーツ選手になりたい、といったことだ。幻想を捨てれば、いちいち失望を感じることもなくなり、本当の成功を達成しやすくなるという。

心をより理解するために——

個人主義的傾向が強い現在でこそ、自己を重視するジェームズの考え方は珍しくないが、この本の執筆当時は社会構造が今より密だったため、おそらく個人的な自己より社会的立場のほうがはるかに重視されていたと思われる。しかし、研究対象を絞り込んだジェームズに、これ以外のやり方ができたとは考えられない。心理学は精神生活に関する科学であるとジェームズは明言したが、彼の言う精神生活とは、一般的な「人間の精神」ではなく、個人の脳内の営み、つまり個人的な思考や感情を意味するものだった。

後に輩出した二〇世紀の心理学者が、どちらかというと心と行動の力学の解明に執着したのに対し、ジェームズは人間の意識を輝くオーロラになぞらえて、「わずかな変化が起きるたびに全体のバランスが変わる」と説明した。このような詩的表現を多用したので、ジェームズはとりわけ実験心理学者から批判された。

しかし、その芸術的感性と哲学に対する造詣の深さ、さらに神秘主義的思想まで受け入れようとする姿勢こそが、ジェームズの活躍の場を押し広げたのだ。心理学を科学にするという困難な仕事を引き継ぐ者は出てくるだろうが、まずその展望を示すには、彼のような優れた哲学者が必要だったのである。

ジェームズの格調の高い生き生きとした散文は高く評価されてきた。この本が今も読まれているのはそのためだ。小説家の弟（ヘンリー・ジェームズ）の陰に隠れがちだが、ウィリアム・ジェームズもその気さえあれば難なく作家になれたはずだ（ヘンリー・ジェームズは小説を書いた心理学者であり、ウィリアム・ジェームズは心理学書を書いた小説家だ、と昔から言われている）。

そうはいっても、『心理学の根本問題』は決して読みやすい本ではない。全体的に長い文章が多く、しかも非常に専門的な記述（脳と神経系の生理に関する記述）か、難解な概念の考察なのだ。ジェームズ自身も、全体に目を通さずに好きなところを選んでとばし読みしてほしい、と読者に提案している。科学の確立に一役買うような人物は、さすがに言うことが違う。

03

1953

人間女性における性行動

アルフレッド・キンゼイ

現代人の性生活は、多様で広範囲のものになっている。

邦訳
『人間女性における性行動』
コスモポリタン社　朝山新一・石田周三・拓植秀臣・南博 訳

標本の中の結婚している女性の約四分の一（二六%）は四〇才までに夫婦外の性交を経験していた。二六才から五〇才までのあいだに、だいたい六人に一人ないし一〇人に一人が夫婦外の性交を行っていた。（中略）どんな性的な行動でも社会的に認められないものは、認められているものよりもかくされることが多いから、標本における夫婦外の性交の率と度数も、実際はわれわれが面接によって得た数字よりは高くかつ多いこともありうる。

❀

一九三〇年代後半、インディアナ大学では、女子学生たちの請願によって既婚者や結婚を控えた学生のための講座が開設された。性に関する疑問に答えるその講座を担当することになったのがキンゼイだった。

学生たちが抱いていた疑問は、たとえば次のようなものだ。結婚前にオーガズムやセックスを経験すると、結婚生活にどういう影響があるのか？　性行動では何が正常で何が異常なのか？

学生たちのわずかばかりの性知識は、宗教、哲学、社会的道徳観などから仕入れたものだったため、他の生き物の行動に比べて人間の性行動

Alfred Kinsey

アルフレッド・キンゼイ

一八九四年、ニュージャージー州のホーボーケンに生まれる。三人兄弟の長男。地元の大学で工業技術を教えていた父親が敬虔で厳格なメソジスト教徒だったため、禁欲的な環境で少年期を過ごす。ボーイスカウト活動に精を出し、キャンプなどの戸外活動を好んだ。

いったんは父親の意志に従って工科大学に入学するが、生物学への情熱を抑えきれず、二年後、メイン州のボードン大学に移る。生物学と心理学の学位を得て優等で卒業。

一九一九年、ハーバード大学で生物学の博士号を取得。その翌年から、インディアナ大学で動物学の助教授として勤務する。

晩年は研究を続けるための戦いを余儀なくされる。一〇万人の面接を目標にしていたが、一九五四年、宗教団体か

はあまり科学的に研究されていない、とキンゼイはすぐに気がついた。

　初めて性の問題を客観的に取り上げたのは、イギリス人の物理学者、ヘンリー・ハブロック・エリスである。彼はその研究成果をまとめた『Studies in the Psychology of Sex（性の心理学的研究）』を発表するが、イギリス政府から発禁処分を受ける。

　もちろん、性を研究しやすくしたのはフロイトの功績だが、フロイトは大規模な科学調査を行ったことは一度もない。そこで一九三八年、キンゼイは自分でデータを収集し始める。

　それから一〇年後、キンゼイ率いる研究チームは、『人間における男性の性行為』（コスモポリタン社）を出版した。学内用に書かれたこの本は、意外にも全国的なベストセラーになる（五〇万部以上売れた）。キンゼイは全国的な有名人になり、性問題研究所の名前も知られるようになった。

　その五年後に発表されたのが、八〇〇ページの大著『人間女性における性行動』（ポール・ジェバード、ウォーデル・ポムロイ、クライド・マーティンとの共著）である。書店や図書館でタイトルを口にするのが恥ずかしいためか、上下二巻のこの本は、その後「キンゼイ・レポート」という簡単な通称で呼ばれるようになった。

らの圧力でロックフェラー財団の支援が打ち切られた。

　他の著書には、学校の教科書として広く使われている『An Introduction to Biology（生物学への招待）』、『The Gall Wasp Genus Cynips: A Study in the Origin of Species（タマバチ科の昆虫―種の起源に関する研究）』、『The Origin of Higher Categories in Cynips（タマバチの上位階級の起源）』などがある。

　一九五六年、死去。

膨大なデータを収集

「キンゼイ・レポート」には、科学史上屈指の研究プロジェクトの成果がまとめられている。プロジェクトを財政的に援助したのは、インディアナ大学とロックフェラー財団が支援する国立学術研究協議会の性問題研究委員会（委員長のロバート・ヤーキーズは知能検査と動物行動の研究で知られている）だった。

キンゼイの研究は調査方法の進歩と時を同じくしたおかげで、少数の性歴に頼らず、大きな母集団のかなり正確な標本抽出ができた。といっても、性に関する話題は口外しにくいはずだ。いったいどんな方法で信頼できる情報を入手しようとしたのか？

アメリカは州によって法律が異なるため、情報提供者が罪に問われる恐れもあった。そこでプロジェクトチームは、その不安を解消するため、やむを得ず匿名のまま面接する方法をとる。面接時には性歴に関して三五〇の質問をしたが、中には毎日の性行動を記録した日記や暦を提供してくれる人もいた。年齢、婚姻関係、教育程度、社会経済的階級、宗旨、居住地（農村・都市）などに関連して、性行動のあらゆる側面が調査された。

信じがたいことに、一九三八年から五六年までに一万七〇〇〇人もの人々が調査されている。キンゼイ自身も五〇〇〇回以上の面接をこなした。「キンゼイ・レポート」は主として五九四〇人の白人女性の事例に基づいて書かれているが、それ以外のカテゴリーに属する一八四九人の女性からも情報を得ていた。

面接した女性たちの職業をまとめた表を見ると、ありとあらゆる職業が並んでいる。従軍看護師、高校生、ダンサー、工場労働者、経済学者、スポーツ・インストラクター、映画監督、事務員などなど。広範な情報の中には囚人のものもあった。

驚くべき女性の性行動の実態

膨大な量のローデータに加えて、心理学をはじめ、生物学、動物行動学、精神医学、生理学、人類学、統計学、法学など、多岐にわたる学問分野の知見を動員して生まれたこの本は、前作『人間における男性の性行為』に比べてさまざまな年代の性歴を調査するなど、さらに包括的な研究内容になっている。無味乾燥な学術的文体と、何ページも続くグラフや表にもかかわらず、男性版よりショッキングな印象を与えたのは、タブーが多く神秘に包まれていた女性の性行動の実情が、ここには驚くほどあからさまに示されていたからだ。

この本はさまざまなテーマを網羅し、非常に多くの事実を明るみに出した。以下はその主なものである。

マスターベーション、オーガズム、夢

◆二歳の幼児でもマスターベーションをする。

◆男女ともに、オーガズムに達するには、性器の刺激よりもリズミカルな動きが重要だ。性行為に伴う筋肉の緊張が、全体的な生理反応の中でも特に重要な要素になる。

◆膣壁には神経がほとんどないため、女性のマスターベーションは、膣への挿入よりもクリトリス、小陰唇、大陰唇などを指で刺激することが中心になる。

◆概して、マスターベーションでは男性が空想の助けを借りてオーガズムに達する傾向があるのに対し、女性は肉体的な感覚だけに頼る場合がほとんどである。ただし、女性の二%は、空想だけでオーガズムに達した経験があった。

◆女性の三六%は結婚前にオーガズムに達したことがなかった。既婚でもオーガズムの経験がない女性がかなり多かった。

◆男性と同様に、女性も夢を見ている最中にオーガズムに達することがある。女性の六五%が性夢を見た経験を持ち、二〇%が夜の夢でオーガズムの経験があった。

◆一般的に、女性は男性よりも性的反応が遅く、オーガズムに達するのに時間がかかると考えられているが、実際には、女性がマスターベーションでオーガズムに達するまでの平均時間は三、四分であり、男性と大して変わらない。

◆マスターベーションは身体によくない、という昔からの主張を裏付ける証拠は見出せなかった。害があるとしても心理的なものにすぎない。つまり、罪悪感から生じる不安だけである。

性交を伴わない性交渉とペッティング

◆男性はペッティングによってエロチックな気分になりやすいのに対し、ペッティングで性的に「興奮」する女性は驚くほど少ない。一般に、ほどよい肉体的刺激を受けると男性はどうしても興奮するが、女性がエロチックな気分になるかどうかは、むしろその場の雰囲気によって決まる。

◆男性の性感は思春期に突然芽生え、二十代で安定するまで急速に強くなっていく。女性の場合は、もっとなだらかなカーブを描いて上昇し、性的な反応も心理的な要素に左右されやすい。
◆面接した既婚女性の六四%が結婚前にオーガズムを経験していたが、そのうち、実際の性交によるものはわずか一七%で、残りは、ペッティング、マスターベーション、夢、同性間の接触などによるものだった。
◆男性は女性の乳房を刺激することによって興奮するが、女性のほうは乳房の刺激によってそれほど興奮しない。性的快感を得るために自分の乳房を刺激したことがあると答えた女性は五〇%にすぎなかった。

結婚前の性交

◆一九四〇年代には、特に女性が結婚前に性交すれば後々まで後悔し、精神的なダメージを受ける、という説を唱える文献がすでに数多く発表されていた。ところが調査の結果、結婚前の性交経験がある女性の七七%が、実際には後悔していないことがわかった。
◆独身時代に複数の男性と性交した経験を持つ女性の場合、後悔する割合はさらに低かった。キンゼイはこう断定している。ある程度結婚前に経験(乱脈な性交渉)をしたほうが、性交に対して通常感じるような不安が少なくなるため、かえって夫婦関係がうまくいく可能性がある、と。興味深いことに、結婚前の性交で妊娠した女性でも、八三%が自分の行為を悔やんでいないと答えている。

夫婦外の性交

◆調査したすべての既婚女性の四分の一が、四十歳までに婚外交渉を経験していた。三十代から四十代のはじめまでに経験するケースが最も多かった。

◆年の若い既婚女性ほど婚外交渉に対する関心が低かった。これは夫に対する性的関心が高く、若い夫も妻を独占的に求めるからだと考えられる。

◆男性は自分より若い女性と関係することを好むという通説に反して、実際には、性的経験が豊富であるという点も考慮して自分と同年輩か年上の女性との関係を好む男性が多かった。

◆婚外交渉の経験がない女性の一七％が、積極的に婚外交渉をしようと考えているか、少なくともその可能性を否定しないと答えたのに対し、すでに「道を踏みはずした」女性の五六％が、おそらくまた同じことをするだろうと答えている。

その他の興味深い事実

◆男性が上になる「正常位」は、欧米文化の標準的体位にすぎない（理由は不明だという）。他の文化圏ではそれほど好まれていないし、他の哺乳動物ではほとんど見られない。欧米では昔からこの体位が好まれてきたが、女性の立場から見れば、自分が上になれば身体を自由に動かせるので、オーガズムに達する可能性がはるかに高くなる。

◆性行為に没頭しているときの男女は、まるで苦しみもだえているような表情をする。

◆性行為が最高潮に達すると、男女を問わず触覚と痛覚が鈍り、視界が狭まる。

◆一般に、教育レベルの高い女性ほど性的経験が豊富である。これは、自分を「進歩的」で、女性の性行動にまつわるタブーを気にしない人間と考えているからだと思われる。

心をより理解するために——

キンゼイはもっぱら生物の研究をしていたのに、なぜ本書も前作も心理学の古典とされているのか？　それは、一九五〇年代のアメリカでは、心理学は心理よりもむしろ行動に関する学問であり、キンゼイの研究は人間の性行動に関するものだったからだ。

彼のチームが証明したかったのは、人間は哺乳類（動物）の遺産から逃れられないということ、つまり、性行為の際、刺激に対して生理的に一定の反応をせざるを得ないという事実だった。われわれは性行為を愛情に結びつけたがるが、実際には気高い精神とはそれほど関係がないということをキンゼイは明らかにしようとしたのである。

ところが、キンゼイは科学者として基本的な間違いを犯す。彼が面接した人々と自らのプライベートな生活との境界線をあいまいにしたのだ。妻や同僚をはじめ、キンゼイを取り巻く人々が、いつしか「研究」の名の下にみだらな非倫理的行為に及んでいた。

このキンゼイ現象のかんばしくない側面は、リーアム・ニーソン主演の映画『愛についてのキンゼイ・レポート』の中で巧みに描かれている。

キンゼイは、それぞれ一章を割いて同性愛や思春期前の性的な遊びに触れているほか、ポルノグラフィー（当時はまだ「プレイボーイ」誌がなかった）、性的な落書き、サド・マゾヒズム（SM）、動物との性的接触、集団セックス、のぞき行為などの問題も取り上げている。人間の性に関する解剖学的分析や、性交とオーガズム時の生理的反応をあけすけに詳しく解説した章などは、当時のアメリカ人にとって、性知識を得るための最高の教材になった。今読んでも、必ず何らかの発見があるはずだ。

保守的な考えを持つ人々は、キンゼイの研究を文明が衰退する兆候だと批判し、調査に性犯罪者（一三〇〇人が面接を受けた）が含まれていることを問題視した。しかし、キンゼイは、自分がコペルニクスやガリレオと同じように、神学上の教義や道徳的規範とは無関係に、現実の世界で観察したものを報告しただけだと考えていたのである。綿密な調査のテーマがセックスだっただけに、世間に騒がれるのはしかたがなかったのかもしれない。

04

1989

脳の性差
―男と女の本当の違い

アン・モア／デビッド・ジェセル

脳の性差が、私たちの判断に強く影響を及ぼしている。

未邦訳

男と女が異なるのは、脳に性差があるからだ。言動のコントロールや感情にかかわる主要器官である脳の構造がそもそも違うので、情報処理のやり方も違う。その結果、認識、優先事項、行動などに差が出てくるのだ。

＊

何千年もの間、誰もが男と女はまったく違うと思っていた。人々は技能、適性、理解力、行動様式などに応じた役割を割り当てられたが、こういうものには男女差があるのが当然だと思われていた。ところが一九六〇年代の性革命で、この役割定義は女に対して社会的にも経済的にも優位を保とうとする男の陰謀だと一蹴される。

性差別的な教え方を是正するために教育政策が見直され、「男」の仕事と「女」の仕事という従来の区別を撤廃したイスラエルのキブツ（多くの人が共同生活をしながら農作業に従事する農場）が優れた手本とみなされた。この新しい世界では、女性が社会によって割り当てられた役割に甘んじることは二度とあるまいと思われた。

男女平等のこのすばらしい新世界にも、一つだけ障害があった。それ

Anne Moir / David Jessel

アン・モア

遺伝学の博士号を持ち、イギリスのテレビ製作会社を経営している。他の著書には、夫のビルとの共著『Why Men Don't Iron : The Fascinating and Unalterable Differences Between Men and Women（なぜ男はアイロンをかけないのか）』などがある。

デビッド・ジェセル

刑事司法制度関連のテレビ番組で活躍するイギリスのジャーナリスト。モアとの共著はほかにも『犯罪に向かう脳―人を犯罪にかきたてるもの』（原書房）がある。

は科学である。脳科学と経験主義的な行動研究の進歩によって、男と女に大した違いはないという考え方が一般に浸透しつつあった時期に、正反対の事実が次々と明るみに出てきたのである。男性と女性は身体的な面で異なるばかりか、人生の優先事項、コミュニケーションの方法、性的欲求といった点においても世界を異にしていることがわかったのだ。平等という概念は「生物学的にも科学的にも嘘だ」とアン・モアとデビッド・ジェセルは言う。

『Brainsex（脳の性差）』は、まだ性差をテーマにしたポピュラー心理学書が珍しかった時代にベストセラーとなった。ジョン・グレイの『男は火星人　女は金星人――すべての悩みを解決する恋愛相談Q＆A』（ソニー・マガジンズ）が出版されるずっと前のことだ。内容がすばらしく、愉快な記述も多いこの本は、今でも「神話破壊」をめざす本の模範となっている。

モアが遺伝学者であるだけに、十分な科学的事実の裏付けがあり、書かれてから三〇年以上たつ現在でも、時代遅れという印象は受けない。性差（ジェンダー）と神経学および行動との結びつきに関する最新情報は、ルーアン・ブリゼンディンの『The Female Brain（女性の脳）』（49ページ参照）に詳しいが、それでも、脳の性差を多方面から研究した『Brainsex（脳の性差）』が優れた本であることには変わりがない。

胎児の性別はどこで決まるか

新生児は条件づけを待っているブランク・スレート（空白の石版、白紙状態）ではない、とモアとジェセルは主張する。妊娠六週から七週になると、胎児はホルモンの助けを借りて、文字どおり「心を決める」。それによって脳が男性型か女性型になるというのだ。脳の性差は染色体（一般的に女性は「XX」、男性は「XY」）に端を発するが、胎児に男性的特徴があらわれるのは男性ホルモンが分泌されるようになってからであり、もしも分泌されなければ女性になるのである。

神経回路網が組織されて明確な男性型か女性型の脳になるには、ホルモンが集中的にタイミングよく、適切に胎児に作用しなければならないが、いったん型が決まれば誕生後は変化しにくい。モアとジェセルはこう述べている。哺乳動物の脳は一般に「二形性」を持っている、つまりオス型かメス型に分かれる。したがって、哺乳動物として、人間の脳がこの神経の働きによる性分化を無視したとすれば、自然の摂理に逆らったことになるはずだ、と。

男の子は運動好き、女の子はおしゃべり好き

生後数時間の、まだ外的条件づけの影響を受けていない赤ちゃんでさえ、性的特徴がはっきり認められる。女の子は人の顔を凝視するし、男の子はどちらかというと物に興味を示すように思われる。また、女の子は聴覚が鋭く、心地よい音に対して敏感に反応し、不快な騒音におびえやすい。

よちよち歩きを始めるようになると、ものの見方やふるまい方に脳内の性ホルモンの影響があらわれる。男の子のほうが危ない遊びを好み、激しく動き回るようになる。男の子は空間能力に磨きをかけようと努めるのに対して、女の子はむしろ対人能力を高めることに躍起になる。女の子のほうが、平均すると言葉を話し始めるのが一年早い（アインシュタインは五歳になってからようやく話し始めたらしい）。

この違いは就学前の児童にも引き続き見られ、男の子は広いところで元気に遊びたがるが、女の子はあまり動き回らず、おとなしく遊ぶ傾向がある。新顔に対して女の子は好意や好奇心を示すが、男の子は無関心な態度を見せるだけだ。

ホルモンが男女の行動を左右する

思春期になると、胎児期にホルモンの作用で「基本型ができていた」脳に大量のホルモンが流れ込み、身体的にも精神的にも大きな変化が生じる。十代の少年の場合、同年代の少女に比べてテストステロン濃度が二〇倍になるため、アナボリックステロイド（タンパク同化ステロイド）としてのテストステロンの作用によって身体が大きくなるとともに、始終セックスのことばかり考えるようになる。

男性のホルモン系は、サーモスタットのような機能の働きで常に一定のバランスを保っているのに対し、女性の場合は、月経周期に応じてアップ・ダウンを繰り返す。月経前の時期には、幸福感の促進作用があるプロゲステロンの分泌が止まるため、麻薬の禁断症状のような不快な気分に襲われる可能性がある。著者たちによれば、月経前の女性が犯す犯罪が増加し、現在フランスの刑法では月経前緊張症が「一時的狂気」としての取り扱いを受けているのをはじめ、他の国でも法廷での弁護にうまく利用されるようになってきたという。

全般的に、攻撃性、競争心、自己主張、自信、自立心といった性格的な特徴は、男性ホルモンの作用で強まり、女性ホルモンの作用で抑制される。しかし、年をとると、男性はテストステロンの減少によってたいてい角がとれてくるが、女性はホルモンの変動によって自己主張が強くなる。

なぜ女はよく泣くのか

男性の脳は専門分野ごとに分化し、空間能力や言語能力はそれぞれ特定の中枢が担当しているが、女性の脳の機能は左右の脳に遍在し、そのような能力はさまざまな中枢によってコントロールされている。こうした機能集約的な脳のせいで、男性は一心不乱に物事に打ち込むのかもしれない。男性に地図を読み取る優れた力があることはよく知られているが、それも女性より空間能力に恵まれているためだと考えられる。

一方、女性は全体的な状況認識に優れ、男性なら見落とすようなわずかな表情の変化を感じ取るのがはるかにうまい。この能力のおかげで、女性は男性より人の性格を正しく判断できる。いわゆる「女の勘」はこの能力を指しているのかもしれない。また、女性は男性より周辺視覚が発達しているので、概して全体をよく把握できるのだという。

脳の性質上、男性には行動指向があり、人間より物を好む傾向がある。男は女が泣くと困惑し、なぜ泣いてばかりいるのかと疑問に思うが、これについて著者たちは次のように説明している。

女性のほうが知覚的に敏感で、見たり聞いたり感じたりするものを自分にとって重要だと思いやすい。男と比べて女がよく泣くのは、それだけ泣かずにはいられないことが多いからだ。つまり、女は男より物事を感じやすく、それに強い反応を示し、激しい感情をあらわす傾向があるのだ。

それにひきかえ、男は何か深刻な事態でも起こらない限り、まず泣くことはない。

セックスの楽しみ方も違う

セックスに関して言えば、脳の性差とホルモンバランスの違いから、男と女ではその体験はまったく異なったものになる。

男は視覚的刺激によって性的に興奮しやすい。「行為の様子が見える」ようにライトをつけたままにしておきたがるし、乳房や性器を見て楽しむ。女が性的に刺激されるのは、安心感を抱き、男と深く結ばれていると感じるときである。触覚と聴覚が敏感なため、暗闇の中で愛し合うのを好む。

男はセックスをその場限りの出来事とみなし、女を物扱いにしやすい。事が終われば、「大したことはなかったな」というのが男の正直な胸の内かもしれない。だが、女にはその出来事が思いがけない不幸にもなる。何しろ、女にとってセックスは親密さや愛情と切っても切り離せない関係にあるからだ。モアとジェセルは、セックスに対する男女の考え方の違いを簡潔にまとめた、ある心理学者の言葉を引き合いに出している。

女は愛する男とたっぷりセックスしたいと思うが、男はただたっぷりセックスしたいと思う。

結婚生活を続ける秘訣

われわれが結婚するのは、男と女は基本的に同じだと誤解するからだ。「うまが合う」という気がするのである。だが、そうはいかない。

妻は感情的に親密な関係を築き、互いに依存しあい、夫から日々思いやりのある言葉をかけてもらうことを強く望んでいるが、夫は経済的な保証と充実した性生活こそが円満な結婚生活の基本条件だと思い込んでいる。夫は、妻の気分が変わりやすいのは女の性分だということをきちんと理解していないし、妻のほうも、自分に対して夫が「かんしゃくを起こす」のは、怒りとフラストレーションをあまり我慢できない男の性分が主な原因だとは思いもしない。

夫が話をしてくれない、と妻はいつも愚痴を言う。そうはいっても、脳の性質上、男はしょっちゅう胸の奥に秘めた感情を明かす気にはなれないのだ（感情にかかわる脳部位と意思の伝達にかかわる脳部位がまったく違う)。

この本は、男女の優先事項に関する多くの調査にも言及している。それによれば、男性は権力、利益、自立などを何よりも重視するのに対し、女性は個人的な人間関係や安心感が大事だと思っている。男の場合、妻が美人でいろいろと「サービス」をしてくれるほど結婚の満足度は上がるが、女はなんと、アンケート調査が行われる日に夫が優しくしてくれるだけで満足するらしい。モアとジェセルはこう指摘する。「一カ所にじっとしていられない」男の性分を考えれば、結婚が制度として立派に成立しているのは女性の脳の勝利である。

どんな状況でも、権力の掌握は情報を得られるかどうかにかかっているが、結婚生活では、女性のほうが情報量が多い。

結婚がうまくいくのは、妻が夫に従うからではない。女性が持ち前の社会的知性(ＥＱ)を生かして、何とか関係を維持しているのである。

仕事への取り組み方もこんなに違う

女性は個人的人間関係を優先するあまり、自己中心性、強迫的な出世欲、冷酷さ、滅私奉公といった、男性によく見られる仕事への取り組み方を認めない傾向がある。女性の脳は、地位や業績や成功を周囲から認められる場合はもちろん、自分が果たすどの役割にも充足感を見出せるようにプログラムされている。それにひきかえ、男性は成否を判定しやすい職業に就き、女性が多く集まるような分野は昔から避けてきた。

ビジネスで成功するのはなにも男性ばかりではない。「男」流のマネジメントを特に見習わなくても、自分の会社にかつてない繁栄をもたらすことができた女性も少なからずいる。心理学者の言葉を借りれば、女性も男性も「優先的認知方略」を持っている。つまり、自分の脳の性質にふさわしいものの見方や生き方をしているという。モアとジェセルはこう指摘する。高度な業務慣例を持つ文化は、生産性の向上のために男女を職場に共存させようとするものだ、と。

心をより理解するために——

人間は自由意志を持つ生き物であり、性差によって決定的な影響は受けないとわれわれは考えている。しかし、さまざまな感情や思考や行為のうち、どれが自分独自のものか、またどれが自分の性に特有の本能やホルモンに影響されたものか、その客観的な判断が人間の脳にはなかなかできない。われわれは「脳の性差」に決定的な影響を受けないまでも、強く方向づけられるのは確かなので、この実状を認識するのも悪くはないはずだ。

この本には、アメリカの社会学者アリス・ロッシの次のような言葉が引用されている。

多様性は生物学的な事実だが、平等は政治的、倫理的、社会的指針である。

平等という考え方はすばらしいし、言うまでもなく、男女を問わず若者には全員同じチャンスを与えるべきだ。しかし、だからといって同じ職業に就かなければならないわけではない、とモアとジェセルは言う。フェミニストの理想に共感しながらも、二人はこう主張している。男のまねをしようとせず、逆に男女の違いを最大限に生かし、世に喧伝したほうが、女は実力を発揮しやすい、と。これは「反フェミニズム的見解」のように聞こえるだろうが、生物学的事実を考慮した唯一の方法なのだ。

差別をなくすという名目で性差を否定しようとせず、むしろ、それぞれの性ならではのさまざまな能力、創作物、人生観などのすばらしさに目を向けるべきだ。男と女のどちらが欠けていても、文明は生まれなかっただろう。文明の創造には多種多様の知性がかかわってきたが、その中には男女の組み合わせでなければ生まれない知性も数多く含まれているのである。

05

1923

児童の自己中心性

ジャン・ピアジェ

精神の発達により、子どもは自己の視点だけでなく他者の視点も獲得していく。

邦訳
『児童の自己中心性（臨床児童心理学Ⅰ）』
同文書院　大伴茂 訳

子どもというものは、おとなよりもはるかに多く話すようである。彼がなすところのほとんどどれもは、「ぼくは帽子を描いている」「ぼくはそれを君よりもじょうずにやっている」などというような多くの談話である。それゆえに子どもの思考はより社会的なもので、長い孤独な研究にはより不適切なようである。このことは見かけだけがそのようである。子どもは言語的統制がほとんどないのであるが、自分自身にものを保持するために言語的統制がいかなるものであるかを知らないからである。彼は彼の隣人にひっきりなしに話すけれども、その隣人の見地に自分をおくというようなことはまれである。

❀

ティーンエイジャーの頃まで、ピアジェはスイス西部地方の丘や川や山を歩き回ってカタツムリを集め、後にバレー山地の軟体動物について博士論文まで書いている。

この時期に身につけた方法（まず観察し、それから分類すること）が、子どもの思考の研究に大変役立った。それまで、子どもの思考に関する学説は数多くあったものの、実際の子どもを確かな科学的方法で観察した例は

Jean Piaget

ジャン・ピアジェ

一八九六年、スイス西部地方のヌーシャテルで生まれる。父親はヌーシャテル大学の中世文献学の教授。生物学に早くから強い興味を持ち、高校を卒業する前に科学論文をいくつか発表している。一九一七年、『Recherch?（風変わり）』と題する哲学小説を出版。

博士号取得後、子どもの言語の発達に関する研究を始め、一九二一年、ジュネーブにあるジャン・ジャック・ルソー研究所の心理学研究主任になる。一九二五年から二九年にかけて、ヌーシャテル大学教授に就任し、心理学、社会学、それに科学哲学などを教えた後、ジュネーブ大学教授として、一〇年の間、科学思想を専門に教鞭をとる。同時にスイスの公的教育機関の役職にも就いていた。

一九五二年、パリのソルボンヌ大学教授に就任し、発達

あまりなかった。

ピアジェは研究を始めるにあたって、どれほど困難で矛盾するように思えても、結論は事実から導き出したい、という強い思いを抱いていた。系統的な技術を持っていただけでなく、科学者には珍しく哲学に造詣が深かったピアジェは、児童心理をめぐる認識論的な論争をよそに、あえて非常に素朴な問題に焦点を当てる。たとえば、「なぜ子どもは話をするのか？」「誰に向かって話をしているのか？」「どうしてあれほど質問ばかりするのか？」といった問題だ。

もし答えがわかれば、教師は大いに助かるはずだと彼は思っていた。そもそも『児童の自己中心性』は、主に教育者のために書かれた本である。それまでは、児童心理の研究と言えば、量的な側面を重視する場合がほとんどだった。つまり、大人に比べて、子どもは知的能力が乏しく、多くの間違いを犯すものと考えられていたのだ。しかしピアジェは、あるものの多寡が問題なのではなく、子どもは根本的に考え方が大人とは異なっていると考えた。大人と子どもの間にコミュニケーションの問題が生じるのは、情報量の差というより、お互いに自分に対する見方がまったく違うためだというのである。


心理学を教える。一九八〇年に死去するまで、自らが設立したジュネーブの発生的認識論国際センターで指導的役割を果たす。

主な著書は、『児童の世界観』（同文書院）、『子供の道徳観』（東宛書房）、『知能の誕生』（ミネルヴァ書房）、『Biology and Knowledge（生物学と知識）』、『The Grasp of Consciousness（意識の把握）』など。

子どもは何のために話すのか？

本書の冒頭に、ピアジェ自身も不可思議と認めた次のような問題が提起されている。「どういう欲求を満たしたいと思って、子どもは話をするのだろうか？」

常識で考えれば、言語の目的は他人との意思疎通だが、それが本当なら、周りに誰もいないときに子どもが話をするのはなぜなのか、声に出すかどうかはともかく、大人でさえ独り言を言うのはなぜなのか、という疑問が生じる。言語の機能は考えを伝えることだけだと決めつけられないのは明らかだった。

ピアジェの研究は、子どもの研究と教師の研修を目的として一九一二年にジュネーブで開設されたルソー研究所で行われた。そこで、四歳と六歳の子どもが勉強したり遊んだりしながら口に出す言葉を聞き取って、残らず記録したのである。この本にもそのときの「会話」がいろいろと収録されている。

ピアジェはすぐにある事実に気がついた（親なら誰でも気がついていることだが）。子どもたちの話の多くは、特に誰かに聞かせようとしているわけではなく、考えを声に出していただけだった。ピアジェによれば、その話は自己中心的なタイプと社会的なタイプの二つに分類でき、自己中心的なタイプにも以下の三つのパターンがあるという。

◆反復――誰に向かって話すわけでもなく、話す楽しみのためだけに言葉を繰り返す。
◆独語――行動したり遊んだりしながら、常に考えを声に出して言う。

◆集合的独語――一緒に話し合っているように見えるが、実は他の子どもの言うことは気にとめていない（一部屋のあちこちのテーブルに一〇人の子どもがいれば、話し声で騒々しいだろうが、実は、みな独り言を言っているだけだ）。

言語の発達が自己中心性を抑える

ピアジェによれば、ある年齢（七歳）に達するまで、子どもは「言葉の抑制」がきかず、思いつくことを何でも言わなければ気がすまない。幼稚園や託児所は「厳密に言えば、個人生活と社会生活の区別がつかない社会である」という。子どもは自分が世界の中心だと思っているため、プライバシーを考慮したり、他人を気遣って自己主張を控えたりする必要を感じない。

それにひきかえ、大人は子どもより自己中心性が弱く、社会生活に十分配慮した話し方を身につけているので、言葉を慎む場合が多い。言ってみれば、正気を失った人間と子どもだけが思ったことを何でも口に出すのは、自分のことしか頭にないからだ。そういうわけで、友人の前でのべつ幕なしに話していても、子どもは決して友人の身になって物事を考えることができないのである。

子どもが自己中心的になるのは、言葉のかなりの部分にジェスチャー、身体の動き、音などが伴うからでもある。こういったものは、言葉と違ってすべてを表現できるわけではない。したがって、子どもの思考にはどうしてもまだ自閉的傾向が残っているという。

これは大人について考えてみれば納得できる。大人は言語に習熟すればするほど、ますます他者の立場を理解できるようになるか、少なくとも意識しやすくなるものだ。実際、言語によって人間が社会化するからこそ、言語教育がどの文化でも重視されているのだ。子どもは、言語の力で最終的に自己中心的思考から抜け出せるのである。

自分中心から他者を意識した思考へ

ピアジェは精神分析学の考え方を借用し、思考様式を以下の二つのタイプに分けている。

◆統制のとれた知的思考――現実に合った目的を持ち、それを言語で伝えることができる。経験と論理に基づく思考。
◆統制のとれない自閉的思考――無意識で現実に合わない目的を持ち、実証的事実よりも願望充足に基づく思考。イメージ、神話、象徴などが言語的な役割を果たす。

統制のとれた知的思考をする人間にとって、たとえば水は一定の属性を持ち、一定の法則に従うものだ。水を物質的な側面ばかりでなく、概念的な側面からもとらえられる。一方、自閉的思考では、自分の願望や要求に直結する側面からしか考えられない。つまり、水は飲み物であり、自分が見たり楽しんだりできるものでしかないのだ。

このように区別して考えた結果、十一歳になるまでに子どもの思考がどのように発達するかをピアジェは理解した。三歳から七歳までの子どもは、概して自己中心的で、思考に自閉的傾向が見られるが、七歳から十一歳までの子どもでは、知的認識力が自己中心的な論理を凌駕するようになるという。

ピアジェは子どもを被験者にして実験を行い、自分が聞かされた物語を他の子どもに伝えるように、あるいは、樽の呑み口の構造図など、自分が見せられたものを後で他の子どもに説明するように指示を出した。すると、七歳前の子どもたちの場合には、自分の話や説明を相手が理解したかどうかを気にする様子はまったく見られなかった。彼らは言葉で表現できても、内容を分析することはできなかった。

それに対して、七、八歳以上の子どもたちは、相手がわかってくれると頭から決めつけずに、正確に伝えよう（客観的な話し方をしよう）とする姿勢が見られた。この年齢に達するまでは、自己中心性が強く、物事を客観的に見ることができない。説明できないか知らない場合には作り話をするらしい。しかし、七、八歳以上になれば、事実を正確に表現するのは大切なことだと承知している。つまり、作り話と現実の違いがわかっているという。

子どもは「シェマ（スキーマ、認識の枠組み）」によって思考するため、細部の理解にこだわらず、全体的なメッセージの把握に専念する、とピアジェは言う。何か理解できないことを耳にすると、文構造や言葉を分析するのではなく、全体的な意味をつかむか考え出そうとするのだ。

ピアジェによれば、精神の発達とともに、思考の傾向は必ずすべてを融合する混合主義的なものから分析的なものへと変化する。はじめは物事の全体しか目に入らなくても、そのうち部分やカテゴリーに分ける能力を獲得するという。七、八歳に満たない子どもの思考はたいてい混合主義的だが、やがて分析力が発達し、大人の思考へと変わり始めるのだ。

すべては「自らの意志」で動いている？

なぜ、子どもの中でも特に七歳未満の者が、あれほど空想や夢想にふけり、想像力を働かせるのか？　こう疑問に思っていたピアジェは、推論的、分析的思考ができないとすれば、「現実」と「非現実」の境界がはっきりしないのも無理はない、と気づく。幼い子どもは因果関係や証拠といった観点から物事を考えないので、何でもありえるように思えるのだ。

「ぼくが天使になったら、どうなるの？」と子どもが尋ねても、大人は現実的でない話にはまともにとりあわない。しかし、客観的な論理などおかまいなしの子どもには、どんな現象も現実に起こりえるだけでなく、説明できるものになる。納得するために必要なのは、動機づけだけだ。たとえば、ボールは自ら望んだから坂を転がり落ちた、と考えるのだ。六歳の男の子なら、川が山を下って流れるのは川がそうしたいからだ、と思っても不思議はない。ところが一年たつと、「水はいつも高いところから低いところへ流れるから、川もこの山の高いところから流れている」というふうに説明の仕方が変わってくるという。

どうして幼児には「なぜ？」とひっきりなしに質問する子が多いのか？　それは、意志を持つものは限られていると理解できずに、生物、無生物の見境なく、森羅万象の意志を知りたいと望むからだ、とピアジェは述べている。後に、自らの意志ではなく因果関係から生じる現象がほとんどだ、と理解できるようになれば、子どもの質問が、動機づけを問う「なぜ？」から因果関係を問う「なぜ？」に変わる。因果関係を理解できない時期（前因果性の時期）は、自己中心性の時期と一致しているのである。

論理的思考の通用しない世界

「ごっこ遊びの世界」と大人は偉そうにレッテルをはるが、幼児にとってはその世界も冷たく厳しい現実には変わりない。そこでは幼児自身の意志や動機づけに従ってすべてが行われるからだ。実際、お互いに了解していれば論理的思考など必要ないほど、子どもの世界はうまく機能しているように見える、とピアジェは皮肉な意見を述べている。

子どもは理解しにくいと思う大人が多いのは、子どもには論理的思考ができないということを忘れているからだ。一定の年齢に達するまでは、大人と同じ考え方を求めても無理なのだ。年齢に応じて、子どもは周囲とそれなりの安定した関係を築く。つまり、五歳児の世界観は八歳児には通用しないのである。

後年のピアジェの著作には、十一、二歳から始まる、知的発達の最終段階に関する調査報告がある。それによると、ティーンエイジャーも本質的には大人と同じように、推論や抽象的思考ができるし、もろもろの判断を下し、未来を予測する能力を持っていることがわかる。これ以降は、質的変化というより、能力の量が増加するだけだという。

心をより理解するために――

正確な時期には若干問題があるものの、子どもの知的発達段階に関するピアジェの説は、おおむね時の試練に耐え、就学前教育や学校教育に多大な影響を及ぼしてきた。

ところが、ピアジェは自分のことを児童心理学者だと考えてはいなかった。認識論を研究する科学者だと思っていた。子どもの観察からコミュニケーションや認知に関する広範な学説が生まれたのは、子どもの思考を研究することで大人の思考を解明しやすくなったからだ。たとえば、世界の解釈にシェマを用いるのは子どもばかりではない。大人でも新たな情報を受け入れ同化するには、既知の枠組みに当てはめるしかない。

ピアジェは「発生的認識論」という分野をつくり出し、認識が新しい情報を得てどのように発達し変化するかを研究した。精神は割合に恣意的にできており、人は自分なりの世界の見方で現実を解釈できる、と彼は考えていた。教育はこのような見方を考慮する必要があり、事実を押しつけるばかりではせっかくの知識が吸収されないという。詰め込み教育は、変化を嫌う体制順応的なつまらない人間を生む結果になるのだ。

ピアジェは時代を先取りして次のような提案をしている。創意に富み革新的な考え方ができる人間、しかも主観にとらわれず、新事実を受け入れられる成熟した人間を教育によって育てる必要がある、と。こうして、子どもの言語と思考を観察した最初の実験が、大人の認識に関する優れた洞察を生み出すことになったのである。

06

2002

人間の本性を考える
—心は「空白の石版」か

スティーブン・ピンカー

遺伝科学と進化心理学による
人間の本性の理解が、人間の進歩につながる。

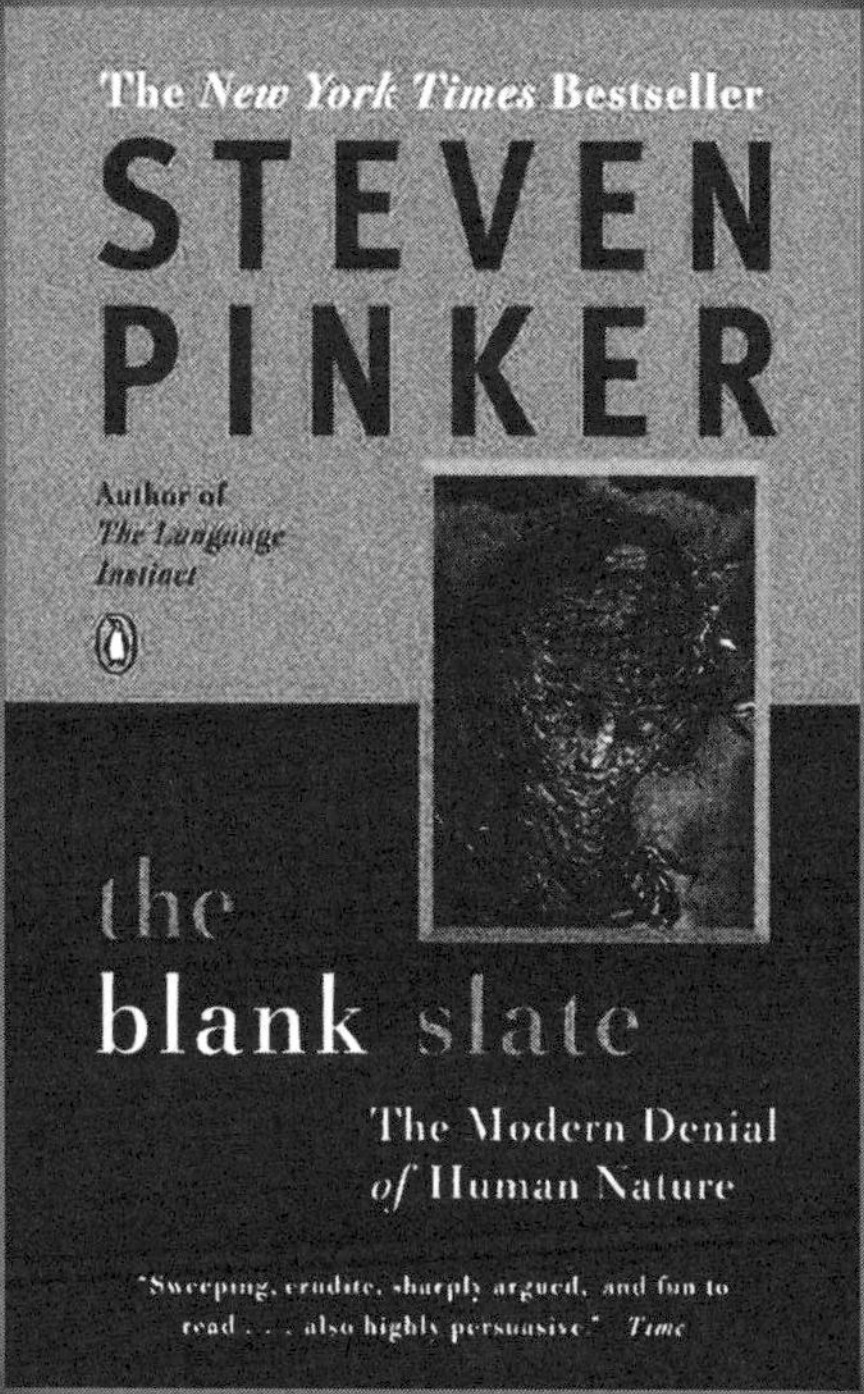

邦訳
『人間の本性を考える』
日本放送出版協会　山下篤子 訳

人間の本性というものが存在すると認めることは、人種差別や性差別、戦争や強欲や大量虐殺、ニヒリズムや政治的反動、子どもや恵まれない人たちの放置などを是認することだと、多くの人が考えているのだ。そして、心が生得的な機構をもつという主張は、まちがっているかもしれない仮説としてではなく、考えるだけでも不道徳なものとして受けとめられている。

❀

今では珍しくもない「氏か、育ちか（nature vs nurture）」をめぐる論争（遺伝環境論争）は、人間の特徴や才能が生まれながらにして備わっているのか、それともすべて文化や環境によってつくられるのかを争うものだ。一九六〇年代から七〇年代には、行動主義心理学、人類学、社会学などの専門家が主張する、環境ですべてが決まるという説に依拠した育児法が一般に受け入れられた。穏やかで差別を助長しない環境づくりが自分の務めとばかりに、男の子におもちゃのピストルではなく人形を与える親もいた。

しかし親であれば、兄弟同士であっても、一人一人生まれつき性格が

Steven Pinker

スティーブン・ピンカー

一九五四年、カナダのモントリオール生まれ。マギル大学卒業。ハーバード大学で実験心理学の博士号を取得。言語と認知に関する研究で知られている。

他の著書は、『言語を生みだす本能』、『心の仕組み―人間関係にどう関わるか』（以上、日本放送出版協会）、『Visual Cognition（視覚認知）』、『Lexical and Conceptual Semantics（語彙と概念の記号論）』、『Words and Rules: The Ingredients of Language（言葉と規則―言語の構成要素）』など。

二〇〇三年までマサチューセッツ工科大学で心理学教授および認知神経科学センターの所長を務めた。

違うと最初からわかるものだ。実験心理学および認知心理学の第一人者スティーブン・ピンカーが『人間の本性を考える―心は「空白の石版」か』を書いたのは、人間の心は可塑性に富んでいるという根拠のない通説を正し、人間の行動はすべて社会化の産物だという神話の正体を暴くためだった。

人間の本性は生得的なものだという事実を認めたがらないのは、性をタブー視したビクトリア朝時代の考え方と同じだとピンカーは指摘する。また、それによって社会政策や科学研究ばかりか、人間に対する見方さえも歪められると述べている。

だが、彼は「文化はまったく関与せず、遺伝子がすべてを決める」と主張しているわけではない。それどころか、文化的・環境的要因と比較して、どの程度遺伝的要因で人間の本性が決まるかを突きとめようとしているのである。

「育ち」を重視するブランク・スレート説

啓蒙思想家のジョン・スチュアート・ミルは、経験の重要性と人間の心の可塑性に注目し、心を書き込まれるのを待つ一枚の紙切れに見立てた。これが「ブランク・スレート（空白の石版、白紙状態）」と呼ばれるようになった考え方だ。

ピンカーの説明によれば、これは「人間の心は生得的な仕組みを持たず、社会や自分自身によって任意に刻み込まれる空白の石版のようなものだ」とする考え方である。こう考えると当然、人間は平等だということになるので、知的障害者や身体障害者でなければ、誰でも好きな社会的地位を獲得できる、と現代のわれわれが思い込むのも不思議はない。

しかしその結果、生物学的・遺伝的要因では人間の本性をまったく説明できないと考えるようにもなったという。ジョン・B・ワトソンが書いた『行動主義の心理学』（河出書房新社）の中に、次のような有名な一節がある。「私に一ダースの健康で発育のいい乳児を与えてくれれば、どの子でも任意に、どんな種類の専門家にでも養成してみせよう。医師でも芸術家でも、乞食でも泥棒でも」

行動主義はもはや心理学の主流でなくなったとはいえ、心がブランク・スレートだという説はまだ根強く残っている。ピンカーの言葉を借りれば「現代知識社会の世俗の宗教」になっている。生物学的差異が重視される時代に戻るのはごめんだ、どうせ人種や性別や階級によって差別され、偏見の目で見られるに決まっている、という気持ちは確かに納得できる。

だが皮肉なことに、過去にはブランク・スレート説によって生じる空白が全体主義体制に利用され、悪用されるケースもあった。心が白紙状態であれば、大衆を思いのままに動かせると考えるからだ。ピンカーはこう問いかける。ブランク・スレート説を完全に葬り去るまで、あといくつ「人間性を再設計する」プロジェクトを経験すれば気がすむのか?

心は「空白の石版」ではない

人間の心は空白であったはずがないとピンカーは指摘する。何千年もの間、ダーウィンの言う自然淘汰によって鍛えられてきたからだ、というのがその理由だ。鋭敏な感覚器官を備え、巧みに問題解決ができる頭脳を持った人間が競争に勝ち、その遺伝子が受け継がれていくのは当然である。あまりに順応性がありすぎる心は「淘汰」されたはずだという。

進化生物学者や一部の進歩的な人類学者の研究によって、感情、親族関係、性差といった一連の「社会的に構築される」要素は、かなりの程度まで生物学的にプログラムされていることが明らかになっている。人類学者のドナルド・ブラウンは、発達段階に関係なく世界中のさまざまな社会に共通して見られる特性や行動を「人間の普遍的特性」と名づけて、そのリストを作成した。代表的な特性の中には、紛争、レイプ、嫉妬、支配といったものに加えて、紛争解決、倫理観、親切心、愛情などももちろん入っている。

人間が残忍にもなれば悪賢くも愛情深くもなるのは、そうなるような神経学的構造を遺伝で受け継いでいるからだ。われわれの祖先は生き延びるために闘いもしたが、親密なコミュニティーの中で暮らし、争いを調停することもできたはずである。ピンカーはこう明言している。

愛や意志や良心も「生物学的」なものだ。すなわち、脳の回路の中で実行される進化適応である。

脳の構造は生まれつき決まっている？

神経科学者によるさまざまな研究の結果、人間の脳は生まれつき綿密に設定されていることがわかった。たとえば――

◆ゲイの男性は、たいてい視床下部の前方部にある第三間質核と呼ばれる部分が通常より小さい。この部分は性差に関係があることがわかっている。

◆アインシュタインの脳は下頭頂小葉という部分が大きく、非常に変わった形をしていたが、これは空間と数に関する知的能力に重要な関係がある部分である。これに対し、有罪判決を受けた殺人犯の脳に関する研究では、意思決定や衝動の抑制をコントロールする前頭前皮質が通常よりも小さいことがわかった。

◆生後すぐに別々にされた一卵性双生児の場合、一般的な知能も言語や数学の能力も非常に似ているだけでなく、内向性や外向性、協調性といった人格特性も全般的な生活の満足度も似ていた。また、ギャンブルやテレビ好きといった人格特性から生まれる行動さえ同じだった。これはまったく同じ遺伝子を持っているというだけでなく、二人の脳の生理的機能（脳の溝やしわや特定部位の大きさ）がほとんど変わらないためだと考えられる。

◆かつて個人的環境だけに起因すると考えられていた病気の多くが、今では遺伝子に問題があるとわかっている。この中には、統合失調症（精神分裂病）、うつ病、自閉症、失読症、双極性障害、言語機能障害などが含まれる。このような病気には遺伝的要因が関係しているため、環境的要因からは容易に予測できない。

◆心理学では人格を次のような五つの主要な特徴に分けて考えている。内向的か外向的、神経質か安定的、新しい物事に対して無関心か開放的、愛想がいいか敵対的、誠実かいいかげん。これらはすべて遺伝で受け継がれる可能性があり、人格の四〇～五〇％はこの遺伝的傾向と関係がある。

もし遺伝子が心に影響を及ぼすのであれば、思考や行動は遺伝子にすっかりコントロールされているのではないかという心配が当然出てくるが、それに対してピンカーは、遺伝子は一定の可能性を与えるだけで、決定的な要因にはならないと述べている。

心をより理解するために――

ピンカーはブランク・スレート説をガリレオ時代の宇宙論にたとえている。当時は、宇宙に道徳的秩序があると一般に信じられていたが、今日の道徳や政治のあり方を見ても、イデオロギーに肩入れして科学的事実（人間性に関する生物学的根拠）が押しのけられる風潮が認められるという。われわれは科学的事実が「価値観の崩壊」をもたらし、望ましい社会の秩序が失われるのではないかと恐れているのである。

その不安を打ち消すように、ピンカーは「人間は自分の姿を示されると向上する」というチェーホフの言葉を引き合いに出している。生物学、遺伝科学、進化心理学などから得られる人間の本性に関する事実を忠実に受け入れてこそ、前に進めるというのだ。人間の本性の中には認めたくない側面も少なからずあるだろうが、それを否定したところで消えてなくなるわけではない。

本書は分量も多く、全編を読み通して十分理解するには少々骨が折れるが、知性を刺激する力作であり、ことによると、持論を覆されるか、確かな科学的根拠に基づく意見に変更を迫られる読者もいるだろう。科学的厳粛さと決して読者を飽きさせない表現法を兼ね備えたこの本を読めば、今日のポピュラー科学の著者の中で、なぜピンカーが高い評価を得ているかも容易に察しがつく。

07

1998

脳のなかの幽霊

V・S・ラマチャンドラン

神経学的に特異な症例を解明すれば、
人間の自己認識の仕組みに関する洞察が得られる。

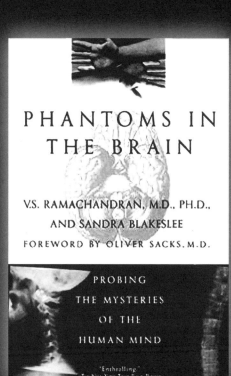

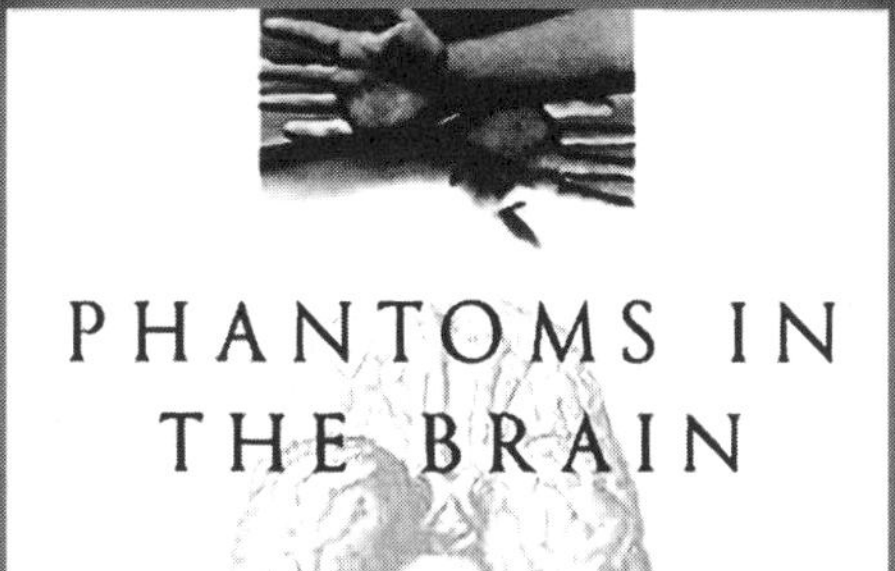

邦訳
『脳のなかの幽霊』
角川書店　山下篤子 訳

幼形成熟（ネオテニー）をした裸の類人猿が、肩ごしに後ろを振り返ってその起源を問う種に進化したのは、まったくもって風変わりなことだ。さらに変わっているのは、脳がほかの脳の働きを解明できるばかりか、自己の存在について問いかけをすることだ。私は何者か。死後はどうなるのか。私の心は脳のニューロンからのみ生まれるのか。もしそうなら、自由意志のおよぶ範囲はどれくらいあるのか。これらの疑問が奇妙な再帰的性質をもっている——脳が自分自身を理解しようと奮闘している——からこそ、神経学はわくわくするほどおもしろい。

❀

意識とは何か？「自己」とは何か？　このような大問題は大昔から哲学者に委ねられてきた。ところが、脳の研究が進むにつれて、これを科学的に解明しようという動きが出てきた。当代屈指の神経科学者、V・S・ラマチャンドランはこう言う。脳研究はまだ始まったばかりであり、アインシュタインが相対性理論を考え出したように、意識の大統一理論を組み立てられる段階ではない。おそらく今は研究の初期段階だ、と。

Vilayanur Ramachandran

ヴィラヤヌール・ラマチャンドラン

インドで育ち、東部の都市チェンナイ（マドラス）にあるスタンリー・メディカル・カレッジで医学博士号を取得する。その後ケンブリッジ大学でも博士号を取得。

現在、カリフォルニア大学サンディエゴ校の脳認知センター所長。ソーク研究所で生物学を講義する兼任教授でもある。オランダ政府からアリーンス・カッパーメダル、オーストラリア国立大学からゴールドメダル、オックスフォード大学オールソウルズカレッジからフェローなどを授与されている。

世界中で大規模な連続講義も行っている。中でも、二〇〇三年にイギリスのリースで行った講義やアメリカ国立精神衛生研究所での講義「脳の一〇年」は有名。『脳のなかの幽霊』に基づく二部構成のド

『脳のなかの幽霊』（サンドラ・ブレイクスリーとの共著）は、ラマチャンドランが「心の神秘」を考察したベストセラーであり、驚くべき事実に満ちている。この本を読んだ後は、腕を持ち上げたり、コップをつかんだりするのがもう当たり前のことだと思えなくなるだろう。

科学者は仮説を打ち出した後でその裏付けとなる証拠を探す傾向があるが、ラマチャンドランはそれとは逆に、現在の科学では容易に説明できない医学的に異常な症例を意図的に取り上げる。精神医学に関心がある読者なら、以前は「狂気」と診断されていた症例の多くが、今ではむしろ脳回路の機能障害と考えられている事実に、目から鱗が落ちるはずだ。一見常軌を逸したふるまいをするからといって、気がふれているとは限らないのだ。

本書は基本的な脳の解剖学的構造を教えてくれるばかりか、読み物としてもとてもおもしろい。フロイトやインドの宗教について言及するだけでなく、シェークスピアやホリスティック・ヒーリングのグル、ディーパック・チョプラなどからも言葉を引用する。視床や前頭葉といった専門用語を知らなくてもこの本が楽しく読めるのは、この度量の広さのおかげだ。ラマチャンドランは少々とりとめのないくだけた文体で、脳がいかに不可思議で驚異的な働きをするかを伝えている。

キュメンタリーが製作され、イギリスの民間テレビ局チャンネル・フォーとアメリカの公共放送PBSで放映された。

他の著書は、『Encyclopedia of the Human Brain（人間の脳百科）』、『脳のなかの幽霊、ふたたび―見えてきた心のしくみ』（角川書店）、『A Brief Tour of Human Consciousness（意識の世界）』など。

なお、共著者のサンドラ・ブレイクスリー（Sandra Blakeslee）は、「ニューヨーク・タイムズ」のサイエンスライターで、認知神経科学が専門。

脳の部位とその働き

ラマチャンドランは次のような驚くべき事実を紹介している。

砂粒くらいの大きさの脳の断片に、一〇万個のニューロンと二〇〇万本の軸索と一〇〇億個のシナプスがあり、それらが互いに「会話」をしている。

彼は脳のさまざまな部位を詳細に説明しているが、それによると、「クルミ形の二つの脳半球」にはそれぞれ前頭葉、側頭葉、頭頂葉、後頭葉の四つの葉がある。また、左右の半球それぞれが反対側の半身の動きをコントロールしている（左脳は右半身、右脳は左半身の動きをコントロールする）。

実際に言葉を口に出すかどうかにかかわらず、どちらかと言えば左脳がひっきりなしに「話す」脳半球であり、意識の合理的な側面に関係しているのに対し、右脳は感情や全体観的な認識の側面に関与している。前頭葉は分別、計画立案、判断などを司るため、脳の中で最も「人間らしい」部位だとされている。

ほかにも次のような説明がある。

◆脳梁は二つの半球をつなぐ線維の束である。
◆延髄は脊髄と脳をつなぐもので、血圧、心拍数、呼吸などをコントロールする。
◆視床は脳の中央部に位置し、嗅覚を除くすべての感覚情報の中継地点となる。進化的に古い脳の部分だと考えられている。

◆視床下部は視床の下にある部分で、攻撃、恐怖、性などの「衝動」の制御およびホルモンや代謝機能の調節に関係している。

ラマチャンドランによれば、こうした基本的な事実は知られていても、記憶や知覚の仕組みについてはまだ本当にはわかっていない。たとえば、記憶は脳の特定部位にある局在的な機能なのか、それとも非局在的なもので脳全体がかかわっているのか？

この二つの見解はどちらも間違いとは言えない。局在的機能を持つ特定部位の相互作用の仕組みを理解して初めて、「人間の本性」を解明するとば口が見えてくるからだ。

ないはずの手を使って計算する少女

この本のタイトル『脳のなかの幽霊』は何を意味しているのか？ ラマチャンドランは何といっても幻肢の研究で有名だ。幻肢とは、切断手術や麻痺した後でも、ふつうの手足の感覚がそっくり残る現象である。最悪の場合、実際にひどい痛みを感じる人もいるという。神経系のどこに原因があって、このような幻肢が生じるのか？ なぜ手足の正常な感覚が切断手術後も「凍結」されたままになっているのか？

この疑問を解くため、ラマチャンドランは幻肢患者を被験者にして実験を行った。彼はこの現象を次のように説明する。本来、脳には身体イメージ、つまり腕や脚を含む身体的な心象があるため、腕や脚を失っても、その事実を脳が受け入れるには少し時間がかかる場合があるのだ、と。

従来の見方では、腕や脚をなくしたショックで、まだそこにあると思いたい、あるいは失った事実を否認したいという気持ちに駆られるからだとされてきた。しかしラマチャンドランは、神経症を患っているケースはほとんどなかったと指摘している。

実際、ミラベルという女性には生まれつき腕がなかったにもかかわらず、腕を使う生々しい感覚があった。この例を見ても、脳には手足を協調して動かす回路があり、手足が存在しないという感覚情報が伝えられても運動の指令を出しているのではないかと考えられる。

そのほか、生まれつき両方の前腕がない少女が、たびたび指を使って算数の簡単な計算をしていた例も紹介されている。人が手足を失っても、脳は信号を送り続けて動かそうとするのがふつうだが、やがて、手足がないという感覚のフィードバックによって幻肢は消滅する。しかし、切断手術を受けた人とは違い、生まれつき腕のない人は、切断部分の感覚フィードバックを一度も受けていないので、脳は身体に腕があるとずっと思い込んでいる可能性があるというのだ。

手足の麻痺を認めない患者

疾病失認の患者は、他の点ではどう見ても正常なのに、自分の腕や脚が麻痺しているとは認めない傾向がある。ただし、こうした否認が起こるのは左半身の腕や脚だけだ。なぜこのような障害が起こるのか？　単なる希望的思考なのか？　どうして左側だけなのだろう？

ラマチャンドランは、二つの脳半球の役割分担に関係があると説明する。左脳は信念体系（ビリーフ・システム）や現実モデルをつくる機能があり、本質的に体制順応型で「常にねばり強く現状維持に努める」。したがって、モデルに合わない新しい情報を受け取ると、否認や抑圧などの防衛機制によって現状を維持しようとする。

これとは反対に、現状を疑って矛盾点や変化の兆候を探すのが右脳の仕事だ。右脳が損傷を受けると、左脳は自由に「否認や作話」を実行できる。右脳の現実チェックがなければ、心は自己欺瞞の道をさまようことになるという。

自我を守り抜こうとする脳

疾病失認患者に関するラマチャンドランの研究は、防衛機制、つまり自我を守るための思考や行動に関するフロイト理論を証明しているように思われる。ただし、神経学では、精神ではなく脳の神経経路を考察することによって、人が現実を直視せず合理化する原因を探ろうとする。症状を否認する患者がこの研究にうってつけなのは、多様な防衛機制が圧縮かつ増幅された形で観察できるからだ。

脳は自我を守るためには何でもする。こうした進化が起きたのは、おそらく脳と神経系が他の非常に多くのシステムと関係し、そのすべてを結びつけるために壮大な幻想が必要だったからだと考えられる。生き延びるためには、社会生活を営まなくてはならない。結婚相手を見つけるためには、自分の行動を管理できる自律的な存在でなければならない。しかし、一人の人間のごく一部分だけが管理にたずさわり、残りはゾンビのように無意識に働いているのが実状なのである。

脳の損傷が引き起こす奇妙な症例

ラマチャンドランはトマス・クーンとその画期的な著書『The Structure of Scientific Revolution（科学革命の構造）』を引き合いに出し、科学は定説と矛盾する異常な事例を無視し、隠す傾向があると述べている。しかし、彼の見解はこれとは逆に、奇妙な症例を解明するほうが一般法則に近づけるというものだ。この本で紹介されている奇妙な症例を以下にあげよう。

◆半側無視の患者は、左側にあるものや出来事にまったく無関心で、自分の左半身に無関心なケースさえある。エレンという患者は皿の左側にあるものは食べないし、顔の左半分には化粧をしない。また、口の左側は歯磨きさえしない。生活をともにする人にとっては憂慮すべき事態だが、これは珍しい症状ではなく、卒中が右脳、特に右の頭頂葉に起こった後によく見られる。

◆カプグラの妄想はまれな神経症状で、この妄想を持つ患者は、自分の両親、子ども、配偶者、兄弟姉妹などを偽物だと思うようになる。誰であるかはわかるが、顔を見ても何の感情もわかないので、偽物に違いないと脳が判断してしまう。神経学的に言えば、顔を認識する領域（側頭皮質）と、特定の顔に対して感情的な反応を引き起こす扁桃体（辺縁系の入り口）との間に断絶がある。

◆コタール・シンドロームは、自分が死んでいると思い込む異様な症状だ。この患者は、腐敗した肉のにおいがする、ウジ虫が身体中をはいまわっているなどと訴える。ラマチャンドランは、脳の感覚領域と感情に関係する辺縁系との間に連絡がないのが原因だと考えている。患者はまったく何の感情もわかなくなるため、生きているという実感を得られない。こういう状況に陥ると、脳はもう自分が死んでいると思い込むしかなくなるのだ。

意識とは何か？

このような特異な症例のほうが実験を行いやすいため、かえって正常な脳の働きがよくわかる。自分が認識する世界を当たり前だと思っている人も、脳の回路に少しでも障害が起これば、現実と非現実の見境がつかなくなる恐れがある。

現実認識は、われわれが成功し生き延びるために入念に仕組まれた錯覚のようなものだということがわかってきている。一瞬ごとの知覚行為にまともにつきあっていたら何もできない。必要最小限の現実認識を、当たり前のものとして受け入れなければならないのだ。通常は脳がこの役目を見事に果たしているのだが、異常な事態にならない限り、脳が意識をうまく安定させているという事実にわれわれは気がつかないのである。

扁桃体と側頭葉は意識にきわめて重大なかかわりがある。ラマチャンドランによれば、この二つがなければ人間は実質的にロボットと変わらず、行動の意味を理解できなくなる。人間の脳には行動の方法を伝える回路ばかりか、行動の意味を伝える経路もあるらしい。

彼はまるまる一章を割き、宗教心の高まりと側頭葉てんかんの関係について書いている。それによると、側頭葉にてんかん発作が起こると、突然あらゆるものに宗教的な意味を見出す場合がある。意識しているという事実について論じる能力をはじめ、さまざまな物事に異なる意味づけをすることは、他の動物にはない人間特有の能力だが、この能力が損傷を受けるか改変されると、意味を過剰に感じる可能性があるという。

心をより理解するために——

人類史上最大の革命は、われわれが本当に自己を理解し始めたときに起こるだろう、とラマチャンドランは述べている。彼が脳研究のための財政的支援を増やすように要求してきたのは、単に好奇心を満足させるためではない。脳から「あらゆる嫌なもの」(戦争、暴力、テロリズムなど)が生まれるからだ。

われわれはまず手はじめに、脳の解剖学的構造と回路に関する神経学的な知識を身につける必要がある。しかし、それよりも大事なのは、灰色の細胞の塊である脳と自由意志を持つ個人の自我が、どういう関係にあるのかを理解することだ。

ラマチャンドランはこう指摘する。たとえ自我(自己意識)が、確実に肉体を存続させる目的で脳が生み出した手の込んだ錯覚だとしても、それは哲学的もしくは霊的に宇宙と交わる方法でもある。これは他の動物にはない人間特有の現象だけに、重大な関心を持ってさらに深く研究しなければならない、と。

08

1985

妻を帽子とまちがえた男

オリバー・サックス

絶えずアイデンティティを創造するのが
人間の脳の特徴である。

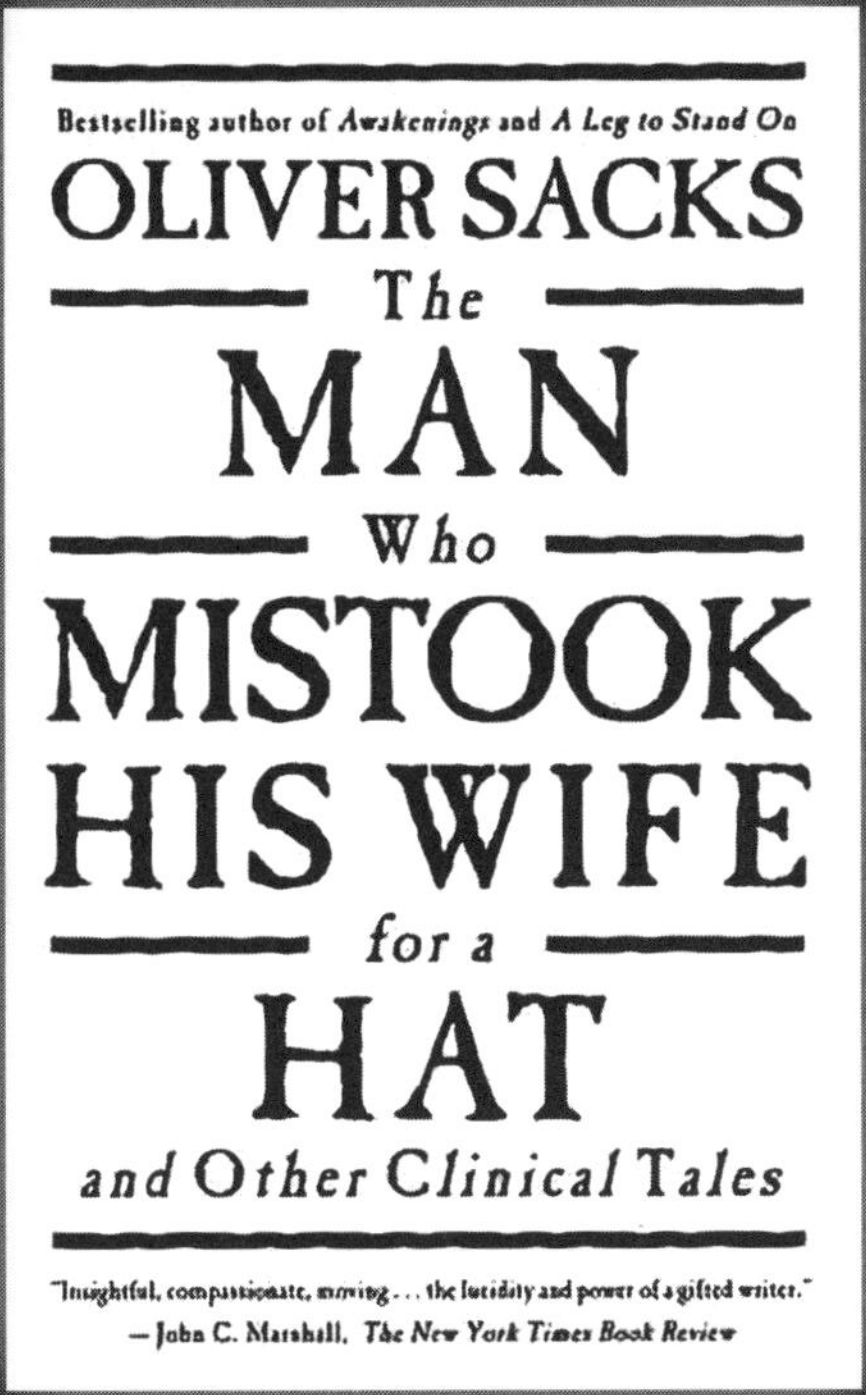

邦訳
『妻を帽子とまちがえた男』
晶文社　高見幸郎・金沢泰子 訳

神経学や心理学はあらゆることに口を出すくせに、「判断」にかんしては、ほとんどなにも語らない。だが、「判断」はきわめて重要なことで、判断の欠落こそが、多くの神経心理学的障害の核心なのである。

❀

スーパー・トゥレット症患者は、真の人間、あくまでも「個」たる存在として生きるために、たえず衝動と戦わざるをえない。(中略)ほとんどの場合——これこそ驚異と呼ぶにふさわしいが——彼は戦いに勝つのである。生きる力、生き残りたいという意志、あくまでも「個」たる存在として生きたいという意志の力こそ、人間のなかにあって最も強い力だからである。それは、いかなる衝動や病気よりも強い。健康は、戦いを恐れぬ雄々しい健康こそは、いつの場合も勝利者なのである。

❀

Oliver Sacks

オリバー・サックス

一九三三年、ロンドンで医師の両親のもとに生まれる。オックスフォード大学医学部卒業。

一九六〇年代、アメリカ合衆国に移住し、サンフランシスコでインターンをした後、カリフォルニア大学ロサンゼルス校の付属病院で研修医として勤務。

一九六五年、ニューヨークに定住し、ブロンクスにあるベス・アブラハム慈善病院に勤務。その数年間に行った「嗜眠性脳炎」患者に対する治療はよく知られている。当時まだ実験的薬剤だったLドーパを使用したところ、多くの患者が通常の生活に戻ることができた。この実験をテーマにした著書『レナードの朝』(早川書房)は各方面に影響を与え、ハロルド・ピンターは「いわばアラスカ」という劇を書き、ハリウッドではロ

『妻を帽子とまちがえた男』は、神経学者オリバー・サックスの名を世に知らしめた世界的ベストセラーだ。その序文でサックスは、病気にも人々にも同じように関心を持っている、と書いている。医師としての長年の経験から、往々にして「どんな病気か」ではなく「どんな人か」が問題になると彼は確信していた。「自己」にかかわる病気だけに、昆虫を扱うように患者を診察するわけにはいかないのだ。

神経学ではなおさらこのような考え方が重要になる。というのは、神経学が扱う脳の物理的な機能障害がアイデンティティにしばしば影響を与えるからだ。本書のねらいは、たとえ正常な機能が失われても、人は紛れもない独自性を持ち続ける、という事実を明らかにすることだ。数多くの不思議な症例を目の当たりにしたサックスは、精神や肉体の病にもかかわらず、現実に適応し、自分を再び創造する人間の驚くべき力を伝えている。

二四章からなるこの本には、多くの奇妙で興味深い症例が詳述されており、まるで小説のように読み出したらやめられない。「喪失」と題された第一部は、病気やけがで何らかの脳機能を失った人々が、自分のアイデンティティを取り戻そうとする闘いを描いている。

バート・デ・ニーロとロビン・ウィリアムズ主演で映画化された。

個人開業のかたわら、アルバート・アインシュタイン医科大学で臨床学教授、ニューヨーク大学医学部では非常勤講師として神経学を教える。また、貧民救済修道女会の神経学専門の顧問医師も務め、これまでに数多くの名誉博士号を授与されている。

他の著書には、『手話の世界へ』(晶文社)、『火星の人類学者』、『色のない島へ』、『タングステンおじさん』(以上、早川書房)などがある。

ジミーの失われた歳月

記憶を失っても自己を保てるのだろうか？　サックスはジミー・Gの物語でこの問題に触れている。

一九七五年、サックスが医師として勤務する老人ホームに四十九歳のジミー・Gが入所する。ハンサムな男で、元気そうに見えるし、人当たりもいい。高校を卒業してすぐに海軍に入り、潜水艦の通信士になったという話だった。

個人的な経歴や家族との生活などを聞いているうちに、ジミーが現在時制を使っている、とサックスは気がついた。そこで「それは何年のことですか？」と尋ねたところ、「もちろん一九四五年ですよ」という答えが返ってきた。そのときジミーは、戦争に勝ってトルーマンが大統領になり、自分は復員軍人のための援助をもらって大学に通うのを楽しみにしている、と話していた。自分が十九歳だと思い込んでいたのである。

サックスが診察室を出て二分後に戻ると、もう誰なのかジミーは覚えていないように思われた。まるで初めて会ったかのような様子だった。どうやら、一九四五年の時点で長期記憶がストップし、永久不変の現在に生きているらしい。理系の能力に優れ、テストをすると複雑な問題を苦もなく解いてしまうが、身の回りの大きな変化にはとまどいを見せる。鏡に映った四十代後半の男が自分であるのは間違いないと思いながらも、なぜ急に老け込んだのかわからない。サックスはノートにこう書き記した。「彼には過去もなければ未来もない。絶えず変動して何の意味もない瞬間にはりついているだけだ」。サックスはジミーの症状をコルサコフ症候群と診断した。これは、アルコールによって脳の乳頭体が損傷を受ける病気であり、他の部分は何ともないが、記憶に障害が出るという。

ジミーの魂をつなぎとめたもの

サックスはジミーの兄の居所を突きとめた。その兄の手紙によれば、一九六五年に海軍を辞めた後、ジミーは堰を切ったように大酒を飲むようになった。その時期にどういうわけか逆向性健忘になり、一九四五年までさかのぼる記憶喪失が起こっていたのだ。

サックスは前日の出来事を忘れないように日記をつけることを勧めるが、連続的な時間感覚を取り戻す役には立たなかった。日記に書かれた出来事がまるで他人事に思えたからだ。ジミーは自己の一部を喪失し、いわば「魂が失われた」状態になっているように見えた。

あるとき、同じ老人ホームのシスターたちに「彼が本当に魂を失ったと思いますか」と尋ねたところ、シスターたちは幾分ムッとした表情で、「礼拝堂にいるところを見てごらんなさい」と答える。

サックスが礼拝堂に行ってみると、ジミーはまるで別人だった。一心不乱に礼拝しミサの儀式を行う姿は、どういうわけか、いつになく「調和がとれている」ように見えた。大きな霊的意味を持つ儀式によって、いつもの混沌とした精神状態が影をひそめていたのは明らかだった。サックスはこう述べている。

記憶、精神活動、あるいは思考力だけでは自己を支えることはできなかったが、道徳的行為に没頭することで、彼は自己を完全につなぎとめることができた。

庭の手入れや絵や音楽を鑑賞するときも同じことが起きた。このように、アイデンティティを支える正常な記憶の働きが失われているにもかかわらず、ふだんジミーが経験から意味を見出しながら十分に生き生きと暮らしていたのは確かである。慎重な計画に基づいて同種類の活動を行えば、落ち着きを維持することができた。「魂」であれ「自己」であれ、とにかく残された彼の一部が、病気を抱えて生き抜く方法を見出したのである。

奇行が目立つトゥレット症候群

この本の第二部は「過剰」と題されている。ここには、ある機能が失われるのではなく、過剰になる症例がまとめられている。たとえば、想像力過剰、知覚過剰、衝動過剰、躁病などだ。実際にこのような「異常に興奮した精神状態」になると、通常では見られないほど生命力が高まる。医学的に見れば病気だが、このような状態の患者は、（長続きするわけがないと内心思っていても）大きな幸福感や活力を感じるのである。亢進した機能がアイデンティティの一部になるため、中には治療を拒む患者もいるという。

神経機能が過剰になる病気の一つが、一八八五年に初めて発表されたトゥレット症候群だ。（フロイトと同じく）神経学の先駆者シャルコーの弟子だったジル・ド・ラ・トゥレットは、この症候群に見られるさまざまな特徴を報告している。たとえば、チック、異常な動作、悪態、うなり声、気まぐれ、奇妙な強迫などである。その程度には個人差があり、穏やかで良性のものから凶暴性を示すものまである。トゥレット症候群は謎だらけの、比較的まれな病気だったため、医学界からほとんど忘れられていた。

しかし、決して病気そのものがなくなったわけではなく、一九七〇年代にはトゥレット症候群連盟が結成され、会員数も数千人に上った。研究の結果、この病気は「古い脳」（人間の脳の最も原始的な部分）を中心にした脳障害が原因だとするジル・ド・ラ・トゥレットの当初の説が裏付けられた。視床、視床下部、辺縁系、扁桃核など、すべて基本的な人格を形づくる本能的な部分に障害があるとわかったのだ。トゥレット症患者では脳内の興奮性伝達物質、特にドーパミン（パーキンソン病患者はドーパミンが欠如する）が過剰になっていた。この病気には、ハルドールという薬でドーパミン量を減少させる治療法がある。

しかし、トゥレット症候群には脳内の化学変化だけでは片づかない問題もあった。歌ったり踊ったりするときなど、いつものチック症や奇行が影をひそめる場合があるからだ。このようなケースでは、その患者の「I」（理性的自我）が病気の「It」（本能的自我）を圧倒しているように思える、とサックスは述べている。正常な人なら、自分の知覚、反応、動作などは当然自分のものだと思っているから、強固なアイデンティティを保つのはたやすい。だが、コントロールできない衝動に絶えず襲われているトゥレット症患者が、何とかアイデンティティを維持できるとすれば驚くべきことだ。病気のなすがままになっている患者がいる一方で、病気を「甘受」して人格に取り込み、頭の回転を速くするために利用するような患者もいる、とサックスは述べている。

機知あふれるチック症のレイ

レイが二十四歳でサックスの診察を受けたときは、症状がかなり極端な形であらわれていた。数秒間隔でけいれん性チック症に襲われるため、事情を知らない人はみな怖がった。優れた知能、機知、ユーモア、しっかりした性格などを兼ね備えたレイは大学を卒業し、結婚までしていた。だが、何度か就職はするものの、奇行のせいでことごとくクビになる。他人に対して喧嘩腰の態度をとり、罵詈雑言を浴びせるからだ。

レイは「唐突な闖入者」であるトゥレット症のチックを週末に精一杯利用し、ジャズドラムの演奏でときどき激しいソロを披露した。チックから解放されるのは、睡眠中か性交直後、あるいは何らかの仕事に没頭しているときだけだった。

レイは自ら進んでハルドールを試したが、チック症が治ったら自分には何が残るのか、と不安に思う。何しろ、四歳からずっとチック症だったのだ。薬が効き始めると、それまでとは違う自分に慣れる必要が出てきた。仕事がある日はハルドールを服用し、チック症状を抑えて落ち着いた(退屈な)人間になった。ところが、激しく突発的に行動し、当意即妙の受け答えができた以前の自分(そういう自分しか知らなかった)が失われたことに物足りなさを感じたレイは、週末は薬を使わず、「機知あふれるチック症のレイ」と自称していた自分に戻ることにしたのである。

この場合、どちらがレイの本当の自我と言えるのか？　その答えを出すのがサックスのねらいではなく、レイの話は「精神の復元力」を示す一つの例として紹介されているだけだ。激しい「I t」に心を支配されそうになっても、心のどこかで「I」が必ず自己の存在を主張するという事例なのだ。

脳は不思議なはた織り機

現在の脳機能の解明は基本的にコンピュータをモデルにしている、と述べる一方で、サックスは次のような疑問を投げかけている。はたしてアルゴリズムやプログラムで、人間の多種多様な劇的、美術的、音楽的経験を説明できるだろうか？　プルーストなどの優れた作家が文学作品で表現したような追想も含めて、記憶は脳のコンピュータの奥深くにしまい込まれている、という考え方をどうして受け入れられるだろうか？

サックスによれば、人間はただの「思考機械」ではなく、意味のある経験を積み重ねて生きている生き物であり、物事の全体像が鮮明になるように現実を「図像的な」表現で記憶しているのは間違いない。

イギリス人の生理学者チャールズ・シェリントンは、脳は「不思議なはた織り機」のようなもので、絶えず意味のある図柄を織り続けていると考えた。コンピュータよりもはた織り機と考えたほうが、経験に個人差があり、時間の経過によって意味が変化する理由を確かにうまく説明できる、とサックスは言う。

彼自身は、「脚本や楽譜」というたとえで脳を理解しようとした。人間の営みは脚本か楽譜に似て、やがて一つのパターンにまとまっていく。結局、その解明の手がかりとなる脳の働きは、科学的、数学的なもの（これはおそらく左脳の役割だろう）ではなく、芸術的なものであるはずだ。われわれが「自己」と思っているものの創造に深くかかわる右脳では、「経験や行為は場面や旋律となって表現され」、それが意味を持つようになるに違いない、というのである。

ある角度から見れば、人間は、神経回路のコンピュータによって環境に反応する高度なロボットに似ているかもしれないが、それだけでは「自己」を形成することはできない。サックスはこう述べる。

経験科学は魂を無視している。個人的特質を考慮していない。

病気におかされながらも、彼の患者が必死に取り戻そうとし、維持しようとしたのは、まさにこういうものだったのである。

心をより理解するために――

実のところ、自分が自律的な存在で、常に自分自身をコントロールしているという感覚を維持するのは並大抵のことではないが、何らかの神経障害が出るまで、われわれはそのことに気づかない。われわれは「驚異的な人格統合」をしながら生きているが、往々にして強力な自我の意志を過小評価している、とサックスは言う。神経の損傷や病気のために人格崩壊の危機に直面しても、自我がそれを食い止めようとする事実を軽視しているというのである。

脳がただのコンピュータのようなものだとすれば、混沌の縁から引き返してアイデンティティを取り戻すことなどできないだろう。効率的に働くだけでは飽き足らず、人間の心は全体性を希求し、無秩序の感覚や経験から意味を見出そうとするのだ。

絵画や交響曲は、単なる油絵の具や楽音の集積ではなく、意味を表現している作品である。同様に、人間も一生をかけて、ただの細胞の寄せ集め以上の存在になるのだ。人の死を悼むのは、その人が「立派な肉体」だったからではなく、ある意味をあらわす存在だったからだ。漠然とした、意味深い、尊い自我。これがこの本のテーマだ。

2

Chapter2

無意識の影響力

09

1999

暴力から逃れるための15章

ギャヴィン・ディー＝ベッカー

直感的な恐怖心が、
私たちの身を守る。

邦訳
『暴力から逃れるための15章』
新潮社　武者圭子 訳

あらゆる生物は、危険があれば必ずそれに気づく。人間も例外ではない。人間にも防衛本能という素晴らしい本能があって、危険があれば警告を発し、その危険から身を守ってくれるのである。


「男はおそらく、しばらく前からこちらをうかがっていたに違いない。その点についてははっきりしたことはわからないが、彼女が男のはじめての獲物でなかったことはたしかだった」

　このゾッとするような描写で始まる『暴力から逃れるための15章』は、実際に暴力の被害者になったか、危うくなりかけた人々の話をまとめたものである。いずれにせよ、直感に従って生き残ったか、直感に従わず悲しい運命をたどった人の話だ。

　ふつう恐怖を感じるのはよくないとされるが、ギャヴィン・ディー＝ベッカーは、恐怖とは危害から身を守ってくれる特別な能力（贈り物）にほかならないと主張する。本書のねらいは、恐怖と暴力をキーワードにして他人の心理を読み取り、行動を予測するための知識を提供することにある。

Gavin de Becker

ギャヴィン・ディー＝ベッカー
　暴力犯罪の予測と管理の分野では草分け的な存在。企業、政府機関、個人などを対象とした防犯コンサルタントと警護サービスの会社を設立する。チームリーダーとしてレーガン大統領の招待客の警護を担当したほか、米国国務省に協力し、公式訪問で渡米する数多くの海外の要人を警護した実績を持つ。

　連邦最高裁判所や議会で脅迫防止に使われているモザイク（MOSAIC）システムという危険度判定システムの設計者でもある。O・J・シンプソン事件の裁判をはじめ、多くの訴訟事件に専門家として助言。

　カリフォルニア大学ロサンゼルス校（UCLA）公共政策学部の上級研究員。ドメスティック・バイオレンス問題審議会の共同議長も務める。

　他の著書には、子どもの安

人の心を読むのは不愉快なものだ。それが殺人者になりかねない人間の心理ならなおさらだが、何もしないで苦い経験をするよりはましだろう。

十三歳になる前に、ディー＝ベッカーはふつうの大人が一生かかっても追いつかないほど数多くの暴力を、ほかならぬ自分の家庭で目撃していた。恐怖におびえながらも、生き延びるためには次の事態を予測する力を嫌でも身につける必要があった。

だからこそ、彼は誰もが暴力行為を予測できるように、暴力的な人間の心理を分析することを一生の仕事に選び、暴力犯罪の予測を専門とする防犯コンサルタントになったのだ。彼は現在、各界の著名人、政府や企業の要人などの警護を担当するかたわら、ドメスティック・バイオレンス問題に関しても積極的に発言している。

ディー＝ベッカーは心理学者ではない。しかし、正統的な心理学の教科書よりもむしろ本書を読むほうが、直感、恐怖心、暴力的な人間の心理などの本質について多くの洞察が得られる。優れた犯罪小説のように読む者の心をつかんで離さない本書は、人生を変えてくれるどころか、ことによると命を救ってくれるかもしれない。

全に関する『Protecting the Gift（直感を守れ）』、『Fear Less: Real Truth About Risk, Safety and Security in a Time of Terrorism（テロリズム時代の危機管理）』がある。

恐怖心こそが命を救う

現代人は直感を頼みに身を守るすべを忘れている、とディー＝ベッカーは言う。たいていの場合、暴力の問題を警察や司法制度に任せきりにして、守ってもらえるものと思っているが、その筋が介入する頃には手遅れになっている。最新のテクノロジーが危険から守ってくれると信じている人もいる。警報装置の数を増やしフェンスを高くすれば、それだけ安全だと思っているのだ。

ところが、もっと心強い防衛法がある。直感、つまり「虫の知らせ」だ。通常、われわれは警戒すべき人間や状況について必要な情報はすべて持っている。他の動物と同じように、人間の体内にも危険を知らせてくれる警告システムがあるのだ。犬はきわめて鋭い直感を持っているとされるが、ディー＝ベッカーによれば、人間の直感のほうが本当は優れている。ただ、確信が持てないのが問題だという。

暴力被害にあった後、「何かおかしいと思っているうちに、抜け出せなくなりました」と報告する女性の例がこの本にはいくつも紹介されている。なぜ彼女たちは、バッグを持ってくれた男、一緒にエレベーターに乗り込んだ男に襲われて意のままにされたのだろうか？　ディー＝ベッカーはこう指摘している。

> 暴力には共通の「危険信号」があり、ほとんど誰でも無意識のうちに感じ取ることができるが、現代生活の影響で感受性が衰えている。まったく信号に気づかないか、気づいても無視するのだ。

逆説的な言い方だが、ディー＝ベッカーは「直感に頼れば、ビクビクしながら生きる必要はまったくなくなる」と訴えている。本当の恐怖を感じると、人間は麻痺状態に陥るどころか力がわいてきて、ふだんなら考えられないこともできるようになるというのだ。

本書の最初に取り上げられているのは、だまされて自分のアパートでレイプされた女性の事例だ。事が終わった後、台所に入っていく男に何か引っかかりを感じた女性が、こっそり後をつけたところ、男は台所の引き出しをあさり、大きな包丁を取り出そうとしていた。殺されると思った女性は、急いで玄関から逃げ出したという。

この話で興味深いのは、彼女が恐れずに行動できたと回想している点だ。本物の恐怖は直感の働きによって生じるものであり、むしろわれわれの命を救ってくれるありがたい感情なのである。

誰もが犯罪者になる可能性がある

人間には「犯罪者特有の心理」を持った者がいると考えるのは誤りだ、とディー＝ベッカーは明言する。「自分には絶対に人殺しはできない」と言う人も、「愛する者を守る必要に迫られた場合は別だ」と但し書きをつけるに決まっている。

人間は誰しも罪を犯す可能性がある。殺人は「非人間的」と表現されることが多いが、ディー＝ベッカーに言わせれば、殺人はまったく人間的なものである。一人の人間がある状況である行為ができたとすれば、誰でもその行為ができるはずなのだ。

ディー＝ベッカーは、「人間」と「怪物」を区別するような悠長なまねはしない。他人に危害を加える意図や能力があるかどうかを見抜くのが仕事だからだ。彼はこう断言する。

暴力の源泉は誰にでもある。違うのは、どういう場合に暴力を正当化するかということだけだ。

暴力事件は予測できる

なぜ人は暴力を振るうのか？　ディー＝ベッカーはその要因を次の四つにまとめている。

◆暴力の正当化（Justification）――自分が故意に不当な扱いを受けたと判断する。
◆暴力以外の選択肢（Alternatives）――暴力以外に償いや公正な扱いを求める手段がないと思う。
◆暴力のもたらす結果（Consequences）――暴力行為で生じる結果を受け入れる覚悟ができている。たとえば、目的を遂げさえすれば刑務所に入ってもかまわない、と思っているストーカーもいるだろう。
◆暴力を行使する能力（Ability）――自分の身体、あるいは道具を使って目的を遂行する自信がある。

クライアントが脅迫を受けた場合、彼のチームは必ずこういう「前触れ」を調べて暴力犯罪を予測する。注意して見ればわかるが、暴力は決して「どこからともなくあらわれる」わけではない、とディー＝ベッカーは言う。実際には、「ついカッとなって」殺人を犯すようなケースはあまりない。一般的には、「水がいつ沸騰するかを予測できるように」暴力も予測できるのだ。暴力を一つのプロセスとみなし、「実際に起きた事件は、そのプロセスを構成する輪の一つにすぎない」と認識することも予測の助けになる。警察が動機を探し求めるのに対して、ディー＝ベッカーたちは動機の背後に目を向ける。暴力犯は事件の前に暴力沙汰を起こした前歴があるか、暴力的な意図を持っているのがふつうだが、それを調べるのだ。

本書の第一〇章「夫に殺される妻たち」を読むと、配偶者による殺人もカッとしたはずみで起こるケースはめったにないとわかる。たいていは、離れていった妻をストーキングして拒絶された夫が計画的に犯した殺人である。

この種の男は、拒絶されると自我が崩壊の危機に瀕していると感じ、パートナーを殺す以外に自分のアイデンティティを取り戻すすべはない、と思い込むらしい。配偶者による殺人の四分の三は、妻が夫のもとを去った後で起こる、とディー＝ベッカーは警告している。

異常人格者（サイコパス）をどう見分けるか

人を食い物にする凶悪犯には、通常、以下の特徴が見られる。

◆投げやりな態度をとり、虚勢を張る。
◆一つのことに執着する。

◆他の人間ならショックを受けるようなことにも動揺しない。
◆争いの中でも異様に落ち着いている。
◆自分の思いどおりにしなければ気がすまない。

暴力犯罪を引き起こす一番の要因は何か？　自分自身の経験から、ディー＝ベッカーは、子ども時代に虐待などのつらい体験をしたことが重要な要因だと言う。連続殺人犯を調べたところ、全員が子どもの頃に暴力を受けたり、屈辱的な目にあったり、放置されたりしていたことがわかった。

女優のレベッカ・シェーファーを射殺したロバート・バードーは、子どもの頃自分の部屋にずっと閉じ込められ、まるでペットのように食事を与えられていたそうだ。そんな環境では、人づきあいを学ぶ機会などなかっただろう。このような人間は歪んだものの見方をするようになり、いずれ世間を騒がすはめになる。

ところが、暴力的な人間でも、自分の異常な性格をうまく隠している場合がある。はじめは「ふつうの男」のように見せようと、注意深く正常なふりをしているかもしれない。危険信号は以下のとおりだ。

◆親切すぎる。
◆やたらと余計な話をして気をそらそうとする。
◆決まって自分から接近してくる。

◆相手にレッテルをはるか、軽く侮辱的なことを言って挑発し、接近するきっかけをつくろうとする。

◆「仲間意識の押しつけ」をする。つまり、「俺たち」という言葉を口にして、同じ船に乗り合わせた者同士のような気にさせる。

◆何らかの形でわれわれの手助けをして、借りができたと思わせる（「高利貸し」作戦と呼ばれる）。

◆こちらが「ノー」と言っても無視するか、気にもとめない。「ノー」を無視する相手に交渉の余地を与えてはいけない。さもないと、コントロールされてしまう。

ビクビクして暮らす必要はない（いくら心配しても、ほとんど取り越し苦労に終わる）が、家庭や会社のセキュリティシステム、あるいは警察に絶対の信頼を置くのもばかげている。われわれを襲うのは人間なので、理解しなければならないのは人間である、とディー＝ベッカーは述べている。

ストーカーの心理を探る

この本で特におもしろいのは、有名人のクライアントと彼らに近づこうとするストーカーを描いたくだりだ。著名な歌手や俳優なら、山ほど手紙を送りつけたり、セキュリティをかいくぐろうとするストーカーが常に三、四人いても不思議はない。このうち、本気でターゲットの命を奪おうとするような者はごくわずかだ（残りは、スターとある種の「関係」ができていると思い込んでいる）が、世間に自分を認めさせたいという強烈な欲求が共通の動機になっているらしい。

認められたい、栄光を浴びたい、重要人物だと思われたい、といった気持ちはある程度誰にでもあるし、確かに有名人を殺せばストーカー自身が有名になれる。たとえば、マーク・チャップマンやジョン・ヒンクリー・ジュニアの名前は、標的にしたジョン・レノンやレーガン大統領と永遠に結びついて人々の記憶に残る。この連中にしてみれば、暗殺ほど理にかなった手段はないのだ。手っ取り早く有名になれるし、とにかく世間の注目を浴びさえすれば、良い評判だろうが悪い評判だろうが気にならないのがサイコパスの特徴だ。

常軌を逸した人間が映画スターや大統領といった著名人の後をつけ回している映像は、一般大衆の心をとらえるが、なぜそれほどまでに興味をそそられるのかとディー＝ベッカーは疑問を投げかける。アメリカだけでも、二時間に一人の割合で、夫やボーイフレンドに女性が殺されている現実に目を向けないのはおかしいと言うのである。

ちなみに、ディー＝ベッカーは裁判所の禁止命令の効果をほとんど信じていない。禁止命令は事態を悪化させるだけだという。暴力的な人間は注目されるのを生きがいにしているし、どのみち精神が不安定なら、禁止命令が出されても安全は確保できないからだ。

心をより理解するために――

『暴力から逃れるための15章』は、いかにもアメリカ的な著作だ。銃が簡単に手に入り、他国ほど社会的なつながりに重きを置かない独特の文化的状況を背景にしているからだ。イギリスの村、日本の都市、あるいはアメリカでも安全な地域に住む読者なら、やや誇大妄想的な印象を受けるかもしれない。

しかし、ディー＝ベッカーは、アメリカが実際よりずっと危険だという印象を視聴者に与えているとして、夜のニュース番組を批判している。赤の他人から暴力を受けて死ぬよりも、ガンや交通事故で死ぬ確率のほうがはるかに高いのが実状だ、と訴えているのである。

二〇〇一年、ニューヨークの世界貿易センターがテロ攻撃を受けて以来、われわれは無差別の暴力事件がいつ起きるかわからないという強迫観念にとらわれているが、暴力や殺人事件の大半は依然として家庭内で起きている。したがって、暴力の危険信号がわかれば、危険から我が身を守れる可能性は高くなる。

個人的な身の安全という観点から考えれば、男と女はまるっきり別々の世界に住んでいるようだ、とディー＝ベッカーは言う。トーク番組の司会者オプラ・ウィンフリーは、テレビの視聴者にこう語ったことがある。「アメリカの女性なら全員『暴力から逃れるための15章』を読むべきです」

本書を書くにあたって、ディー＝ベッカーは特に次の三冊から影響を受けたという。FBIの行動科学者ロバート・レスラーの『FBI心理分析官—異常殺人者たちの素顔に迫る衝撃の手記』（早川書房）、心理学者ジョン・モナハンの『Predicting Violent Behavior（暴力行為の予測）』、そして読者をサイコパスの心の世界に導くロバート・D・ヘアの『診断名サイコパス—身近にひそむ異常人格者たち』（早川書房）。

暴力をテーマにした心理学関係の書籍があふれている今日でも、『暴力から逃れるための15章』は絶好の入門書と言えるだろう。

10

1982

私の声はあなたとともに

ミルトン・エリクソン／シドニー・ローゼン

無意識の心は、
知恵と潜在能力の貯蔵庫である。

邦訳
『私の声はあなたとともに』
二瓶社　中野善行・青木省三 監訳

いわゆる覚醒した状態でこれらの物語を読んだら、「陳腐で」「古くさい」か「おもしろいけれど、よくわからない」ものとして捨て去ってしまうかもしれない。しかし催眠状態では、治療者に言われることすべてが意味深いものとなり、ひとつの物語または物語の中のたったひとつのことばが小さな悟り——啓発を意味する禅の用語——を開くきっかけになるかもしれないのである。（シドニー・ローゼン）

❀

人は本当にびっくりするようなことができる。ただ、自分に何ができるのか気づかないだけだ。（ミルトン・エリクソン）

❀

ジークムント・フロイト（159ページ参照）も催眠を試したことがあった。しかし、患者をなかなかトランス状態に誘導できず、暗示もかけられなかった。多くの点で催眠の可能性を引き出し、一つの心理療法として確立したのは、フロイトの四五年後に生まれたミルトン・エリクソンであ

Milton Erickson / Sidney Rosen

ミルトン・エリクソン

一九〇一年、ネバダ州のオーラムで生まれる。色覚異常、失音楽症、失読症などの障害があった。幼い頃、一家は幌馬車でウィスコンシン州へ移住し、農業を始める。

ウィスコンシン大学で心理学を学び、催眠の技法を習得。コロラド総合病院で働きながら医師の資格を取得し、ロードアイランド州立病院で精神科医として勤務。

一九三〇年から一九三四年まで、マサチューセッツ州のウースター州立病院で精神科部長を務めた後、ミシガン州エロイーズのウェイン郡総合病院に精神医学研究・教育室長として勤務。このとき知り合ったエリザベスと結婚し、五人の子どもに恵まれる。離婚した前の妻との間にも三人の子どもがいた。

一九四八年、健康上の理由でアリゾナ州のフェニックス

る。今では催眠療法によって、長年苦しんできたコンプレックスや恐怖症から瞬時に解放されるケースもよくある。

なぜフロイトが失敗し、エリクソンがあれほど鮮やかに成功したのか？　おそらく、治療する側とされる側の力関係の中にその答えがある。医師は病気に関する知識があるので治療する側であり、知識のない患者は治療される側だと考えるのが常識だ。精神病院で医師として働いていた若き日のエリクソンもこの常識に従っていたが、やがて、医師と患者は力を合わせて無意識の心を探り、解決策を見出そうとしているにすぎないと思うようになった。自らトランス状態に入ることによって、エリクソンの声が患者の声と「同化」し（「私の声はあなたとともに」と彼は患者に語りかけていた）、強力な暗示効果が得られたのだ。

に引っ越すと、「奇跡」の療法を求めて全米各地から患者がやってきた。作家のオルダス・ハクスリーに催眠をかけたこともある。また、人類学者のマーガレット・ミードや哲学者のグレゴリー・ベイトソンとも親交があった。

アメリカ臨床催眠学会の創設者。アメリカ心理学会、アメリカ精神医学会などの会員でもあった。

一九八〇年、死去。

シドニー・ローゼン

ニューヨーク大学附属病院精神科の臨床学助教授。エリクソン流心理療法と催眠協会を主宰。アーネスト・L・ロッシーとエリクソンの共著『Hypnotherapy: An Exploratory Casebook（催眠療法の事例）』の序文も書いている。

ユニークな催眠療法を編み出したエリクソン

「教えの物語」を聞かせるのがエリクソンの催眠の秘訣だった。物語といっても、昔ながらのおとぎ話ではなく、彼自身の家庭生活や以前治療した患者の症例に関するものであり、治療を望む患者の問題に特別な意味を持つ逸話である。たいてい、ショックや驚きを与える話をして、「なるほど！　そうだったのか」と患者が自覚し、通常の思考パターンから抜け出せるようにするのがねらいだった。「原因がわかりました。こうしてください」といった指示はあえて出さず、患者自身に逸話から教訓を発見させ、問題を独力で解決したと感じさせるようにしていたのだ。

絶望的なアルコール依存症患者がエリクソンのもとを訪れたことがあった。両親ばかりか、父方と母方の祖父母や妻や兄もアルコール依存症だった。アルコール中毒者更生会（AA）に送ってもよかったケースだが、患者の事情を考慮して（新聞社に勤務している関係で、どうしても日頃よく酒を飲むという話だった）、変わった方法を試してみようと思い立つ。地元の植物園に行き、「三年間水がなく雨が降らなくても生き延びることのできる」サボテンを、ただ座ってじっと見つめるように助言したのだ。

それから何年も過ぎた頃、患者の娘と名乗る女性がエリクソンのもとに報告にやってくる。彼女の話では、「サボテン療法」以降、両親がそろって断酒を続けているという。明らかに、ほとんど「飲む」必要がないサボテンの繁茂する姿が、良い薬になったのである。

こんな治療法は教科書のどこを探してもない、とエリクソンは認めたが、その言葉がまさに彼の療法の核心をついている。人間が一人一人違う以上、治療法も違うのは当然だ。教えの物語は、どちらかというと禅の公案か判じ物のように、あまり意味がないように思われるときもある。覚醒状態のときに聞けば、つまらない話だと思うか、「だからどうだって言うんだ」と反発したくなるかもしれない。しかしトランス状態では、誘導的な言葉や意味ありげな沈黙、あるいは意表をつく展開によって突然無意識の心とつながり、それを機に症状が変化する場合があるのだ。

エリクソンは、精神科医のシドニー・ローゼンに、物語の多くを編纂し解説をつけて一冊の本にする許可を与えた。出版されてすでに三〇年以上になるが、『私の声はあなたとともに──ミルトン・エリクソンのいやしのストーリー』は、不思議でユニークな催眠療法の記録であり、エリクソンの入門書としてはうってつけだ。以下に紹介する「教えの物語」とその解釈は、ほんの一部にすぎない。ぜひ本書を購入して残りを読んでいただきたい。

ラポール──親密な関係を築く

治療では、患者の病歴に関する情報をあれこれ聞き出そうとせず、「ラポール（医師と患者の親密な関係）」を築くことが優先された。物語を聞いている患者のボディー・ランゲージ、呼吸、表情のかすかな変化などをエリクソンは注意深く観察した。

ある夏、エリクソンは大学の学費を稼ぐために本を売り歩いたことがあった。ある農場を訪れ、本を売ろうとするが、豚の飼育にしか関心がない農夫に断られる。売るのをあきらめて、何気なく豚の背中を掻き始めると（農場育ちの彼は、豚が喜ぶやり方を知っていた）、その様子を見ていた農夫がうれしそうにこう言ったのだ。「豚が好きとは気に入った。おまけに、背中を掻くのも堂に入っている。今夜、うちに来て夕食を食べないか。本も買ってやろう」

エリクソンがこの話を引き合いに出したのは、どういう人間であるかはおのずと伝わり、隠そうとしても隠しきれるものではない、ということを示すためだった。物事を判断する必要が生じた場合、われわれはこの農夫のように潜在意識を活用しなければならないという。感覚や勘はたいてい信用できるので、状況を「全体的に」とらえるべきだというのだ。

鏡像化——自分の姿を認識させる

鏡像化もこれに関連した技法だ。患者に「話を合わせる」ことによって、自らの行為を客観的に認識させるのである。

エリクソンが勤務する病院に、自分がイエス・キリストだと主張する男性患者が二人いた。その二人をベンチに座らせて話し合いをさせたところ、お互いに相手の言い分がばかげているとわかり、最後には自分の主張もおかしいと気づくことができた。

新しい病棟の建築中に、別の「イエス」に大工仕事を手伝ってもらったこともある。救世主になる前のイエスが大工だった、という有名な事実を否定できるはずがないとわかっていたからだ。この風変わりな治療が功を奏して、この患者は現実や他の人間と再びかかわり合えるようになった。

また、ルースという名の、十二歳のかわいくて愛嬌のある少女は、誰からも好かれ、いろいろと親切にしてもらっていたが、突然おかしな行動をとる傾向があった。人の向こうずねを蹴ったり、服を引き裂いたり、足を踏みつけて足指の骨を折ったりするのだ。

ある日、暴れているという知らせを受けたエリクソンが病棟に駆けつけると、ルースは壁の漆喰をはがしているところだった。しかし、エリクソンは制止するどころか、一緒になってシーツを破り、窓ガラスを割って部屋中のものを壊し始める。さらに、「別の部屋に行こう。これはおもしろいね」とルースを誘って廊下に出たかと思うと、近くにいた看護師の制服を引き裂いてブラジャーとパンティだけの姿にしてしまう。

するとルースは、「エリクソン先生、そんなことをしてはいけないわ」と言いながら、シーツを持ってきて看護師の身体を隠してやったのだ。自分の行為がどのようなものかを見せつけられた結果、ルースは良い子になったのである（「たまたま」廊下にいた看護師には、あらかじめ事情を言い含めておいた）。

間接的暗示――自ら変わるように仕向ける

欲望をコントロールできない、もしくは依存症に悩む人の治療では、問題が何であれ、エリクソンは決してやめろとは言わず、もっと熱を入れて続けるように励ます場合がよくあった。体重を減らしタバコや酒もやめたいと相談に来た男性に対して、エリクソンはどれもやめろとは言わなかった。その代わり、食料やタバコや酒を買うときは、地元の店でなく、少なくとも一マイル離れた店で買うように指示した。つまり、頻繁に運動して習慣を考え直すように仕向けたのである。

一八〇ポンド（約八二キロ）の体重を一三〇ポンド（約五九キロ）まで減らすことに成功した女性のケースも紹介されている。この女性は太ってはやせるというパターンから抜け出せずにいた。

エリクソンはまず、言うとおりにすると約束させ、はじめに体重を二〇〇ポンドまで増やすように指示する。この指示に彼女は激しく抵抗したものの、いったん二〇〇ポンドに達すると、減量開始の「許可」を待ちきれなかったかのように、いとも簡単に一三〇ポンドまでやせられたのである。

このような間接的暗示の実例は、エリクソンの人生哲学をよくあらわしている。人を本当に変えられるのは、その人が「自分の力で」変わったと感じるときだけだ。自らの力による変化は、強制や指示による変化よりも強固で、持続性があるという。

リフレーミング——見方を変えさせる

アリゾナ州のフェニックスに住むのが嫌だと訴える女性がいた。ところが、フラグスタッフ（アリゾナ州の別の都市）に遊びに行こうと夫が誘っても、よそに気晴らしに出かけるより嫌いなフェニックスにいるほうがいいという。エリクソンは、なぜそれほどまでフェニックスを憎むのか、なぜ自虐的な考え方にとらわれているのかを彼女自身に探らせようとした。そこで催眠をかけて、フラグスタッフに行き、「色彩のきらめき」を注意して見るように指示する。彼女に見てほしいものが特にあるわけではなかったが、好奇心をかき立てられた女性はフラグスタッフに行き、自分なりにきらめく色彩（緑の木々の間を飛ぶ赤い鳥）を見つけて興奮したのである。

エリクソンのねらいは、彼女のものの見方を変えて、ふだんは目に入らなかった（視覚的にも、より深い意味でも）ものを見るようにさせることにあった。結局、その女性はフラグスタッフに一カ月滞在した後、意味深長な「色彩のきらめき」を探し求めながらアメリカ各地で休暇を楽しんだ。一回か二回の催眠療法によって、強い否定的感情が前向きに人生を送るための好奇心へと変化したのである。

内なる自己を呼び覚ます

エリクソンの仕事から一つはっきり言えることは、われわれ一人一人の心には、それぞれ「真の自己」が存在するということだ。誰の心の中にも健全で強力な核になる自己があり、この自己にわれわれを再び正しい方向に導いてもらうには催眠が役に立つ、と彼は考えていた。

エリクソンは子ども時代の逸話でこれを説明している。ある日、一頭の馬が家の敷地内に迷い込んできた。所有者を示すものは何もなく、どこの馬なのかは誰も知らなかった。エリクソンは馬にまたがり道に連れ戻すことにしたが、飼い主を捜してあちこち乗り回すのではなく、馬に道案内を任せた。馬が無事飼い主の家にたどり着き、「どうしてうちの馬だとわかったんだい？」と尋ねられると、エリクソンはこう答えたという。「ぼくは知りません。でも馬が知っていました。ぼくは馬を道からそれないようにしていただけです」

「馬」はもちろん、無意識の心をあらわしている。トランス状態で無意識にアクセスすれば、どんな問題でも解決でき、強力な真の自己に戻ることができる。われわれの限界とは自分でそう決めつけているものがほとんどであり、それは主に意識のしわざであるとエリクソンは信じていた。無意識にアクセスしてその内容を改変すれば、生き方を変えられる。否定的、もしくは歪んだ思考パターンに陥らず、現実により近い情報でプログラムをつくり直すかどうかはわれわれ次第だという。

心をより理解するために――

他者の顔の表情やボディー・ランゲージの中にかすかな手がかりを見つける能力があったため、エリクソンを超能力者だと信じる人も多かった。彼は十七歳でポリオにかかり、一時期ほとんど身体を動かせなかった経験がある。退屈しのぎに、大勢いた兄弟姉妹の行動を観察し分析するようになったとき、人は心にもないことを言うときもあるし、言葉以外にも多くのコミュニケーションの方法がある、と気づいたという。彼の有名な読心力はこのときに養われたのだ。

今では、禁煙、ダイエット、恐怖症の克服などを目的とした催眠療法が行われるほど、催眠が正当な評価を受けるようになったが、これはエリクソンの功績でもある。「短期療法」（精神分析を何年も受け続ける必要がなく、瞬間的に変化をもたらす療法）という彼の考え方も、心理療法の一つの技法として受け入れられている。さらに、弟子のリチャード・バンドラーとジョン・グリンダーがエリクソンの技法を体系化してつくり上げた神経言語プログラミング（NLP）は、企業や個人のコーチングに使われて効果を発揮している。

しかし、ローゼンが明らかにしているように、エリクソンのアプローチはとても技術と言えるようなものではなかった。人間は物語をつむぎ出す生き物だと認識していたエリクソンにとって、人生や個人の変容に関する洞察を示すには、常に物語や神話、あるいは逸話が何より有効な方法だったのである。

11

1900

夢判断

ジークムント・フロイト

夢は無意識に潜む欲望と、
その卓越した英知をあらわす。

DIE

TRAUMDEUTUNG

VON

Dr. SIGM. FREUD.

»FLECTERE SI NEQUEO SUPEROS, ACHERONTA MOVEBO.«

LEIPZIG UND WIEN.
FRANZ DEUTICKE.
1900.

邦訳
『夢判断』
新潮社　高橋義孝 訳

夢というものは絶対に些細事に関わりあわないのである。われわれは些細事に睡眠の邪魔は絶対させないものである。一見無邪気な夢も、分析してみるとそれが決して無邪気ではないことがわかる。下世話ないい方を許してもらうなら、夢というものは「なかなかの食わせ者」なのである。

❀

動物の夢がどんなふうであるか、私は知らない。私は学生のひとりにきいたのだが、地口にこういうのがあるそうである、「鵞鳥はなんの夢を見る。とうもろこしの夢を見る」。夢は願望充足だという全理論は、この問答のうちに含まれている。

❀

フロイトが比較的遅くなってから本領を発揮し始めたという事実は、あまり知られていない。フロイトの名を世間に知らしめた『夢判断』（ドイツ語では『Die Traumdeutung』）が初めて出版されたのは、彼が四十代半ばの

Sigmund Freud

ジークムント・フロイト

一八五六年、モラヴィア地方のフライベルク（現在はチェコ共和国のプリボル市）で生まれ、ジギスムント・フロイト（Sigismund Freud）と名づけられる（後にジークムント・フロイトと改名）。一八五九年、一家はライプツィヒに引っ越すが、その翌年、ウィーンに移住。

一八七三年、ウィーン大学医学部に入学。

一八八一年に大学を卒業後、マルタ・ベルナイスと婚約し、脳解剖を専門にする医師としてウィーン総合病院に勤務。

一八九三年、オーストリアの心理学者ヨーゼフ・ブロイヤーとの共同研究で『ヒステリー研究』（筑摩書房）を発表。

一八九六年、父ヤコブが死去。その後は内面を深く省察する自己分析の日々を送りながら、『夢判断』に着手する。

一九〇五年には、『性欲論三

頃だ。しかも、この本が注目されるまでさらに一〇年以上の年月が必要だった。史上まれに見る大きな影響を及ぼした著作の初版がたったの六〇〇部しか発行されず、それが全部売れるまでに八年もかかっている。

本書は半自伝的な色彩が強く、フロイトを通して一九世紀後半のウィーンにおける中産階級の生活もうかがえる。子どもたちとの楽しいひとき、アルプスでの休暇、友人や同僚とのつきあい、そして出世欲。とかく「偉大な人物」という神話の陰に隠れがちなフロイトのこうした姿を知ることもできる。

しかし、何といってもこの本の魅力は、夢そのもの（大半は患者の夢だが、フロイト自身の夢も少なからずある）の描写と分析である。何しろそれぞれに十分ページを割き、神話学、美術、文学などのうんちくを傾けているのだから。

『夢判断』は、それまでまったく実物分析を寄せつけなかった対象に、医学的科学的手法で迫り、無意識の世界を発見するきっかけになった著作である。この本について、後年フロイトは「こういう洞察は一生に一度しか得られないものだ」と語っている。四十を過ぎてようやく宿願を果たせたが、実のところ、それは長い研究生活の始まりにすぎなかった。

篇』と『Jokes and Their Relation to the Unconscious（ジョークと無意識との関係）』を出版。

一九二〇年、三人目の子どもを身ごもっていた次女のゾフィーがインフルエンザにより死去。これ以降の著作には次のようなものがある。『快感原則の彼岸』（筑摩書房）、『自我とエス』、『みずからを語る』（以上、岩波書店）、そして宗教の正体を暴こうとした『幻想の未来』（光文社）。また、人間の攻撃性と「死の本能」に関する見解を明らかにした長編エッセイ『文化への不満』（光文社）や、アルバート・アインシュタインとの共著『何故の戦争か』（日本教文社）もある。

一九三八年、ナチス・ドイツがオーストリアを併合し精神分析を禁止したため、家族とともにロンドンに亡命。生涯葉巻をこよなく愛したフロイトは、一九三九年、ガンで死去する。

なぜ夢を見るのか

意外にも、夢について書かれた文献はフロイト以前にも数多く存在する。『夢判断』はまず、このような文献の長い概観から始まり、古くはアリストテレス、新しいところではルイ・アルフレッド・モーリ、カール・フリードリッヒ・ブルダッハ、イブ・ドラージュ、ラドヴィッグ・シュトリュムペルなどの業績が紹介される。この文献研究について、フロイトは次のように総括している。

夢を学問的に研究するということは大昔から行われているのにはちがいないが、見るべき成果がまことにすくない。

その昔、夢は「神のお告げ」だと考えられていたが、やがて、「感覚刺激」の結果にすぎないという科学的な見方をされるようになる。たとえば、睡眠中に戸外の物音が耳に入ったとすると、それなりの意味を持ってその音が夢に織り込まれると考えるのだ。

この説明に従えば、いつの間にか裸になっているといったありふれた夢は、掛けぶとんがずり落ちた結果であり、飛ぶ夢を見るのも肺の上下運動が原因だ、ということになる。

しかし、感覚的な刺激だけでは説明できない夢がある、とフロイトは感じていた。睡眠中の物理的刺激が夢の源泉になるのは確かな事実とはいえ、その刺激が無視され、夢に組み込まれないケースもまたあったのだ。さらに、倫理的道徳的特徴が多くの夢に見られることから、物理的原因だけで夢を見るわけではないと考えられた。

もともとフロイトが夢に興味を持ったのは、精神病患者の治療がきっかけだった。夢の内容にはその患者の精神的な健康状態がよくあらわれており、他の症状と同様に夢も解釈できる、と気がついたのである。『夢判断』を執筆する頃には、臨床医としてフロイトが解釈した夢は一〇〇〇例以上にも上っていた。

夢の特徴

夢の研究で、フロイトは次のような発見をした。

◆夢はごく近い過去から得た印象を好んで材料にするが、幼少期のさまざまな思い出も使用する。
◆夢が記憶から材料を選び出す方法は、覚醒時の方法とは異なる。概して、無意識の心は大きな出来事に焦点を合わせるのではなく、ささいな事柄や見過ごされたものを記憶する。
◆無原則で不条理なものという一般的な見方とは裏腹に、夢には統一の意志があり、共通点のない人間、出来事、感覚などを造作なく結びつけて一つの「物語」にする。
◆夢は必ず自分自身に関係がある。
◆何重もの意味をあらわす夢もある。その場合、多くの観念がただ一つのイメージに凝縮される。さらには、観念の置き換えが起こるケースもある（なじみのある人物が赤の他人になる、家庭の様子が一変するなど）。

◆ほとんどの場合、夢を見るのは「願望充足」のためである。つまり、心の奥にある動機や満たされぬ欲望、しばしば幼児期に端を発する願望が夢になってあらわれる。

日々の出来事の記憶が夢を見る主な原因になるという説に対して、睡眠中の身体的感覚と日中の出来事の記憶は、両方とも「必要な場合にはいつでも入手して使用できる安価な材料」のようなものだとフロイトは考えるようになった。つまり、そういうものは夢の原因になるのではなく、心理的な意味づけに使われる要素にすぎないというのである。

夢は「偽装されたメッセージ」

夢は無意識の心が自己表現する舞台であり、願望充足を目的に加工されている、と結論を下したものの、フロイトはまだ合点がいかなかった。夢の中で願望が明確に表現されないのはどういうわけか、なぜ奇妙な象徴やイメージで隠されているのか、といった疑問が残ったからだ。あからさまな表現を避ける必要が何かあるのだろうか？

フロイトが出した答えは、願望の多くが抑圧されているため、いくぶん偽装された形でしか意識に上らない、というものだった。願望と一見正反対のような夢を見るのは、多くの場合、願望が明るみに出るのを警戒するか隠そうとする心理が働き、反対の内容でなければ夢に出せないからだという。この「夢の歪曲」という現象を、フロイトはたとえ話で次のように説明している。

政治評論家が時の権力者を批判する場合、自らを危険にさらす恐れがある。したがって、どうしても権力者の検閲が気になる評論家は「自分の表現を和らげたり、歪曲したりする」。夢という手段で、心が何かメッセージを伝えようとすれば、検閲して受け入れやすい形にするか、他のものに偽装するほかないのかもしれない。フロイトの考えでは、われわれが夢を忘れやすいのは、覚醒時の生活に及ぼす無意識の影響力を、意識的な自己が制限しようとするためである。

夢は常に自己中心的であるという見解も重要だ。夢に他人があらわれても、たいていは自分自身の象徴にすぎないか、あるいは自分にとって何らかの重要性を持つ人物だということをあらわしているにすぎない。フロイトは、見知らぬ人物が夢に出てきた場合、覚醒時には意識できない何らかの自分の一面を象徴しているのは間違いないと考えていた。

人間の歴史には、夢で何らかの行動を促すお告げのようなものを授かり、成果を上げた人の話が残っているものの、その種の話はすべて疑わしいものだとフロイトは思っていた。使命を果たせというメッセージは覚醒時には常に抑制されているが、夢では強烈な形であらわれる場合がある。どのようなメッセージにしろ、夢を見た本人に関係するだけで、家族、社会、あるいはその他どんな社会的勢力にも関係がないという。

すべての根源は性欲にある

フロイトは患者の精神分析を通じて、神経症の原因は抑圧された性欲であり、この抑圧された感情が夢にもあらわれる、と考えるようになる。彼は『夢判断』において初めてソフォクレスの悲劇『エディプス王』を引き合いに出し、後に「エディプス・コンプレックス」と名づけられた説について論じた。子どもには、異性の親に対して性的関心を持ち、同性の親を打ち負かしたいと願う普遍的な傾向があるという説である。

フロイトは幼い頃のある重要な出来事について触れている。ある夜、床につく前に、彼は禁じられていたにもかかわらず、両親の寝室で小便をもらしてしまう。父親はこのとき叱りながら、

「お前はろくな人間になれまい」とつぶやいたという。

この言葉にひどく傷ついたのは間違いない、とフロイトは認めている。というのは、大人になってからもこの出来事を暗示する情景が夢の中に繰り返しあらわれていたからだ。それはたいてい自分の業績がらみの夢だったらしい。

たとえば、逆に父親が自分の目の前で小便をしている夢を見る。そのときは、「どうです、私だってひとかどの人間になったじゃありませんか」とでも言わんばかりに業績を自慢したい気分だったという。母親の愛情を奪い合う競争相手が、夢の中でかつての自分の立場に置かれ、禁じられた小便をする恥ずかしい姿をさらしていたのだ。

文明によって人間の本能はかろうじて抑制されているが、性欲は何よりも強力な本能だ、とフロイトは考えた。したがって、夢は単なる夜の暇つぶしではなく、無意識に抑圧された人間の動機を明らかにしてくれるものであり、人間性を理解する手がかりになるというのである。

心をより理解するために――

人類にとってとりわけ屈辱的な出来事が三つある、とフロイトが述べたことはよく知

られている。その三つとは、ガリレオの発見で地球が宇宙の中心ではないと証明されたこと、ダーウィンの発見で人間が万物の中心ではないと証明されたこと、そして、フロイト自身の発見で、人間は案外自分自身の心を掌握していないという事実が明らかになったことだという。

人間の自由意志に疑問を投げかけるこの見解は、当然非難を浴びた。特にアメリカではその傾向がはなはだしく、精神分析そのものが非科学的だと決めつけられた。フロイトは無神論者だったにもかかわらず、ウディ・アレンがうまく皮肉ったような「長椅子修行」（患者を長椅子に寝かせて行う療法）を考案したため、精神分析には宗教的な雰囲気があると指摘された。

フロイト派の療法は精神分析に頼りすぎる上に、標準的な方法がなく、結果も立証できなかった。さらに、治療効果があったという証拠もほとんどなかった。神経学者に至っては、夢が欲望や動機に結びついているという説を無視した。

こうした風潮の中、いつの間にか大学の心理学講座の推薦図書からフロイトの名前が消え、精神分析の専門医の数が次第に減少していったのである。一九九〇年代のはじめには、「タイム」誌がその表紙で「フロイトは死んだのか?」と訴えるほどの有様だった。

今では、心理学者や精神科医が患者の夢や過去について尋ねることはまったくないかもしれない。もっと的確に精神状態を改善できる認知心理学の手法に比べ、夢や過去を解釈するのは見当違いだとみなされているからだ。

とはいえ、フロイトの恩を忘れるのがあまりに早すぎる。患者の気持ちを聞いてその内容を分析する「トークセラピー（話し合い療法）」を考案したのも、非合理的な無意識の心が原因で人間が苦しむこともあるという洞察を世に知らしめたのも、もとはと言えばフロイトなのだ。

さらに、ロイヤル・ロンドン・スクール・オブ・メディスンの最近の研究では、フロイトの夢理論を一部裏付けるような結果も報告されている。脳スキャン画像によって、夢は、無作為に興奮するニューロンの副産物と決めつけるわけにはいかなくなった。実際には、感情、欲望、動機などをコントロールする脳の辺縁系が、熟睡中は非常に活発に働いていることがわかったのである。

したがって、夢は思った以上に高度な知的作業を行い、行動の動機にかかわりがあると考えられるのだ。もっとも、夢は願望充足を意図しているというフロイトの説がこれで証明されたかどうかは、まだはっきりしない。

生誕一六〇周年が過ぎた現在から見て、フロイトの遺産だと自信を持って言えるものは何だろうか？

無意識の「発見」によって、知識の面でも想像力の面でも変化がもたらされたのは確かだが、おそらく人類に対するフロイトの最大の貢献は、心理学をふつうの人にとって魅力的なものにしたことだろう。われわれ自身の心の中を探る可能性を示してくれたからこそ、フロイトの説は人の心をつかんだのである。

12

2005

第1感

―「最初の2秒」の「なんとなく」が正しい

マルコム・グラッドウェル

瞬時に下した判断も、
慎重に時間をかけて下した判断にひけをとらない。

邦訳
『第1感』
光文社　沢田博・阿部尚美 訳

綿密で時間のかかる理性的な分析と同じくらいに、瞬時のひらめきには大きな意味がある。

❀

マルコム・グラッドウェルの名前は、今や読書界に知れ渡っている。一九九六年から雑誌「ニューヨーカー」の専属ライターとして活躍していたグラッドウェルが世間の注目を浴びたのは、『ティッピング・ポイント―いかにして「小さな変化」が「大きな変化」を生み出すか』(飛鳥新社)を出版したときだ。あるときを境にささいなアイデアや流行が一気に広まって主流になる現象を考察したのがこの作品だった。

第二弾のベストセラー『第1感―「最初の2秒」の「なんとなく」が正しい』は、さらに心理学的な色彩が強く、バージニア大学のティモシー・ウィルソン教授や認知心理学者のゲリー・クラインなどの研究に依拠している。ウィルソンは「適応性無意識」に関する著作の中で、心の「適応性無意識」と呼ばれる部分の働きによって、人間は無意識のうちに適切な判断を下せるという説を主張した学者であり、クラインは、切迫した状況での意思決定のプロセスを研究する専門家だ。

Malcolm Gladwell

マルコム・グラッドウェル

一九六三年、イギリス人で数学の教授、父親はイギリス生まれ。母親はジャマイカ人で精神科医だった。カナダのオンタリオで育ち、トロント大学に通う。一九八四年に卒業し、歴史学の学位を取得。

約一〇年の間、「ワシントン・ポスト」社に勤務。サイエンス担当記者から後にニューヨーク支局長に昇進。一九九六年から雑誌「ニューヨーカー」の専属ライターとして活躍。「タイム」誌の「世界で最も影響力のある人物トップ一〇〇」に選ばれる。二〇〇〇年に出版された『ティッピング・ポイント』(飛鳥新社)がデビュー作。『第1感』は、現在までにおよそ一五〇万部を売り上げ、二五カ国語に翻訳されている。パロディ本も何冊か出ている。中には『Blank: The Power of Not Actually Thinking at All (空社会学、心理学、犯罪学、マーケティングといったさまざまな分野の科学的研究の成果を事例研究のスタイルでまとめ上げ、新しいものの見方を一般読者に提示するところにグラッドウェルの真骨頂があるが、本書では、これまで一般にはほとんど知られていなかった「瞬間的認知」という心理学の新たな研究領域に光を当てようとしている。

虚感——「いつも」の「ポカンと」した状態が正しい)』というとぼけたタイトルの本もある。映画化の動きもあり、俳優のレオナルド・ディカプリオが映画化権を一〇〇万ドルで買った。

とっさの判断を信頼せよ

グラッドウェルによれば、瞬時に結論を下す能力は生存競争を勝ち抜くために進化した。生死にかかわる状況に追い込まれたとき、人間は必要に迫られて、手持ちの情報からすばやく適切な判断を下せるようになったというのだ。人間の活動は意識的な思考を必要としないものが多く、思考は絶えず意識と無意識の間を行き来する。要するに、二つの脳を持っているようなものだ。一つは、物事を熟考し、分析し、分類しなければ気がすまない脳。もう一つは、先に判断し、後であれこれ検討する脳だ。

往々にして、人物を評価する場合、とっさに判断しようがたっぷり時間をかけて観察しようが、その正確さに変わりはない。心理学者のナリニ・アンバディの研究でもそれは証明ずみだ。彼がある大学教授の力量を評価する実験を行ったところ、その教授の授業風景を二秒間見ただけの学生の評価と、一学期の間ずっと授業に出席した学生の評価は同じだったのだ。

第一印象を信じてはいけない、本を表紙で判断するな、そして「立ち止まって考えろ」「飛ぶ前に確かめろ」――われわれは子どもの頃、そんなふうに教えられる。こういう心構えも悪くはないが、なるべく多くの情報を集めてから行動するのが常に最良の策とは限らない、とグラッドウェルは指摘する。余分な情報があっても判断の良し悪しに影響しない場合が多いのに、相変わらずわれわれは、理性的・意識的にじっくり検討するに越したことはないと信じきっているという。

すばやい判断を下す「輪切り」能力

グラッドウェルは「輪切り」という概念を紹介している。「輪切り」とは「さまざまな状況や行動のパターンを、ごく断片的な観察から読み取り、瞬間的かつ無意識のうちに認識する能力」のことだ。基本的なパターンを発見できれば、どんなに複雑な状況でもすばやく「読み取る」力をわれわれは持っているらしい。第一章の大部分は、心理学者ジョン・M・ゴットマン（477ページ参照）の研究の説明に費やされているが、ゴットマンは夫婦のやりとりを長年観察してきた経験から、ちょっと見ただけでも九〇％の確率でカップルの結婚生活の行く末を予想できるようになったという。

美術の専門家は、彫刻や絵画の前に立つとピンとくるものがあって、美術品の真贋を瞬時に鑑定できる場合がよくある。どういうわけか、本物と偽物を見分けられるのだ。また、バスケットボールの選手は、ゲーム中に周りの動きを瞬間的に読み取る「コートセンス」という能力があり、優秀な司令官なら戦況を判断する「眼力」があると言われている。

グラッドウェルは、燃える住宅から退避するように命令を出し、危ういところで部下を救った消防士の話を引き合いに出している。部下たちは台所に放水していたが、この火事は何か異様な感じがした（熱が高すぎた）。後からわかったことだが、火元が地下室だったため、床からすさまじい熱が上がってきていたのだ。全員退避した直後、家から火が噴き出した。中にいれば命を落とすところだった。なぜそのときになって急に退避命令を出そうと思ったのかはわからない、「ただわかった」としか言いようがない、とこの消防士は語ったそうだ。

確率の法則に従えば、切羽詰まった状況で下す決断の大半は間違っているはずだ。ところが心理学の研究によって、情報が限られていても、たいてい人間は当たり前のように正しい判断を下せることがわかっている。これもまた意外なことだが、論理的にじっくり考える思考法と同様に、とっさの判断力を高める方法も「身につける」ことができる、とグラッドウェルは主張する。ただしその前提として、慎重に熟考しても結果がよくなるとは限らないし、そもそも脳は人がとっさに判断できるように発達してきた、という事実を受け入れる必要があるという。

見た目のいい人がリーダーに選ばれる

すばやく正しい判断ができるのが「輪切り」のプラス面だが、性急な誤った決断を下すというマイナス面もある。グラッドウェルによれば、ウォーレン・ハーディングがそもそも合衆国大統領に選ばれたのは、彼が背の高い黒髪のハンサムな男で、おまけに渋い声の持ち主だったからだ。「ウォーレン・ハーディング効果」は、ある人物が（ハーディングのように、見た目とは裏腹に中身が空疎であっても）その容貌にふさわしい勇気や知性や人格を持っている、とわれわれが勝手に思い込むときに起きる現象だ（ハーディングは短い在任期間中にアメリカ史上最悪の大統領の一人と酷評された）。

グラッドウェルがアメリカの大手企業のCEOに関する調査を行ったところ、その大半が白人男性であり、平均身長は約一八二センチであることがわかった。身長が一八二センチを超えるのはアメリカ人全体でもわずか一四・五％なのに対し、上位五〇〇社のCEOでは五八％だった。この事実を見ても、われわれがリーダーに求めているのは、リーダーシップ以上に見た目の良さだとわかる。背が高い人間ほど、信頼を勝ち取りやすいのだ（もちろん、背が高ければいいというわけではないだろうが）。

第一印象が悲劇を招く

誤った第一印象がもっと悲惨な結果を招くこともある。グラッドウェルはかなりのページを割いて、ニューヨーク市ブロンクス地区の青年が誤って射殺された事件を分析している。

ギニア生まれのアマドゥー・ディアロは、アパートの外に立って夜の新鮮な空気を吸っていた。すると、そこにたまたま一台の車が通りかかった。車内には覆面警官が四人乗り込んでいた。全員が若い白人男性だ。ディアロの行動を怪しんだ警官たちは、麻薬の売人か押し込み強盗の見張りだ、と早合点する。彼らに声をかけられて怖くなったディアロは、アパートに逃げ込もうとした。これを見た警官は自分たちの判断を確信し、後を追いかけて発砲する。こうしてディアロは何発もの銃弾を浴びて即死した。

グラッドウェルは、警官たちが特に人種差別主義者だと信じているわけではない。心理学者のキース・ペインの言葉を引用して、彼は警官の行動をこう説明している。

瞬時に判断しようとすると、ふだんは認めても信じてもいないステレオタイプや偏見に引きずられやすくなる。

とっさの判断を迫られた場合に意識して先入観や偏見を捨てられない原因は、第一印象が無意識の領域から生まれてくることにある。

年輩の経験豊かな警官なら、同じような状況に置かれてももっと慎重に対処するだろう。というのは、過去の経験から、見かけに惑わされずに次の事態を予想して決断できるからだ。あるいは、ほんの一瞬顔に浮かぶかすかな表情から、相手の意図を十分読み取る力を持っているとも考えられる。

情報が多すぎる

シカゴのクック・カウンティ病院（テレビドラマ「ＥＲ─緊急救命室」のモデルになった病院）は、心臓発作の「恐れがあるにすぎない」患者にベッドを占領され、経営面で多大な損失を被っていた。心臓発作のリスクに関する診断基準がなかったため、どうしても慎重になりすぎていたのだ。

そこで、病院側は経費節減のために手っ取り早い方法を試してみることにした。心停止の危険がある患者を見分けられるゴールドマン方式と呼ばれる方法である。それまでこの方式を進んで採用しようとする病院がなかったのは、生死にかかわる病気を手早く診断できる方法があるとは思えなかったからだ。医者は患者の病歴をできるだけ詳細に把握した上で診断を下すのがふつうだったのだ。

ところが、このゴールドマン方式は非常に功を奏した。おかげで医者は手間が省けたし、病院は経費を削減することができたのである。

医療現場では、情報が多ければ多いほど適切な判断ができるというのが常識になっている。ところが、その常識に反するケースがよくあるのだ。余分な情報のためにかえって混乱が生じ、同じ病気でも治療法がまちまちになることさえある。患者に関する情報が多ければ、それだけ医者が自分の診断に自信を持てるのは明らかだが、診断の正確さは情報量に比例するわけではないのだ。

教訓――われわれは、自信を持って判断を下すためには多くの情報が必要だと感じるが、情報が増えると自信過剰になり、かえって間違いを犯しやすくなる。

心をより理解するために――

ここで取り上げたのは、『第1感』の一部にすぎない。グラッドウェルの言う第一印象の力（第1感）を裏付けるような魅力的な事例、逸話、こぼれ話などが、この本にはまだ数多く紹介されている。たとえば、俳優としてのトム・ハンクスの魅力、スピードデート、軍事戦略、ギリシャの彫像の偽物、オーケストラのオーディションの様子などだ。

グラッドウェルの作品は、そもそも「ニューヨーカー」に書いた記事をまとめただけのやっつけ仕事だと指摘されてきた。しかし、見解や実例を次々に繰り出していくそのスタイルは、情報源が何であれ、彼が人間の動機と行動に関するもろもろの知見に魅せられた結果出来上がったと言ったほうが正確だ。

本書は分厚い本ではないが、読みやすいからといって内容が薄いわけではない。心理学上の微妙な問題を世間に知らしめた功績は大きいし、ことによると生き方を変えるきっかけを与えてくれるかもしれない。

13

1968

元型論

—無意識の構造

カール・ユング

人間の心の深層には、
イメージと神話の世界がある。

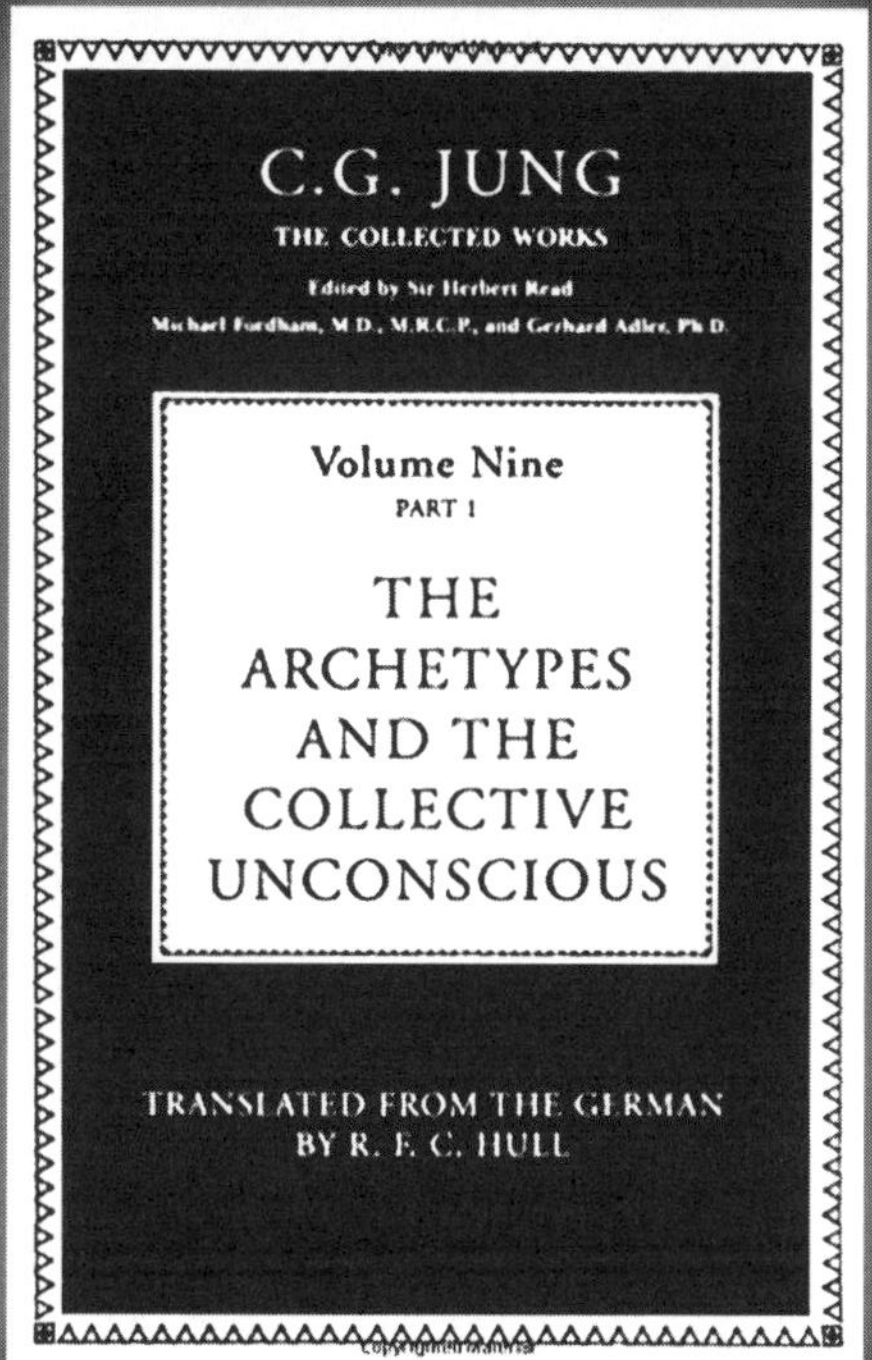

邦訳

『元型論』

紀伊國屋書店　林道義 訳

人間は元型の世界を、理解するか否かにかかわらず、意識化していなければならない。なぜならその世界では彼はまだ自然であり、また自らの根に結びついているからである。人間を生命の原イメージから切断してしまう世界観や社会制度は、文化でないどころか、ますます牢獄か家畜小屋になりつつある。

❀

日の入り・日の出、月の満ち欠け、季節の移り変わりなど、自然界のさまざまな出来事を太古の人間はなぜあれほどこだわって表現し、解釈したのだろう？　おとぎ話や神話に自然現象の描写があるのは、単に物理的な説明をするためではなく、むしろ心を理解するための手段として外の世界を利用したのだ、とカール・ユングは考えた。

象徴の宝庫ともいうべき芸術、宗教、神話などは、何千年もの間人生の謎の解明に役立ってきたが、今ではその役割を心理学が果たしている、とユングは指摘している。ところが皮肉なことに、「心」をあらわす古代ギリシャ語（psyche）にその名を借りていながら、心理学（psychology）には心、つまり、最も広い意味の自己（self）についての理解が欠けていた。

Carl Jung

カール・ユング

一八七五年、牧師の息子としてスイスのケスヴィルで生まれる。一八九五年、バーゼル大学医学部に入学。翌年に父親を亡くすが、借金をしながら苦学を続け、精神医学を志す。

一九〇〇年から、チューリッヒのブルクヘルツリ精神病院で精神医学の先駆者オイゲン・ブロイラーの助手を務める。一九〇三年、裕福なスイス人実業家の娘、エマ・ラウシェンバッハと結婚。子どもが生まれ、キュスナハトに大きな家を建てて引っ越す。

一九〇五年、精神医学の講師としてチューリッヒ大学に勤務。その後数年の間、個人開業医として活躍。一九一二年、フロイトと訣別し、その二年後には国際精神分析学会を脱退する。精神分析理論の後継者と目されていただけに、両者の確執は大きな影響

人生の目的はこの自己の「個性化」だとユングは言う。「個性化」とは、いわば本来の自分の目的を果たすために、心の中の意識と無意識の領域を統合する過程だ。こうした自己に関するより大きな概念はまた、心の奥深くにある普遍的な意識層のあらわれが人間であるという考え方を前提にしていた。矛盾した言い方だが、それぞれの人間の独自性を理解するには、個人的な自己よりさらに深いところで働く集合的な英知を理解しなければならない。

をもたらした。これが転機となり、共時性、個性化、心理学的類型など、さまざまな研究に乗り出す。

他の著書には、『変容の象徴』(筑摩書房)、『タイプ論』(みすず書房)、『心理学と宗教』、『無意識の心理』、『心理学と錬金術』(以上、人文書院)、『現在と未来—ユングの文明論』(平凡社)などがある。

第二次世界大戦後、ナチスの支持者と非難されたが、確証はなかった。アメリカやアフリカの原住民のもとを訪れ、民族学や人類学に強い興味を持つ。

一九六一年、スイスで死去。

生まれながらに持つ集合的無意識

集合的無意識という概念について、ユングはこう打ち明けている。

はじめは人々に奇異の念を抱かせるが、そのうち周知の観念であるかのように誰もが自分のものにして、使い始めるものである。

また、神秘主義的な考え方だという批判にはこう反論している。無意識の概念そのものも空想の産物と思われていたのに、フロイトがその存在を指摘すると、人間の思考や行動を理解するための概念と認められたではないか、と。フロイトは無意識をあくまで個人の心に封じ込められた個人的なものと考えたのに対し、ユングは個人的無意識の下に集合的無意識（個人的経験から生じたものではなく、遺伝的に受け継いできた心の領域）があると考えた。

集合的無意識は、「元型」を通じてあらわれる。元型とは、個人の感情や行動に影響を及ぼす普遍的な形態や心的イメージを指す言葉だ。伝統や文化的規範とあまり関連性がないことから、元型は生得的な投影だと考えられる。

新生児は白紙状態ではなく、ある種の元型パターンや象徴に対する鋭敏な感受性を備えて生まれてくる。だからこそ子どもはよく空想にふけるのだ、とユングは信じていた。つまり、子どもは現実の人生経験が乏しいために、心に浮かんでくる元型イメージを受け入れて楽しむことができると考えたのだ。

神話やおとぎ話の中にさまざまな元型が見出せるが、それは個人の夢や空想にもあらわれる。元型は神話学では「モチーフ」、人類学では「集団表象」と呼ばれているものに相当する。ドイツ人の民俗学者アドルフ・バスティアンは、元型を「要素観念」あるいは「原観念」と呼び、さまざまな民族や部族の文化の中に繰り返し描かれているのを発見した。

しかし、元型は人類学的な興味を引くだけではない。ふつうは気がつかないが、日常生活の重要な人間関係は元型によって決まるのだ。

代表的な元型とコンプレックス

アニマ、母親、影（シャドー）、子ども、老賢人、おとぎ話の妖精、神話や歴史物語のトリックスター（神話や民間伝承などで、秩序をかき乱すことを得意とする道化的、超自然的存在）など、数多くの元型をユングは明らかにしているが、このうちの二つを次に紹介しよう。

アニマ

アニマとは、女性の姿をとってあらわれた心を指す言葉だ。神話の世界では、セイレン（ギリシャ神話に登場する半人半鳥の海の精。舟人を魅惑し死に至らしめる）、人魚、森の精など、「若者を惑わし、その生命を吸い取ってしまう」女性として描かれる。古代、アニマの代表と言えば女神か魔女だった。どちらも男性の手に負えない側面を持っていたからだろう。

男性が自分の中の女性的な側面を現実の女性に「投影する」と、その女性がますます大切な存在に思えてくる。男性の生活にアニマが姿をあらわすのは、女性に対して盲目的な愛を抱いているか、理想化するか、あるいは魅力に取りつかれているときだ。当の女性は男性の反応にあまり納得がいかないまま、アニマの投影を受け入れてしまうので、関係が破綻すると男性の側に計り知れないダメージを与える可能性がある。男性にしてみれば、投影した自分自身の一部を失ったことになるからだ。

激しい恋をしたり、とりとめもなく相手のことを思ったり、関係がもつれたりするときは、男女を問わず必ずアニマが影響している。アニマはありきたりの生活には満足できず、形はどうあれ、強烈な経験（生）を求める。他の元型と同じく、アニマも運命のようにわれわれに襲いかかる。福か災いをもたらす存在としてあらわれるが、どちらにしろ、われわれの自覚を促すのが目的だ。アニマを認識すると、いかに生きるべきかと頭を悩ます代わりに、ユングの言うとおり「人生はばかげているが意義深い」と認めるようになる。

母親

母親の元型は、個人的な母親、祖母、継母、義母、乳母、家庭教師などの姿であらわれるが、比喩的な形をとる場合もある。たとえば、聖母マリア、叡智の女神ソフィア、あるいはギリシャ神話のデメテルとコレの物語に登場する処女に戻る母親。母親を象徴するものにはそのほか、教会、国家、大地、森、海、庭、耕地、泉、井戸などがある。

この元型の肯定的な側面をあらわすのは、美術作品や詩の中でよく取り上げられる母親の愛情とぬくもりであり、このおかげでわれわれは生まれて初めて自分のアイデンティティを認識する。しかし、母親の元型が否定的な意味を持つ場合もある（愛情深い母親にもなれば、むごい母親や運命の女神にもなる）。母親を特に重要な元型だとユングが考えたのは、他のすべての元型がその中に含まれるように思われたからだった。

この元型が不安定になると、母親コンプレックスが生じる。男性の場合、母親コンプレックスが「ドンファン症」の引き金になり、手当たり次第に女性を満足させなければ気がすまないという状態になりかねない。その一方で、このコンプレックスを持つ男性の中には、革命的な精神を持ち、何事にも妥協せず、辛抱強く努力する並はずれた野心家もいる。

女性の場合、母親コンプレックスが原因で母性本能が強くなりすぎることがある。そうなると、自分を犠牲にして子どものために生き、夫を添え物としか見なくなる。最初に女らしく純真だと錯覚して母親コンプレックスの女性に惹かれるような男性は、自分のアニマをその女性に投影するか外在化しているので、後になってからやっと結婚相手の正体に気づくはめになる。

ほかの形でこの元型があらわれる場合、女性がどんなことをしても実母と反対の生き方をしようとすることもある。自分なりの道を切り開き、たとえば、知識人になって教養の違いを母親に見せつけようとする。母親に対抗する、あるいは離れて暮らすのが目的で結婚相手を選ぶ例もある。また、無意識のうちに実の父親に対して近親相姦的な感情を抱き、母親に嫉妬する女性もいる。こういう女性は既婚の男性や火遊び的な恋愛に興味を持つ可能性が高い。

宗教が果たしてきた役割

なぜ科学としての心理学は歴史が浅いのだろうか？　ユングによれば、近年までまったく必要がなかったからだという。それまではさまざまな宗教が生み出した優れたイメージや神話が、普遍的な元型を完璧に表現していたというのだ。再生と変容にかかわる概念やイメージについて考える必要に迫られれば、宗教があらゆる心理的側面を象徴するものを豊富に提供してくれたのである。

カトリック教会の不可思議な処女懐胎説や三位一体説は空想的なイメージではなく、大いに意味のある主張だ。そこには信者のあらゆる精神的な問題に対応できる保護と癒しの元型が数多く含まれている。

宗教改革によってことごとく否定された結果、カトリックの豊かなイメージや教義はただの「迷信」になった。ユングの見方では、現代生活が無味乾燥になったのは宗教改革が原因である。本当の宗教心は、無意識も意識も、心の表層も深層も分け隔てなく取り込むものだという。信仰の対象が神であろうと、共産主義や無神論など非宗教的なものであろうと、人間なら誰にでも宗教的本能がある。ユングの言葉で言えば、「人間らしい偏見を免れる人間は誰もいない」のだ。

自己実現を果たす

ユング心理学でいう「個性化」とは、個人が心の中の意識と無意識という正反対の領域を統合する最終的な過程をあらわす言葉だ。簡単に言えば、個性化とはあるべき自分の姿に戻り、自己実現を果たすことだ。個性化の過程を経て、本当の意味の個人、つまり、もはや心が分裂したりコンプレックスに取りつかれたりすることのない、不可分の全体性を備えた自己になるのである。

しかし、この再統合は理屈で考えてもできない。それは予期しない紆余曲折を伴う旅のようなものなのだ。自己実現を果たすには理性にとらわれてはならないということを、多くの神話が示している。

ユングは苦心して自己(self)を定義づけた。自我(ego)とは異なるものだと認識し、「ちょうど大きな円が小さな円を包み込むように」、自己は自我を包み込んでいると考えていた。自我が意識にかかわるのに対して、自己は個人的無意識と集合的無意識の領域に属しているのである。

心を癒すマンダラ

この本にはマンダラの写真が数多く紹介されている。マンダラとは抽象模様の図形のことで、サンスクリット語で「円」を意味する。線や絵の具でマンダラを描けば、無意識の嗜好や欲求がそのさまざまな模様や象徴や形となってあらわれる、とユングは考えた。

ユングは患者の治療を通じて、マンダラには「不思議な」効果があることを発見した。知らぬ間に人の心に影響を与え、混乱した精神状態を治す力があったのだ。マンダラが功を奏したのは、無意識が解放され、抑圧されていたものが表に出てくるからだ。卵の形をしたもの、ハスの花、星や太陽、蛇、城、都市、目などのモチーフは、何の脈絡もなく出現するように見えても、意識的な思考の陰に潜む無意識のプロセスを反映しているか、引き出すかしたものなのである。こういうイメージの意味を解釈できるようになった時点で、ふつう心の治癒が始まり、個性化の過程へ一歩踏み出すことになる、とユングは述べている。

心をより理解するために――

テクノロジーと知識を身につけたわれわれは、現代的な文明人だと思っているが、心は依然として「未開人」だとユングは言う。ユングには、かつてスイスで、祈とう師が馬小屋の呪いを解く場面を目撃した経験があった。馬小屋のすぐそばでは、ヨーロッパ横断鉄道の急行列車が轟音を上げて行き交っていた。

現代人だからといって無意識の心に耳を傾ける必要がなくなったわけではない。実際に無意識の側面を無視すれば、元型が新たな形で姿をあらわし、入念に練り上げた計画を狂わしてしまうだけだ。通常、無意識は意識的な決定を後押しするが、両方にギャップが生じると、元型が奇妙なあらわれ方をして精神に影響を及ぼす。つまり、自己認識を怠った報いを受けるのだ。

人生の変化や重要な意味を読み解く手段として人間がかつて頼っていた太古の象徴の世界は、人の心を理解し満足させることを目的にしてはいなかった科学（心理学）に今やとって代わられた。一般の科学的なものの見方について、ユングはこう書いている。

> 天はわれわれにとって物理的な宇宙空間となってしまった。しかし、われわれの「心臓は熱く燃え」、ひそかな不安がわれわれの存在の根をかじる。

男女を問わず、現代人はみな精神的なむなしさを感じながら生きている。以前は宗教や神話が簡単に癒してくれたこの心の不安を和らげることができるとすれば、本当に心の奥深さを認識できる新しいタイプの心理学だけだろう。

3

Chapter3

幸福の心理学

14

1969

自己評価の心理学

ナサニエル・ブランデン

理性と自分自身の信条に従って生きようとすれば、
自然に自己を評価できるようになる。

未邦訳

自分自身に対して下す評価は、人間にとって最も大切な価値判断であり、精神の発達とモチベーションに決定的な影響を与える要因である。

❀

幸せや喜びは、自分にとって価値のあることを達成することから生まれる心の状態である。苦しみは、自分の価値観が否定されるか損なわれることから生まれる心の状態である。

❀

自己評価という概念が一般に知られるようになったのは、本書のおかげである。以前は、大半の心理学者が、自分をどう見るかは重要であり、仕事や恋愛などにおける行動に影響を及ぼすと認めながらも、その正確な理由を詳しく検証することはなかった。この本のねらいは、自己評価の根源（自分を高く評価したり、低く評価したりする原因）を明らかにすることにあった。

Nathaniel Branden

ナサニエル・ブランデン

一九三〇年、カナダのオンタリオでネイサン・ブルーメンソール（Nathan Blumenthal）として生まれる。カリフォルニア大学ロサンゼルス校で学び、心理学で学位をとった後、ニューヨーク大学で心理学博士号を取得。

一九五〇年、アイン・ランドと知り合い、その後ランドを取り巻く「信奉者集団」のリーダーになる。そのグループには妻となるバーバラ・ブランデンや、後の連邦準備制度理事会議長アラン・グリーンスパンらがいた。

一九五〇年代後半、ランドの哲学研究所であるナサニエル・ブランデン・インスティチュート（NBI）を設立。ここを拠点に客観主義（objectivism／最小国家を支持する一種の急進的な自由主義）の啓蒙活動を行い、ランドに次ぐ運動の代弁者とみなされる。お互いの配偶者

ナサニエル・ブランデンはアイン・ランドの信奉者であり、愛人だった。アイン・ランドは著名なロシア系アメリカ人の哲学者で、古典的な小説『肩をすくめるアトラス』『水源』（ともにビジネス社）の著者としても知られている。したがって、ランドの極端に合理主義的・個人主義的な思想の影響を受けて書かれた本書は、心理学書にしてはきわめて哲学的だ。

その前提になっているのは、人間は自らの運命を完全にコントロールできる理性的な生き物だ、ということである。この事実を認めて自分の運命に責任を負えば、当然自分を肯定的に見るし、自分の人生と行動に対して責任をとれなければ、自己評価は危うくなる。

この本は読みやすくはない。特に前半はむずかしいと感じる読者が多いはずだ。しかし、ポピュラー心理学の草分け的な著作の一つとなったこの本の影響力は今でも衰えていない。

の同意を得て、二十歳以上年上のランドと長い間不倫関係を続ける。

一九六八年、女優パトリシア・スコットとの浮気が露見し、ランドとの公私にわたる関係が終わる。このあたりの経緯については、彼の著書『Judgement Day: My Years with Ayn Rand（裁きの日—アイン・ランドとの年月）』に詳しい。

ランドとの共著には、『The Virtue of Selfishness: A New Concept of Egoism（わがままの美徳—利己主義の新しい概念）』、『Capitalism: The Unknown Ideal（資本主義—知られざる理想）』などがある。

ブランデンの他の著書には、『The Psychology of Romantic Love（ロマンティックな愛の心理学）』、『自尊心があなたの人生を切り開く』（きこ書房）、『Taking Responsibility（責任をとる）』などがある。

人間には「考える力」がある

ブランデンは多くのページを割いて、人間がいかに他の動物と異なるかを力説している。他の動物にも意識があるか、自覚ぐらいはできるとしても、自分自身を考察するための概念的な枠組みを必要とするのは人間だけだ、というのがその要点だ。

緑色の物体を目で見ることは他の動物にもできる。だが、「緑」という概念を持つものは人間しかいない。個々の人間を知覚することは犬でもできるが、「人類」という概念を持つのは人間だけだ。人間だけが人生の意味を問うことができる。このような概念化は無意識にできるものではないので、人間の思考は「選択」行為であるという。

ブランデンは当時主流となっていた二つの心理学の学派に異議を唱えている。人間を「本能の操り人形」とみなすフロイト派精神分析に対して、行動主義派は人間を「刺激－反応機械」と考えていた。しかしどちらも、人間の自己認識と論理的思考力の源である強力な概念的知性を度外視していた。ブランデンは、次のようなアイン・ランドの言葉を引用している。

胃や肺や心臓は無意識に働くが、心はそうではない。

自分の意識をコントロールし、目標を達成する力が人間には備わっている、と彼は考えていた。われわれは考えるようにつくられているし、また自己評価を高めるためには考えなければならない。自覚が薄れるか、消極的になったりおびえたりすれば、われわれが授かった最もすばらしい能力が少しずつ損なわれたあげく、自己嫌悪に陥る。自分を愛するためには、思考力を大事にする必要があるのだ。

感情をコントロールすれば自己評価が高まる

しなければならない仕事だと頭ではわかっていながら、どうしてもする気分になれないという経験をしたことはないだろうか？

ブランデンによれば、心理的に成熟すれば、感情にとらわれず原理原則に従って物事を考えられるし、心理的に未熟であれば、状況や感情に流されて大局的な見方ができなくなる。根拠のない感情のせいで思考や知恵を犠牲にすれば、自尊心を傷つける結果になるという。

感情を理性的に処理して初めて、われわれは自信喪失、憂うつ、恐怖などに襲われて身のすくむような思いをせずにすむようになる。といっても、感情のないロボットや非情な人間になる必要はない。ただ、大局的な人生観によって感情を抑えなければいけないという自覚を持ちさえすればいい。

一方、感情が思考や行動を支配する状態に陥ると、神経症になる。不合理な考え方をしながら、幸福になることはできないのだ。ブランデンはこう述べている。

よく見ると、自分の人生をコントロールできる人は理性的な生き方をしている。

一般に幸せは一つの感情だと思われているが、実は意識的に選ばれ、はぐくまれた価値観から生まれるものだ。つまり、自分にとって大事なものを達成したり実現したりするときに、人は幸せを感じる。

逆にこのような価値観を否定するか損なうと、苦しむことになる。「ある問題について当然行うべき思考を怠ったとき」に限って不安が生じやすい、とブランデンは述べている。思考を怠れば、自分を「現実に適応できない人間」にすることになるのだ。

肉体的苦痛は肉体的生存のために工夫されたメカニズムだが、心理的苦痛も生物学的な意味を持っているとブランデンは指摘する。不安、罪悪感、憂うつなどを感じるのは、意識が不健全な証拠である。意識を正常に戻すためには、一人の人間として再び自己を主張し、自分の価値をあらためて評価しなければならない。反対に、感情に押されて理性を犠牲にすれば、自分の判断に自信を持てなくなるという。

自分を犠牲にしない生き方

自己評価が高い人は、客観的事実に基づいて行動する。現実にうまく適応し、いつも自分に忠実に生きようと努める。

逆に、自己評価が低い人は、自分のために生きているとは言えない。それどころか、他人の期待や条件や価値観を満足させるために生きている。どんな犠牲を払ってでも「正常」だと思われたいと願っているので、他人から認められない場合はつらい思いをする。ブランデンがこのような人間を「社会形而上学者」と呼んでいるのは、その人生観が自分ではなく他人を中心にしたものになっているからだ。

もちろんこういう人は、自分の生き方を「現実的」だと主張するだろう。だが、この方向に進めば進むほど、ますます現実から遊離し、真の自己を見失うのである。

心をより理解するために――

ブランデンは読者に対して、自己評価は「自己満足」だという考えを捨てるように訴えている。自己評価は、表面的な手段では満足させることができない切実な要求であり、確かに内面から出てきて、筋肉のように鍛えれば鍛えるほど強くなるものだというのだ。

最高の自己評価に基づいて判断を下していれば、気分がよくなるのは当然だ。だが、生活の中に「すべきこと」が増えれば、その分弁明も増える。そのうち言い訳ばかりするようになって、徐々に自信がなくなっていくのである。

本書は自信に満ちて万事うまくいっている人には縁がないと思われるかもしれないが、選択に迷う問題に出くわしたときに読めば、きっと役に立つだろう。自己評価の哲学的な考察より、もっと実践的な方法を知りたければ、この後に書かれた『The Six Pillars of Self-Esteem（自己評価の六つの要素）』や『The Art of Living Consciously（意識的に生きる方法）』などをお勧めしたい。

15

1980

いやな気分よ、さようなら

デビッド・D・バーンズ

考え方を変えれば、
気分をコントロールすることができる。

邦訳
『いやな気分よ、さようなら』
星和書店　野村総一郎・夏刈郁子・山岡功一・小池梨花 訳

ちょうどスポーツ選手が日々の訓練により筋肉を鍛えるように、ちょっと時間がありさえすれば、自分の感情をもっとうまくコントロールする方法が身につけられます。

❀

心の監獄から脱出するのにはどうすればいいのでしょうか？　とても簡単なことです。今の気分というのは、あなたの考え方の産物なのですから、気分がそうであるからといってあなたの考え方が正しいことにはならないのです。不愉快な気分は、単にあなたがものごとを不愉快に考えているという事実を示すにすぎません。ちょうど産まれたばかりのアヒルのひよこが母アヒルのあとをついて歩くように、気分は考え方の後をついてくるものです。

❀

アメリカ合衆国では、常に全人口の五・三％がうつ病を患っている。成人が一生の間に罹患するリスクは七〜八％で、女性のほうがその率は高

David D. Burns

デビッド・D・バーンズ

アミヘルスト大学を卒業後、スタンフォード大学で医師の資格を取得。ペンシルバニア大学で精神科医の訓練を受け、医療センターの精神科医部長代理として勤務。一九七五年、脳内の化学作用の研究に対して生物的精神医学会からA・E・ベネット賞を授与される。

『いやな気分よ、さようなら』は、これまでに四〇〇万部以上売れている。この本をもとにした『フィーリングGoodハンドブック―気分を変えてすばらしい人生を手に入れる方法』（星和書店）もよく読まれている。

他の著書は、『自分を愛する10日間プログラム―認知療法ワークブック』（ダイヤモンド社）、『Love is Never Enough（愛だけでは足りない）』、『When Panic Attacks（パニックに襲われたとき）』など。

い。平均発症年齢は四〇年前が二十九・五歳、現在はその半分の十四・五歳である。先進国によってその割合は異なるが、一九〇〇年以降うつ病の事例は劇的に増加している。

デビッド・バーンズによると、一九八〇年代以前、うつ病は心理学の世界ではガンのような(広く知られているが治療がむずかしい)病気だった。おまけに、それにまつわるタブーが原因で症状が悪化するケースがほとんどだった。ガンと同じく「治療法」の発見を究極の目標に掲げ、フロイト派精神分析からショック療法まで、ありとあらゆる方法が試されたが、思わしい結果は得られなかったのである。

バーンズは認知療法という新しい治療法の確立に貢献した人物であり、『いやな気分よ、さようなら』はその方法と特徴を解説したものだ。

この本がベストセラーとなり、今でもよく売れているのは、一般の読者に認知療法を紹介した最初の本ということに加えて、うつ病でない人が読んでも驚くほどおもしろいし役に立つからだ。この本を読み、思考と感情が互いに影響しあう実態を認識すれば、ひょっとして人生が変わるかもしれない。

間違った思考がうつ病を生む

ペンシルバニア大学で精神科のレジデントとして勤務していたバーンズは、認知心理学の先駆者アーロン・T・ベックと共同研究を行う。ベックは、憂うつや不安の大半は非論理的でネガティブな考え方の結果にすぎないと考えていた。

うつ状態のときは「自分は負け犬だ、もう人生は終わりだ」といった悲観的な気分にとらわれやすいが、実際には順調な人生を送っている場合が多い。うつ病患者の感じ方と現実とのこの大きな落差に注目したベックは、うつ病は思考に問題があるに違いないと結論を下した。歪んだ思考を直せば、正常な精神状態に戻れると考えたのである。

認知療法に関するベックの基本的な考え方は、次の三つにまとめられる。

◆われわれの感情はすべて「認知」、つまり自分自身の思考によって生み出される。どのような感情を抱くかは、常にそのときの思考内容に左右される。
◆うつ病は、絶え間なくネガティブな思考を続けた結果である。
◆情緒不安を引き起こすネガティブな思考の大半は、明らかに間違っているか、少なくとも事実を歪めたものだが、われわれは疑いもせずにそれを受け入れる。

ベックのこの考え方は、バーンズには少し当たり前で単純すぎるように思われた。だが、実際に認知療法と呼ばれるこの新しいトークセラピー（話し合い療法）を試したところ、驚くべき結果が得られた。長年治療してきたうつ病患者の多くが、否定的な気分から解放されたのである。何週間か前には自殺さえしかねなかったような患者が、生活を立て直すのを楽しみにするようになったのだ。

うつ病のトリックを見抜け

認知療法では、うつ病は情緒障害とはみなされない。これは革命的な考え方である。うつ状態のときの嫌な気分はすべてネガティブな思考から生まれるので、そういう考え方を正す治療が必要だというのだ。

バーンズはうつ病を引き起こす一〇種類の「認知の歪み」を紹介している。たとえば、オール・オア・ナッシング思考、一般化のしすぎ、マイナス化思考、結論の飛躍、レッテル貼りなどである。こういった認知の歪みを理解すれば、「感情は事実ではない」、感情はわれわれの考えを映す鏡にすぎないと自覚できるようになる。

もし事実と異なるとすれば、感情を信用してもいいのだろうか？　確かな「真実」のように思えても、感情を信じるのは遊園地のマジックミラーに映った自分の姿を本当の自分と思い込むようなものだ、とバーンズは指摘する。「不愉快な気分は、単に物事をネガティブに考え、それを真実と思い込んでいるということを示しているにすぎない」。これこそまさに「うつ病の魔術的なトリック」だという。

感情は思考の産物であり、思考が正しいかどうかを何ら証明するものではない。とりわけ認知の歪みがある場合には、決して感情を特別なものと思ってはいけない。バーンズは次のように問いかけている。すばらしい気分だからといって、人間としての自分の価値が高まるわけではない。とすれば、憂うつな気分だからといって、どうして自分が価値のない人間だと決めつけられるのか？

バーンズは、すべての感情が歪んでいると言っているわけではない。たとえば、本当の悲しみや喜びを味わうのは健全で正常な反応だ。肉親を失ったときなどに感じる本物の悲しみが「魂」から生まれるのに対して、うつ病は常に考え方から生まれる。うつ病は、人間としての健全な反応ではなく、悪循環する思考の病なのである。

新しい自己イメージをつくる

「にっちもさっちも行かない精神状態に追い込まれるのがうつ病の特徴だ」とバーンズは言う。不愉快な気分になればなるほど、ますます考え方が歪んでくる。すると、さらに気分が落ち込んで自分を悲観視するようになるのだ。

彼の患者のほとんどが、「もうどうしようもない、自分はだめな人間だ」と思い込み、まるで壊れたレコードのように、ひたすら自分をさげすみ、責め続けていた。愛してくれる人がいても、また家族や立派な仕事があっても、うつ状態に陥ると自分が不幸だと感じる。「あらゆるもの」を手に入れても、自分を愛することも評価することもできず、どうしようもない人間だと感じてしまうのである。

往々にして、認知療法の際には思い込みや誤った考え方をめぐって患者と激しいやりとりが交わされるが、最終的には、間違った考えに患者が自ら疑問を持つようになり、それをきっかけに気分が明るくなっていくという。

心をより理解するために——

この本で紹介された考え方は本当に効果があるのだろうか？　それを確認する追跡調査が行われている。この調査では、うつ病患者を二つのグループに分け、一方にはバーンズの本を与えて一カ月間読んでもらい、もう一方には本を与えなかった。

その結果、「何も知らない」グループに比べて、本を読んだグループでは症状に著しい改善が認められたばかりか、症状がなくなった患者もいたと報告されている。おそらく、この本が有効なのは、何かが身体に「効いている」というよりも、自分を変える手段を与えられたと感じるからだろう。

このように精神障害に苦しむ患者に対して本を読むように指示する治療法は、「読書療法」と呼ばれているが、本書はこの分野の専門家からおおむね高く評価されている。読書が本当にうつ病の治療法になるのか？　薬や心理療法と同程度か、もしくはそれ以上の効き目があるのだろうか？

それを試してみる価値は確かにある。バーンズが一九九九年の改訂版の序文で述べているように、この本の定価はプロザック（抗うつ剤）二錠分の値段とほぼ同じであり、副作用の心配もないのだから。

ただし、薬を飲む必要がないのは認知療法の大きな利点だが、最後の章には、重度のうつ病の場合、認知療法と抗うつ剤の併用が望ましいという説明もある。認知療法で思考の歪みを正し、抗うつ剤で全体的に気分を高揚させるのだという。

バーンズの指摘によれば、認知療法の基本的な考え方（思考が感情や気分を左右するのであって、その逆ではないという考え方）は昔からあったらしい。たとえば、帝政ローマ期の哲学者エピクテトスは、気分を左右するのは出来事ではなく、それに対する解釈だという立場で思索したという。幸福な人にはなじみがあるこの考え方は、誰にでも習得できるスキルなのである。

16

1961

論理療法
―自己説得のサイコセラピイ

アルバート・エリス／ロバート・A・ハーパー

非論理的な考えから、
否定的な感情が生まれる。

邦訳
『論理療法』
川島書店　北見芳雄 監修　國分康孝・伊藤順康 訳

いついかなる時でも快適このうえない状態を期待するわけにはいかない。あらゆる肉体的苦痛や手痛い喪失を免れえないことこそ人間の定めというものだろう。しかしまた人間は精神的、感情的な極度の苦悩を和らげることもできるのである。それが可能であると信じそのために努力するならば。

『論理療法―自己説得のサイコセラピイ』は、ポピュラー心理学の文献の中でも特に息の長い本であり、これまでの売上部数は一〇〇万部を超えている。数多くの「生きる勇気が出る」本が生まれては消えていく中で、五〇年以上前に刊行されたこの本はいまだに人々の人生を変える力を持っている。

本書によって、「論理情動療法（RET）」と呼ばれる新しい心理学が世間の注目を浴びた。何十年もの歴史を持つ正統的なフロイト派精神分析とは相容れないこの療法は、心理学に革命を引き起こすことになる。

論理情動療法の考え方によれば、感情はフロイトが主張するように抑圧された欲望や要求の結果ではなく、人間の思考、考え方、信条などか

Albert Ellis / Robert A. Harper

アルバート・エリス

一九一三年、ペンシルバニア州ピッツバーグに生まれ、ニューヨークで育つ。ニューヨーク市立大学経営学部卒業。ビジネスマンになりきれず、小説家を志すが挫折。

人間の性的傾向に関する論文を何本か発表した後、一九四二年にコロンビア大学で臨床心理学を学ぶ。一九四三年、修士号を取得すると、家族やセックスの問題に関するカウンセリングをパートタイムで始める。

一九四七年、博士号取得。ラトガーズ大学とニューヨーク大学で教えるかたわら、首席の臨床心理学者として北ニュージャージー精神衛生クリニックに勤務。

一九五九年、論理情動療法研究所（現アルバート・エリスREBT研究所）を開設。

エリスには六〇〇を超える学術論文と五〇冊以上の著書

ら直接生まれる。人間の精神的な健康に一番重大な影響を与えるのは、得体の知れない無意識などではなく、日頃自分の心に語りかける何でもない言葉だ。このような言葉が積もり積もってわれわれの人生哲学になるが、常々自分に言い聞かせる言葉を変える気さえあれば、この人生哲学はいとも簡単に変えられるという。

絡み合った感情的な問題を理詰めで解決できるかどうかは疑わしいように思えるが、アルバート・エリスの先駆的な考え方と四〇年にわたる認知心理学の発展によって、その有効性はすでに証明されている。

がある。主な著書は、『神経症者とつきあうには』、『どんなことがあっても自分をみじめにしないためには』（以上、川島書店）、『Sex Without Guilt（思う存分恋とセックスを楽しむには）』、『The Art and Science of Rational Eating（論理的食事法）』など。

二〇〇七年、死去。

ロバート・A・ハーパー

アメリカ結婚カウンセラー協会とアメリカ精神分析医学会の前会長。オハイオ州立大学で博士号を取得。

他の著書に『Creative Marriage（創造的な結婚）』（アルバート・エリスとの共著）、『45 Levels to Sexual Understanding and Enjoyment（セックスを理解し楽しむための45章）』（ウォルター・ストークスとの共著）などがある。

自分に語りかける言葉が現実になる

言語をつくり出す動物である人間には、感情や思考を言葉や文章で系統的に表現する傾向があるが、この表現されたものが実質的にわれわれの思考や感情になる、とエリスとハーパーは述べている。

基本的に自分に語りかける内容で自己が成り立っているとすれば、どのような変化を求めるにしろ、まず心の中の会話を見直さなければならない。その会話は自分にとってプラスだろうか、あるいはマイナスだろうか？

患者と話し合うトークセラピーは、患者が真実だと思い込んでいる「論理の誤り」をさらけ出すのが目的だ。たとえば、ひどい不安感や恐怖感にさいなまれている患者なら、一連の思考をたどって不安の原因となった思考を見つけるように求められる。すると、決まって「もしも……なら、とんでもないことになりはしないか」、あるいは「今……の状態だけど、心配はないかな」と自分に語りかけていることがわかる。

患者はまさにこの機を逃さず、こう自分に問い直す必要がある。「これこれのことが起これば、心配したとおりとんでもないことになるのか？」「おまえの言うように今の状況は本当にひどいのか？」、そして「たとえ不安が現実になったとしても、それが永久に続くだろうか？」と。

はじめのうちはこの種の自問がばからしく思えるが、そのうち自己への語りかけがどれほど生き方に影響を及ぼすかがわかってくる。何しろ、ある出来事に「災難」とレッテルをはると、本当に災難になってしまう可能性が高いのだ。それが良いものであれ悪いものであれ、われわれは自分に語りかける言葉に従って生きるしかないのだ。

嫌なことを思い出すから不幸になる

宇宙や原子にまで勢力範囲を広げてきた人間が、自らの不機嫌な気分を持て余しているのはいったいなぜなのか？　物質的に進歩すればするほど、神経症や精神病の罹患率がひたすら上昇していくように思える今日、感情をコントロールしながら生活できるかどうかがわれわれにとって主要な課題である。

第九章「絶望的な不幸感」で、エリスとハーパーは、不幸や憂うつはそのときどきの精神状態であり、自分で永続的なものと思い込んでいるにすぎない、と論じている。

たとえば、人間関係が壊れたり、失業したりしたときに気落ちするのは、まったく理にかなっている。しかし、その気分をいつまでも引きずると大変なことになる。雪だるま式に精神状態が悪化して、「不幸と感じることでますます不幸に」なり、合理的な状況判断ができなくなるという。

そこで本書は「繰り返し思い起こして強化しなければ、爆発的な感情を持続させることは実質的に不可能だ」という立場に立つ。ある物事が「不快だ」と感じ続けるのは、自分にそう言い聞かせているからにすぎない。何度も思い起こさなければ、持続するはずがない。肉体的苦痛がある程度持続するのはしかたがない。しかしその場合でも、いったん痛みが治まれば、刺激と感情が自動的に結びつくことはありえないのだ。

早くも一九六〇年代に、うつ病の薬物療法は依存性が生じやすいので問題がある、とエリスは訴えていた。二度とうつ病になりたくなければ、実際に考え方を変えて、否定的感情にしつこく襲われるたびに「自分を説得」し、それを振り払う必要があるということだ。わざわざ自分を変えるのが面倒なので、内心このままでいたいと思っている人もいる、とエリスは鋭く指摘しているが、「憂うつな気分にはならない」と心に決めれば、気分が変わる場合もあるのだ。

心をより理解するために——

人間は理性的だと言えるだろうか？　それとも非理性的なのか？

その両面をあわせ持つと著者らは言う。われわれは頭がいいくせに、未熟なばかげた行為、偏見に満ちた利己的な行為もする。したがって、最も理性に欠ける側面、つまり感情に理性を適用するのが幸せな生活を営む秘訣だという。

自分の思考をコントロールし、極端な感情に流されず中庸を得ることを重んじる点で、論理情動療法は明らかに仏教の影響を受けている。過去に何が起きようと大事なのは現在であり、苦しみを和らげるために今何ができるかが問題なのだ。

そうエリス自身が思い至ったのは子どもの頃だった。母親はやっかいな躁うつ病に苦しみ、父親は出張で留守がちだったため、エリスが幼い兄弟の世話を引き受け、毎日身支度をさせて学校に送り出していた。腎臓を患って入院しても、両親が面会に来ることはめったになかった。

このような経験から、自らそうしたいと思わない限り、どんな状況に対してもうろたえる必要はない、感情をコントロールする余地は常にある、といったことを学んだのだ。その独特の療法は、押しの強い非情な印象を与えるが、実は人間に関するきわめて楽観的な見方を象徴しているのである。

『論理療法』を読めば、自分の感情が生まれる仕組みを理解できるばかりか、ありがたいことに、思考をコントロールして適度に幸せで実り豊かな生活を営む方法もわかる。この本の見出しには、「受容欲求の非論理性」「不安との闘い」「欲求不満の処理」「完全主義の克服」といったものが並んでいる。その内容にふさわしく、文体もきわめて明快でわかりやすい。最新版では新しく一章を設けて、論理情動療法の原理とテクニックを裏付ける研究を紹介している。

17

2006

幸せはいつもちょっと先にある

ダニエル・ギルバート

遠くの未来の幸せは、
想像とは違うものになりやすい。

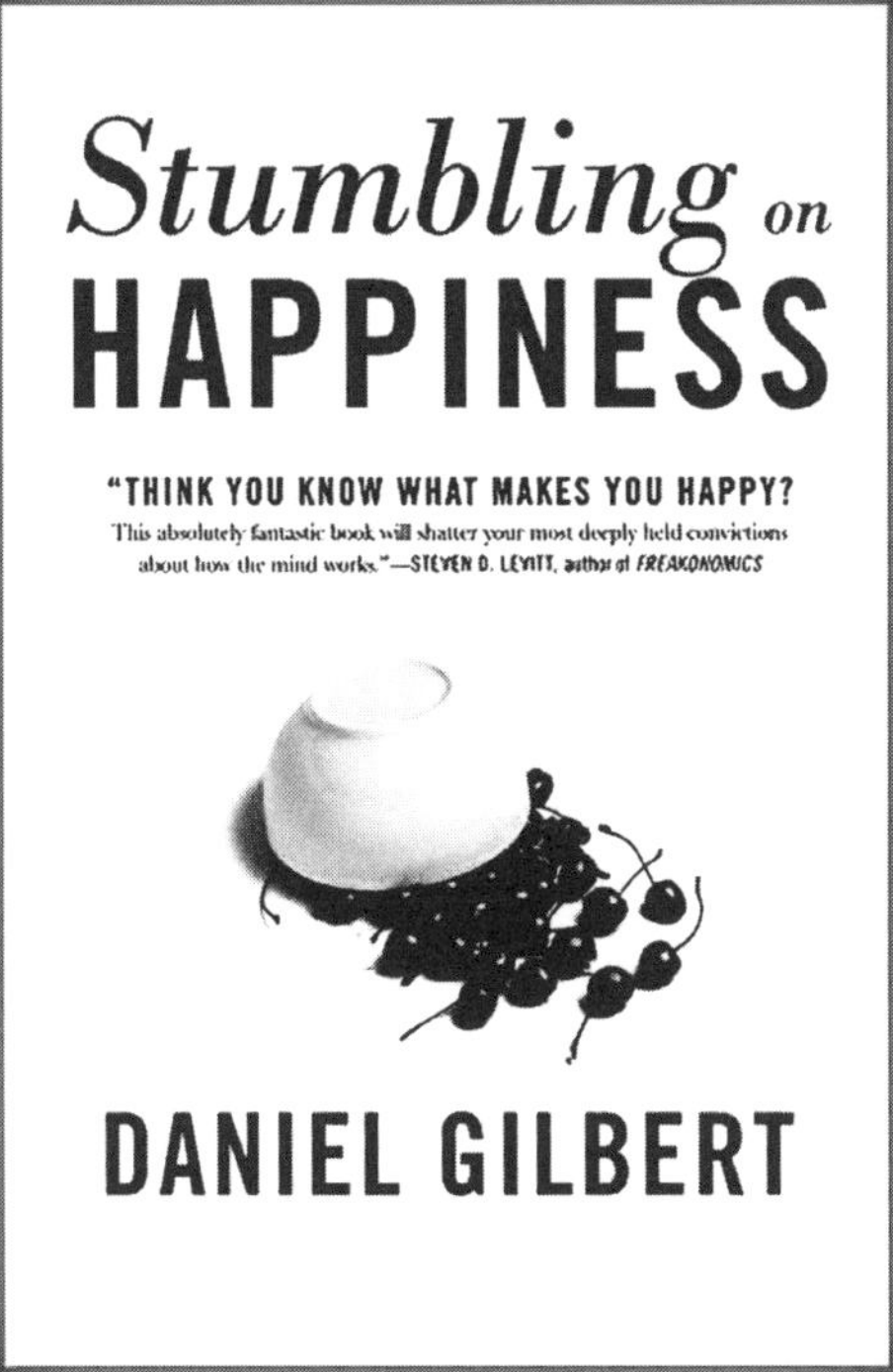

邦訳
『幸せはいつもちょっと先にある』
早川書房　熊谷淳子 訳

幸せだと言う人の主張を受けいれるかどうか結論をだす前に、まず、人が自分の感情を思いちがうことが理論上ありうるかどうか検討する必要がある。われわれは、大豆の値段、チリダニの寿命、フランネルの歴史など、じつにさまざまなことで思いちがいをするが、自分自身の感情の経験を思いちがったりするものだろうか。

❀

少年時代、ダニエル・ギルバートは錯視の本に夢中になった。ネッカーの立方体（箱を見下ろしているようにも見上げているようにも見える絵）や有名なルビンの杯（人の顔にも杯にも見える絵）を眺めているうちに、目や脳がいとも簡単にだまされることに驚いたという。

後年、心理学者になったギルバートは、すばやく現実を把握しようとして脳が一定の間違いを犯したり、「穴埋め」作業をしたりする事実に興味を抱く。視覚の場合と同様、『先の見通し』についても、人間はありきたりな誤りを犯すのではないか、と彼は思った。

つまり、われわれはほとんどいつも未来の幸せを求めて行動するが、その未来がどういうものか、そのときになって自分がどう感じるかを正確

Daniel Gilbert

ダニエル・ギルバート

ハーバード大学社会心理学部教授、および学部長。社会心理学の分野で数々の重要な論文を発表している。『The Handbook of Social Psychology（社会心理学ハンドブック）』の編者でもある。

に理解しているわけではないというのである。

何千年もの間、人間は先見の問題について頭を悩ませてきたが、心理学、神経科学、哲学、行動経済学などの知見を結集して答えを提示したのは本書が初めてだ、とギルバートは自負する。また、この本は彼の得意分野である非常に複雑な心理学的問題を扱っている割には、魅力的で楽しい読み物に仕上がっており、イギリスの旅行作家ビル・ブライソンを思わせる文体で、一ページに少なくとも一度か二度は笑わせてくれる。

人間だけが未来を考える

ギルバートは「唯一、人間という動物だけが……」という心理学書の決まり文句をわざわざ使って、「唯一、人間という動物だけが未来について考える」と記している。

リスは冬に備えてドングリを蓄えるので、未来について考える能力があるように思える。だが実際は、日照時間が減少すると、脳のプログラムが作動して行動が促されるにすぎない。意識などはなく、ただの生物学的本能があるだけだ。

それに対し、人間は正真正銘の「先読み装置」であり、ただ未来を意識するだけでなく、現在と同じように未来の出来事についても思いめぐらすことができるのだという。どうしてこうなったのだろうか？

何百万年も前、初期の人類の脳に変化が起こった。比較的短い期間に脳が劇的に大きくなったのである。といっても、発達したのは新しい脳のすべての部分ではなく、主に眼球の上部にある前頭葉と呼ばれる部分だった。前頭葉が発達したため（著しく増加した脳細胞を収める空間が必要になり）、元来ひどく後方に傾斜していた額が、今のようにほとんど垂直になったとも考えられている。

最近まで、前頭葉は特に何の役割も果たしていないとされていたが、前頭葉に損傷を受けた患者を観察した結果、計画を立てる能力に問題があるだけでなく、不思議にも不安感が減少していることが明らかになった。この二つにはどんなつながりがあるのだろうか？

計画も不安も、未来に関する思考と関係がある。前頭葉が損なわれれば、永遠の現在に生き続けるしかないので、わざわざ計画を立てることもないし、計画について心配するはずもないのだ。

このような前頭葉の巨大化は、人間の生存にとって有利な条件になった。異なる未来をいろいろと思い描いて選択し、それに従って環境をコントロールする能力を身につけたからである。どうすれば将来、自分が幸せになれるかを予測する力が、われわれにはあるのだ。

人間の予測には欠陥がある

ギルバートによれば、脳はその人間の経験、記憶、知識などをことごとく詰め込むことができるが、それはあらゆる物事を完全な形で記憶するのではなく、各々のポイントをいくつか保存するにすぎないからだという。記憶が完全無欠だと思わせるために、脳は「空白の部分の穴埋めをする」のである。

知覚に関しても、脳はまた巧妙な近道をつくっている。ドイツの哲学者イマニュエル・カントはこう言っている。知覚は肖像画のようなもので、対象物を反映しているだけでなく、画家（知覚する人間）の筆致を事細かにあらわしている、と。脳は現実を解釈するにすぎないが、その解釈があまりに見事なので、単なる解釈とはわからないのである。

記憶と知覚に誤りが生じることがあるように、未来を想像する際にも、われわれが想像する一つ一つの出来事が、実状を正確に反映していない場合がよくある。それは、間違ったことを想像するというよりも、想像に手抜きをするからだ。

多くの心理学実験で証明されているとおり、人間の心は欠如したものに都合よく気づくようにはできていない。しかし、脳は手品のような鮮やかなトリックを使って、解釈を事実だと思い込ませるので、われわれは疑いもせずにそれを受け入れるのだという。

そもそも幸せとは何か

つまり、幸せは主観的なものだとギルバートは言いたいのだ。彼はローリーとリーバという双子の例を引き合いに出して、これを説明している。二人は生まれつき額が結合しているため、血液供給や脳組織の一部を共有していた。にもかかわらず、懸命に生き続ける二人は、自分たちの境遇をどう思うかと尋ねられるたびに、とても幸せだと答えていた。

この答えを聞くと、ほとんどの人は、この双子は幸せとは何かがわかっていないと言うだろうが、そういう反応を示すのは、「単独体」でなければ幸せになれないと思い込んでいるからだ。また、失明すれば不幸になると一般に決めつける傾向があるが、目が見えなくてもちゃんと生きていけるし、たいていのことは目の見える人と同じようにできるので、非常に幸せや満足を感じている場合もあるのだ。

何を幸せと感じるかは、現在の幸福の要因によって常に影響を受けるが、人生の時期によっても変わるという。恋人たちは、一〇年たってもお互いに対する気持ちは変わらないと信じきっているし、出産直後の母親は、子どもを愛しく思うあまり、職場復帰しようなどとは思いもしない。このような認識の誤りには神経学的な理由があるらしい。

未来の出来事を想像する際に使う脳の感覚部位は、現在の出来事を経験するときのものと同じである。一般的に、人は未来の出来事について、プラス面とマイナス面を慎重に比較評価しながら理性的に考えたりはせず、自分がそれに対してどんな感情を抱くかを心の中で思いめぐらすという。どういう出来事を想像するかは、現在の感情によって決まるのだ。二〇年先に何に対して幸福を感じるかなど、わかるはずもないからだ。

要するに、人間の脳は未来をかなりうまく想像するようにつくられているとはいえ、完全な予測は不可能なので、実際の幸福の要因は想像とは違うものになりやすいということだ。したがって、金儲けに一生を費やしたあげく、それだけの価値はなかったと悔やむ場合もあれば、人間であれ状況や出来事であれ、てっきりそれが不幸の元凶になると心配していても、結局は杞憂に終わって心が晴れるという場合もあるのだ。

心をより理解するために――

ギルバートはほとんど最初から最後まで、未来の感情を正確に予測するのがいかに困難であるかを明らかにしようとしているが、それならもっと確実に幸せを感じられるようにする方法はないのだろうか？

少し拍子抜けするが、彼は次のように述べている。未来の特定の行動（特定の職業につく、ある都市へ引っ越す、子どもを産むなど）に関する自分の感情を予測するには、経験者に尋ねるに越したことはない、と。

人は自分の独自性に対して強い自信を持ち、思いどおりにしなければ気がすまないので、当然、他人の経験に頼りたがらない。しかし、将来満足のいく幸福な生活を送るためには、おもしろみに欠けても、これに勝る方法は考えられない。自分を頼みにするだけでは、運に任せるしかないのである。

18

1951

ゲシュタルト療法

フレデリック・パールズ

常に感覚をとぎ澄ませ、
頭でっかちにならず、身体の声に耳を傾けよう。

邦訳
『ゲシュタルト療法―その理論と実践』
ナカニシヤ出版　倉戸ヨシヤ 監訳
日高玉宏・井上文彦・倉戸由紀子 訳

人はたゆまぬ努力によって自分自身を統合していると思っているが、実はあまりその必要はない。意図的に感情を抑制する、物事に執着する、絶えず「考え事」をする、ふだんの行動パターンを無理に変えるといった努力をしなくても、自分の心がバラバラになったように感じることも、「ばかなまねをする」こともない。それどころか、一つ一つの経験が首尾一貫した全体性へと統合され、重要な意味を持つようになるのである。

❀

カリフォルニア州のリゾート地ビッグサーの海岸にあるエサレン研究所は、一九六〇年代に起こった社会革命の震源地である。

心理学者のフレデリック・パールズがエサレンに来たのは一九六四年のことだった。ベルリンの前衛的な空気の中で育ち、ヒトラー政権から逃れてアメリカにやってきたパールズにとって、エサレンはまるで心のふるさとのように思えたに違いない。一九七〇年に死去するまで、彼はここで多くの時間を過ごしている。

カリスマ性と少々気むずかしい性質を持つパールズは、アメリカ西海

Frederick Salomon Perls

フレデリック・サロモン・パールズ

一八九三年にベルリンで生まれる。一九二六年、ベルリン大学医学部を卒業した後、フランクフルトにある脳疾患に苦しむ兵士のための研究所に勤務。そこで、ゲシュタルト心理学、実存主義、新フロイト派のカレン・ホーナイ（329ページ参照）やウィルヘルム・ライヒなどの影響を受ける。

一九三〇年代の初頭、ドイツがユダヤ人にとって危険になると、妻のローラとともにまずオランダに逃れ、その後南アフリカに移住。夫婦で開業し精神分析による治療を始めると同時に、南アフリカ精神分析研究所を設立。

やがてフロイト理論に対して批判的な見方をするようになり、徐々にゲシュタルト療法を開発する。その経緯は『Ego, Hunger and Aggression:

岸で起こった初期の自己啓発ブームの教祖的存在だった。現代人は男女とも、実際に経験して身体で感じ行動すべきときに頭で考えすぎる、というのが彼の持論であり、「理性を捨てて身体の感覚を養おう」というスローガンは当時のカウンターカルチャー（対抗文化）の考え方と完全に一致した。

才能あふれるポール・グッドマンと、大学教授でパールズの患者でもあったラルフ・ヘファリンの二人と共同で執筆した本書は、新しい心理療法のマニフェストになった。パールズはフロイト派精神分析の訓練を受けてはいたものの、長椅子を使うスタイルはとっくにやめて、対立的な集団療法を行っていた。患者の心理的な「よろい」に穴を開け、本来の力強い自己を引き出すには、この方法が一番効果的だと思ったからだ。

高ぶった感情をテーマにしている割に、この本は書き方が単調で、読むにはかなり集中力が必要かもしれない。何しろ、ゲシュタルト療法の理論的基盤を整えるのが当初の目的だったのだ。

通常の社会的役割という拘束衣を脱ぎ捨てて「今ここで」生きるべきだという主張は、当時非常に論議を呼んだ。現在からは想像しにくいが、一九五〇年代のアメリカでは、この考え方がきわめて新鮮に思われたのである。

A Revision of Freud's Theory and Method（エゴ、渇望、および攻撃性—フロイトの理論および方法の修正）』に詳しく書かれている。

一九四六年、ニューヨークに移住。一九五二年、ゲシュタルト療法研究所を設立。離婚後、ローラと三人の子どもをニューヨークに残し、カリフォルニアに転居。一九六四年、エサレン研究所に勤務。

死の前年、エサレンで行われた集団療法の記録『Gestalt Therapy Verbatim（ゲシュタルト療法の記録）』と自伝『In and Out the Garbage Pail（ゴミバケツの内と外）』を出版。

一九七〇年、死去。

「全体」を重視するゲシュタルト療法

見方次第で美女にも意地悪そうな老婆にも見える絵を見たことがあるだろうか？ 見たことがあれば、ゲシュタルト体験、言い換えれば「アハ体験（ああそうか体験）」をしたことになる。適切な訳語はないが、ゲシュタルトという言葉は、「形」、「形態」、あるものの全体などを意味するドイツ語だ。

ゲシュタルト心理学と呼ばれる学派（主要人物は、マックス・ヴェルトハイマー、ヴォルフガング・ケーラー、クルト・レヴィン、クルト・ゴルトシュタイン、ランスロット・ロー・ホワイト、アルフレッド・コジブスキーなど）は、視覚認知に関する実験で、受け取ったイメージが不完全であっても、脳は常に「全体像を完成させる」ように働く、という事実を明らかにした。人間は、背景である「地」に対して「図」を見つけるようにプログラムされている、つまり、他のものをなおざりにして一つのものに注意を集中し、無秩序に見える色彩や形の中に意味を見出すようにできているというのだ。

パールズはゲシュタルト心理学の理論からヒントを得て、独自の心理療法をつくり出した。彼は全体性という考え方を個人の幸福の問題に応用するため、「人はある優勢な欲求（図）に絶えず動かされている。この欲求が満たされれば、背景（地）に退き、また他の欲求があらわれる」という考え方を取り入れた。どの生物もこうして自己を規制し、生存に必要なものを手に入れるという。

ただ問題は、人間が複雑なため、この欲求－満足という単純な方程式ではすっきり片づかない場合があるという点だ。われわれは場合によって欲求を抑圧することもあれば、過度に重視することもある。生存に対する考え方がいびつになると言ってもいい。そのため、事情を知らない者には愚かな行為に見えても、一定の方法で自己を保つ必要があると思い込む。優勢な欲求が自己意識と完全に結びついたとき、自己は流動性と柔軟性を失い、気づきをやめた神経症的な自己になる。

従来のフロイト派精神分析では、「医者」はこのような神経症患者を対象物とみなし、心を深く掘り下げることによって「理解」しようとした。それに対し、ゲシュタルト療法は、患者を環境の一部とみなし、心と身体と環境をひとまとめにして考慮する。物事を要素に分割しがちな従来の心理学と違って、ゲシュタルト療法は物事を全体的に理解しようとするのである。パールズはこう述べている。

人生に対して、すなわち人間の思考や行動や感情に対して、独創的でひずみのない自然なアプローチをするのがゲシュタルトの流儀だ。何もかもがバラバラになった状況で育てられれば、人間は全体性、つまり人格の統合性を失っているのがふつうである。

外界と接触する——コンタクト

嗅覚、触覚、味覚、聴覚、視覚の五感が、人間にとって外界との「コンタクトの接点（接触境界）」になる。自分を孤立した存在と思い始めると、感じることもコンタクトすることも興奮することもできなくなる。エアコン付きのオフィスで働く現代人の感覚は著しく麻痺している、とパールズは述べている。われわれは意図的に気づきのレベルを下げて、何の驚きも感じない整然とした生き方をしているというのだ。

だが、いよいよ臨終の床についたとき、いったいどういう言葉を言い残すだろうか？「もっと財産を増やすか金を稼いでおけばよかった」とは言わず、「もっと思い切った冒険をすればよかった。いろんなことをしたかった」（つまり、人生にもっとコンタクトするべきだった）と言うのではないだろうか？

パールズによれば、環境と本当にコンタクトしている人は気分が高ぶった状態で、始終何かを感じている。それにひきかえ、神経症患者は思い切って外界と実際にコンタクトしようとせず、なじんだ内的世界に引きこもるので、人間的に成長しない。精神的に健康であれば、「食べ物を手に入れて食事をする、恋愛しセックスをする、喧嘩をする、対立する、コミュニケーションをとる、感じる、学ぶ」など、人生に対して積極的にかかわろうとするものだ。

外界と融合する――コンフルエンス

コンタクトの反対は「コンフルエンス（融合）」である。これは、教えられた行動や習慣に従った行動をとったり、先入観でものを見たりする状態だ。パールズは美術館で現代美術の作品を鑑賞する人を例にあげて説明している。鑑賞者はその作品をじかに鑑賞していると思っているが、実は、「よく読む雑誌の美術評論家の意見に従って見ているにすぎない」

人は生まれたときから、本来の性質を変えて違う人間になるようにしきりに求められる。このような生まれつきの性質と社会の要求とのギャップによって、人格にさまざまな問題が生じるのだ。パールズは患者のグループを挑発するように、よくこう発言したという。

われわれの中には、感情や直感のない人間もいれば、足や生殖器や自信や目や耳がない人間もいる。

ゲシュタルト療法では、患者が自分の失ったものについて話すうちに、いつの間にか失った攻撃性や感受性などを取り戻すのである。

「気づき」が不安を解消する

パールズは内省と気づきの違いをはっきりと認識していた。気づきは「自分の身に生じること――自分が何を行い、何を感じ、何を計画しようとしているかを自然に感じ取る行為」であるのに対し、内省は「評価、訂正、規制、妨害といった点から」同じ活動を考察することをいう。

この区別は重要だ。というのは、従来の心理学では、なぜか人間が脳や身体と別に存在しているかのように、自己を分析できると考えられていたからだ。しかし、このような分析をすれば神経症になるのが落ちであり、正気を取り戻して外界とバランスの良い関係を築くには、再び自分の身体感覚に耳を傾けるべきだという。

本書には、患者の気づきを高めるためにパールズが行った実験が数多く紹介されている。「自分の身体を感じてください」と指示する方法もその一つだ。静かに横になって身体の隅々まで意識をめぐらすと、まったく感覚がない部分もあれば、痛みや違和感を覚える部分もあることがわかる。特定の筋肉や関節に注意を向けるだけで、肩こりや腹痛の原因がはっきりする場合もある。パールズはこう述べている。

神経症的な人間は、自分で気づかずに筋肉を操作して、自ら症状を生み出している。

このような試みを行うと、悩み苦しむのは自分のせいなのか、それとも他に原因があるのかを多くの患者が自覚するようになったという。

ほかには、今この瞬間に自分が何を見て何をしているかを、患者に次々に説明させる実験もある。たとえば、「私は今、この椅子に座って、目の前のテーブルを見ているところです。今、通りを走る車の音が聞こえます。今、私は窓から差し込む太陽の光を顔に浴びています」と患者が報告する。それを受けてパールズが、話しているときに何か問題があったかと尋ねる。すると患者は「問題って何ですか?」と必ず聞き返す。こうして患者は、現在に十分意識を集中し、周囲の環境を感じている限り、何の問題もないと悟るのである。

環境から「離れ」なければ、二度と根拠のない心配や不安に苦しむことはない。焦燥感、倦怠感、不安感などは人間の経験から生じるという考え方もある。しかし、パールズによれば、それはそう考える人の通常の意識が「現実性」を欠いている証拠なのだ。

隠れているものは変えようがない

ゲシュタルトの目標は、惰性的な生き方を変えることだ。現実に生きていると言えるのはごくわずかな時間しかないと思っている人が多いが、意識的にその時間を増やせば、突破口が開けるはずだ。理屈ではなく十分な気づきと関心が問題を解決してくれる、とパールズは主張する。

自分のある面を抑圧してその存在を否定しようとしても、必ずまた表にあらわれるということは、ほとんど誰でも知っている。また、気づくのをわざと控えたり、抑圧したりしても、問題の改善にも解決にもならない。過去につらい出来事があったとすれば、それを完全に現在の問題としてとらえ、再び体験することさえ覚悟して「自分のもの」にしなければならない、とパールズは訴えている。問題を無視しようとすると、ますます手に負えなくなるのだ。

「義務感」よりも大切なもの

精神的な健康を保つために、大人は少し子どもらしさを残しておくべきだ、とパールズは考えた。自発性、想像力、好奇心、素直に驚く心などは大人にも必要であり（偉大な芸術家や科学者はみな持っている）、「義務」やつじつま合わせに追われて感覚を麻痺させてはならないというのである。

遊んでいるときでさえ、真剣さという点では子どものほうが大人より優れている。気まぐれの活動でも、やり始めるとほかのものには目もくれない。才能に恵まれた人間なら、この純然たる気づきの性質を依然として持っているが、平均的な大人は、自分の活動にあまり関心を持たないのがふつうだ。パールズはこう指摘する。

われわれが「義務に追われている」と思うのは、真剣な生き方を回避する言い訳にすぎない。不断の慎重さ、事実重視、態度保留、過剰な責任など、大半の大人に見られるこういった特徴は神経症的なものだが、自発性、想像力、真剣さ、遊び心、率直な感情表現といった子どもの特徴は健全である。

心をより理解するために――

義務感から行動するのではなく、感じるままに行動するというパールズの考え方は、確実に多くの人の心をつかんだ。彼の有名な「ゲシュタルトの祈り」は、一九六〇年代の時代精神をよくあらわしている。

私は私のために生き、
あなたはあなたのために生きている。

私がこの世にあるのは、
あなたの期待に応えるためではない。
あなたがこの世にあるのも、
私の期待に応えるためではない。
あなたはあなた、私は私。
たまたま心が通じ合えば、それはすばらしい。
通じ合わなければ、それはそれでしかたがない。

フラワーパワー（ヒッピーが唱えた愛と平和のスローガン）の精神にそぐわないという理由から、ポスターなどでは最後の行が省かれることもあった。そんなときパールズはよく、「歓喜」だの「エクスタシー」だの「ハイな気分」だのを目的に訪れる連中をからかって、あえて療法のつらさを強調したものだ。

事実、ゲシュタルト療法では、不快で手加減しない技法を頻繁に用いたため、泣き出す者までいた。誰にとっても、プライバシーを侵され人格の欠点を知らされるのは嫌なものだ。しかし、精神的に問題があると自覚しない限り前には進めない、とパールズは指摘する。

ミルトン・エリクソン（147ページ参照）のように、パールズはボディー・ランゲージを読み取る優れた能力を持っていた。集団療法では、それぞれの話の内容よりもむしろ、声の調子や座っている様子に注意することが多かった。

また、ゲシュタルト療法の「今 - ここ」中心のセラピーを徹底させるため、患者にはその部屋にいない人間について話すことを禁じた。彼は自分を高性能の「うそ発見器」にたとえていたが、この能力は、「愛と平和」という当時の不明瞭なスローガンなどとは比べものにならないほど、人生において重要なものだ。

パールズはまた、攻撃性をよく話題にした。怒りを抑えれば、人間が本来動物だという事実を否定することになると考えていたのだ。疲労や退屈を感じたら、無理に抑えるのではなく、ネコのようにあくびやのびをして再び活動するべきだ。身体が要求するものは身体に与えて、バランスを保たなければならない。

われわれは自分の反社会的な性質や善人にあるまじき側面を、存在しないものとして心の奥に封じ込めていないだろうか？　再び生き生きと暮らすためには、それを取り戻す必要があるのだ。

19

2004

なぜ選ぶたびに後悔するのか

バリー・シュワルツ

皮肉なことに、
選択肢が少ないときのほうが幸せになれる。

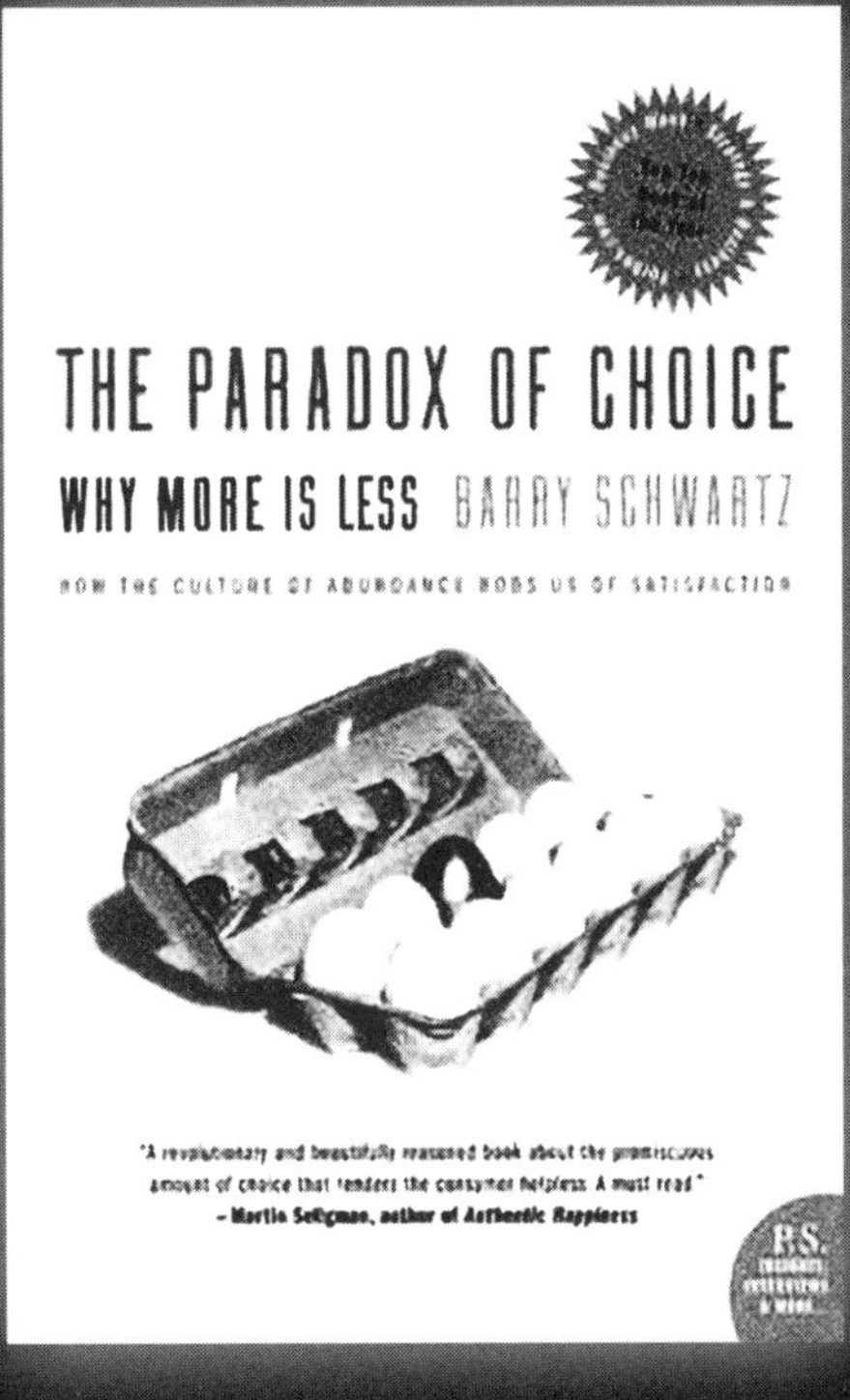

邦訳
『なぜ選ぶたびに後悔するのか』
ランダムハウス講談社　瑞穂のりこ 訳

後悔には、怒りや悲しみや失望といったほかのネガティブな感情にはない、嘆きにさえもない、格別にやっかいな点がある。後悔を引き起こしている現状は、避けようとすれば避けられたという意識だ。ほかでもない自分が、もし別な選択をしてさえいれば、避けられた。

❀

自由に選択できるのは、いいことなのか、悪いことなのか？　本書は心理学、経済学、市場リサーチ、意思決定など、各分野の研究者が行った調査結果に基づいて書かれているが、その冒頭には、選択の自由を示す事実や数字が紹介されている。

たとえば、著者の地元のスーパーでは多彩な銘柄のシリアルが売られている。テレビは選ぶのに苦労するほどいろいろなタイプがあるし、この頃はジーンズにも数えきれないほど多くの種類があって、「ふつうの」ものが欲しいと言っても店員には通じない。

シュワルツは、二つに分けた大学生のグループにチョコレートの評価を依頼するという実験を引き合いに出している。あるグループにはわずか六種類、もう一つのグループには三〇種類のチョコレートを試食し、評

Barry Schwartz

バリー・シュワルツ

一九六八年、ニューヨーク大学で文学士号を取得。一九七一年、ペンシルバニア大学で博士号を取得後、ペンシルバニア州にあるスワスモア大学の助教授に就任。以後、選択肢は少ないほうがいいという自説を証明するかのように、同じ大学で教育と研究を続ける。

学習、モチベーション、価値観、意思決定などに関する学術論文も多い。他の著書に、『The Battle For Human Nature: Science, Morality and Modern Life（人間性の追求—科学と道徳と現代生活）』、『The Cost of Living: How Market Freedom Erodes the Best Things in Life（自由主義経済と人間の生活）』、『Psychology of Learning and Memory（学習と記憶の心理学）』などがある。

価してもらった。その結果、三〇種類のグループよりも六種類のグループのほうが満足度が高かった（「おいしかった」と言った）。彼らはまた、実験の報酬でさえ、現金よりチョコレートを選ぶ傾向があった。

これは意外な結果である。というのは、常識から言えば、選択肢が増えるのは一種の特権であり、満足するのが当たり前だからだ。ところが実際は、選択肢が少なければ少ないほど、われわれは与えられたものに満足するらしい。

シュワルツによれば、この事実は豊かな先進国特有の不安を示している。つまり、選択肢の多さが必ずしも生活の質の改善や自由の拡大につながるわけではないので、かえって幸福にとってマイナスになる場合もあるというのだ。

何でもかんでも選べる時代

決断を迫られるケースが増えれば増えるほどコストが増えるという事実を、シュワルツは巧みに説明している。

テクノロジーはそもそも時間を節約するためのものだ。ところが、そのテクノロジーのせいで、かえって人間は狩猟採集生活に逆戻りした、とシュワルツは言う。現代の社会では、無数のオプションから本当に必要なものを取捨選択しなければならないからだ。

たとえば、かつては電話などの公益サービスを提供する会社を消費者が選ぶ必要はまずなかった。しかし今日では、途方に暮れるほど多くのオプションがあるため、条件を逐一見比べるのが面倒になって、結局会社を変えない場合がよくある。

仕事の選択に関しても、親の世代が一生一つの会社で働く傾向があったのに対し、今の若い世代は、通常二年から五年単位で転職する。現在の地位に比較的満足していても、よりよい仕事はないかと常に目を光らせているのだ。

恋愛でも選択する場面は多い。「これは本物」だと思う相手を見つけても、決断を迫られる問題が次々に出てくる。どちらの実家の近くに住むべきか？　共働きなら、どちらの仕事に合わせて住む場所を決めるか？　子どもを持つなら、どちらが家にいて子育てをするか？

宗教についても、親から引き継ぐのではなく自分で選ぶ時代になった、とシュワルツは述べている。自分は何者なのかというアイデンティティを選ぶこともできる。持って生まれた民族性、家柄、階級などは、先祖から預かったただの「包み」のようなものであり、かつては包みを見ればその人に関しておよその見当がついたが、今では頭から決めてかかるわけにはいかないという。

選択肢が多ければダメージも大きい

昔なら考えられないほど数多くのものから選べるようになると、心配な面も出てくる。それは、人間が判断を間違いやすいということだ。シュワルツはいろいろな具体例をあげて説明しているが、この間違いやすさを考えれば、常に「正しい」決断を下す可能性はかなり低い。選択を誤っても大事に至らない場合もあるが、ときには深刻な事態になる。

たとえば、結婚相手や大学の選択は一生を左右しかねない。選択肢が多ければ多いほど、失敗したときの代償は大きいのだ。「選択の余地があれほどあったのに、どうしてひどい間違いをしたのか？」と疑問に思うのは当然のことである。

シュワルツは、オプションが増えて選択の幅が広くなると、次のような三つのマイナス効果が出てくると指摘している。

◆一つ一つ判断するのに手間がかかる。
◆間違いやすくなる。
◆間違いによって生じる心理的な影響が深刻になる。

「最高」を求めると不幸になる？

過ちを犯しやすい上に、決断を迫られるケースが多いとなれば、いつも「最高」を求めるよりも「まずまず」のものを求めるほうが賢明に決まっている。おもしろいことに、シュワルツは人間を「マキシマイザー（最大化人間）」と「サティスファイサー（満足人間）」に分けて考えている。

マキシマイザーは、どんな状況でも「最高」のものを手に入れなければ満足しない。したがって、試着するセーターが一五枚あろうが、パートナー候補が一〇人いようが、決定する前にオプションをすべて見比べなければ気がすまない。

サティスファイサーは、まずまずのものが手に入ればそれでよしとし、それ以外にもっといいオプションがあるかどうかは気にならない。自分なりの尺度や基準があり、それにかなうものであれば決定を下す。「最高」のものでなければどうしてもだめだという信念はない。

「ほどほどのところで満足する」という概念は、経済学者のハーバート・サイモンによって一九五〇年代に導入された。興味深いことに、意思決定に要する時間を考慮すれば、まずまずの成果で満足することがかえって最良の策になる、とサイモンは断定している。

選択に要する多大な労力を思えば、はたしてマキシマイザーのほうがよい決断を下すと言えるのだろうか？　シュワルツの考えでは、客観的にはイエスだが、主観的にはノーだ。つまり、マキシマイザーは、最高だと信じる選択ができたからといって、幸せになれるとは限らないというのだ。サティスファイサーよりも少しだけ給料がよくて少しだけいい仕事が見つかっても、マキシマイザーがその地位に満足するとは考えられないからだ。

マキシマイザーになれば高くつく。間違った判断が一つも許されないとすれば、すさまじい自己批判にさいなまれることになる。選択を間違った自分を責め、なぜ他のオプションを調べなかったのかと後悔するはめになるのだ。

「～すればよかった」「～することもできたのに」「～だったのに」という言い回しは、大勢の悩めるマキシマイザーのためにあるようなものだ。彼らの運命を風刺した漫画がこの本の挿し絵になっている。憂うつそうな顔をした新入生。これ見よがしに身に着けたセーターには、「ブラウン大学、でも本当に行きたかったのはイェール大学」という文字が見える。

それにひきかえ、サティスファイサーは、「身近な選択肢で十分だ」と考えているので、選択を間違えてもそれほど自分を責めることはない。完璧主義者ではないので、不完全な結果になっても（それがふつうだが）あまり気にならないのだ。

研究の結果、サティスファイサーと比べて、マキシマイザーは概して幸福でも楽観的でもなく、うつ病にかかりやすいとわかった。心の安らぎと生活の満足感を求めるなら、サティスファイサーになることだ。

「選択の自由」は何をもたらすのか

この四〇年の間に、アメリカ人の平均所得は倍になった（インフレ調整後）。皿洗い機の普及率は九％から五〇％、エアコンの普及率は一五％から七三％に増加した。ところが、それに比例して幸福だと感じる人が増えたようには思えない、とシュワルツは言う。

幸福をもたらす主な要因は、家族や友人との親密な関係である。だが、ここに矛盾が生じる。実際には、人との結びつきが密になれば、選択や自主性の妨げになるのだ。たとえば結婚すると、他の相手と自由に恋愛したり性的関係を持ったりすることができなくなる。したがって、自由や自主性の幅を広げるのではなく、むしろ狭めたほうが確実に幸福になれるということになる。

「それでは、選択の自由があってもそんなにいいことはないのではないか?」とシュワルツは言う。何しろ、きりがないほど多くの選択肢にいちいちつきあっていたら、大切な人とつきあう暇などなくなる。選択肢によって生活の質が向上しないどころか、かえって低下することにもなりかねないのだ。こういう相関関係があるので、ある程度の制約があったほうがゆったりとくつろいだ気分になれるかもしれない。

ある調査では、もしガンにかかったら自分で治療法を選択したいと答えた人が六五%いたのに対し、実際にガンを患っている人の八八%が自分では選びたくないと答えている。自分で選択したいと望んでいても、現実に選択を迫られると、気が進まなくなるらしい。選択肢が多すぎると、かえって悩みの種になるのだ。

比べるとつまらなく見えるのはなぜ?

シュワルツはさまざまな調査結果を引き合いに出して、二者択一の必要に迫られると、人は優柔不断になり、不満を感じやすくなる、と指摘している。たとえば、魅力的なオプションが二つあり、どちらを買うかという状況になると、実際にはどちらも買わない可能性が高いという。

選択肢が増えても満足度が上がらないのはなぜか？　どうやら、責任が重くなるということにこの謎を解くカギがあるらしい。これに関しては特筆すべき研究があり、取り消し不可能な決定をするほうがむしろ満足度は高くなる、という事実が明らかになっている。これは、変更できない決定を下す場合、われわれが心理的な努力を惜しまず、その決定を正当化しようとするからだ。たとえば、結婚に対して柔軟な考え方をしていれば、いずれ結婚生活が破綻するのは当然だろう。

かつて、周囲の友人たちと似たり寄ったりの生活をしていた頃は、ブルーカラー労働者も自分の運命に満足していたかもしれない。ところが今は、テレビやインターネットなどの普及によって、膨大な数の他人と自分を比較できる。自分では比較的裕福だと思っていても、常に上には上がいるという事実を見せつけられるのだ。シュワルツによれば、この「上方の社会的比較」が、嫉妬、敵意、ストレス、自尊心の低下などの原因になりやすいという。

対照的に、「下方の社会的比較」の場合には、恵まれない人に比べて自分がどれほど幸運であるかがわかるので、前向きな気分になって、自尊心が高まり、気が楽になる。毎朝毎晩「私はとても恵まれている」と自分に言い聞かせ、恵まれているものについて考えるだけで、より現実的な見方ができ、幸福感が強まる。どちらかといえば自分の境遇に感謝する人のほうが、健康で幸せを感じやすく、楽観的だという。

選択肢が増えれば比較する機会も増えるということを考えれば、幸福になる秘訣は次の二点にまとめられる。

◆取り消し不可能な決定をする。

◆今の生活に感謝する気持ちを持ち続ける。

心をより理解するために——

選択肢の多さが特に心理的苦痛を引き起こすのは、絶好の機会を逃すのではないかという不安と、選ばなかったオプションに対する後悔の念にさいなまれるからだが、かつては比較的少数の人間にしか見られなかったこの特異な心理的苦痛は、生活が豊かになり選択の自由が増えるにつれて、まるで伝染病のように社会全体に広がっている。地球村に住むわれわれは、なぜマドンナのように有名になれないのか、なぜビル・ゲイツのように金持ちになれないのか、彼らに比べて自分の人生はなんと平凡でつましいのか、と思い悩まずにはいられないのである。

自分がマキシマイザーだと思う読者には、この本が人生を変えるきっかけになるかもしれない。「〜していればよかった」と悔やみ苦しんだ経験があれば、生活の満足度は実際にどんな経験をしたかではなく、現実と理想との間にギャップを感じるかどうかによって違ってくる、ということがわかるはずだ。

この本には、七項目の質問に答えれば、自分がマキシマイザーかサティスファイサーかを判定できる数種類のテストがついている。シュワルツは自分がサティスファイサーだと認めているが、それは文章を読んでもわかる。本書は、選択と意思決定に関する「極めつきの本」をめざして、長年、一言一句に注意を払って書き上げたものでないことは明らかだ。それでも読者の支持を得られたのは、選択の自由とそれが幸福に及ぼす影響に関する数十年に及ぶシュワルツの考案の賜物なのである。

20

2002

世界で ひとつだけの幸せ

マーティン・セリグマン

幸せは、個人的な強みと徳性を
はぐくむことの中にある。

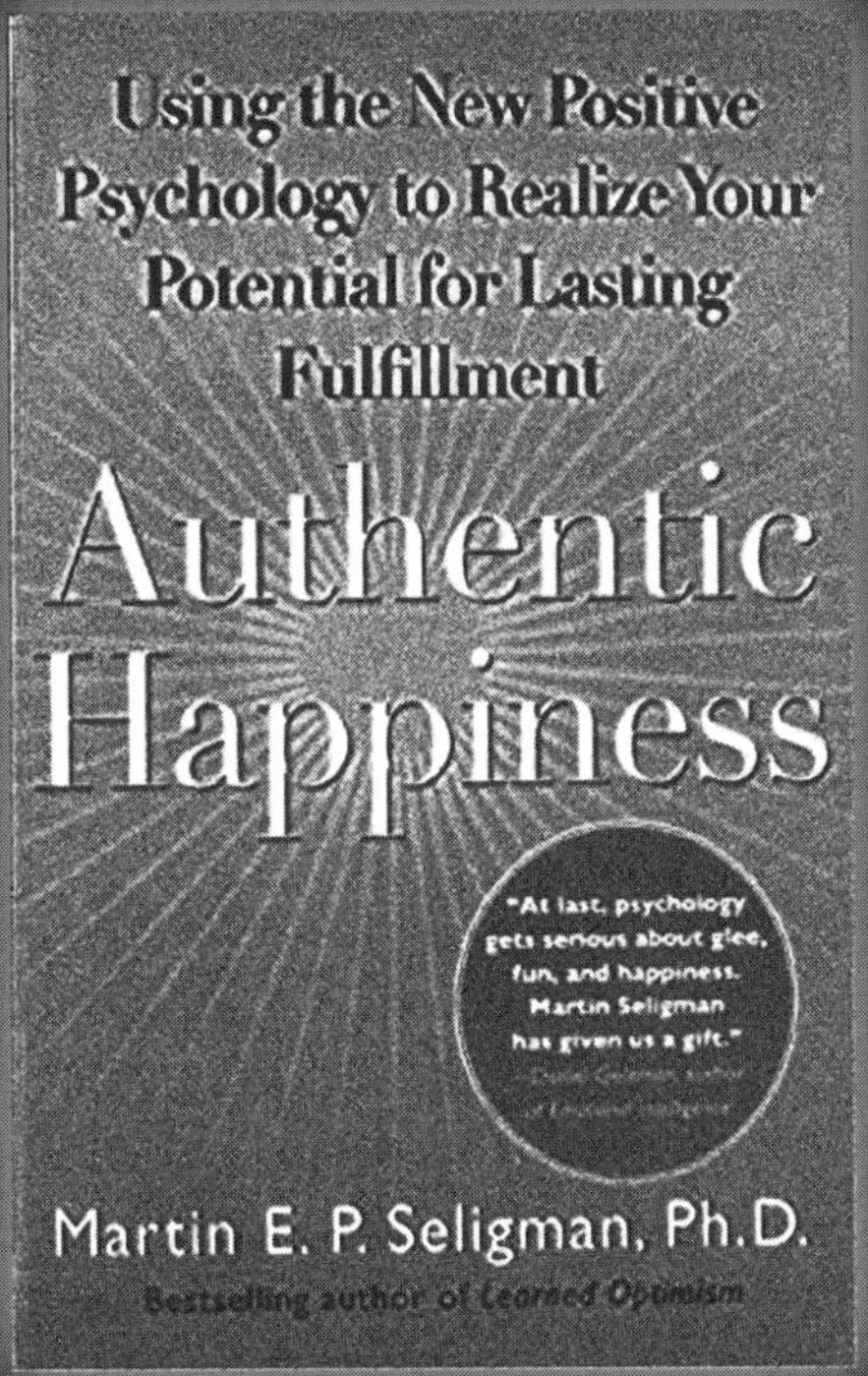

邦訳
『世界でひとつだけの幸せ』
アスペクト　小林裕子 訳

「とても幸せ」な人たちは、ある重要な点で、普通の人や不幸せな人と明らかに違っていた。その相違点は、彼らの豊かで充実した社会生活である。とても幸せな人は、一人きりになる時間が少なく、人とのつきあいを楽しむ。そして、自分とも友人とも良い関係を築ける確率も最も高かった。

❀

科学雑誌に発表される論文のうち、幸福に関するものは不幸に関するものの一〇〇分の一にすぎない。マーティン・セリグマンによれば、これまでの心理学はもっぱら人が不幸になる原因に注目し、この五〇年、心の病の診断や治療にかなりの成果を上げてきた。だが、逆に人が幸福や満足を感じる原因を解明する努力をまったく怠ってきた。

はじめの三〇年間を異常心理学の研究者として過ごしたセリグマンは、無力感や悲観主義に関する調査を機に、楽観主義とポジティブな感情、そしてその二つを増幅させる方法について研究するようになる。この仕事によって、彼は心理学のより大きな目的を検討し直し、今や「ポジティブ心理学」の創始者としてその名を知られるようになった。

Martin Seligman

マーティン・セリグマン

一九四二年、ニューヨーク州アルバニーで、公務員の両親のもとに生まれる。ニューヨーク州のアルバニー・アカデミー男子部からプリンストン大学に入学。

一九六四年、首席で卒業し文学士号を取得。一九六七年、ペンシルバニア大学で心理学博士号を取得。

一九九八年、アメリカ心理学会の会長に選ばれる。また、同学会から科学功労賞を二度与えられている。歴代の会長には、ウィリアム・ジェームズ（59ページ参照）、ジョン・デューイ、アブラハム・マズロー（403ページ参照）、ハリー・ハーロウ（489ページ参照）などがいる。

これまでに二〇〇の論文と二〇冊の著書を発表。主な著書は、『うつ病の行動学—学習性絶望感とは何か』（誠信書房）、『Abnormal Psychology』（異常心理

一九九一年に発表された『オプティミストはなぜ成功するか』（講談社）は名著だが、本書もいわばポジティブ心理学のマニフェストとして大きなインパクトを与えた著作であり、有意義ですばらしい人生を送るためのさまざまな秘訣を教えてくれる。

学）』、『オプティミストはなぜ成功するか』（講談社）、『What You Can Change and What You Can't（変えられるもの、変えられないもの）』、『つよい子を育てるこころのワクチン――メゲない、キレない、ウツにならないABC思考法』（ダイヤモンド社）など。

幸福の要因とは

セリグマンは多くの調査内容を照合し、従来、幸福の要因と考えられてきたものを突きとめた。以下はその代表的なものである。

お金

アメリカ合衆国、日本、フランスなどの豊かな国では、この五〇年で購買力が倍以上になったにもかかわらず、全体的な生活に対する満足感は少しも変化していない。ごく貧しい人は相対的に幸福度が低いが、生活できるだけの収入と購買力が得られるようになった時点を境に、いくら富が増えても幸福度が高くなることはなくなる。「金持ちかどうかということよりも、あなたが金銭をどのくらい大切なものと考えるかが、自分自身の幸福に影響を及ぼす」とセリグマンは述べている。物質主義者は幸せにはなれないのだ。

結婚

全米世論調査センターが過去三〇年間に三万五〇〇〇人ものアメリカ人を調査した結果、「とても幸せだ」と答えた人は、既婚者では四〇%だったのに対して、離婚や別居した人、配偶者と死別した人では、わずか二四%だった。他の調査でも似たような結果だった。どうやら、収入や年齢や性別とは無関係に、結婚すれば幸福度が上がるらしい。セリグマン自身が行ったある調査では、とても幸せだと答えた人のほとんどが恋愛関係にあることがわかった。

社交性

とても幸せだと思っている人のほぼ全員が「豊かで充実した社会生活」を送っており、仲間と交わらず一人きりで過ごす時間が最も少ない。これに対し、一人きりで過ごす時間が多い人は、はるかに幸福度が低いのがふつうである。

性別

女性はうつ病になる確率が男性の二倍あり、ネガティブな感情を抱きやすい。しかしその反面、ポジティブな感情を持つ可能性もはるかに高い。つまり、男性と比べて、女性は不幸にも幸福にもなりやすい。

宗教

無宗教の人より、何らかの宗教を信仰している人のほうが常に幸せだと感じ、人生に満足している。さらに、うつ病になる確率も低く、挫折や悲劇から立ち直るのも早い。ある調査をしたところ、原理主義的な信者ほど、楽観的であることがわかった。たとえば、正統派のユダヤ教徒のほうが、改革派よりも未来に対して希望を持っているし、キリスト教の説教でも、ふつうのプロテスタントよりも、福音派のほうが楽観的だった。セリグマンが言うように、この強い「未来に対する希望」が真に楽観的な感情を生むのだ。

病気

病気は意外に生活満足度や幸福度には影響しない。健康なのは当たり前とみなされており、実際にポジティブな感情が通常レベルより低下するのは、重病か複数の病気にかかっている場合に限られる。

気候

気候は幸福度に影響を与えない。セリグマンはこう述べている。「ネブラスカ州の冬を耐えしのぶ人は、カリフォルニア州の人は幸福だと信じているが、それは間違っている。人は良い天候に完全に、しかも非常にすみやかに適応してしまうからだ」

最後に、知性や教育レベルも幸福にはあまり影響を及ぼさない。人種もまた関係がない。アフリカ系やヒスパニック系のアメリカ人は白人に比べてうつ病の割合が低いのは確かだが、幸福度には影響しない。

美徳をはぐくめば幸せになれる

上記のものはすべて、従来、幸福の主な要因とみなされてきたが、調査結果によれば、全部合わせても幸福の八％から一五％を占めるだけである。これらが人のアイデンティティや外的環境に関する基本的要因だということを考えれば、決して大きな数字ではない。環境のせいで幸せになれないと思い込んでいる人にとってこれは朗報だ、とセリグマンは言う。

セリグマンの考えでは、本当の幸せや生活の満足感は、これらの要因からではなく、最近ではあまり聞かれなくなった「徳性」をゆっくりはぐくむことから得られる。「徳性」は、どの文化にも、どの時代の文献にも共通して見られる普遍的な美徳から成り立っている。その美徳とは、特に、知恵と知識、勇気、愛と人間性、正義、節度、精神性などである。こういう美徳を獲得するためには、独創性、勇敢さ、誠実さ、忠誠心、思いやり、公平さといった個人的な性格の強みを養い育てる必要がある。

時代遅れであり非科学的だという理由から、性格という概念は長い間認められていなかった。しかし、性格の特徴、すなわち個人的な強みは、測定することも獲得することもできるので、心理学の研究対象になる、とセリグマンは言う。

強みを生かせば幸せになれる

才能と強みは別物だ。才能は先天的なものであり、無意識に優れた力を出せるが、強みは選んで培うことができる。

われわれは、生まれつきの能力だけで成功する人より、大きな障害を乗り越えて何かを成し遂げた人に感激するものだ、とセリグマンは述べている。もしも意志と決断力が才能に加われば、正直さをほめられたときのように自分の業績に誇りを感じるだろう。才能だけなら遺伝子の内容を伝えるにすぎないが、美徳と（個人的な強みを最大限に利用して）発達した才能は、われわれの人間性をあらわすのである。

「自分のとっておきの強み」（セリグマンは強みを発見するテストを用意している）を生かせば、人生の満足感と本物の幸福が得られる。セリグマンはこう述べている。

弱みを克服することに人生を費やすのは間違いだ。むしろ、人生最大の成功と真の満足感（本当の幸せ）は、強みを伸ばすことから生まれるのである。

過去が未来の幸福を決めるのか？

最近まで、この質問に対する心理学の答えは完全に「イエス」だった。フロイト派であろうと、幼児期のトラウマを癒そうとする「インナー・チャイルド（内なる子ども）」運動などのセルフヘルプであろうと、答えは同じだった。ところが、実際の調査結果を見ると別の見方ができるのである。

たとえば、十一歳になる前に母親に死なれた子どもの場合、後にうつ病になる確率がいくぶん高いのは事実だ。ところが、女児に限るとそのリスクはごくわずかであり、約半数の調査では他の子どもと変わらなかった。さらに、親が離婚した子どもの場合にも、小児期後期や思春期にわずかながら性格破綻傾向が見られるものの、その後は徐々に消失することがわかっている。

大人のうつ状態、不安、薬物依存症、結婚の失敗、怒りなどは、どれも子ども時代の出来事に原因を求めるわけにはいかない。セリグマンは次のように強調している。

幼児期の経験が現在の不幸の原因だと思い込んだり、そのために未来に対して臆病になったりすれば、人生をむだにすることになる。重要なのは、幼児期の経験や現在の環境に左右されない自分の強みを伸ばすことだ。

幸福は本当に増やせるのか？

これに関しては、どちらかといえば答えは「ノー」だ。さまざまな調査結果から、ちょうどダイエットのリバウンドで体重が元に戻るように、人間は遺伝によってあらかじめ幸福か不幸の範囲を設定されているのではないかと考えられる。

宝くじで大金を当てた人の幸福度を調査したところ、一年後にはくじを買う前のふだんの状態にまで戻ってしまうことがわかった。セリグマンは単刀直入にこう断言している。われわれの幸福度は持続的に増えることはありえず、設定された範囲の上限で生活するしかない、と。

感謝と許しが幸せを呼ぶ

「感情の流体力学」の理論では、ネガティブな感情を表に出さずに抑圧すると、精神的な問題が生じることになる。西洋社会では、怒りをあらわにするのは健全で、封じ込めるのは不健全だと考えられているが、それは逆だとセリグマンは言う。自分が過去に受けた仕打ちにこだわり、その感情を表に出そうとすれば、気分がいっそう悪くなるというのだ。

A型行動様式の人間（緊張・性急・攻撃性などが特徴）に関する研究によって、敵意を感じるより敵意を表に出すことが心臓発作を引き起こす原因になることが証明されている。怒りを抑えるか好意を示そうとすれば、かえって血圧が下がるのだ。つまり、「怒りを感じても表に出すな」という東洋的な方法が幸福の秘訣なのである。

それに対して、人や物事に感謝すればするほど、気分はよくなる。セリグマンの授業で、ある夜「感謝の会」が開かれた。学生たちがそれまで感謝の気持ちを伝えていなかった人を招待し、みんなの前で感謝の意を表明するという催しだった。ほとんどの参加者は会の終了後も数日から数週間、ずっと幸福な気分だったという。

人間の脳は、好きなときにいつでも記憶を消せるようにはできていない。ただし、忘れることはできなくても、許すことはできる。つまり、「心の痛みを取り除き、さらにそれを変質させる」のだ。加害者を許さないと頑張っても、本当に罰することにはならない。それにひきかえ、相手を許せば自分自身が変わり、再び人生の満足感を味わえるようになるのだ。

心をより理解するために――

今の世の中には、手っ取り早く幸福になる方法があふれており、大した努力をしなくても幸せな気持ちになれる。だが妙なことに、たやすく快楽を得られる生活に、かえってむなしさを感じている人が大勢いるように思われる。というのも、快楽に満ちた生活を送っていれば、人間的に成長する必要がなく、積極的に生きる姿勢が失われて傍観者のようになるからだ。習得するものは何もなく、創造力を使うこともなくなってしまう。

絶えず努力目標を探し、それに応じた行動をとるのが、人間本来の生き方である。「機に応じて才能を発揮すること」、いわゆる「ハリー・トルーマン効果」を研究する心理学が必要だ、とセリグマンは考えている。在任期間中に死去したフランクリン・デラーノ・ルーズベルトの後を引き継いだトルーマンは、大方の予想に反し、偉大な大統領として名を残した。大統領という地位に就いたおかげで彼の徳性があらわれ、長い間に磨き上げられた自分の強みを発揮できたのだ。

そのときそのときの幸不幸は、ほとんどとるに足りない問題だ。大切なのは、トルーマンのように内面的な強みを伸ばすことを選ぶかどうかである。幸せは「向こうからやってくる」のではなく、こちらから選択する必要があるのだ。

この本のすばらしい特徴の一つは、さまざまなテストで自分の楽観度を測定したり、とっておきの強みを発見したりする工夫が施されている点だ。アメリカ心理学会の会長に選ばれた経緯など、随所に著者の個人的なエピソードがちりばめられているのが気になる読者もいるだろうが、これがまた味つけとしておもしろい効果を出している。

驚くべきことに、セリグマンはこう打ち明けている。生まれてから五十歳になるまでずっと不機嫌な人間だったが、ポジティブな感情と幸福の関係を示す数々の証拠を目にするうちに、自分で試してみたくなったのだ、と。

幸せがどういうものかよくわからない、自分とは縁がない、などと思ってはいけない。今では幸せに通じる道筋がかつてないほど明確に示されている。幸福になるか不幸になるかは自分次第なのだ。

21

1990

見える暗闇
―狂気についての回想

ウィリアム・スタイロン

アイデンティティや過去の生活に
うつ病の原因がある。

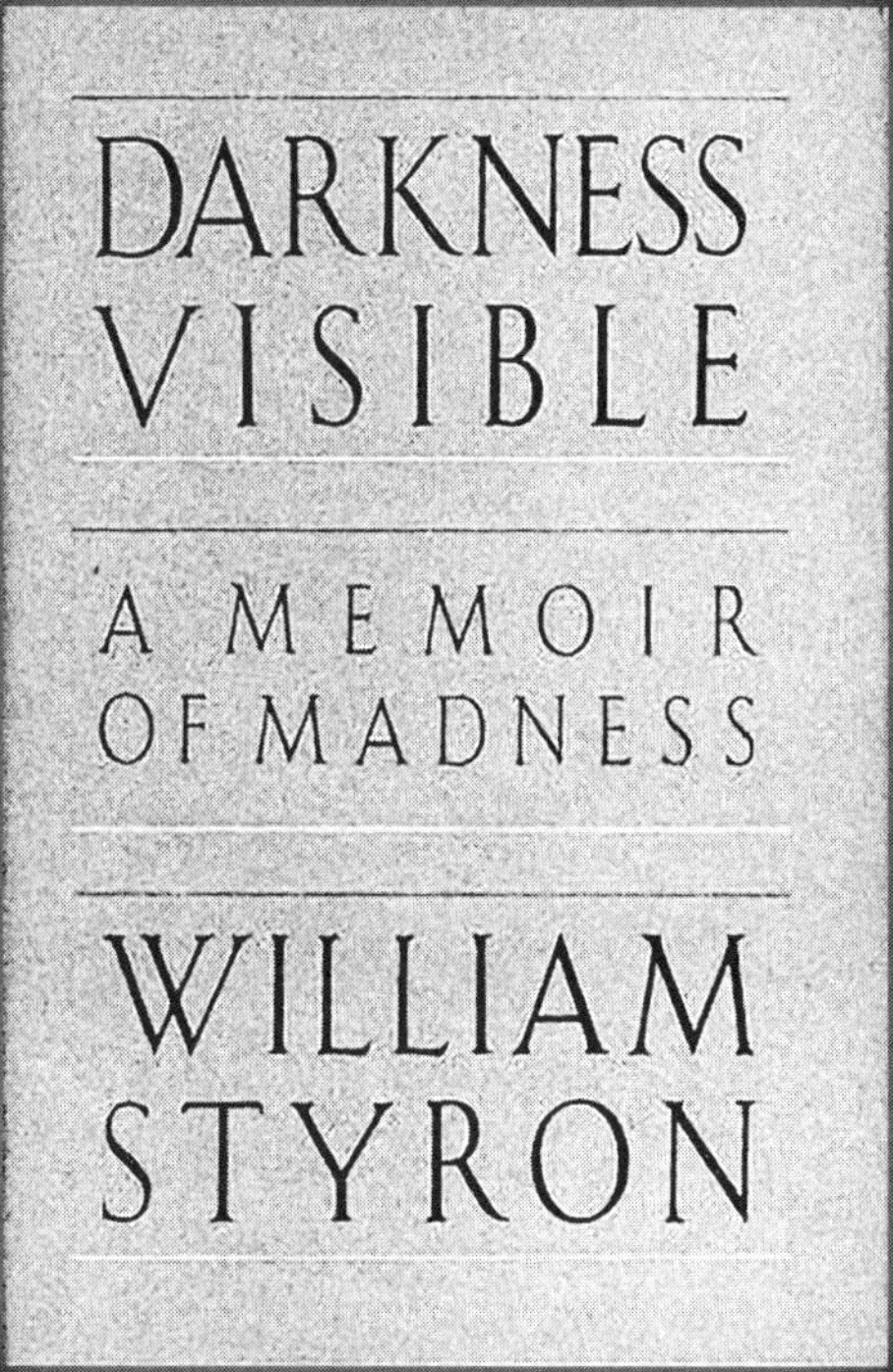

邦訳
『見える暗闇』
新潮社　大浦暁生 訳

どんな種類の療法を試みてもうまくいかない人でさえ、あらしの究極的な通過を待ち望むことができる。あらし本体から生きのびれば、あらしの怒りはほとんどいつも薄れ、やがて消えてしまう。来るも神秘なら去るも神秘で、苦悩は自らのコースを走り抜け、平和が見いだされる。

❀

アメリカの小説家ウィリアム・スタイロンが初めてうつ病を自覚したのは、一九八五年の一二月、パリ訪問中のことだった。パリに来たのはある大きな賞の授賞式に出席するためだった。

ふつうなら意気揚々と臨むところだが、暗く沈んだ気分にとらわれていたスタイロンにとっては、授賞式とその後の昼食会は耐えがたい試練になる。正常にふるまわなければいけないというプレッシャーからさらに気分が落ち込み、夜になって著書の発行人と食事をともにする頃には、愛想笑いを浮かべる余裕さえなく、ひたすら帰国して精神科医に診てもらうことばかりを考えるようになっていた。

『見える暗闇―狂気についての回想』は、スタイロンのうつ病との闘い

William Styron

ウィリアム・スタイロン

一九二五年、バージニア州のニューポートニューズで生まれる。幼い頃から読書に親しみ、学校新聞に数々の短編を発表する。

デューク大学で文学士の学位を取得した翌年、米国海兵隊に入隊。第二次世界大戦末期の二年間を中尉として軍務に服する。

除隊後はニューヨークに住み、出版社マグローヒルの貿易部に勤務するかたわら、ニュースクール・フォー・ソーシャルリサーチで作家養成コースを受講。一九五〇年代のはじめにはパリに住み、伝説的な文芸誌「パリ・レビュー」の創刊に尽力した。

自暴自棄になって堕落する女性の姿を描いた処女作『闇の中に横たわりて』(白水社)は、文学界にセンセーションを巻き起こし、アメリカ芸術文学アカデミー協会賞を受賞

を記録した名高い作品である。もとはジョン・ホプキンズ大学医学部で行った講演に手を加え、「ヴァニティ・フェア」誌にエッセイとして発表し好評を得たものだが、その文学的な質の高さから数々の類書の中でも傑出した作品になっている。

する。他の著書には、ピューリッツァー賞を獲得した『ナット・ターナーの告白』(河出書房新社)や、メリル・ストリープ主演で映画化された、アメリカ図書賞のベストセラー『ソフィーの選択』(新潮社)などがある。『見える暗闇』の中で言及されているフランスの賞は、ヒューマニズムに大きな貢献をした芸術家や科学者に毎年与えられるシノ・デル・デュカ・モンディアル賞。

二〇〇六年、死去。

筆舌に尽くしがたいものを表現する

うつ病が他の病気と違うのは、経験がなければ、どういうものか想像もできないという点だ、とスタイロンは述べている。ふつうの生活でよくある「ふさぎこみ」や憂うつな気分とはまったく別物だという。名状しがたい病気だけに、うつ病にまつわる謎やタブーはこれまで増える一方だった。というのは、他人に理解してもらえなければ、どうしても恥じて隠そうとするからだ。同情してくれても、理解してくれたことにはならない。

うつ病の状態をあえてたとえれば、おぼれるときのような気分、喉をしめつけられるような気分に近いが、それでも的はずれだ、とスタイロンは書いている。まるでゾンビにでもなったかのように、歩いたり話したりはできるが、生きている気がしないという。彼が確認したうつ病の特徴は以下のとおりだ。

◆激しい自己嫌悪と倦怠感
◆自殺志向
◆不眠
◆混乱、集中力の欠如、記憶力の低下
◆ヒポコンデリー（心気症）――精神の崩壊を認めず、肉体的な欠陥にその原因を押しつけようとする心の働き
◆性欲と食欲の減退

スタイロンはまた、「うつ」の個人差についても記している。たとえば、うつ病になると、たいてい朝、目が覚めたときに暗い気分に襲われ、ベッドから起き出せない人も少なくない。かなり時間がたたなければ気分が楽にならないのがふつうなのだ。

ところが、スタイロンの場合は逆だったらしい。朝のうちはとても「しっかりしている」のに、午後に入ると雲行きが怪しくなる。夕食後のほんのひととき小康状態を取り戻すものの、夜にはほとんど耐えがたい感情や思考の嵐に襲われる。いつもはぐっすり眠れるのに、やむを得ず処方してもらった精神安定剤を飲んでも、二、三時間うたた寝ができる程度だった。

スタイロンは、一日の中でも時間によってうつ状態が大きく変化するのは、毎日の気分のサイクルを決める体内時計がうつ病の影響で狂うからだと気づいた。

彼はまた「どうしようもない茫然自失」にも触れている。その状態に陥れば、正常な思考や良識など望むべくもない。最悪の場合、うつ病は本当に人を狂気に追いやる。脳の神経伝達物質にストレスがかかると、ノルエピネフリンやセロトニンなどの脳内化学物質が消耗され、ホルモンの一種コルチゾールが増加する。このような化学物質とホルモンのアンバランスによって脳が「けいれん」を起こし、人は精神的な打撃を受け、狂気に至る。

精神錯乱をあらわす「ブレインストーム」という言葉に、他の意味（「霊感」「ひらめき」など）があることがスタイロンには残念でならなかった。というのは、この一語によって、嵐（ストーム）が脳（ブレイン）の中で荒れ狂うイメージが喚起され、うつ病特有のすべてを闇で包むような力、永久に続くかと思われるほど激しい力がよく伝わると思ったからだ。

最大のタブー――自殺

この本にはアルバート・カミュについて書かれた一節がある。その小説の魅力に触れたのは比較的遅かったが、カミュはスタイロンにとって文学的インスピレーションを与えてくれる作家だった。実際にフランスで会う手はずを整えた矢先に、カミュの死が報じられ、知り合えなかったにもかかわらず、スタイロンは大きな喪失感に襲われる。カミュはたびたびうつ病に悩まされた経験を持ち、その小説も自殺をテーマにしたものが多い。

本書のかなりの部分を占めているのは、うつ病を患った知人たちの話である。友人のロマン・ガリの死にスタイロンの心は動揺する。

著名な作家で外交官まで務めたガリが、美食家で女たらしのあの男が、自分の脳を撃ち抜くようなまねをしでかしたのはどうしてなのか？　ガリのような人物でも人生は生きるに値しないと判断するくらいだから、誰でもそう思うのではないか？

自殺者の家族は、身内の者が自ら命を絶つ可能性があるとはなかなか認めようとしない。自殺がタブー視されるのは、易きにつく心の弱さを示す行為とみなされているからだ。だが実情は、生きていく苦痛にもはや耐えきれず、死を選ぶのである。肉体的な苦痛ならまだしも、精神的な苦痛を断ち切るための自死は世間では許容されにくいものだ。

スタイロンはこう主張する。最近は介護も行き届き症状についての認識も深まっているので、うつ病になっても自殺する人は少ないが、「自らを破滅させるほかなくなった人々に対しては、ガンの末期にある患者と同じで、非難を負わせるべきではない」と。

スタイロンは、芸術家タイプの人間のほうがうつ病になりやすく、自殺者の例をあげればきりがないと言う。ハート・クレイン、ヴィンセント・ヴァン・ゴッホ、ヴァージニア・ウルフ、アーネスト・ヘミングウェイ、ディアヌ・アルビュス、それにマーク・ロスコなどなど。ロシアの詩人ウラジミール・マヤコフスキーは、同じロシア人のセルゲイ・エセーニンの自殺を非難していたにもかかわらず、その数年後やはり自ら命を絶った。この事実をどう考えたらいいのだろうか？

そもそも彼らの死を、われわれは批判するべきではないのだ。自殺する人間の本当の気持ちなど、生き残った者は感じることはおろか、想像すらできるはずがないのだから。

原因は一つではない

うつ病が治療しにくいのは、たいてい原因を一つに特定できないからでもある。遺伝的特徴、脳内化学物質のアンバランス、過去の経験と行動などはすべて重要な要因になる可能性があるので、一つに絞って治療するわけにはいかない。

特定の危機的状況が重度のうつ病の原因だとしても、スタイロンの言うように、無事に危機を乗り切ってうつ病のスパイラルに巻き込まれない人がほとんどなのだ。したがって、特定の出来事は直接の原因というより、むしろ心の奥に眠っていた潜在的なうつ病気質の引き金にすぎないと考えられる。

自分の場合もまさにこのとおりだったとスタイロンは信じている。健康上の理由で禁酒したのが引き金となり、アルコールで抑え込まれていた魔物が解き放たれて地下牢から飛び立ったのだ。絶え間なく押し寄せる不安を食い止めていた楯がなくなり、それまで麻痺させ、抑圧していたものすべてに向き合わなければならなくなったのである。

彼の場合、うつ病の最初の兆候は、ふつうなら喜びを感じるような物事（森の中で犬を散歩させる、マーサズビンヤード島で夏を過ごすなど）に対する一種の無関心という形であらわれた。自閉的になり、絶えず苦しい思いにさいなまれ、逃れることもままならなかったという。

当たり前のようだが、すべてのうつ病に共通する唯一の要素は喪失感だ、とスタイロンは指摘する。捨てられる、孤独になる、あるいは愛する者を失うといったことに対する恐怖感と言ってもいい。彼は十三歳のときに母親を亡くしているが、その体験がトラウマになり、幼いながら深い喪失感を心に抱くようになったのではないかという。

スタイロンは、自分が今うつ病に苦しんでいるのは、心の奥にある一生消えることのない不安がうつ病という形で表に出てきたにすぎない、という見方をするようになる。また、カミュと同じように、うつ病と自殺が常に自分の小説のテーマだったと気づき、こう述べている。

こうしてうつ病はついにわたしのところへ来たとき事実上見知らぬ存在ではな

く、まったく不意に訪れた訪問者でさえなかった。それは何十年ものあいだわたしのドアをたたいていた。

造船技師をしていた父親もうつ病だった、とスタイロンは打ち明けている。遺伝的要因、幼い頃の母親の死、芸術的な感性という三つの条件がそろっていれば、うつ病になってもしかたがなかったのかもしれない。

時間だけが癒してくれる

うつ病が重くなると、心理療法もあまり効果がない。スタイロンの場合は、心理療法でも薬物療法でも症状が緩和されなかった。

医師が何と言おうと、速効性のある治療法はないと彼にはわかっていた。抗うつ剤や認知療法、あるいはその二つの組み合わせによってある程度苦痛が癒されても、完全に快復するとは限らない。治療法がいくら進歩しても、特効薬も速効性のあるワクチンもない。相変わらず、うつ病の原因はあまりはっきりしていないのだ。

入院後にようやくスタイロンのうつ病は終局を迎える。世間から隔離され、毎日安心して治療を受けられたのがよかった、もっと早く入院するべきだった、「私にとって真の治療者は隔離と時間だった」と彼は述べている。

患者には永久に続くように感じられても、実際には、嵐と同じようにうつ病の勢いも必ず衰えるときが来る。とにかく生きていさえすれば、克服できる。

これが一連の経験から得た実感だった。絶望的な状況であっても、人間には生き延びようと努力する義務がある、というカミュの『シジフォスの神話』のテーマをスタイロンは思い起こす。

「言うは易く行うは難し」ではあるが、うつ病を患っても、大多数の者が快復し、精神的な傷も大して残らない。無事生還したあかつきには、この上なく軽やかな気分、楽しい気分が味わえるのだ。

心をより理解するために――

スタイロンによれば、うつ病関係の文献は「のんきで楽観的」なものが多いという。特定の薬や療法によく反応する患者もいるとはいえ、絶対的な治療法と言えるものはまだ見つかっていない。当然、うつ病に苦しむ患者は速効性を期待して治療を受けるが、苦痛がなかなか軽減されないとわかれば失望するしかない。この本が書かれたのは三〇年ほど前だが、今でも事情は同じである。

うつ病が、まさに人の自意識をゆがめ、自意識と正面から向き合うように強いる病気だということを考えれば、それが治りにくいのも驚くにはあたらない。うつ病が脳内化学物質のアンバランスに関係しているのは確かであり、マイナス思考の結果とも考えられるが、それ以上に、精神、つまり全体的な自意識に原因がある。

ようやく自分がうつ病になった理由をスタイロンが納得できたのも、それまでの人生を振り返ったときだった。身体的な問題（禁酒や精神安定剤の過剰摂取など）も確かに関係していたが、アイデンティティや過去の生活など、もっと深いところにうつ病の原因が潜んでいたのである。

『見える暗闇』はページ数が少なく、読むのに大して時間はかからないが、得るものは多い。うつ病を患った芸術家はこれまで数多くいるが、何とか「筆舌に尽くしがたいものを表現する」のが彼らの責任でもある。その点、スタイロンの試みは特筆に値する。このエッセイを読んでいると、憂うつになるどころか、気分が高揚してくるから不思議だ。

22

1996

毎日を気分よく過ごすために

ロバート・E・セイヤー

気分を理解し、コントロールすれば
人生はよりよいものになる。

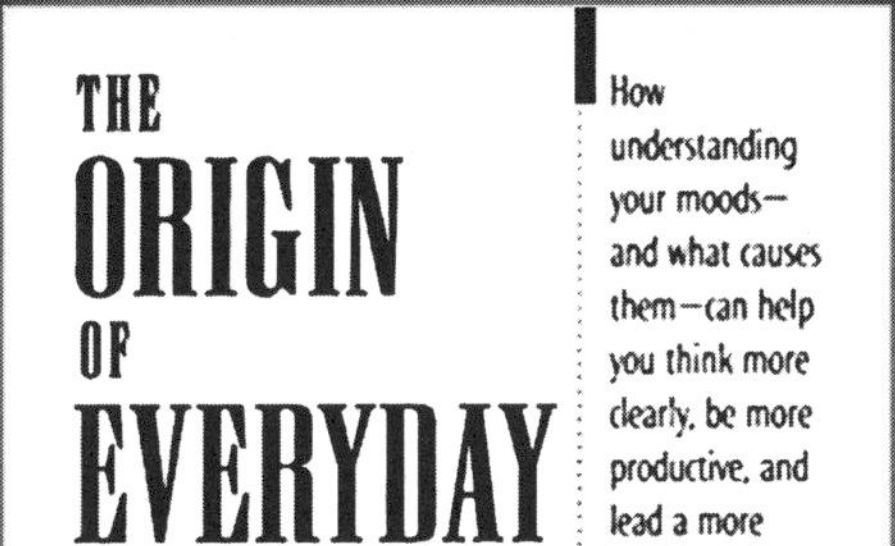
THE ORIGIN OF EVERYDAY Moods
How understanding your moods—and what causes them—can help you think more clearly, be more productive, and lead a more enjoyable life
MANAGING ENERGY, TENSION, AND STRESS
ROBERT E. THAYER, Ph.D.

邦訳
『毎日を気分よく過ごすために』
三田出版会　本明寛 訳

気分を生活のなかにアクセントをつけたり、楽しみを高めたり、低下させたりするものとして考えてみると、実際の場面で気分がいかにあらゆることの中心になっているかがわかります。この点で気分は、毎日の活動、お金、地位、個人的な関係よりも重要なものといえます。というのは、誰もがこれらのことを気分のフィルターを通して見ているからです。いろいろな意味で気分は私たちの在り方の核になっているといっていいでしょう。

❀

一般に、気分の原因はストレスや思考だと考えられている。つまり、ふつうわれわれは特定の出来事や情報に対する反応から気分が生まれると思っている。確かに、成功すればいい気分になり、失敗すれば不機嫌になる。しかし、気分はそれだけで片づくような問題ではない。

心理学者のロバート・セイヤーは、睡眠時間、健康状態や体調、サーカディアン・リズム（二四時間周期のリズム、体内時計）、食物、運動なども気分に影響を及ぼすと指摘する。

セイヤーは、一九七〇年代から気分の研究を続けるこの分野の第一人

Robert E. Thayer

ロバート・E・セイヤー

一九七三年からカリフォルニア州立大学ロングビーチ校に心理学教授として勤務。レッドランズ大学で文学士号、ロチェスター大学で博士号を取得。

数多くの学術論文を発表し、引用される機会も多い。他の著書には、『The Biopsychology of Mood and Arousal（気分と目覚めの生体心理学）』や『Calm Energy: How People Regulate Mood with Food and Exercise（平静なエネルギー――食物と運動で気分よく過ごす方法）』がある。

者である。そのセイヤーが教え子たちの強い勧めに従って出版した本書は、学術論文の枠を越え、理論を実生活に応用した、とても読みやすい本だ。

気分の正体

セイヤーは気分を「情動の背景にある持続的な感情」と定義づけている。情動が常に原因を特定できるのに対し、気分はできない場合が多いという点で、両者は区別できるという。情動に比べて気分があまり研究されてこなかったのは、その移ろいやすくとらえどころのない性質のためだ。情動と違って、気分は一見何の前触れもなく、風のようにあらわれては消えていく。これはなぜなのか？

情動は概して心理的な現象だが、気分は、心理的および生理的プロセス、つまり心と身体の複雑な相互作用から生じる。セイヤーは、気分をそのときの心身の状態を測定する温度計にたとえている。生物学的な見方をすれば、「今は危険な状態だ」「身を潜めて立て直しをはかれ」「安心して行動の準備にかかれ」といった合図をわれわれに送っているのだという。

セイヤーは研究の結果、われわれの気分はたいてい二つの基本的な要因に左右される、という結論に達した。その要因とは、エネルギーと緊張である。落ち込んでいるときは、明らかにエネルギーが低下し、緊張が高まっている（絶望感を伴う）が、気楽にしているときは、エネルギーが高まり緊張が和らいでいる（自信と意欲に満ちている）。要するに、心と身体は分けては考えられないのだ。肉体的に疲れていれば、どうしてもイライラするし、集中力に欠ける。同様に、憂うつなときには、運動して元気を出そうという気にもなれない。

四つの基本的な気分

エネルギーと緊張のレベルを基準にして考えれば、どんな気分でも解明できる、とセイヤーは論じている。以下の四つがその目安となる基本的な状態だ。

◆平静－エネルギー――気分がよく、自信と活気に満ち、楽観的。仕事には理想的な状態。特に午前中はこの状態になりやすい。エネルギーは高レベル、緊張は低レベル。

◆平静－疲労――就寝直前の気分。ストレスはないが、エネルギーも弱い。エネルギーも緊張も低レベル。

◆緊張－エネルギー――締め切りに追われているときの気分。緊張感のため、アドレナリンが分泌されて心拍数が増え、骨格筋がこわばる。生物進化論的な見方をすれば「闘争－逃走」モード。エネルギーも緊張も高レベル。

◆緊張－疲労――「疲れ切ったとき」の気分。肉体的な疲労が、精神的な不安や緊張、あるいはネガティブな思考と組み合わさった状態。エネルギーは低レベル、緊張は高レベル。午後にこの状態になる人がほとんどである。睡眠不足にジャンクフード、それにカフェインなどの刺激物の摂取が加わると、ますます悪化する場合が多い。

気分にも一日のリズムがある

われわれが本来持っている肉体的、精神的エネルギーは毎日一定のリズムで変動するが、これをサーカディアン・リズムという。エネルギーレベルは午前中に上昇し、正午か午後一時頃ピークに達する。その後は低下し、夕方に再び小さなピークをつくると、後は就寝まで低下していく。「朝型人間」が圧倒的に多いとはいえ、基本的なサーカディアン・リズムには個人差がある。内向的な人より外向的な人に多く見られる傾向だが、時間がたつにつれてエネルギーレベルが高まる人もいる。

しかし、一般的な傾向としては、午後四時頃に「緊張－疲労」状態がピークに達し、午後九時から一一時の間にも、本来のエネルギーが減少するために緊張度が高まり、「緊張－疲労」状態になる。その結果、ネガティブな感情を抱くようになるという（気分が落ち込むか不機嫌になる）。

禁煙中の人が数日後にまた吸ってしまうのは、ほとんどの場合、ニコチンの禁断症状ではなく、日々のストレスが原因だ。ストレスと緊張を緩和させたいという気持ちに駆られて、またタバコに手を出すのだ。

さまざまな依存症のリバウンドや食べては吐く過食症の症状は、午後になってエネルギーレベルが低下し、緊張から解放される必要が生じるとき（平均では四時三四分）によく見られる。リバウンドが一番起きやすい時間帯がわかれば、運動などの健康的な気分調整法を効果的に日課に組み込めるのは言うまでもない。

落ち込んだ気分を変えるには

少し気分が落ち込んでいるかエネルギーが低下したとき、われわれはたとえば次のような行動をとるものだ。

◆人との触れ合いを求めるか、人を避ける（性格が内向的か外向的かによって異なる）。
◆思考をコントロールしようとする（たとえば、物事をポジティブに考える）。
◆趣味や買い物といった楽しい活動をするか、ユーモアを働かせて気分を明るくする。
◆本や雑誌を読む。
◆酒を飲む。
◆タバコを吸う。
◆チョコレートバーやケーキを食べる。
◆コーヒーを飲む。
◆テレビを見る。

調査の結果、運動が一番気分を変える効果が高いということがわかった。疲れたときに五分から一五分程度早足で歩くと、かえって元気が回復し、その状態が最高で二時間続くという。

人と触れ合うのも、健全ですばらしい気分調整法だ。電話でも何でも、友人と話せばストレスレベルをかなり下げることができる。また音楽鑑賞も、緊張を和らげ、エネルギーを高める効果があるとわかっている。

気分を左右するものは何か

食べ物

食べ物が気分にどう影響するかは、科学的に測定しにくい。しかし、セイヤーはある研究で、甘いスナック菓子は逆効果をもたらすということを証明した。食べた後は一時的に気分がよくなるが、一時間か二時間もすると、エネルギーが低下し緊張は高まって「期待はずれ」の結果になるという。

気分は食べすぎやダイエットにも関係がある。糖分を多量に摂取すると、エネルギーが奪われて甘いお菓子がさらに欲しくなるので悪循環に陥る、とセイヤーは指摘する。

健康

通常、健康な人はエネルギーレベルが高く、病気の人は低い。調査の結果、おおむねネガティブな気分を感じているような日は、ポジティブな気分の日ほど免疫システムが効果的に反応しないことがわかっている。

睡眠

睡眠量も気分にかなり影響し、睡眠不足が何日か続けば、うつ病になりかねない。
ほかにも次のようなものが気分に影響を及ぼす。

◆ニコチン——一時的に「平静－エネルギー」状態をもたらすこともあって、習慣性が高い。やる気が出てくるがリラックスもできる。ただし、効果は一時的。

◆アルコール——鎮静作用があるが、はじめはエネルギーが増大する（パーティーを観察すればよくわかる）。

◆カフェイン——「緊張－エネルギー」状態をもたらす。一般にはこの状態が望ましいとされている。セイヤーの説では「平静－エネルギー」状態が最も望ましいが、コーヒーやコーラによって生じる「緊張－エネルギー」効果も悪くはないという。

◆気候——季節性情動障害（SAD）や冬季うつ病を引き起こすが、明るい光を浴びるかメラトニンによって軽減できる。

なぜ気分がそれほど大切なのか

個人的にかなり深刻な問題を抱えた人ばかりを対象にして、セイヤーはある実験を行った。被験者は一日に五回、それぞれ時間を変えてその問題に対してどう感じているかを自己評価するように求められた。
一〇日間の評価の結果、おもしろいことがわかった。同じ問題でも、午前中より午後のほうが深刻に受けとめられていたのだ。おまけに、どんな時間帯でも、被験者が「緊張－疲労」状態に陥っているときは、ひときわ重大な問題だと感じていた。
したがって、なるべく「緊張－疲労」状態のときに心配事をあれこれ考えないことだ。さもないと、実際以上に深刻だと思い込む恐れがある。その反面、エネルギーレベルが高いときには、現実を客観的に見るよりも楽観的な見方をする傾向がある。現在のエネルギーレベルは、気分ばかりか、将来の活動にも影響を及ぼすのだ（判断力に影響が及ぶということを自覚しておく必要がある）。

気分は毎日の活動、お金、地位、個人的な関係よりも重要なものと言えます。というのは、誰もがこれらのことを気分のフィルターを通して見ているからです。

このセイヤーの見解は注目に値する。どんな偉業を達成しようが、どれほど富を築こうが、気分が落ち込んでいればそんなことはどうでもよくなる。逆に明るい気分でいれば、最悪の状況に陥っても、何とか乗り越えられると思えるのだ。

心をより理解するために――

この本を読めば、自分の気分や「緊張 - 疲労」状態の危険性を自覚するための実用的なヒントが得られ、より効果的な気分調整法を選択できるようになる。たとえば、午前三時には悲観的な気持ちになりやすいという知識があれば、わざわざそんな時間に人生の重大事を決めたりはしないだろう。また、エネルギーレベルが低下し緊張度が高まると承知していれば、午後四時に同僚と口論するような愚かなまねはしなくなるはずだ。

「緊張 - 疲労」状態に陥りやすい時間帯の情報が得られるのはありがたいが、それ以上に、気分はわれわれを包む目に見えない泡のようなものだ、と教えてくれたところに本書の価値がある。気分はとるに足りないように思えても、実は人間が生きていくためには欠かせない要素だということをセイヤーは明らかにしている。

他の心理学の学説でも、全般的な人間の生き方を考えるヒントを与えてくれるかもしれないが、気分について学んだほうがおそらくもっと役に立つだろう。というのも、気分は刻一刻と変化する感情に関係するものであり、何といってもわれわれは現在に生きているからだ。

4

Chapter4

自分を理解するための心理学

1980

人間のタイプと適性

イザベル・ブリッグス・マイヤーズ

性格のタイプを知れば、人の行動が理解できる。

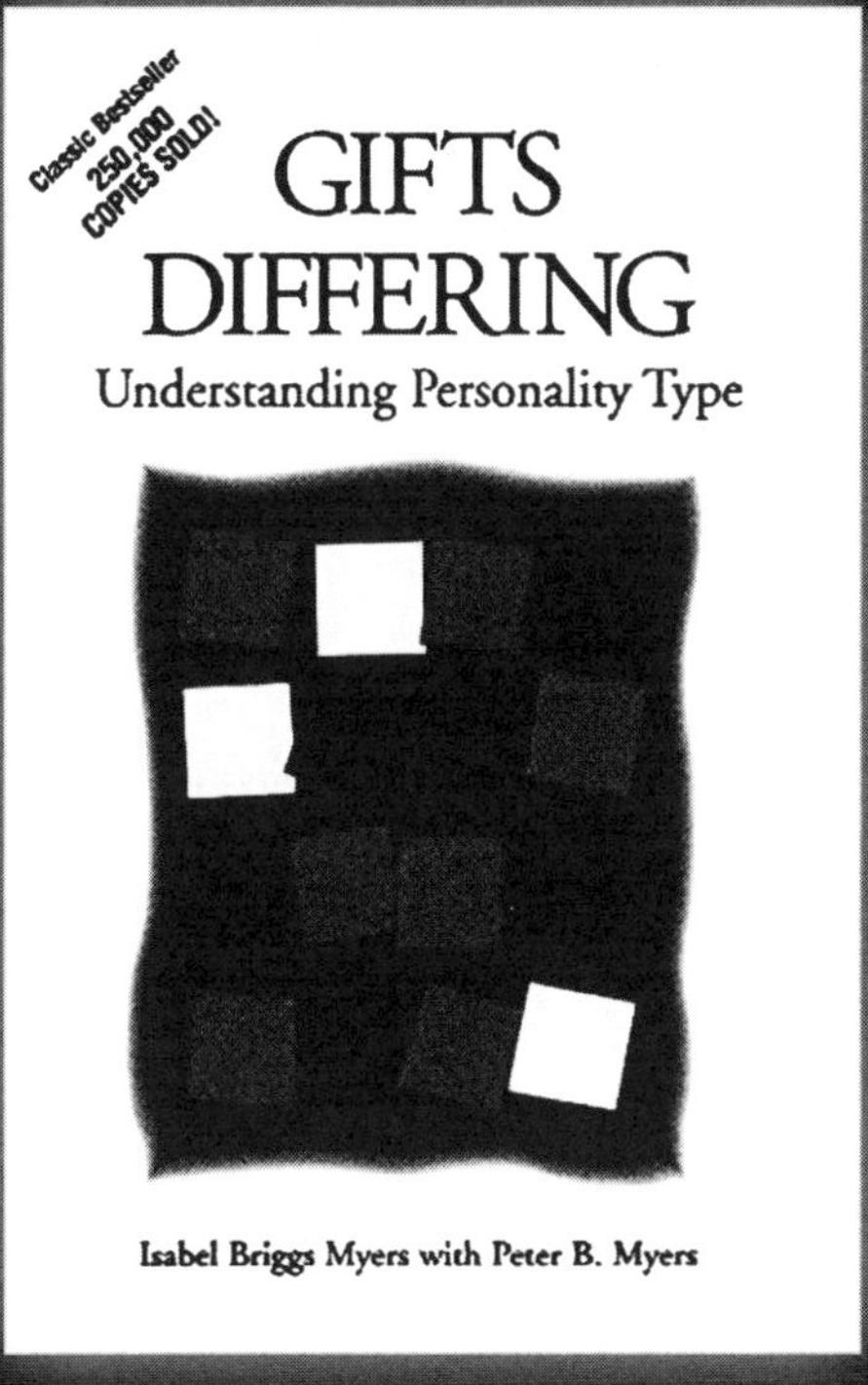

邦訳

『人間のタイプと適性』

日本リクルートセンター出版部　大沢武志・木原武一 訳

成熟した内向的人間は、必要に応じて周囲の世界とうまく折り合うこともできるが、しかし、その最良の仕事場は頭の中であり、観念の世界である。同様に、成熟した外向的人間は観念の世界を上手にこなすこともできるが、しかし、その最良の仕事場は外の世界、現実の世界である。どちらの場合にも、右利きや左利きと同様、本来の特性は変わらない。

❀

マイヤーズ・ブリッグス性格類型検査（MBTI）は、一九四〇年代に開発された人間のタイプを測定するテストであり、今日企業で採用されているさまざまな心理測定法の土台となったものだ。MBTIの誕生には、少々おもしろい経緯がある。

あるクリスマス休暇に、イザベル・ブリッグスはクレアレンス・マイヤーズというボーイフレンドを自宅に連れて帰った。両親はこの若者を気に入ったものの、母親のキャサリンは彼が自分の家族にはいないタイプの人間だと気づく。

キャサリンは人間を性格のタイプに従って分類するという考え方に興

Isabel Briggs Myers

イザベル・ブリッグス・マイヤーズ

一八九七年生まれ。ワシントン市で母親のキャサリンから家庭教育を受けて育つ。父親のライマン・ブリッグスは、国立標準局局長を一〇年以上務めた物理学者。

一九一八年、クレアレンス・マイヤーズと結婚。その翌年、政治学の学位を取得し、スウォースモア・カレッジを卒業。

ジョージ・ワシントン大学医学部で五〇〇〇人以上の医学生を対象に性格類型検査を実施。一二年後に行った追跡調査の結果、学生たちは概してタイプから予想された道（研究、一般診療、外科、管理運営など）に進んでいたことがわかった。看護学校を対象にした検査では、一万人以上もの学生に実施。

一九五七年、エデュケーション・テスティング・サービス味を持ち、自伝の研究から基本的な性格類型論を考案した。その類型は、「瞑想的タイプ」「自発的タイプ」「実践的タイプ」「社交的タイプ」の四つだった。カール・ユングの『タイプ論』（みすず書房）に感銘を受けた彼女は、それを理論的基盤として生涯研究を続けるが、その研究が後に娘のイザベルに引き継がれることになったのである。

正式な心理学教育を受けたことはなかったが、地元銀行の支店長のはからいで統計学と人事検査について学んだイザベルは、一九四四年、最初の性格類型検査を開発する。

その後、彼女はペンシルバニア州の多くの学校に協力を依頼して何千人もの生徒にテストを実施したのをはじめ、医学生や看護学生を対象にしたテストも行った。ＭＢＴＩはある民間のテスト研究機関に注目されて一九五七年に出版されたものの、一般に普及するようになったのは一九七〇年代になってからである。

それ以来現在に至るまで、ＭＢＴＩは無数の人間に対して実施されてきた。仕事の適性検査として使用されるケースが多かったが、教育現場や結婚相談、それに個人的な人間形成にも用いられている。何十年にもわたり改訂を重ねられてきたが、なぜ人間の行動はそれぞれ異なるのかを明らかにしようとしたキャサリンの当初の精神は、今なお健在だ。

社から初めてＭＢＴＩが出版される。
一九八〇年、死去。

物事をどのようにとらえ、判断するか

『人間のタイプと適性―天賦の才　異なればこそ』は、イザベルがMBTIを個人的に解説した本だ。息子のピーター・ブリッグス・マイヤーズの助力でこの本が完成した直後に、彼女はこの世を去っている。性格類型論の裏に潜む考え方に興味がある読者にとって、本書は必読書といえるだろう。

実際のMBTIを受ける場合、その人の性格特性は、たとえばISTJやESFPといった四つの文字のコード（略号）であらわされる。タイプは一六に分けられるが、以下にその主な特徴をいくつかまとめておこう。

知覚の方法――感覚と直感

『タイプ論』でユングが指摘しているように、人間には二つの対照的な知覚方法がある。五感でしか現実を認識できない「感覚」型と、事実や現実についての認識が無意識のうちに心に浮かぶのを待つ「直感」型だ。

感覚型の人は、身の回りの現実に心を奪われて事実だけを求め、観念や抽象概念などにはあまり関心が向かない。直感型の人は、目に見えない観念や可能性の世界に没頭し、目の前の現実に不信感を抱く。どちらを好み、信頼するかはともかく、人間は幼い頃からどちらかの知覚方法を選び、それに磨きをかけて一生を送るという。

判断の方法——思考と感情

ユングとブリッグス・マイヤーズの解釈では、人間が結論や判断を下す方法にも二つの種類がある。一方は思考によるもので、論理的で客観的な方法を用いる。他方は感情によるもので、物事を主観的に評価する。

人は好みの方法にこだわるものだ。自分なりのやり方に確信があるので、思考型の人は感情型の人を、道理のわからない主観的な人間だと思う。感情型の人にしてみれば、思考型の人が、自分にとって重大な問題についても客観的な判断ができるのが不思議でたまらない。どうしてあれほど冷静で突き放した見方ができるのか、合点がいかないのだ。

一般に、感情型の子どもは人間関係の処理がうまくなる可能性が高いのに対し、思考型の子どもは事実や観念を照らし合わせ、統合することに長けてくる。

四つの特性を知る

感覚（S）、直感（N）、思考（T）、感情（F）——この組み合わせが四つの基本的特性をつくり、一定の価値観、欲求、習慣、特質などが生まれてくる。その四つの特性は以下のとおりだ。

ST（感覚・思考）タイプ

STタイプは、感覚によって確認できる事実に基づいて物事を決めなければ気がすまない。実際的な性格なので、外科、法律、会計、機械の操作など、客観的な分析が要求される分野で最も成功を収めやすい。

SF（感覚・感情）タイプ

SFタイプも感覚に依存するが、事実の冷静な分析よりも、むしろ自分の感情に基づいて判断を下す。「社交的な」性格なので、温かい人間性を発揮できる分野でよく見られるタイプだ。たとえば、看護、教育、ソーシャルワーク、物品販売、接客業など。

NF（直感・感情）タイプ

NFタイプも温かく親しみやすい人が多いが、目の前の状況や事実には関心がなく、新たな展開や将来の可能性に興味を抱く。このタイプの人は、社会貢献への欲求を満たせるとともに、コミュニケーション能力を生かせる仕事を好む。たとえば、高等教育、広告、カウンセリング、臨床心理学、著述や研究といった分野の仕事だ。

NT（直感・思考）タイプ

NTタイプもNFタイプと同じように可能性に関心を向けるものの、合理的な分析力を生かして結果を得る。このタイプの人は、科学、コンピュータ、数学、財政など、特定の専門領域にかかわる問題を巧みに解決する能力が求められる職業を選ぶ傾向がある。

外向性と内向性

外向性（外的世界に関心を向ける性質／E）と内向性（観念などの内的世界に関心を向ける性質／I）に対する好みは、感覚・思考・直感・感情に対する好みから独立しているので、たとえば、外向的なNT（直感・思考）タイプの人もいれば、内向的なSF（感覚・感情）タイプもいるということになる。つまり、前者はENTタイプ、後者はISFタイプとなる。

外向的な人は迅速な行動をとり、直接自分で状況を変えようとするのに対して、内向的な人は時間をかけて自分の見解を練り上げてから、現実の問題に対処する。外向的な人は即断即決を好むが、内向的な人は行動を起こす前にじっくり考える傾向がある。これはどちらがいいかという問題ではなく、好みのスタイルをあらわしているにすぎない。

支配的機能と補助的機能

先にあげた四つの特性の中には、支配的なものと従属的なものがある。NT（直感・思考）タイプを例にとってみよう。このタイプの人は直感型でもあるし思考型でもあるが、直感よりも思考に惹かれる場合には、思考が支配的機能になる。何かを直感で正しいと感じても、客観的な思考によって確認しなければ気がすまないのだ。

思考は判断機能なので、最終的にタイプを決めるのは「判断（Judgment）」特性ということになり、このタイプの人はENTJタイプとあらわされる。最後の文字が「知覚（Perception）」のPになっていれば、物事をもっとよく理解したいと強く望むタイプということになる。

自我の統合には支配的機能が必要だと考えるのは当然だが、ユングはさらに「補助的」機能も重要だと指摘している。内向的な人は補助的機能として外向性を備えているため、必要なら「外面を繕う」こともできる。外向的な人は内向性を補助的機能として使って、内的生活に対処する。いずれの場合にも、補助的機能があまり働かなければ、極端に偏った生き方をして苦しい人生を送るはめになる。

ブリッグス・マイヤーズはこう指摘する。現代の外向型社会では、内面に無頓着な外向的な人よりも、外向性が未成熟な内向的な人のほうが不利である、と。

人間の性格を分類するねらいは、それぞれ補助的機能によって強化された知覚と判断力を身につけることにある。ブリッグス・マイヤーズはこう述べている。

> 判断を伴わなければ知覚は骨抜きになり、知覚を伴わなければ判断がいいかげんになる。まったく外向性がなければ、内向的な人は現実の世界では生きにくいし、内向性が備わっていなければ、外向的な人はうわべだけの人間のように見えてしまう。

タイプを認識して人間関係を改善する

人間関係がいつもうまくいくとは限らないのは、他人のものの見方を理解しない、あるいは尊重しないからだ。

たとえば、思考型の人が感情型の人の判断を過小評価しがちなのは、どうして論理的思考もせずにまともな決断を下せるのか理解できないためだ。思考型の人は自分自身の感情が気まぐれで当てにならないので、そう思うのだ。ところが、感情型の人は支配的機能に磨きをかけたおかげで、思考型の人が思うほど知覚や判断に困らないのである。

同じように、感覚型の人は何事も五感に頼って判断するので、物事の良し悪しを「ぴんと来た」というだけで決める直感型の人の考えや結論が不可解に思われる。直感型の人にしてみれば、感覚型の人は、「不可欠」であるはずの霊感もなく、苦労しているように見える。

別の例をあげれば、思考型の人には感情型の人の口数が多すぎるように思える。思考型の人は情報が欲しいときだけ人に話しかけるからだ。したがって、感情型の人が思考型の人に頼み事をしたいと思えば、努めて簡潔に話さなければならない。

いずれにしろ、相手の支配的機能が働いて順調に事が運んでいるということにお互い納得がいかなくても、知覚や判断が間違っていると相手に訴えるのは、芝生に向かって緑色ではだめだと言うようなものである。

職場で性格分類を活用する

職場では、ある程度同僚の考え方がわかっていれば、こちらの考え方を受け入れてもらうのが楽になるし、摩擦を減らすことも期待できる。たとえば、以下のことは知っておきたい。

◆感覚型の人には、話の内容をすばやく明確に伝えなければならない。さもないと、問題の解決は期待できない。
◆直感型の人に支援を要請するには、可能性を示唆して気を引かなければならない。
◆思考型の人には目的をはっきりと伝え、理路整然とした状況説明をする必要がある。
◆感情型の人には、関係者にとって重大な意味を持つ問題なのだ、と感情に訴える必要がある。

一人一人の性格の特徴がわかれば、意見が対立したり面子を失ったりすることも減り、問題がきれいに片づくケースが増えるだろう。

心をより理解するために——

イザベル・ブリッグス・マイヤーズは、正規の心理学教育を受けず、学位も持っていなかったため、その仕事は心理学界から冷たくあしらわれた。ユング説の解釈が間違っているのではないか、性格分類の方法論そのものが信用できないなどと批判も受けた。ユング自身、自分の一般的な理論を個々の人間に当てはめることには慎重だったし、タイプの説明があまりにあいまいで誰にでも当てはまる、と主張する疑い深い者もいる。

そのあたりの判断は読者に任せたい。ＭＢＴＩもしくはそれに基づく性格類型検査を受けてみれば、自分が属するタイプの説明が驚くほど正確だとわかるだろう。

自分自身を測定したところ、ブリッグス・マイヤーズはINFP（内向性・直感・感情・知覚）タイプだった。マイヤーズは、このテストを受けて一番得をするのは内向的な人だと述べている。

四人のうち三人が外向的な人であり、直感型一人に対して感覚型が三人いることを思えば、われわれは「外向的な世界」に住んでいると言ってもいい。少数派として、内向的なタイプの人が外向的にふるまわざるを得ないというプレッシャーを感じていても不思議はない。しかしMBTIを受ければ、ありのままの自分でいいのだと初めて思えるようになるだろう。

本書で特に興味深いのは、人生で成功するにはIQよりも自分のタイプを認識し発達させるほうが大切だ、という見解だ。性格のタイプは利き手と同じように生まれつき決まっている、とマイヤーズは考えていた。本当は左利きなのに右利きになろうとすれば誰でもストレスを感じるが、逆に強みを生かせば、大いに満足や幸福を感じて生産性も高まるという。

24

1958

青年ルター

エリク・エリクソン

アイデンティティの危機は、
強く揺るぎない自我をつくり上げるためには
必要なものである。

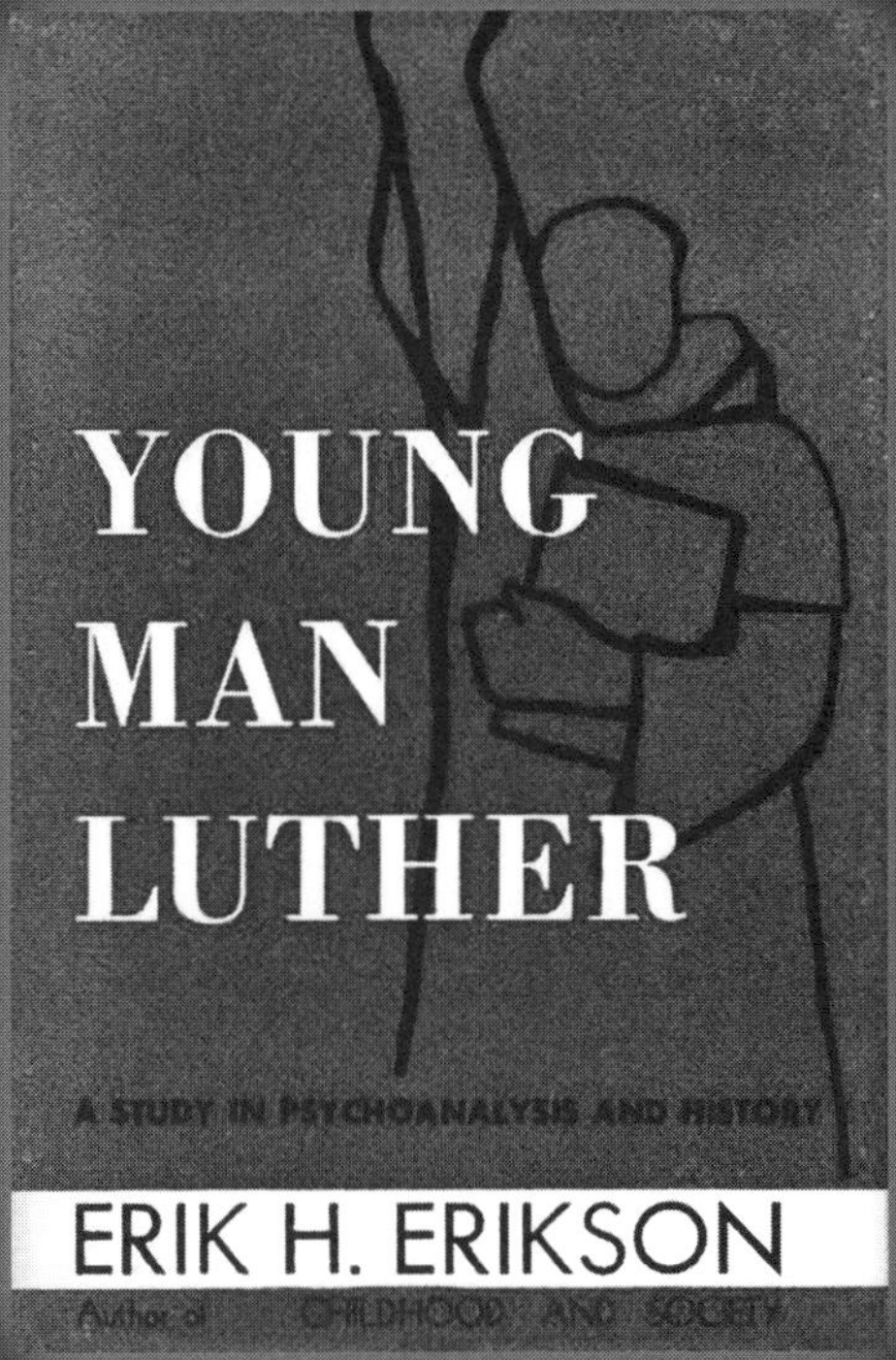

邦訳
『青年ルター』
みすず書房　西平直 訳

私は、青年期の主要な危機をアイデンティティ危機（identity crisis）と呼んできた。そうした危機が現われるのはライフサイクルのある特定の時期、すなわち青年が、強い印象を残した幼年期の残存物や予想される成人期への希望の中から、自分にとって中心となるものの見方、方向性、実際に生きて働く統一感を作り出す必要に迫られる、その時期である。

❀

エリクソンは、ユダヤ人の母親カーラ・アブラハムセンと身元不詳のデンマーク人男性との情事で生まれた子どもだった。その後、継父となった医者の名字を名乗りエリク・ホーンブルガーとしてドイツで育つが、学校ではユダヤ人という理由でいじめられ、背が高く金髪で青い目をしていたので、シナゴーグ（ユダヤ教会堂）では「北欧の神様」のようだと笑いものにされた。

種違いの妹が三人生まれても、孤立感は深まる一方だった。三十代の後半、アメリカ合衆国の市民権を取得するとすぐに、名字をホーンブルガーからエリクソンに変える。つまり、自分自身の息子（エリクのson）と

Erik Erikson

エリク・エリクソン

一九〇二年、ドイツのフランクフルト生まれ。実父は不明。

高校卒業後、一年間ヨーロッパを放浪して美術学校に入学。しばらくウィーンで美術を教えていたが、ここで一生連れ添うことになる妻ジュアンと出会う。一九二七年、アンナ・フロイト（312ページ参照）の弟子となり、ウィーン精神分析研究所で精神分析を学び始める。専門は児童心理学。

一九三三年、アメリカ合衆国に移住。名字をエリクソンに変える。三年間ハーバード・メディカル・スクールで教鞭をとりながら、ボストンで最初の児童分析医として開業。ハーバードでは人類学者のルース・ベネディクト、グレゴリー・ベイトソン、マーガレット・ミードなどと交流し、強い影響を受ける。

後に、イェール大学、メニ

いう意味の名字にしたのである。

エリクソンが特に傾注したのは思春期のアイデンティティ形成だが、ふつうの人間には一生のうちに何度もアイデンティティに疑いを持つ時期があるという見解を示して、心理学に大きく貢献した。幼児期から十代までに五つの心理的発達段階があるとするフロイト説に対して、彼はさらに踏み込んでライフサイクル全体を視野に入れ、誕生から老年に至るまでに八つの「心理社会的」段階があると主張した。

一つの段階が終わるたびに危機が訪れ、アイデンティティに対する疑問が生じるが、このような時期にわれわれは成長、または停滞し、その選択の一つ一つが大人の人格構造の基礎になるという。エリクソンはこういった人生の転換期の重要性を十分理解し、二十歳以降の人生は平穏無事な日々が延々と続くという神話を打ち破ったのである。

エリクソンの名前が知られるようになった理由はもう一つある。フロイトにもレオナルド・ダ・ヴィンチに関する名高い研究があるが、著名人の人生を心理的に分析する「性格分析的伝記」という新しいジャンルを確立したのは、ガンディーとマルチン・ルターを論じたエリクソンの著作だった。彼はルターの人生に、アイデンティティの危機の特に優れた例を見出し、『青年ルター』を書いたのである。


ンガー財団、カリフォルニア州パロアルト行動科学研究センター、サンフランシスコのマウント・シオン病院などでも活躍。カリフォルニア大学バークレー校時代には、ラコタ族やユーロク族などのアメリカ先住民に関する名高い研究を行っている。カリフォルニア大学を辞めてハーバード大学に復帰するまでは、しばらく個人開業に専念していた。

出世作は『幼児期と社会』（みすず書房）。個人と文化を広範囲にわたって研究したこの本はピューリッツァー賞と全米図書賞を受賞した。他の著書は、『アイデンティティ―青年と危機』（金沢文庫）、『ガンディーの真理―戦闘的非暴力の起原』、『ライフサイクル、その完結』（以上、みすず書房）など。

一九九四年、死去。

マルチン・ルターの生涯

ルターが幼年期と青年期を過ごした頃のヨーロッパのキリスト教的世界では、民衆はみな「最後の審判」に心を奪われていた。人生の終わりに裁きを受け、あらゆる罪が比較検討されて善人と悪人に分けられると考えていたのだ。

人々は地獄に落ちるのではないかとビクビクし、死者の魂のために絶え間なく祈った。学校で児童にむち打ちの罰を与えるのが当たり前だったように、公開の場で犯罪者を拷問するのも日常茶飯事だった。年長者をはじめ、教会や神に対して完全に服従することが人生のテーマだった。

一四八三年、この「罪と悲しみの空気が漂う世界」にマルチン・ルターは生まれる。農民出身の父親ハンス・ルターは、刻苦勉励して鉱山の株を所有する小資本家になり、息子のために教育資金を蓄えた。息子が法律家として高い地位につけば、卑しい身分から一足飛びに抜け出せるともくろんだのだ。

マルチン・ルターは正式にラテン語学校に入学して優秀な成績をとり、十七歳で大学に入学。一五〇五年、大学を卒業しロースクールに入る。ところが、夏休みの帰省中に激しい雷雨に襲われ、危うく雷に撃たれそうになるという出来事が起こった。父に決められた人生の進路に前から疑問を抱いていたルターは、それを神のお告げと受け取り、修道士になることを誓う。両親のショックは大きかったが、同年七月、ルターはエアフルトにあるアウグスチヌス修道院に入る。

はじめはすべてが順調で、修道院の神聖な雰囲気も心地よかった。しかし、若者の例にもれず、ルターも性的な妄想に悩まされ、罪の意識にさいなまれる。そして多くの伝記に記されているように、修道院の聖歌隊である種のパニック発作に襲われ、「私は違う」と大声で叫ぶという事件があった。

エリクソンはこの事件を典型的なアイデンティティの危機を示すものと解釈している。父親の強い意向に逆らって世俗的な成功の道（結婚は言うまでもなく）を捨てたルターだが、この頃には、必死に誓約を守っていたにもかかわらず、当初うまくいくと思われた修道院での信仰生活にも違和感を覚えていた。ルターは自分のアイデンティティを見失っていた。自分は何者なのかといくら考えたところで、結局何者でもないとわかるだけだった。

それでもルターは聖職にとどまり、たちまち昇進する。神学博士になり、一五一五年には司教代理として一一の修道院を管理するまでになっていた。だがその間もずっと、自分が真の宗教的信仰と考えるものと、現実のローマカトリック教会の隔たりが大きくなるのを感じていた。

中世のカトリック教義によれば、罪を犯せばこの世で何らかの罰を受ける必要があるが、「善行」を積めばその罪が軽減されるとされていた。ところが、カトリック教会が金集めのために売る「免罪符」という紙切れを買えば、その必要さえなかったのである。

この問題ですら、ルターにとっては氷山の一角にすぎなかった。彼は、教会より聖書（神の言葉）のほうがはるかに大きな権威を持っている、という過激な信念を抱くようになっていた。

事態が重大な局面を迎えたのは、一五一七年一〇月のことだった。ルターは、カトリック教会に対する改革案をまとめた、かの有名な「九五カ条の論題」をヴィッテンベルク城教会扉（通常は民衆への公示のための場所）に貼り出す。これは衝撃的な出来事だった。

もしもその頃グーテンベルクが印刷機を発明していなければ、それほどセンセーションを巻き起こすこともなかっただろう。印刷機が発明されたおかげで、これ以降もルターが書いたものは津々浦々に知れ渡った。ルターは、農民から諸侯に至るまで、現状に不満を持つ者の中心的存在となり、その声望は高まる。こうして彼の反抗から宗教改革が生まれることになったのである。

エリクソンの解釈

通常、反抗的な姿勢はもっと若い頃にあらわれるものだが、ルターがカトリック教会を批判する立場を明らかにしたのは三十四歳のときだった。エリクソンは、若者が何かに反旗を翻すにはまずそれを固く信じていなければならない、と説明している。そしてルターも必死に教会の天与の権威を信じようとしたのだ、と。

そもそも教会にすべてを捧げ忠誠を誓うという経験をしていなければ、先頭に立って教会を声高に批判するようなまねはしなかったかもしれない。歴史上の偉人には何年も活発な動きを見せない人物が多い、とエリクソンは述べている。そういう人物は、若い頃から将来自分が世界に大きな足跡を残すと感じながらも、自分なりの考えがまとまり、影響力を最も発揮できる時期を無意識のうちに待つのだという。それはルターにも当てはまった。

エリクソンは、ルターと父親との関係に関する精神分析的な論考に多くのページを割いている。聖なるローマカトリック教会に果敢に立ち向かった理由を明らかにするには、父親の意志に逆らった過去の事情を再検討しなければならないと考えたのだ。

驚いたことに、彼はこう指摘している。ルターは反抗的な性分ではなかったが、自分の人生を大きく左右する人物にたてつく経験をしたために、その後、反抗的な人間になったのだ、と。

特に興味深いのは次のような見解だ。ルターは神学的な立場から実際に世界を変えたが、その立場は、自分を苦しめる悪魔を追い払い、修道士、息子、あるいは改革者としてのアイデンティティの危機を乗り越えた結果、得られたものであるというのだ。

エリクソンはウィリアム・ジェームズ（59ページ参照）から着想を得て、大きなアイデンティティの危機を「第二の誕生」になぞらえている。初めてこの世に生を受けた人は、「その時代のイデオロギーにかなりたやすく順応したり組み込まれたりする」のに対し、第二の誕生を迎えた人は生き方に悩み、全面的な方向転換に活路を見出す場合が多いという。

第二の誕生のプラス面は、首尾よく自分を変えられれば、世界も同時に改革できる可能性があるという点だ。ルターの場合、自分が何者であるかを把握するまでにはしばらく時間がかかったが、いったんアイデンティティを確立すると、ローマ教皇でさえ彼を止められなかった。

モラトリアムの重要性

エリクソンは、若者のアイデンティティの危機に対する社会的な配慮がきわめて重要だと考え、「モラトリアム」という概念を提唱した。モラトリアムとは、文化的な工夫によって生まれるものであり、社会人になる前に若者が「自分を発見する」ための猶予期間や経験を意味する。現在なら「ギャップ・イヤー」（高校卒業後、大学入学資格を保持したまま一年間遊学することができるイギリスの制度）も利用できるが、ルターの時代には、修道院である期間を過ごしながら、「自分が何者であり、将来何者になるのか」を考える若者が多かった。
もしルターが父親の意志に従って法律の道に進んでいたら、どうなっていただろう？　ふつうに考えれば成功を収めていたかもしれないが、潜在能力を発揮することはなかったに違いない。

エリクソンは、人生最大の危機は二十代後半に訪れる場合が多いと述べている。この時期になると、もともと意欲に燃えて選んだ道であっても、「不本意な」道に否応なく縛りつけられていると思うようになるからだ。成功がかえって落とし穴になり、よほど強靱な精神力がなければ抜け出せないという。

エリクソンはさらに大局的な見地からこう述べている。人生の重大な節目に個人がプレッシャーを感じて成長より停滞の道を選べば、社会全体の損失になる、と。
若者がアイデンティティの危機を経験するという事実を認め、対応策を考えるのが優れた文化の証である。短期的に見れば手間がかかるが、このような個人の転換期に生じる新しい考えやエネルギーによって、その個人ばかりか社会全体も活性化する可能性があるのだ。

自分の人生の意味を問う

名声と権力の絶頂期にあっても、ルターは父親に手紙を書き、自分の行動を釈明しようとしている。また、父親同様、中年以降は保守的な側面が見られた。かつての煽動者が平穏な暮らしに安んじて、ドイツの封建制を擁護し、農民に現状を受け入れるよう説得するようになっていた。ものの見方や習慣は世俗的なものではなく、まだ「修道会管区長」のままだったものの、父親の望みどおり、有力者にも裕福な妻帯者にもなっていた。

一般的に考えれば、ルターの人生の中でこの時期が一番幸福だったのではないかと思えるが、実はエリクソンが「ジェネラティヴィティ(generativity)」の危機と呼ぶ、成熟した大人が直面する危機が訪れていた。

この状態に陥ると、人は「これまで自分がしてきたことは価値があったのか?　もう一度やってもいいと思うだろうか、それとも時間のむだだったのか?」と、自分の生き方を問い直す。はじめに経験したのが純粋なアイデンティティの危機だったのに対して、これは統合性の危機だとエリクソンは述べている。年をとれば誰でもこの段階を避けては通れないが、ルターのような「偉人」でも例外ではなかったのである。

エリクソンは、アイデンティティの問題は完全に解決されることはないと指摘する。自我のある側面が満たされれば、さらに大きな自我が生き方を問いただすというのだ。ルターは人生を通じて「これは本当の自分ではない」と絶えず自分に言い聞かせてきたと言ってもいいかもしれない。ある意味では、このほうがアイデンティティを確立しやすい。昔も今も、人は自分が何者なのかという問題に悩まされているのである。

心をより理解するために――

どのようにして人は一生にわたって自分自身に対する見方を変えるのか？　これが心理学の問題として特に興味をそそるのは、アイデンティティ（自分が誰で何者なのかという認識、あるいは希望的な見方）がそれほど根本的な問題だからである。

世の中には、アイデンティティの危機を過小評価し、危機に直面している人間を軽く見る傾向がある。しかし、ルターに関するエリクソンの次のような分析は、同じ立場にいるすべての者に当てはまるのではないか。

> 彼はあたかも人類が個人としての自分の存在とともに始まったかのように行動する。（中略）彼にとって、歴史は自分とともに始まり、自分とともに終わる。

これは青年特有の自己陶酔のように聞こえるかもしれないが、いかなる年齢であれ、われわれは世界との何らかのかかわり方を決めざるを得ない。個人が人生の重大な転換期を首尾よく通過できるように社会ができるだけ援助しなければ、精神障害を招くばかりか、潜在能力の損失にもなりかねない。

性格分析的伝記は、幼年時代の経験と、それが後の人生に及ぼす影響を深読みしすぎる恐れがあるのは言うまでもない。だが、エリクソンは、父親の言いなりになっていたルターのつらい幼年時代と当時の時代の傾向をうまく関係づけて、説得力のある説明をしている。

ルターの個人的危機は周囲の社会的変化と切り離しては考えられず、宗教改革全体が彼の個人的問題を世界規模で解決する過程ともとれる、ということをエリクソンは明らかにした。たとえば、教会を通さず個人が直接神を信仰するようにルターが訴えたのは、自らの良心に従ったにすぎないし、一人の献身的な信者として、「善行」ではなく信仰による救いを主張したことが、キリスト教界全体の改革にもつながったというのである。

心理学は大事だとエリクソンは常々言っていた。なぜなら、そもそも個人的な心理が無意識に行動にあらわれたものが歴史なのだから、と。

25

1947

人格の次元

ハンスアイゼンク

すべての人格は、二つか三つの生まれつきの基本的次元に従って判定できる。

未邦訳

人格（パーソナリティ）はかなりの程度まで遺伝子によって決まる。人は、両親の遺伝子の偶発的な産物である。バランスをとるために環境が何らかの役割を果たす場合もあるが、その影響はごく限られたものでしかない。人格は知能と同じ運命にある。つまり、どちらも遺伝子の影響が圧倒的に強いので、たいていの場合、環境はわずかな変化を引き起こし、一種の隠蔽工作を施すくらいの影響しか与えない。

❀

二〇世紀の心理学者の中でも、ハンス・アイゼンクは特に論議の的になることが多く、また多作である。五〇年に及ぶ心理学者としてのキャリアの中で、五〇冊の著書と九〇〇を超える学術論文を残し、さまざまな分野に新たな視点をもたらした。一九三〇年代、ナチスに反対したアイゼンクは、母国ドイツを追われてイギリスに逃れ、死去する一九九七年には最も多く文献に引用される心理学者になった。

『Dimensions of Personality（人格の次元）』はアイゼンクの処女作だ。飾り気のない学術的な文体で書かれたこの本は、科学に初めて内向性と外向性という概念を定着させ、五〇年に及ぶ人格（パーソナリティ）の相違に関

Hans Eysenck

ハンス・アイゼンク

一九一六年、ドイツ生まれ。両親が離婚し、祖母に育てられる。若くしてナチス体制に反対し、祖国から逃れて二度と戻ることはなかった。イギリスに落ち着き、一九四〇年、ロンドン大学で心理学博士号を取得。

第二次世界大戦中、ミル・ヒル救急病院で精神科医として勤務した後、一九四五年から一九五〇年までモーズレイ病院で心理学者として活躍。また、ロンドン大学精神医学研究所に心理学部を創設し、一九八三年まで学部長を務めた。一九九七年、死去。

する研究の基礎を築くことになった。

人間の気質を分類する

アイゼンクは、人間を「黒胆汁質・胆汁質・多血質・粘液質」という四つの気質に分類した古代ギリシャ人の考え方を認めていた。また、カール・ユング（179ページ参照）の内向性と外向性の概念に影響を受けていたのは言うまでもない。

しかしその一方で、人格の違いに関する研究は、どんなものであれ客観的で統計に基づくものでなければならない、と頑強に主張した。本書の土台になっているのは因子分析と呼ばれる研究方法だが、この方法のおかげで、膨大な調査データから人格の違いに関する結論を導き出すことができたのである。

戦時中、ロンドンのミル・ヒル救急病院に勤務していたアイゼンクは、数百人の傷病兵を対象に調査を行う。これは特定の状況に対する反応の仕方について、一連の質問に答える自己評定方式の調査だった。データを照合した結果、人間は外向性・内向性と神経症傾向という二つの明らかな次元、もしくは「基本特性」に従って分類できる、と彼は確信する。

このような基本特性は遺伝的に決定され、特に脳や神経系の生理機能に顕著にあらわれる、とアイゼンクは考えた。これはイワン・パブロフ（427ページ参照）に触発された見方であり、外向性や内向性は人によって脳が興奮する度合いが違うことから生まれ、神経症傾向はある出来事に対する情緒反応を処理する神経系に原因があるとされた。

後に、アイゼンクは人格の次元をもう一つ付け加える。精神病質傾向と呼ばれるこの第三の次元は、不安定な精神状態より、むしろ反社会性や攻撃的衝動を示す。社交性の尺度である外向性・

内向性と違って、精神病質傾向は、慣習に従って生きる社会性の度合いを測るか、極端な場合には、精神異常者や反社会的人間を判定する尺度になる。

精神病質傾向・外向性・神経症傾向という三つの次元は、ＰＥＮモデルという総称で知られるようになった。代表的な特徴は以下のとおりである。

外向性の特徴

◆意外にも、外向的な人間の脳は内向的な人間の脳よりも興奮しにくい。

◆外向的な人間は内面生活が活発でないため、外的刺激や他者との接触によって生の実感を得ようとする。

◆事態に対して公明正大な態度で対処し、他人の目をあまり気にしない。

◆概して陽気で楽観的だが、危険を冒さなければ気がすまず、信頼性に欠けるきらいがある。

内向性の特徴

◆内向的な人間の脳は興奮しやすいため、気分に左右されやすく、内面生活が活発になる。

◆感受性が過敏な状態になるため、内向的な人間は、自己防衛策として当然、社会的交流には消極的な姿勢を示す。他人との接触に苦痛を感じるからだ。あるいは、内面生活が豊かなだけに、あまり他人とつきあう必要を感じない。

◆物事を深刻に受けとめやすいため、人生を素直に楽しめない。

◆概して自制心が強く、きまじめで悲観的である。低い自己評価と罪悪感に悩まされる恐れがある。

神経症傾向の特徴

◆神経症傾向は、混乱、イライラ、心配、不安、ストレスなどを感じやすい性格傾向の尺度となる。
◆この次元で高得点をとっても神経症とは限らない。ただ神経症になりやすい脳を持っているというだけである。得点が低いほど、情緒的に安定していることを示している。
◆神経症傾向のある人間は刺激に対して過剰に反応するため、冷静になれず、物事を総体的に考えることができない。
◆神経症傾向のある内向的な人間は、心に感じる刺激をコントロールしようとして、恐怖症やパニック発作を起こしやすい。
◆神経症傾向のある外向的な人間は、人生の出来事が及ぼす影響を過小評価するきらいがあり、否認や抑圧的性質の神経症になりかねない。

心をより理解するために――

人格（パーソナリティ）の生物学的基礎に関するアイゼンクの研究はしばしば批判を浴びてきたが、最近の研究によってだんだんその正しさが確認されるようになった。スティーブン・ピンカーが『人間の本性を考える』（101ページ参照）の中で述べているように、別々に育てられた一卵性双生児の研究から、社会化によって形成されるのは人格のごくわずかな部分でしかないということが証明されている。残りは遺伝的要因で決まるのだ。

現在、多くの人格類型論（一般に普及しているものでは、外向性・調和性・誠実性・神経症傾向・開放性を基準とする「特性五因子論」など）が存在するが、統計的手法を用いて人格を研究しようとしたのはアイゼンクが初めてだった。人格研究が精密科学になるとはとても考えられないが、彼の研究によって、単なる社会通念や俗説などに頼らずに人間を深く理解する研究法の基盤が築かれたのである。

学究的な科学者として、またポピュラー心理学の著者として、アイゼンクは一般の心理学ブームに大いに貢献した。一九五〇年代に彼が精神分析を槍玉にあげたことはよく知られている。精神分析によって神経症が改善されるという証拠はなく、科学的実証性に欠けると批判したのだ（そのおかげで、心理療法は科学的に説明可能で客観性を意識したものになった）。

アイゼンクは知能の研究者としても知られ、社会的条件づけ説に反対して、知能レベルは主として遺伝的要因で決まると主張した。また、一九七一年には『Race, Intelligence and Education（人種、知能、教育）』を出版し、人種によってＩＱに差があるという証拠を提示したため、デモが起こる騒ぎとなった。大学での講義中に顔を殴られるという有名な事件があったのはこのときだ。そのほか、占星術の研究に打ち込み、超常現象の存在をある程度認めたかと思えば、喫煙が原因でガンになるのは人格のせいだと発言したり、生まれつき犯罪者の資質を持っている人間もいるという証拠を提出したりして物議を醸した。

問題の多い人物だったにもかかわらず、晩年には、生涯にわたって心理学の発展に並々ならぬ貢献をしたとして、米国心理学会からウィリアム・ジェームズ・フェローの資格を与えられている。

26

1936

自我と防衛機制

アンナ・フロイト

アイデンティティを守るために
人は自己中心的になってしまう。

邦訳
『自我と防衛機制（アンナ・フロイト著作集第2巻）』
岩崎学術出版社　牧田清志・黒丸正四郎 監修　黒丸正四郎・中野良平 訳

この患者は、ことのほか美しく、魅力的な少女であった。しかもすでに社会活動でもある役割をになっていたが、そうかと思うと、一方まだほんの子どもである妹に対し、桁外れの嫉妬を燃やしていた。思春期に入って、彼女はそれまで持っていたすべての関心を諦めてしまい、その代わり、ただ1つの願望、すなわち彼女の男友だちのすべてから賞賛され、愛されることを願うようになった。

❀

アンナ・フロイトはジークムント・フロイト（159ページ参照）の娘である。六人の子どもの中で、ジークムントの血を受け継いで著名な心理学者になったのは、末子のアンナだけだった。十四歳の頃には、すでに父の著書を読み、後を継ぐ決心を固めていた。「フロイトの娘」というレッテルをはられてしまうのはやむを得ないが、実のところ、アンナは自我心理学と児童精神分析学という二つの重要な分野の先駆者だ。

　周知のとおり、父のジークムントが無意識（イド）に焦点を当てたのに対して、アンナは自我に注目し、特に心理療法や精神分析に関しては、自我を重く見た。彼女は自我・イド・超自我の三者間の正確な相互関係を

Anna Freud

アンナ・フロイト

　一八九五年、ウィーン生まれ。幼い頃から父親のジークムントと強い絆で結ばれていた。学校では落ち着きがなかったが、読書には熱心で、家に来た客から数カ国語を学ぶ。家族の中では姉のゾフィーが一番の「美人」、アンナは一番の「頭脳派」だった。

　一九一二年、高校を卒業。イタリアを旅行した後、試験に合格して小学校の教師になる。教師を続けながら父親の著作を翻訳し、弟子として学び始める。

　一九一八年、父親の精神分析を受ける。一九二二年、国際精神分析学会に入会。翌年ベルリンで精神分析医を開業するが、父親があごのガンとわかり、ウィーンに戻る。以後、一九三九年に父親が死去するまで世話をした。

　一九二七年から一九三四年まで、国際精神分析学会の会

研究したが、この成果が心理的防衛機制という概念の探究につながった。

また、実際の治療を通じて、子どもや青年には大人とはまったく異なる精神分析の手法が必要だという事実を、父親に対して実証してみせた。『自我と防衛機制』は、アンナ・フロイトの著作の中で最も有名なものだ。精神分析の用語にある程度なじみがある読者を対象にしているものの、門外漢でも読めるし、興味深い事例研究が理論の味つけになっている。「母親に対する憎悪」「ペニス羨望」「去勢不安」など、今では眉唾物と思われそうな典型的なフロイト派の術語が数多く用いられているが、こういう概念で人間の行動の動機を説明されれば、納得せざるを得ない気になる。また、近年フロイト派心理学の権威が地に落ちたとはいえ、防衛機制の要因とその働きに関する彼女の説明には説得力がある。


長を務めるかたわら、児童精神分析の技法の発展に努める。一九三五年、ウィーン精神分析訓練研究所の所長に就任。一九三七年から貧しい子どものための児童養護施設を開設することに尽力する。

ナチスがオーストリアを併合したため、一家をイギリスへ移住させる。ロンドンのハムステッドで戦争孤児院を開いて未婚の母の子どもを保護し、一九四七年には世界の児童心理学の中心となるハムステッド・チャイルド・セラピー・クリニックを開設。

生涯独身を通し、父親の遺産を受け継ぎ発展させるのが自分の仕事だと考えていた。アメリカの大学で数多くの講義やセミナーを行い、名誉博士号も授与されている。

一九八二年、死去。ロンドンの自宅はフロイト博物館になっている。

防衛機制とは何か

「防衛」という心理学用語は、一八九四年、ジークムント・フロイトによって初めて使われた。アンナ・フロイトによれば、それは「苦痛で耐えがたい観念や作用に対する自我の苦闘」をあらわし、神経症の原因にもなりかねないものと考えられていた。

自我が防衛策を講じるのは、性欲や攻撃性といった無意識の要求に制圧されるのを防ぐためだ。患者に自らの本能的衝動を自覚させるのが精神分析医の仕事だが、満たされない衝動が原因で生じる苦痛を取り除くことも場合によっては必要になる。

自我は無意識に制圧される危険に対して、常に注意を怠らない。無意識の衝動を知性化したり抑制したりすることもあれば、他のものに投影したり否定したりもする。不安や苦痛に対して防衛機制がうまく働けば、自我・イド・超自我という「三つの機関」の戦いに自我が勝ったということになる、とフロイトは述べている。逆に無意識の本能か社会的な道徳規範に心が傾いた場合には、自我が戦いに負けたのである。

自我は無意識や外界との間に絶えず調和を生み出そうと努めるが、いつも心の健康を完全に保てるとは限らない。それどころか、自我が「勝利」しても全体としては敗北する場合もある。というのは、そのとき防衛機制が働いて、どんな代償を払っても自我が自己意識を守ろうとするからだ。

「超自我」と「自我」の関係

自我は通常の思考にかかわる意識的な心の領域を、またイドは無意識をあらわすのに対し、フロイト派の言う超自我は社会的な道徳規範に対応する心の領域を意味している。

生まれながらの本能を意識すると、自我はその欲求を満たそうとするが、超自我がそれを許さない。自我は「高次の」超自我に服従するものの、問題は依然として残る。衝動との戦いを開始した自我は、欲求不満の不快さを解消するために防衛機制を働かせ、超自我に従う決断をした意味を自分に納得させる。

フロイトによれば、超自我は「自我が衝動と友好的理解関係を持つのを妨げようとする介入者」だ。超自我がつくり出す高度の基準では、性欲は悪であり、攻撃性は反社会的であるとみなされる。

しかし、本能的な衝動を拒絶しても、結局は自我の目の届かないところに押しやるにすぎないと考えられ、自我が自己意識に取り込めなかったものは、ほかのところで不健全な性格特性や神経症としてあらわれるという。自我が超自我の願望を実行するための単なる手先になると、われわれは感情を表に出さない取り澄ましたタイプの人間になり、本能的な衝動に襲われ、心を乗っ取られるのではないかといつもびくびくするはめになる。

超自我に支配されたある女性の場合

フロイトは、非常に強力な超自我によって生き方を決められた女性の事例を取り上げている。この女性は自分の本能的な衝動を決して満足させようとはせず、それを人生の他の面に「投影」した。子どもの頃は人一倍「欲張り」で、他の子どもに負けまいと、物でも服でも欲しがった。彼女にとっては欲望がすべてだった。

ところが成人後、独身を貫いて家庭教師になったときには、意欲に燃えるどころか精彩を欠き、服の趣味もかなり地味になっていた。いったい何があったのか？

ある時期、彼女は社会の価値観や基準に自分を合わせるべきだと感じて本能的な欲望を抑圧し、それまでとは正反対の生き方をするようになったという。自分のことはかまわず、他人に共感し、他人の世話を焼くことに明け暮れた。友人の異性関係に強い関心を持ち、衣服の話にも興じたが、そういう楽しみを自身には許さなかった。

つまり、欲望が強すぎると感じたとき、彼女の防衛機制が他人を通して自分の欲望を満足させるという形で働いたのだ。自我とイドが超自我との戦いに完全に敗れた結果、投影という手段で欲望を表に出すしかなかったのである。

本能を抑え込む「抑圧」とその反動

この事例のように、本能的な衝動を外界に投影するのは比較的健全な部類の防衛だ、とフロイトは主張する。準備に一番エネルギーを使うという点から見れば、抑圧のほうがさらに強力で、精神的により大きなダメージを与える可能性が高いという。

ある事例では、母親に対して憎しみを抱くようになった少女が紹介されている。男兄弟の中で育った彼女は、母親が妊娠してばかりいたことを恨んでいたらしい。彼女の自我はその種の感情を好ましくないものとして抑圧した後、それがよみがえるのを防ぐために正反対の反応（反動形成）をするようになる。

その結果、母親に対して過度に優しくなり、安否を気遣う気持ちが出てくる。羨望（兄弟に対するペニス羨望）や嫉妬は他人に対する親切や思いやりに変わる。この防衛機制のおかげで少女は家庭環境になじめたが、自然な気持ちを抑圧したために、年齢相応の正常な反応や精神が失われる結果になったという。

そのほか、幼い頃に父親のペニスを噛み切りたいという空想に悩まされた少女の例もある。このペニス羨望から逃れようと自我が防衛策を講じた結果、この少女はものを噛む行為に嫌悪感を抱き、摂食障害になった。

どちらの少女も、心の葛藤を解決する必要がなくなったという意味で自我は「穏やか」になったものの、葛藤を抑圧したために、また違うレベルの苦しみを味わうはめになった。フロイトは、防衛機制の中で抑圧が最も危険なのは、それによって人間の営みのあらゆる本能的な側面を意識しなくなれば、人格が弱体化するからだ、と述べている。

子どもの防衛機制

すべての防衛機制が必ずしも悪いわけではない。それが現実の外的な危険に対処する個人的な方法にすぎない場合もある。子どもの防衛機制の観察から、フロイトは次のようなことに気がついた。

強い大人と危険に満ちた世界の中で、自分は弱い存在だと経験で知った子どもは、空想やごっこ遊びでその埋め合わせをする。多くの場合、たとえば幽霊や乱暴者のイメージにおびえた子どもは、自分で幽霊のふりをしたりカウボーイや強盗のような扮装をしたりすることによって、こういった外界の事物の特徴を自分の中に取り込もうとする。受動的な役割から能動的な役割に立場を変えるのだ。こうして子どもは外的環境から力を取り返すのだという。

またフロイトは、子どもの物語をいろいろと分析した。たとえば『小公子』のように、金持ちだったり権力があったり恐ろしかったりする悪い老人を何とか手なずける少年や少女が登場する物語だ。その老人は誰の言うことにも動じなかったが、その子にだけは心を動かされ、本当にいい人間に生まれ変わる。ほかには、野生動物が飼い慣らされたり、獣が人間になったりする物語もある。

こういう空想的な物語に共通して見られるのは、現実の逆転だ。たとえば息子と父親といった現実の人間関係での自分の弱い立場を、物語によって子どもが理解できるようになる場合もある。空想の中では現実を否認できるので、かえって現実を受け入れやすくなるのだ。

思春期の防衛機制

十代の若者は反社会的になり、家族の他の者から孤立しようとする傾向が強い、とフロイトは述べている。性格が変わりやすいのも思春期の特徴だ。新しいファッションや髪型ばかりか、特定の政治的・宗教的理想にこれほど夢中になって飛びつくような時期はほかにない。

加えて、若者は自分を世界の中心とみなすので、ナルシストになりやすい。物事や人間を客観的に観察し、ありのままに愛するのではなく、そういうものに自分を「同一視する」のだ。

フロイトは、人生のどの時期であれ、性衝動が盛んなときに自我がその衝動を適切に処理できなければ、神経症や精神病を患う危険性があると指摘している。本能的な衝動が強くなると自我にとって危険な状態になるため、自我は全力を尽くして抵抗する。これが、思春期の若者がきわめて自己中心的になる原因だという。

つまり、自己中心的になるのは、どこからともなく襲いかかってくる強力で経験したことのない感情の嵐の中で、自分のアイデンティティを維持する方法だというのである。

心をより理解するために――

フロイトも認めているように、多種多様の防衛機制が不安や恐怖に応じて生じる、といくら説明しても、それは科学とは言えない。心の奥にある秘密の洞窟、願望や欲求、社会的圧力に対する人間の反応を研究する学問が、どうして科学と言えるだろうか？

フロイト派心理学はこれまで非科学的だと非難されてきたし、非難されてもやむを得ない点も多々ある。今や、心理療法家や認知心理学者が精神分析医にとって代わったが、患者の過去や願望をあまり重視せず、誤った考え方を正すことによって感情や行動の問題を解消しようとするのが彼らの流儀だ。

それはそれで結構なことだが、フロイト派の概念を用いなければうまく説明できない場合もあるだろう。「性欲と攻撃性」を軸にした人間性に対する解釈、夢と神話的象徴に関する深い知識、自我・イド・超自我の戦いといった概念は、今でも役に立つはずだ。

また防衛機制についても、ほとんどの人が一つぐらいはすぐに思い当たるのではないかと思うほど、現実味がある。近年、防衛機制が神経症を引き起こす実態が注目されている（111ページ参照）ことを見ても、やはり精神分析には何らかの科学的有効性があるのではないか。

アンナ・フロイトの功績は、父ジークムントの理論を実践したことにあるが、もしフロイト派が勢いを盛り返せば、アンナの仕事が今以上に影響力を持つのは間違いない。

27

1945

心の葛藤

カレン・ホーナイ

現実に向き合う努力で
人は変わることができる。

邦訳

『心の葛藤（ホーナイ全集第5巻）』

誠信書房　我妻洋・佐々木譲 訳

未解決の葛藤を抱えて生きてゆくと、葛藤そのものによって、また、葛藤を取り除こうとするさまざまな誤った試みによって、「人間のエネルギーのおびただしい浪費」がまず生じる。

❀

カレン・ダニエルセンは、男性の牙城だった精神分析を後に「女性化」して有名になるが、最初の著書を発表するまでに三五年もかかっている。その間、結婚して三人の子どもを産み、博士号を取得した。

結婚後、姓を「ホーナイ」と変えたカレンは、重大な見解の相違からフロイト派を離れる。彼女は「ペニス羨望」をはじめとするフロイト理論のいくつかに異議を唱え、概して性的動機を絶対視しなかったことで、精神分析に良識をもたらしたと言ってもいい。

さらに、女性は文化的に非現実的な役割を期待されるため、神経症を患いやすいという実態を明らかにしたので、当然ながら精神分析学者では初のフェミニストと評された。

フロイトの定説とは異なり、人間は必ずしも無意識や過去に束縛されているわけではない、とホーナイは主張した。彼女は心理的な諸問題の

Karen Horney

カレン・ホーナイ

一八八五年、ドイツのハンブルク生まれ。父親のベルント・ダニエルセンは船長で、厳格なルター派信徒だった。

一九〇四年、両親が離婚。その二年後、頭脳明晰なカレンは大きな望みを持ってベルリン大学医学部に入学する。一九〇九年、博士号を持つ裕福なオスカー・ホーナイと結婚。三人の娘に恵まれる。

一九一四年から一九一八年まで精神医学を学び、カール・アブラハムの指導を受けながら精神分析を経験する。ベルリン精神分析研究所で講義を始め、創立メンバーとして精神分析関連の主要な会議や討論にすべて参加する。

一九二三年、夫がビジネスで失敗し、病に倒れる。同年、最愛の長兄が伝染病で死去。不幸続きで心労が重なり、うつ病を患う。

一九三二年、離婚を機に三

根本的原因を突きとめたいと思っていたものの、主にその原因は治療可能な現在の問題にあると考えた。神経症のさまざまなタイプに関するわかりやすく的確な彼女の説明は、現代の患者治療に多大な影響を与えている。

また、その人間関係に対するアプローチと「真の自己」（大きな潜在可能性を秘めた自己）の発見を重視する姿勢は、カール・ロジャーズ（507ページ参照）やアブラハム・マズロー（403ページ参照）の人間性心理学にも重大な影響を及ぼした。

結局のところ、ホーナイが望んだのは、分析のプロセスを、一般の人でも自己分析できるほどわかりやすいものにすることだった。この点で、彼女は認知療法や自己啓発ブームの先駆け的な存在だったのである。

したがって、本書は自己啓発書と言ってもいい。だが、きわめて質の高いものだ。何しろ、心の防衛に関する四〇年間の優れた研究成果に基づいているのだ。ホーナイが分類した三つの神経症的傾向の説明を読めば、誰でもどこか思い当たる節があるに違いない。

人の娘を連れてアメリカに移住。シカゴ精神分析研究所に勤務。その二年後、ニューヨーク精神分析研究所に移り、他のヨーロッパ出身の知識人と交流する。この頃エーリッヒ・フロムと知り合い、不倫関係になる。

一九三九年に発表した『精神分析の新しい道』（誠信書房）でフロイトを批判し、辞職に追い込まれる。その後、アメリカ精神分析研究所を自ら創立する。

他の著書に、『自己分析』、『神経症と人間の成長』（以上、誠信書房）などがある。

一九五二年に死去するまで、講義と治療の両面で活躍。死後に出版された小論集『女性の心理』（誠信書房）によって再び注目を浴びた。

心の葛藤が神経症を生む

ホーナイによれば、神経症の症状はすべて、心の奥に未解決の葛藤があることを示唆している。症状が出れば現実の生活に支障を来すが、抑うつ、不安、無気力、優柔不断、過度の無関心、過度の依存などが生じるのは、心の葛藤が原因だという。

心に葛藤があれば、たいてい自分では気づかない矛盾した言動があらわれる。たとえば――

◆実際に中傷されてもいない人が、中傷されたと感じて非常に腹を立てる。
◆友情を大事にしているように見える人が、友人から物を盗む。
◆子どもに愛情を注いでいると言う母親が、なぜか子どもの誕生日を忘れる。
◆何よりも結婚を望んでいる女性が、男性とのつきあいを避ける。
◆他人に寛大な人が、自分にはとても厳しい。

このような「つじつまが合わない」事態になるのは、人格が分裂している証拠だ。母親の例について、ホーナイはこう述べている。

この母親は良い母親であろうとする理想に気をとられて、実際には子供のことをそれほど考えていないのではないか。あるいは、子供の欲求を阻止しようとする無意識のサディズム的傾向と葛藤している可能性も考えられる。

要するに、表面的な問題は心の奥に葛藤があることを示しているのだ。たとえば、ほんのささいなことでいつも争っている夫婦がいるとする。この場合、問題にするべきなのは、争いの種になったささいなことだろうか、それとも心の中に潜む何らかの原因なのだろうか？

子どもの頃の経験が性格を偏らせる

フロイトの説では、心の葛藤は本能的な衝動と「教化された」良心との対立から生まれ、解決不可能な問題だとされている。しかしホーナイは、真の願望について相容れない考え方が存在することが原因だと思っていた。

たとえば、家庭環境に恵まれない子どもも、愛情を求める気持ちは他の子どもと変わりがないが、生き延びるためには攻撃的にならざるを得ない。そういう子どもが大人になると、本当の欲求と、状況や人をコントロールせずにはいられない神経症的欲求とがぶつかり合う。

否応なしに神経症的な性格を身につけた人間は、不幸にも本当に必要とするものを決して手に入れることはない。彼らが身につけた習性は実質的に性格となるが、それは分裂した神経症的性格である。

大人の神経症の原因は、「ペニス羨望」や「エディプス・コンプレックス」などではなく、もっと基本的なものだ、とホーナイは感じていた。たとえば、愛情不足、過保護、指導の欠如、無関心、子どもに対する敬意の欠如、条件つきの愛情、一貫性のないルール、他の子どもからの隔離、敵意に満ちた雰囲気、支配的な親などである。

何であれ、こういったものに直面する子どもは、何とか自分の不安を埋め合わせる必要を感じて、あれこれ戦略を練る、つまり「神経症的傾向」を発達させるが、これが成人になっても持ち越されるのだという。神経症的性格が極端になれば、『ジキル博士とハイド氏』のように、心が分裂しているとは自覚できない悲惨な状態になるらしい。

ホーナイは神経症的傾向を次の三つに分類している。

人々のほうに動く（追従）指向性

このタイプの人間は、子どもの頃に孤独感や恐怖感を味わった結果、安心感を求めて家族の愛情を獲得しようとする。かんしゃくを起こす時期が何年か続いた後、「好ましい」性格になり、従順になるのが一般的だ（このほうが自分が望むものを手に入れやすいとわかるのだ）。

大人になると、このような愛情や承認に対する欲求は、友人、恋人、夫、妻など、「人生のもろもろの期待を満たしてくれる」人物を強く求める気持ちとなってあらわれ、相手の気持ちなどおかまいなしに、自分が選んだパートナーを「確保する」必要があると強迫的に思い込む。他の人間が「自分の存在を脅かす奇妙な動物」のように思われ、自分の側に取り込まなければ気がすまない。

従順で思いやりがあり、気配りができて相手を頼りにしているという態度を示すことによって（相手は「ありがた迷惑」と思っているかもしれないが）、うまく関係を築き安心感を得ようとするが、実は大切な相手の人間性にはそれほど興味がなく、内心、好きだとすら思っていない可能性もある。要は、受け入れられ、愛され、指導や世話をしてもらえればいいのだ。だが結局のところ、追従指向のある人間は、相手を見誤るはめになる。

この種の人間は、自己主張や他人に対する批判を自らに禁じているため、自分を「あわれな人間」だと感じる傾向があり、次第に無力感を抱くようになる。ときどき引っ込みがつかず攻撃的になったり孤立したりすると、急に好ましい人間に見えてくることがあるのは皮肉である。しょせん、攻撃的な性格傾向は消えてしまうわけではなく、抑圧されたにすぎないのだ。

人々に対して動く（攻撃）指向性

このタイプの人間は、子どもの頃の家庭環境がよくなかったことが原因で反抗的な態度をとるようになり、周囲の人間の意図や動機を信用しなくなる。

大人になると、世の中はもともと敵意に満ちていると内心思いながらも、「愛想がよく腰の低い人間、公正で気さくな人間といったうわべ」を繕っている場合があり、他人が自分の命令に従ってさえいれば好意的な態度を示す。恐れや不安を抱いている点は追従的なタイプと変わりないが、無力感に対する防衛として「追従する」のではなく「自分の身は自分で守る」道を選ぶ。とりわけ自分の弱さを嫌い、一般的に成功や名声や評価を追い求める傾向がある。

この種の人間は「誰も信用せず、絶対にすきを見せるな」を座右の銘にしていても不思議はない。これほど利己主義が極端になると、他人から搾取したり、支配したりするケースもある。

人々から離れる（離反）指向性

このタイプの場合、子どもの頃は人に追従したいとも反抗したいとも思わない。親密な人間関係を嫌って自分と家族との間に距離をとり、ひっそりと一人だけの世界に引きこもっておもちゃや本で遊ぶか、将来の夢を見て時を過ごそうとする。

大人になると、本当に孤独を望む気持ちとは異質の神経症的な離反要求を持ち、恋愛であろうがもめごとであろうが、他人との感情的なかかわりを一切避けようとする。このグループに属する人間は、自分の「魔法の円」の中に踏み込まれない限り、他人と仲良くやっているように見える場合があるし、自分の生活を犠牲にしてまで他人のために働かなくてもすむように、非常にシンプルな生き方をすることもある。

他人に対する優越感や自分が特別な人間だという思い込みがあるため、「孤高の境地」に浸って生きることができる一方で、集団行動を強制されるのはもちろん、社交的なふるまいを要求されたり、パーティーでありきたりの雑談をしたりすることをひどく恐れる。

そのほか、プライバシーや自立を強く求める、結婚や借金など強制や責任を伴うものを何でも毛嫌いするなどの特徴もある。彼らが何より幸せだと感じるのは、人から十分愛されても責任をとる必要がほとんどないときである。物事に対する感受性が鈍るのも離反型の特徴であり、著しく優柔不断な態度がよく見られるのはそのためだ。

依存が問題を引き起こす

正常な子どもや大人にもこうした性格傾向はある程度見られ、追従・攻撃・離反要求のどれかが、しかるべきときにほどよく顔を出す。人が神経症になるのは、こういった要求がもはや選択の余地もない強迫的なものになったときだ。これが神経症の悲劇的な性質だ。自由意志を奪われ、状況にかかわりなく神経症的傾向を行動にあらわしてしまうのである。

抑圧、感情の外化（自己分析せずに外的なものに原因があると考える傾向）、自己イメージの理想化といった心的活動を集中して行うには膨大なエネルギーが必要になるので、人は実際に「自分を見失う」。そして逆に、他人がますます重要で影響力のある人間のように思われて、他人の見解が「圧倒的な力」を持つようになる。

つまり、神経症的人間の極端な自己中心性が、皮肉にも自分を見失い、他人に依存する事態を招くことになるのだ。

ホーナイは次のように述べている。現代文明がもたらす競争心こそ、神経症の温床である。というのは、成功や業績を重視する風潮によって、自分に自信がない人も、「衆に抜きん出た」人間になって大いに埋め合わせをしようという気にさせられるからだ。

盲目的な反抗も、優越への盲目的な渇望も、他人から離れていたいという盲目的要求も、すべて依存のあらわれである。

精神的に健全なら、このような衝動に駆られることはない。それどころか、健全な人は才能をさらに発揮して、自分が本当に関心を持っている仕事を着実に成し遂げるか、もっと深く人を愛するために行動する。絶望的な思いから行動を起こすのではなく、人格の統合を実現しようとするのだ。

心をより理解するために――

真の自己と完全に結びついた「一途な」人間というホーナイの見解は、マズローやロジャーズが主張する「自己実現」の概念とそれほど異なるものではない。ホーナイは、心理学者ジョン・マクマレーの言葉を引用して、自分の考え方を要約している。

人間の実在にとって、十分かつ完全に自分になりきることほど重要なことがあるだろうか。

人間はみな強い力を持っていると彼女は考えていた。神経症的傾向は本当の自己を隠すためにかつて身につけた仮面にすぎず、もうほとんど必要ない。追従的であれ攻撃的であれ離反的であれ、強迫的行動をやめれば自己を矯正できる。強迫的行動によって仮想の敵から身を守れるという思い込みを断ち切ればいいというのである。

ホーナイは、心の葛藤が幼児期に始まると考える一方で、神経症的傾向や強迫観念の要因が現在にもあることを明らかにした。したがって、「自分がこうなったのは過去の経験のせいだ」という言い訳はもう通用しない。このような現実の問題に向き合うホーナイの努力のおかげで、多くの読者が神経症の根本的な原因を知ることができたのである。

『心の葛藤』はよくできた本だ。わかりやすいし、人間の本質について数多くの洞察が得られる。控えめながら、人間は変わることができるというホーナイの楽観的な見方も励みになる。

28

1957

羨望と感謝

メラニー・クライン

幼児期に苦痛や喜びをどう処理するかで、
成人期の基本的人生観が決まる可能性がある。

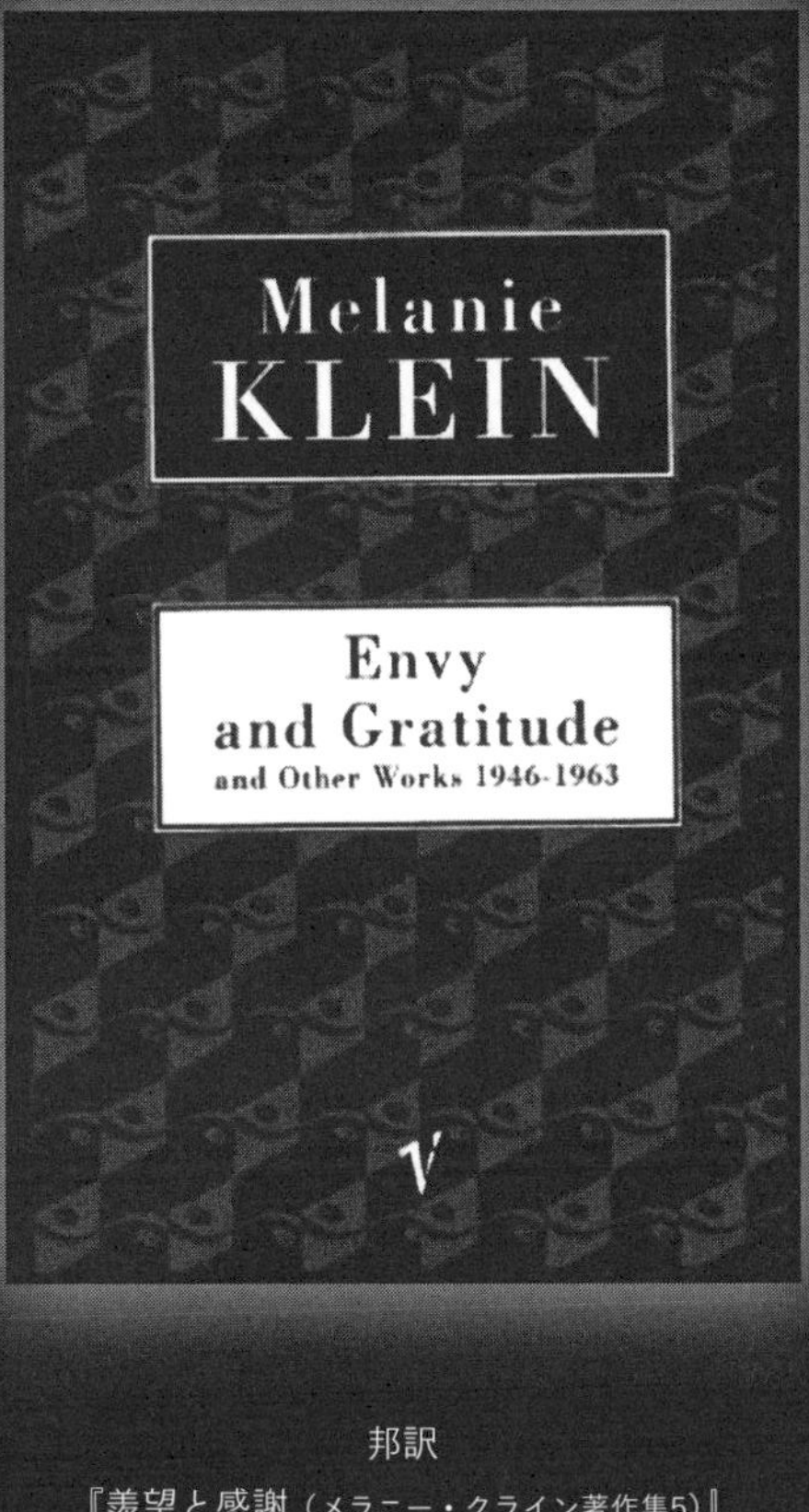

邦訳

『羨望と感謝（メラニー・クライン著作集5）』

誠信書房　小此木啓吾・西園昌久・岩崎徹也・牛島定信 監修

良い対象を、しっかりと確立できている幼児は、大人になってからも喪失や剥奪（loss and deprivation）にたいして、その代償を見いだすことができる。羨望にみちた人にあっては、自分が決して満足をおぼえることがないために、これらのことはすべて、自分が決して手にいれることのできないものであると感じられ、そのために、その人の羨望は、ますます激しいものとなっていくばかりなのである。

❀

フロイト以前には、幼少期は純粋に幸せな時期だと思われていた。しかしフロイトは、子どもが深刻な葛藤を経験し、それが後々の人格形成に決定的な影響を与えるということを明らかにした。

メラニー・クラインはフロイトの見解をさらに押し進め、精神分析の中でも主に生後まもない乳幼児を対象とした下位分野の確立に貢献する。アンナ・フロイトを含む他の精神分析学者が児童に焦点を絞ったのに対して、クラインは空想、防衛、不安などの幼児の精神生活を重視して新生面を開いた。乳幼児の頃の周囲のものに対する接し方は大人になっても変わらず、それが愛する能力や羨望と感謝といった基本的な性格特性

Melanie Klein

メラニー・クライン

一八八二年、ウィーン近郊の中流階級の町で四人兄弟の末子として生まれる。十代の頃は医者になるのが夢だったが、一九〇三年に化学者のアーサー・クラインと結婚し、大学を中退。

一九一〇年、夫の仕事の都合でハンガリーのブダペストに移住。そこでフロイトの著作に触れ、初めてサンドラ・フェレンツィの精神分析を受ける。一九二一年、ブダペストで開催された精神分析学会でフロイトに会う。同年、夫と離婚し、三人の子どもを連れてベルリンへ拠点を移す。ベルリンでは精神分析学者カール・アブラハムの指導を受けた。一九二六年、ロンドンに移り、以後永住する。

個人的には数多くの悲劇に見舞われた。仲の良かった兄のエマニュエルと姉のシドニーが夭逝したのをはじめ、一九

の発達に影響する、と考えたのである。

クラインは大学を出ていない。精神分析学者になったのも三人の子どもを産んだ後だ。しかし、この大器晩成の女性には大勢の熱狂的な信奉者がいた。この「クライン学派」が、アンナ・フロイトを中心とするグループをはじめ、他のフロイト派に対して論争をしかけたのは一九四〇年代のことだ。

反対陣営の攻撃が功を奏し、クラインは長く疎んじられてきたが、最近またその業績が注目を浴びるようになってきた。彼女が児童心理学に及ぼした影響は否定しようがないのだ。

『羨望と感謝―無意識の源泉について』は、晩年の一五年間に書かれた論文を集めたものだ。この中から、幼児期の「妄想的・分裂的態勢」や「抑うつ的態勢」といった有名な概念、遊んでいる子どもを分析する遊戯療法、そして「基本的に人を羨望する人間になるか人に感謝する人間になるかは幼児期に決まる」という論議を呼んだ説などを見てみよう。

三五年には息子のハンスを亡くしている。やはり精神分析家になった娘のメリッタからは、特に手厳しい批判を浴びる。自身もうつ病や不安神経症にたびたび悩まされた。

主な著書は、『Contributions to Psychoanalysis（精神分析学への貢献）』、『児童の精神分析』、『児童分析の記録』、そして『羨望と感謝』の姉妹編『愛、罪そして償い』（以上、誠信書房）など。

一九六〇年、死去。

初めての不安――妄想的－分裂的態勢

クラインを理解するには、その仕事が「対象関係」というフロイト派の考え方に基礎を置いているということを認識しておかなければならない。対象関係では、感情は常に「対象」に対して表現される。対象になるのはふつう人間だが、人間の部位の場合もある。

クラインは、子どもの最初の対象関係は母親の乳房との関係だと考えた。というのは、乳児のあらゆる感情が母親の乳房にまつわるものだからだ。乳児の観点からすれば、満足感を得られるかどうかによって、乳房が「良い」ものにも「悪い」ものにも見えるので、愛と憎しみの潜在的感情がすべて乳房との関係に注がれる。乳児は乳房を愛情と栄養の源として理想化するか、あるいは瞬時に要求が満たされなければ、乳房に迫害されたと感じるのだ。このような分裂した感情こそ、人が生まれて初めて経験する不安であるという。

この分裂をクラインは「妄想的－分裂的態勢」と名づけた。幼児は母親とその乳房に関する良い側面を何でも「取り入れる」、つまり自分の一部だと考えるが、自分の悪い側面は何でも母親に「投影する」。要するに、妄想的－分裂的態勢は、自我もしくは自己意識が発達する前の乳幼児が、外の世界と内面の世界をコントロールしようとする状態なのである。

クラインによれば、フロイトの「生の本能」と「死の本能」は乳児期でもはっきりとあらわれる。このような本能の働きで、「対象」との初期の関係は非常に極端なものになる。生存するために必要なものを必死に求める気持ちと同時に、愛情や食べ物を与えられず世話もしてもらえなければ、嫉妬、怒り、対象を破壊しようとする攻撃性（苦悶に満ちた泣き声や乳房から乳を「吸い出す」しぐさにあらわれる）なども見られるのである。

罪の意識――抑うつ的態勢

しかし、生後半年ほどたつと自我が発達し、対立していた愛情と憎しみが一つに融合する、とクラインは述べている。母親には良い面も悪い面もあると認識できるようになり、子どもは自分の感情に責任を持つようになる。より現実的なこの認識は超自我（社会生活に適合した自我）の発達によってさらに深まり、子どもの性格形成に大きな役割を担うようになる。

超自我は何年もかけて発達するというフロイトの説に対して、クラインは、特に女性では超自我が生後まもない時期にあらわれることを発見した。母親に対して抱いた破壊的感情への罪悪感と同時に、その「償い」をしたい、やさしく接するか愛情を示して否定的感情を帳消しにしたいという欲求があると気づいたのだ。彼女の説によれば、統合失調症の原因は幼児期の超自我との関係にあるが、往々にしてその超自我は、恐ろしい母親、あるいは厳しい母親の姿に関係しているのである。

抑うつ的態勢は、自分の攻撃性や憎しみや貪欲さのために乳房（母親）が失われるのではないか、と子どもが罪の意識を感じることから生まれる。離乳がきっかけとなって抑うつ的態勢が生じる場合が多いのは、母乳がもらえなくなったのは自分のせいだと幼児が感じるからだという。

健全な自我を育む

生後二年ほどたった子どもは、いろいろとこだわりや好みが出てきて、食事や排便の仕方に執着したり、特定の話や動作を繰り返したりするものだ。われわれ大人は、こういう神経症のような強迫的行動が、安心感を求める幼児の気持ちのあらわれだと理解している。

クラインによれば、子どもが不安や精神病的性向を見せるのは、まだ脆弱な自我が相変わらず保護を必要としているからにすぎない。抑うつ的態勢は、実のところ成熟の始まりである。というのは、この時期の乳幼児は、自分の感情と周囲の世界をさらに認識できるようになるからだ。

通常、子どもが成長するにつれて防衛機制や神経症的傾向は減少し、現実に対する適応力が高まる。しかしまた、抑うつ的態勢や妄想的－分裂的態勢にどう対処するかが、成人期の感情処理の仕方の原型になるという。幼児期のネガティブな心理状態が、成人後、何かの折に復活することがありえるのだ。たとえば、悲嘆に暮れる状態は、愛する対象を失ったときだけでなく、精神的損失を経験したときにも生じる。したがって、幼児期における強い自我や自己意識の形成が、成人期の精神の健康にはきわめて重要なのだという。

どんな大人になるかは幼児期に決まる

幼児期に母親への愛情を十分表現できる子どもは、大人になっても人生や愛情を十分に享受できるようになる。しかし中には、攻撃的で貪欲な面が目立ち、欲求不満を感じると母親に対して恨みを抱きやすい子どももいるらしい。また、嫉妬深い子どもは食べ物を与えられ、世話をしてもらってもあまり喜びを感じられず、感謝する気持ちにもなれない。このような乳幼児は大人になっても人をねたむようになる、とクラインは断言する。

それにひきかえ、親（両親）の善良な側面を自分のものにできる乳幼児は、基本的にポジティブで感謝に満ちたものの見方をするようになる。また、忠誠心があり、勇気を持って自分の意見を主張できる人間、一般に「良い性格」を持つ人間になる可能性があるのだ。

愛情に満ちた思いやりのある家庭環境で幼児期を過ごしても、愛情と憎悪が分裂する状態を回避することはできないが、そういう子どもはいずれそこから脱却することができる。それに対して、要求を満たされない幼児は、不満な気持ちを埋め合わせようと外界のさまざまなものを追い求めて一生を過ごすか、いつも怒りを表に出さなければ気がすまなくなるという。

遊びの中に心の問題が投影される

ある夫婦がピーターという息子を連れてクラインのもとを訪れた。弟が生まれてから、ピーターはよくおもちゃを乱暴に扱い、むやみに壊そうとするという。二つの馬のおもちゃをぶつけ合う様子を観察していたクラインが、馬は人間の代わりなのかと大声ではっきり尋ねると、ピーターはそうだと答えた。

クラインはぶつけ合いを眺めているうちに、ピーターが両親のセックスを目撃して、嫉妬や不安に悩まされるようになったのだと気がついた。おもちゃのぶつけ合いは性行為の象徴だったのだ。抑圧された感情が表に引き出された結果、ピーターの攻撃性は収まった。

子どもにこのような意味がわかると考えるのは無理があるような気がしないでもないが、クラインは、子どもの言葉で話せば子どもはきちんと理解できると主張する。子どもの遊び方には無意識の心があらわれて、それぞれの問題点があらわになる。子どもが自分の気持ちを何でも明確に表現できるわけではないことを考えれば、どんな精神的な問題に対しても遊戯療法が最も効果的だ、と彼女は信じていたのである。

心をより理解するために――

フロイト派の「対象」という概念はまったく冷たい印象を与えるが、幼児が特定の人間（ふつうは実母）に対して愛着を感じるようになる経緯を理解すれば納得がいく。どちらかと言うと、幼児は自分の生理的要求を満たすことで頭がいっぱいで、その人間が誰であるかはほとんど気にとめないものだ。

この傾向が成人期に持ち越されるのは、ほぼ間違いない。というのは、やはりわれわれも、自分の基本的欲求や願望を満たしてくれさえすれば、相手が誰であろうとあまり関心がないからだ。「対象関係」を超越し、他人の世界観や興味や願望を心から気遣うのは、成熟した人間だけなのである。

クラインの見解をすべて受け入れるかどうかはともかく、ほとんどの場合、親兄弟との関係は（良好な関係でも）複雑だという事実を否定することはできないし、人間の考え方や精神的な問題が生後数カ月の生活に由来する、という見解を即座にはねつけるわけにもいかない。クラインがこの時期を重大だとしたのは、生来の性向と環境との相互作用によって、基本的に足ることを知る人間になるか、あるいは常に不満を感じる人間になるかが決まる時期だと考えたからである。

人によってクラインの評価は分かれる。豊かな観念の世界を築き上げ、人間の心の奥底にある欲求や願望を説明してくれたと見る人もあれば、まるでわけのわからないたわごとを読まされているようだ（フロイト派の中でも最悪）と批判する人もいる。統合失調症（精神分裂病）、躁うつ病、うつ病などの原因は幼児期の妄想的－分裂的態勢や抑うつ的態勢にあるという彼女の解釈は、批判的に検証する必要があるが、最近では精神分析よりもむしろ脳科学の分野で、このような心理状態の研究が行われるケースが増えている。

クラインの文体に慣れるにはしばらく時間がかかるが、大学教育の機会を奪われた割には考察に深みがあるのは間違いない。その研究には明らかに自らの幼少期の経験が生かされているだけでなく、娘たちも手っ取り早く実験台にされた。精神分析学者を親に持つ子どもの例にもれず、娘たちは必ずしもこの事態を歓迎したわけではなかった。

29

1960

ひき裂かれた自己

R・D・レイン

人生は強い自己意識を持っていなければ
苦痛なものになる。

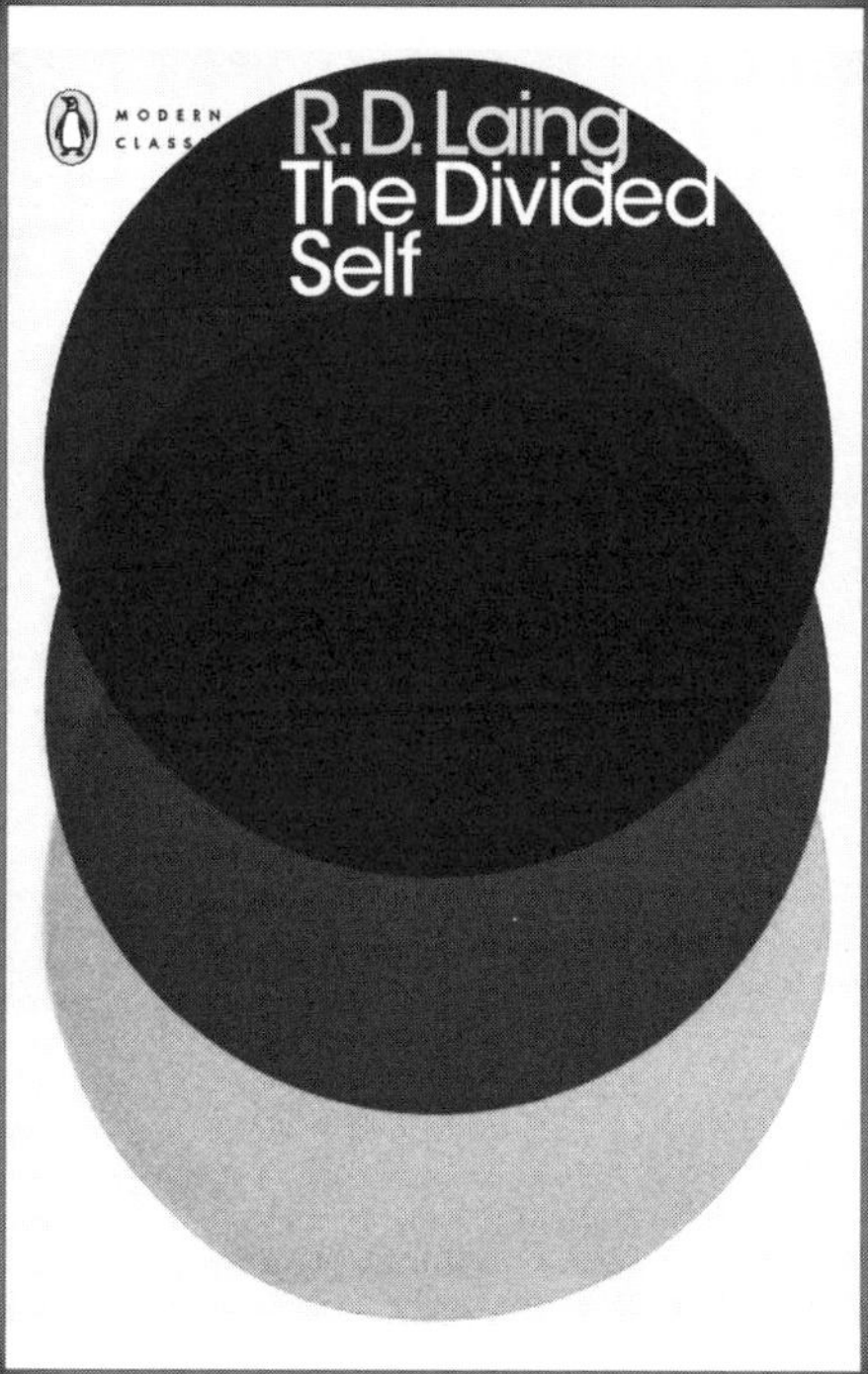

邦訳
『ひき裂かれた自己』
みすず書房　阪本健二・志貴春彦・笠原嘉 訳

人はだれでも一度ならず、ある程度においてなら、そのような無益、無意味、無目的の気分にとらわれるが、分裂病質者ではこうした気分が、特に強い。こうした気分は、知覚の扉あるいは行動の門が自己の支配下になくて、にせ自己によって生きられ操作されているという事実から生じる。

❀

スコットランド人の精神科医R・D・レインが『ひき裂かれた自己―分裂病と分裂病質の実存的研究』の執筆を始めた一九五〇年代後半には、精神的に不安定な人間の心は無意味な空想や強迫観念で混沌としている、というのが精神医学の常識的な見方だった。診断によって典型的な精神病の症状が認められた患者には、それに応じた治療が行われていた。

　しかし、二十八歳で書いた処女作で、レインは精神病に対する世間の見方を変えるのに一役買った。そのねらいは「狂気を、そして狂気へと至るプロセスを、了解可能にすること」にあったが、レインは患者にとって精神病（特に統合失調症）がいかに道理にかなうものであるかを明らかにし、その目的を達している。したがって、精神科医に当然求められる

R. D. Laing

R・D・レイン

一九二七年、イギリスのグラスゴー生まれ。両親は中流階級でキリスト教長老派。兄弟はなかった。自伝によれば、孤独で恐ろしい子ども時代を過ごしたという。学校の成績は優秀で、十五歳の頃にはすでにボルテール、マルクス、ニーチェ、フロイトなどを読んでいた。その後、グラスゴー大学医学部に進学する。

　イギリス陸軍の軍医を務めた後、一九五三年、グラスゴー王立精神病院に勤務。一九五〇年代後半、ロンドンのタヴィストック・クリニックで精神分析の訓練プログラムを開始。

　一九六〇年代、ロンドンで作家のドリス・レッシングやピンク・フロイド（ロック・バンド）のロジャー・ウォーターズらと親交を結ぶ。一九六五年、精神科の医療施設キングズリー・ホールを設立。そこでは患者は特定の行動や投薬

のは、患者の心を理解しようとする姿勢なのである。

レインはわざわざ次のように断っている。この本は統合失調症に関する医学的な学術論文ではなく、むしろ統合失調症とその患者の本質をテーマにした一連の実存主義的考察だ、と。

統合失調症の症状に関する科学的研究は、レインの時代以降、かなり生物学的、神経学的解釈の方向に重心を移してきたが、自己が引き裂かれる、「発狂」する、神経が参るといった精神状態がどんなものかを伝える彼の描写は、今でも特筆に値する。

計画を強要されず、医療従事者と同等の人間として扱われた。

主な著書には、欧米の家族や政治制度を批判し何百万部も売れた『経験の政治学』をはじめ、『狂気と家族』（以上、みすず書房）、自伝の『レインわが半生―精神医学への道』（岩波書店）などがある。また、標準的な精神科医の技法に対するレインの批判的見解に影響を受けた著作としては、トーマス・サスの『The Myth of Mental Illness（精神病神話）』、ウィリアム・グラーサーの『Reality Therapy（現実療法）』などがある。伝記はこれまでに少なくとも五冊出版されている。

一九八九年、セントトロペズでテニスのプレー中に心臓麻痺のため死去。

精神医学にご用心

本書のはじめの部分で、レインは、一九六〇年代から七〇年代によく耳にした意見を述べている。それは、本当に狂っているのは精神病院に監禁されている人ではなく、ボタン一つで人類を絶滅させかねない政治家や将軍たちだという考え方だ。

精神科医がある種の人間を、まるで人類の一員でなくなったかのように「精神異常」と分類するのは、少々傲慢だとレインは感じていた。そのレッテルは人間の実際の精神状態よりも、精神医学とそれを生み出した文化にこそふさわしいと思っていた。

レインによれば、精神医学の主流派は統合失調症患者への対処法を誤っていた。統合失調症の顕著な特徴は、心の働きに対する過敏な反応と、偽りの人格の陰に隠れた自己を極度に守ろうとする姿勢である。患者を物扱いにし、ただ「統合失調症的症状」を探してばかりいる医者は、ことあるごとに抵抗される恐れがある。このような患者は診察を受けるのではなく、話を聞いてもらいたいと思っているからだ。患者たちがなぜこのような経験をするようになったかが、本当は問題なのだという。

自分の存在に不安を抱く

私はいわば死んだも同然でした。私は自分自身を他の人から切り離して、自分自身の中に閉じこもるようになりました。（中略）あなたは世界の中で他の人々と

ともに生きねばなりません。そうならなかったら、何かが内部で死にます。（レインの患者だったピーターの証言）

レインは「統合失調症的傾向」を持つ人間（精神分裂病質者）を、自分自身の中に亀裂があるか、世界との間に断絶がある人間だと定義している。このような人間は、自分が他人と「ともに」ある存在とは思わず、世界からまったく孤立しているという気持ちにさいなまれる。

また、統合失調症患者との違いをこう説明する。症状に苦しむのは同じでも、まだ正気を保てるのが統合失調症的傾向を持つ人間であり、一線を越えて精神病になったのが統合失調症患者だ、と。

たいていの人は自分についてある程度確信を持っているのが当然と思い、基本的に自己と、自己の世界に対する関係に満足している。それにひきかえ、統合失調症的傾向を持つ人間は、レインの言う「存在論的不安定」、つまり自分のアイデンティティと世間での自分の立場について、根本的かつ実存主義的な根深い疑問を抱いているのである。

統合失調症的傾向に特有の不安

統合失調症的傾向を持つ人間に特有の不安は、以下の三つの形態をとる。

◆他人とのかかわり合いに対する恐怖心。愛されることすら恐れる場合があるのは、自分のことをすみずみまで知られると無防備な状態になると感じるからだ。愛情によって相手に吸収されるのを避けるために正反対の行動をとり、わざと孤立するか、あえて憎まれるようにすることもある。こうすれば、それほど「のみ込まれる（engulfed）」心配をせずにすむからだ。このような脆弱な自己を持つ人間は、溺れているか身体が焼き尽くされているという感覚をよく訴える。

◆「侵害（impingement）」。今すぐにも世界が自分の心に侵入し、アイデンティティを破壊するかもしれないという感情。この種の不安は、そもそも心が非常に空虚でなければ感じない。はじめから自己意識が希薄な人間には、世界が迫害者のように感じられる可能性がある。

◆「石化（petrification）」と「離人化（depersonalization）」。自分が石のような存在に変わるのを恐れるあまり、他人の存在を無視して、まともに相手をする必要のない「物」扱いをしようとする。

レインによれば、「ヒステリー患者」が何としても自己を忘れたり抑圧したりしようとするのに対して、統合失調症的傾向を持つ人間は自己に執着する。しかし、その執着はナルシシズムとは反対に自己愛的なものではなく、冷徹なほど客観的な態度で、徹底的に自己を吟味し分析するだけである。

自己意識の欠如を妄想で補う

多くの場合、精神が分裂状態に陥るのは、肉体的にも精神的にも逃れるすべのない恐ろしい状況（たとえば、強制収容所に入れられた場合など）に対処するためだ、とレインは主張する。現実を受け入れられない場合、自分の殻の中に閉じこもるか他の場所にいる自分の姿を空想することがあるが、このような「一時的分裂」は、現実の人生に対処する方法としては不健全なものではない。

しかし、統合失調症的傾向を持つ人間は、この分裂状態を永続的なものと感じる。彼らには生きているという実感がないのだ。

レインはある文芸評論の一節を引用してこう述べている。シェイクスピアの劇には深刻な葛藤を抱えた欠点のある登場人物が多いが、それでも彼らは生き生きと活動し、自己を保持している。一方、カフカの小説やサミュエル・ベケットの劇に登場する人物には、この基本的な実存的安定感が欠けているので、統合失調症的傾向を思い起こさせる、と。

彼らには「自分自身の動機を疑う」ことはできない。そもそもまとまりのある確かな自己意識がないから、疑問に思うこともないのだ。彼らにとって人生とは、恐ろしい外界から日々自己を守る戦いなのである。

統合失調症的傾向を持つ人間は自分に確信を持てないため、往々にして世間が自分に期待していると考える役割を演じて、病的なまでに周囲に溶け込もうとする。レインの患者だった十二歳の少女は、襲われるのではないかとビクビクしながら、毎晩やむを得ず公園を通って歩いていた。この状況を何とかしようと、彼女は魔法のように自分の姿を消して周囲に溶け込めれば安全だ、と信じることにしたという。

この種の防衛的空想にふけるのは、正常な自己を見失った空虚な心を持つ人間だけだ、とレインは述べている。

心と身体が遊離する

レインは身体化された自己と身体化されない自己を対比している。身体化された自己を持つ人間は、「自分が肉や骨であるという感覚」を持っており、通常の欲求を感じ、それを満足させようとする。一方、身体化されない自己を持つ人間は、精神と身体が分離していると感じる。

統合失調症的傾向を持つ人間は極端に内的な精神生活を送るので、身体が真の自己から遊離する。彼らは「にせ自己の体系」を構築して世界に向き合うが、そうすればするほど真の自己はますます隠れてしまう。そして「秘密を暴かれる」のを恐れ、他人とのやりとりを常にコントロールしようとする。

この複雑な心の働きによって安心感は得られるが、本当の人間関係が成立するわけではないので、内面生活が貧弱になる。皮肉なことに、最終的に精神が崩壊するか衰弱する原因になるものは、彼らが恐れる他人ではなく、「心の防衛戦略そのものが引き起こす破壊」なのである。

統合失調症的傾向を持つ人間は、何でも自分にこじつけて考えるものの、心の中ではむなしさを感じている。唯一の人間関係といえる自分自身との関係も混乱状態にあるため、極度の苦悩と絶望を感じるのだという。

そして、精神病に

統合失調症的傾向を持つ人間は、なぜ一線を越えて精神病になるのか？

彼らは「にせ自己の体系」を構築し、現実の世界に対して仮面を見せながら、架空の内面生活を送ることができる。ふつうの創造的な人間関係を築く代わりに、さまざまな事物、一連の思考、記憶、空想などに執着する。すると、どんなことでも可能になり、自分は自由で全能だと感じるようになる。

だが、こういう状態になると、客観的事実の中心からどんどん遠ざかっていくことになる。破壊的な空想にふければ、現実の破壊的な行動につながる恐れがある。真の自己から遊離していれば、罪の意識も償いの気持ちも感じるはずがないからだ。

こうして統合失調症患者は、一見正常に見えるかと思うと狂気に陥り、親や夫や妻が自分を殺そうとしている、誰かが自分の心や魂を盗もうとしている、などと訴えるのだ。にせ自己、つまり比較的正常な人間を演じるための仮面が突然はぎ取られ、長年世間の目にさらされずに隠れていた苦悩する自己があらわれるのである。

心をより理解するために——

本書の中で、レインは物議を醸す主張をしている。

遺伝によって統合失調症の素質を受け継いだ子どもが将来発病するかどうかは、母親（あるいは家族全体）の対応の仕方によって決まる。

当然ながら、これには統合失調症の子を持つ親が腹を立てた。

それはともかく、この本が後々まで影響を及ぼしたのは、精神病にまつわるタブーをぬぐい去り、統合失調症に関する理解を深めることに寄与したからだ。心理学は「病気・症状・治療」という従来の医学的枠組みにとらわれず、人間的成長と自由の実現をめざすべきだという主張も重大な影響を与えた。

たとえ危険を伴うとしても、アイデンティティの探究が不可欠だとレインは考えていた。さもないと、社会の画一的な鋳型に自分を合わせて妥協し、その結果、不安にさいなまれるからである。

このような考察によって、一九六〇年代にレインは世間の注目を浴び、家族や文化に対して疎外感を抱く人々や、人間の潜在能力回復運動の「自己実現」という理念に傾倒する人々の共感を呼んだ。

薬物使用、アルコール依存症、うつ病、シャーマニズムや生まれ変わりなどのカウンターカルチャーへの関心――こういったものが災いして精神科医としての評判を落としたレインは、一九八七年、イギリスでの医療行為を断念せざるを得なくなった。

その業績を過小評価しようとする動きがあったにもかかわらず、精神病に対する見方を変えると同時に、心理学の究極的な目的を見直すという彼の二つの目的は遂げられた。二〇世紀の心理学史において、レインは依然として重要な位置を占めているのである。

29 ひき裂かれた自己

30

1976

パッセージ
―人生の危機

ゲイル・シーヒィ

きわめて個人的な変化が起きたように見えても、
実は人生の季節が変わったにすぎない場合が多い。

邦訳
『パッセージ』
プレジデント社　深沢道子 訳

殻を何度も脱皮して生長する。内部から生長する度に、自分を閉じ込めておく殻は脱ぎ捨てなければならない。そして脱皮の後は、古いものにとって代わる新しい殻が徐々に出来上がるまで、裸で無抵抗な状態でおかれる。

❀

雑誌記者として北アイルランド紛争を取材中に、ゲイル・シーヒィは「血染めの日曜日」事件に巻き込まれた。ロンドンデリーで行われたカトリック信者による公民権運動の行進で、一四人の市民が英国兵に殺された事件である。犠牲者のほとんどが若者だった。すぐ目の前にいた少年が弾丸で顔を吹き飛ばされるのを彼女は目撃してしまった。

アメリカに戻ってそれまでの人生を見つめ直したシーヒィは、三十五歳にして突如、ジャーナリストとして取材に飛び回る生活に物足りなさを感じる。子どもを産み、結婚も離婚も経験したが、自分は本当に人生に参加していたのではなく、「演技者」にすぎなかったのではないかと思った。彼女の「ゼリーのようにもろい全世界」が崩壊の危機に陥ったのだ。のんきで恐れを知らない人間、優しくて野心的な「良い娘」だった

Gail Sheehy

ゲイル・シーヒィ

雑誌の鋭い人物評で有名。俎上に載せられた有名人には、ジョージ・W・ブッシュ、ミハイル・ゴルバチョフ、ニュート・ギングリッチ、マーガレット・サッチャー、サダム・フセインなどがいる。長年、「ヴァニティ・フェア」誌の寄稿編集者として活躍し、数々の賞を与えられた。

『パッセージ』は、三年間「ニューヨーク・タイムズ」のベストセラーリストに載り、二八カ国語に翻訳されている。また、米国議会図書館の調査で、最も影響力のある現代の一〇冊の一つに選ばれた。

他の著書は、『Pathfinders（先駆者）』、『沈黙の季節―更年期をどう生きるか』、ヒラリー・クリントンの評伝『ヒラリーとビルの物語』（以上、飛鳥新社）、『男盛り　こんな生き方もあったのか！』（徳間書店）、『Sex and the Seasoned Woman（セックス

はずの自分が、人生も半ばを過ぎる頃になって、悲観的な人間になったような気がした、とシーヒィは書いている。

他の人はこんなときどうしているのか、とシーヒィは疑問を持つ。よりいっそう仕事に打ち込む人がいるかと思えば、危険なスポーツに挑戦したり、盛大なパーティーを催したり、年下の異性をベッドに誘ったりし始める人もいるらしい。しかし、どれも自分の心にぽっかり開いた穴を埋めてはくれない。

『パッセージ―人生の危機』は、一九七〇年代に大変話題となった本である。成人の人生の危機というテーマはどう見ても目新しくはなかったが、人気雑誌に連載されたことに加えて、そのユニークな表紙と著者の宣伝のうまさのおかげでベストセラーになった。

本書を時代遅れのポピュラー心理学と片づけてしまうのは簡単だ。しかし人生の各段階の記述に自分の姿を重ね合わせ、読みながら思わず「私もそうだ」と叫びたくなる人が大勢いるし、この本のおかげで、人生の急流を乗り切ろうとしている多くの読者の孤独がこれまで癒されてきたのである。

と熟女）』など。また、『ニュー・パッセージ 新たなる航路―人生は45歳からが面白い』（徳間書店）は、文化的社会的変化を考慮して『パッセージ』をバージョンアップした作品。

精神の危機はいつ訪れるのか

自分が目撃した恐ろしい事件は、中年の危機とでも言うべき精神的な変化の引き金にすぎない、とシーヒィは気がついた。この事件をきっかけに他人の人生の転換期に関心を持った彼女は、意外な事実を発見する。このような「パッセージ」は、決まったようにほぼ同じ年代の人たちに訪れていたのである。

一般的に、人は自分の精神的な変化を外的な出来事のせいにしようとするが、シーヒィの場合にはそれでは説明がつかないことが多かった。ほんの数年前まで充実していると思っていた人生に不満を感じるということは、別の面で何か問題があるという証だった。

卒業、結婚、出産、就職など（すべて重大事であることは言うまでもない）の「画期的な出来事」と、精神的な変化を引き起こす人生の発達段階は同じではない、とシーヒィは思った。われわれは人生の危機を画期的事件の直接的な結果だと考える傾向があるが、事件はむしろ、人生の別の段階に移行するための触媒にすぎない場合が多い。嫌な思いをし、苦痛を伴うことも少なくないが、こういう移行期を恐れるべきではない。結局、さまざまな段階を経て人間は成長していくのだ。変化を進んで受け入れる覚悟を決めるだけでも人間として成長するはずだという。

シーヒィは心理学者のエリク・エリクソン（299ページ参照）の考え方に影響を受けている。エリクソンの考えでは、人生の転換期を迎えた人間は個人的成長の方向へ進むか、なじみのある安全な世界にとどまるかのどちらかに分かれる。いずれにしろ変化は起きるが、その変化の過程を自分で意識的にコントロールするか、なすすべもなく見守るかを選択するのだという。

思春期までの発達段階はこれまで徹底的に研究されてきたが、大人を対象にした研究はあまりなかった、とシーヒィは述べている。彼女はこの本を書くにあたって、ライフ・サイクルに関する文献の研究に没頭し、数多くの伝記に目を通したのはもちろん、十八歳から五十五歳までの人々にインタビューして生活歴を集め始めた。この種の研究は男性に関するものがほとんどだったので、この本では女性の生の証言を数多く紹介するように努めた。また、夫婦それぞれの人生の変化と、それが夫婦関係に及ぼす影響も探求している。

年齢とともに移りゆく心

人生の各段階を理解しやすいものにするため、シーヒィは一〇年ごとに区切って記述している。

二十代──自信

二十代は、人生の進路を決定し、活気と希望に満ちた生き方を見つけなければならない時期だ。この時期に見られる傾向は二つに一つである。家族や仲間の期待どおりに「しなければならない」ことをするか、冒険を追い求めて「自己発見する」かだ。つまり、安全とコミットメントを求めるか、まったくコミットメントを避けるかのどちらかの行動をとりやすい。

二十代の男性は、仕事がすべてだと思い、仕事で成功しなければばかにされると感じる。女性にはそんなプレッシャーはないとしても、主婦として毎日家事や子育てに追われていれば、仕事できわめて明確なフィードバックが得られる夫と比べて、自己評価が低くなる恐れがある。自分が世の中から孤立し、母親としてしか評価されていないと感じるようになるのだ。二十代の男性が自信に満ちあふれているのに対し、女性は思春期の頃の自信を失う場合が多いという。

二十代の夫婦は、どんな障害でも乗り越えられると強がっていても、内心、やや疑念や不安を感じていることが多い。女性はたいてい「強い人」、つまり、ある程度親代わりになって自分をかばってくれる男性を選ぶ。ところが、それによって自ら成長する義務を回避していることになるので、後でそのつけを払うはめになりかねない。たとえば、若くして結婚した女性が、三十代になると夫の陰に隠れるのをやめて激変するように。

「三十の大台」を目の前にすると、こんなものでは物足りないと言わんばかりに、それまでの仕事や数々の選択に対して不満を感じるようになる。進路を変えるか、新たなコミットメントをしなければならない時期なのだ。転職や職場復帰を望んだり、子どもをつくる気になったりするのもこの時期だ。二十代のはじめに結婚した夫婦なら、そろそろ「七年目の浮気」を経験する頃かもしれない。

シーヒィはこう警告している。一般的には、二十代のこの「新規まき直しをはかる」時期に何らかのアイデンティティの危機を経験しなければ、必ず後でつけが回ってきて大変な目にあう、と。

三十代――迷い

三十代は「締め切りの世代」だ。シーヒィ自身が経験したように、われわれは突然、人生はある時点で終わりになると気づく。「時間が短縮し始める」ので、優先順位を絞り込む。二十代は

「何でもできる」世代だが、三十代になると、何でも知っているわけではないとわかり、ショックを受けることもある。

本当の自分を求めるうちに、何事も他人のせいにはできないとわかってくる。それまで結婚と家族にすべてを賭けていた女性が、他人のために尽くしたり文化的規範に従って生活したりするだけが人生ではない、と思うようになり、自己主張し始めるケースもある。

この時期には生活が少し落ち着いてくるのがふつうで、一つの仕事を辞めずに続けたり、家を買って定住したりするものだ。この一〇年を「最後のチャンス」と考え、補佐役ではなく会社の共同経営者にならなければいけない、あるいは「若くて将来有望な」作家から脱皮して定評のある作家にならなければだめだ、と思う男性もいるかもしれない。

男女を問わず、二十代の頃よりも人生ははるかに重苦しく困難だという実感を持ち、三十七歳から四十二歳の間に不安がピークに達する人がほとんどらしい。シーヒィの調査では、とりわけ三十七歳のときに人生の危機が訪れたと証言する人が大勢いた。

四十代──不惑

中年になると、閉塞感を抱いたり不安定な気持ちになったりする。順調に出世コースを歩んでいると思っていた人も、人生は甘くないと気づく。ひたむきに仕事に打ち込んできたあげく、「この仕事は本当にやるだけの価値があったのか？　どうして子どもをつくらないのか？」といった心の迷いが出てくる時期だ。男性の多くは四十歳になると、正当に評価されていないし負担が重すぎると感じ、「俺の人生はこんなものか？」という言葉をよく口にする。

幸いなことに、四十代半ばになれば、また落ち着きが戻ってくる。新たな生きがいを持って再出発する人にとって、この数年間は人生で最高の時期になる可能性がある。自分以外に「それを実現する」ことはできないとわかっているので、ようやく自信を持って思いどおりの生き方をするようになるからだ。シーヒィが書いているように、「くだらないことは、もうごめんこうむる」（本当の自分になる）がこの段階のモットーだと言ってもいいだろう。

女性は自己主張が強くなる傾向が見られるのに対し、男性のほうは、それまで仕事中心で感情は二の次だったのに、もっと感情面を大切にして生活したいという気持ちが出てくることもある。異性に魅力を感じなくなってくるのは、自分の心に異性的な側面を取り込めるようになるからだ。以前に比べると自立心が強まり、恋をする機会が減るが、その代わり人のために尽くす機会が増える。

本当の自分を求めて

自分のアイデンティティを追求することを、ユングは「個性化」、マズローは「自己実現」と呼んだが、シーヒィはこれを「自分の真正さを獲得すること」と表現している。何と呼ぼうが、これが一生の目標であることに変わりはない。

それぞれの段階で、われわれには二つの道がある。自分の限界を超えて成長するか、集団の価値観に従って安心を得るかのいずれかだ。つまり、人の心には、他人やほかのものと同化したいと望む自分と、自立して自由に創造性を発揮したいと望む自分がいて、この両者の間を行ったり来たりしながら、あるいはどっちにつくか迷いながら、一生を過ごすのだという。

われわれが下す決定の多くは、親から離れたい、親とは異なる生き方をしたいという願望のあらわれにすぎない。これがしばしば結婚の理由にもなる。興味深いことに、シーヒィがインタビューした中で、愛し合っているという理由だけで結婚した夫婦は一組もなかった。どの夫婦にももっと強い動機があったのだ。たとえば、「彼女が結婚を求めた」「家族の者に勧められた」「結婚適齢期になった」といったようなことだ。

男女に共通していたのは「面倒を見てくれる人が必要だったから」という理由だが、これには問題があるという。配偶者を一人の人間として評価するのではなく、どれだけ親代わりをしてくれるかという観点から評価するようになるからだ。したがって、結婚生活に不満を感じると、相手のせいにして自分で責任をとろうとしないというのだ。

夫婦の場合、お互いのライフ・サイクルがめったに一致しないだけに、さらにやっかいな事態になる。たとえば、夫が成長し意欲的になっている時期に、妻のほうは生き方に疑問を感じて気持ちが不安定になる段階にさしかかるというケースもありえるし、またその逆も考えられる。その結果、実は自分の内面で大きな変化が起きているのに、しっくりいかない関係をお互いのせいにすることがよくあるという。

心をより理解するために――

何といってもこの本のおもしろさは、シーヒィがインタビューした実在の人物の話が数多く紹介されていることにある。現在から見れば、どうしても時代遅れの感は免れないものの、これらの話には時代を超越した真実がある。シーヒィは小説家のウィラ・キャザーの次のような言葉を引用している。

人間については、二つか三つの物語しかない。こうした物語は、まるでそれまで一度も起きたことのなかったもののように、熱心に、何度も何度も繰り返され続けるのだ。

人生の発達段階に関する認識が深まったからといって、自ら人生を切り開く努力を放棄してよいというわけではない。認識が深まれば、自分だけの問題と思われたものは、すでに無数の人間がこれまで経験している可能性があり、他人や外的条件よりも人生の発達段階に関係する問題だと納得できるようになる。

『パッセージ』の出版から現在までの間に、どうも人生の各段階の時期がずれてきたように思われる。一九七〇年代半ばのアメリカでは、結婚の平均年齢は女性が二十一歳、男性が二十三歳だった。ところが、今日では晩婚がふつうになり、二十代はおろか三十代でも、何年かは自分のしたいことを探し、なるべく腰を落ち着けようとしない風潮がある。

女性が高齢出産をするか、子どもを望まないケースも増えている。さらに、シーヒィは四十代以降の人生についてはあまり触れていないが、平均寿命の延び具合を見れば、多くの人にとっては本当の人生はこれから始まるのだ。

そこで、こう問いたくなる。科学者の予測どおり、百歳を超えても元気でいられるようになった場合、転換期や人生の危機はどういう形になるのか、と。

おそらく、われわれは以前にもまして、人生は比較的安定した期間に区切られた一連の必然的な変遷過程との見方を受け入れるだろう。従来のように「若さ」や「成熟度」で分ける考え方を捨て、人間は固定したアイデンティティを持たず、絶えず流動的に進化していく生き物だ、と考えるのではないだろうか。

5

Chapter5

モチベーションの研究

31

1927

人間知の心理学

アルフレッド・アドラー

劣等感が人生の目標を決める。

邦訳
『人間知の心理学』
春秋社　高尾利数 訳

人生の目標を決めるのは、劣等感、不足感、それに不安感である。

✿

どんな虚栄心にも共通する動機が一つある。虚栄心の強い人間は、とうてい達成できない目標を立てる。世界中の誰よりも重要な人間、成功した人間になりたいと思うのだ。これはまさしく不足感から必然的に生まれた目標である。

✿

一九〇二年、毎週水曜日になると、医師を中心とするユダヤ人の男性グループがウィーンのアパートの一室で会合を開くようになった。ジークムント・フロイト（159ページ参照）が主宰したこの「心理学水曜会」は、やがてウィーン精神分析協会に発展した。その初代会長に就任したのがアルフレッド・アドラーである。

ウィーンの精神分析学界のナンバーツーであり、個人心理学の創始者でもあるアドラーは、自分をフロイトの弟子と考えたことはなかった。威

Alfred Adler

アルフレッド・アドラー

一八七〇年、オーストリアのウィーンに生まれる。七人兄弟の二番目。五歳のときに患った重い肺炎と弟の死をきっかけに、医者になることを決意する。

ウィーン大学で医学を学ぶ。一八九五年に卒業し、医師の資格を取得。一八九八年、仕立屋の健康状態と労働条件に関する医学論文を発表。その翌年、ジークムント・フロイトに出会う。一九一一年までウィーン精神分析協会にかかわるが、翌年袂を分かち、八人の仲間と個人心理学協会を創設。この時期の著作には後に大きな影響を与えた『The Neurotic Constitution（神経症的気質）』がある。

第一次世界大戦の勃発で研究活動を一時中止し、陸軍病院で医師として勤務。

戦後、子どもの精神衛生を専門とする最初の診療所を開

厳のある貴族的な風貌を持ち、知識階級の家柄でウィーンの高級住宅地に居を構えていたフロイトに対して、アドラーは穀物商の家に生まれ、町はずれで育った風采の上がらない男だった。フロイトは古典に通じ、骨董趣味で知られていたが、アドラーは労働者階級の健康と教育の改善や女性解放運動のために尽力した。

一九一一年に二人が訣別したことはよく知られている。心理的な問題はすべて抑圧された性的感情によって生じる、というフロイトの説に不満が募った結果だった。

その数年前、アドラーは『器官劣等性の研究』（金剛出版）を出版し、自分の身体とその劣等器官に対する認識が人生の目的を決める主な要因になる、という説を発表している。人間の行動は完全に無意識に左右されていると信じていたフロイトに対して、人間は環境や不足感に応じてライフスタイルを創造する社会的存在だとアドラーは考えた。本来、個人は権力を志向し、アイデンティティの確立をめざすが、それと同時に、心理的に問題がなければ、社会に順応して公共の福祉に貢献しようとするものだという。

設。ほかにもウィーンを中心として二一カ所に先駆的な診療所ができた。

一九三二年、（アドラーがユダヤ人だという理由で）政府が診療所を閉鎖すると、アメリカに移住し、ロングアイランド医学大学の教授に就任。一九二七年以降、コロンビア大学の客員教授を務めており、ヨーロッパやアメリカでの公開講義を通じてアドラーの名は広く知られていった。

一九三七年、ヨーロッパ講演旅行の途上、スコットランドのアバディーンで心臓発作により急死。

他の著書には、『個人心理学講義―生きることの科学』（一光社）、『The Practice and Theory of Individual Psychology（個人心理学の実践と理論）』、そして有名な『人生の意味の心理学』（春秋社）などがある。

「不足感」が能力を引き出す

フロイトと同様に、人間の精神は幼児期に形成されるし、行動のパターンは大人になってもまったく変わらないとアドラーも考えていた。しかし、フロイトが小児性欲に焦点を当てたのに対して、アドラーはむしろ子どもの権力志向に関心を寄せた。他の人間がみな自分よりも大きく強そうに見える環境で育てば、どんな子どもでも一番手っ取り早い方法で必要なものを手に入れようとすると考えたのだ。

アドラーは「出生順位」、つまり何番目の子どもなのかを問題にしたことで有名だ。たとえば、末っ子は身体が一番小さく力も弱いため、「他のすべての者たちを凌駕し、何でも一番できるようになろう」と努力する傾向がある。また、子どもが成長過程のある時期に達すると、大人をまねてもっと自己を主張し影響力を強めようとするタイプか、わざと弱点をさらして大人から援助と関心を引き出そうとするタイプに分かれる。

要するに、どんな子どもでも、自分の欠点を一番補いやすい形で成長するというのである。「不足感に起因する才能や能力は非常に多い」とアドラーは指摘する。

劣等感と同時に、評価を求める気持ちも生まれる。うまく育てればこのような劣等感は消え、その結果、他人を犠牲にしてまで成功したいと身勝手に思うこともなくなる。心や身体の面であれ、環境の面であれ、幼い頃のハンディキャップが問題だ、と一般に決めつける傾向があるが、何が有利で何が不利かは状況次第だ。肝心なのは、欠点を欠点と「受け取る」かどうかだという。

劣等感をどう振り払うかで人の一生が決まる場合が多いが、ときには極端な方法で劣等感を補おうとするケースも見られる。この説明のためにアドラーが考え出したのが、有名な「劣等感コンプレックス（inferiority complex）」という術語だ。

コンプレックスのせいでさらに臆病、あるいは内気になる人がいる一方、人並み以上の業績を上げて埋め合わせをしたいと思う人もいる。この「病的な権力志向」が表に出ると、他人や一般社会が犠牲になる。アドラーが劣等感コンプレックスの典型例とみなしたのは、世界に衝撃を与えた小男ナポレオンだった。

性格の違いはどこから生まれるのか

基本的に、人間の精神は遺伝的要因ではなく社会的な影響によって形成される、とアドラーは信じていた。「性格」は二つの対立する力のせめぎ合いからつくられる。一つは、権力欲、もしくは自己権力の拡大欲であり、もう一つは、「共同体感覚」と連帯感（ドイツ語ではgemeinschaftsgefühl）に対する欲求だという。

人間の性格がそれぞれ異なるのは、この対立する二つの力に対する受けとめ方が違うのが原因らしい。たとえば、共同体が何を求めているかを認識できれば、ふつうは支配欲が制限されると考えられるし、虚栄心や自尊心も抑制される。しかし、野心や虚栄心にとらわれたとたんに、精神的な成長が止まってしまう。アドラーは大げさに、「権力に飢えた人間は破滅への道をたどる」と表現している。

共同体感覚や連帯感が無視されたり損なわれたりすると、虚栄心、野心、嫉妬、羨望、全能感、貪欲さといった攻撃的な性格特徴があらわれる場合がある。逆に、内気、不安、臆病、ぶしつけさなど、非攻撃的な特徴があらわれることもある。何であれ、こういう特徴が強く出るのは、たいてい根深い不足感が原因だという。

また、このとき心の中で緊張が高まり、ときにすさまじいエネルギーを生み出す。このタイプの人は、不足感の埋め合わせに「大勝利を期待しながら」生きるが、自意識過剰で現実感に欠ける。他人にどのような印象を与えるか、他人が自分をどう思っているか、ということばかり気にして生きるようになるのだ。自分ではちょっとした英雄のつもりでいても、他人の目から見れば、自己本位の性格が災いして人生の可能性を狭めている人間にすぎない。自分も他人とつながりを持った人間だという事実を忘れてしまうのだ。

虚栄心が「社会の敵」をつくる

アドラーによれば、虚栄心の強い人やプライドの高い人は、たいてい本音を隠そうとし、自分はただの「野心的」な人間、あるいはもっと穏やかに「精力的」な人間にすぎないと言い訳をする。また、見栄を張る人間ではないという証拠に、着るものに無頓着なふりをしたり、過度に謙虚な態度をとったりして、本当の気持ちをうまくカモフラージュする。

しかし結局、虚栄心の強い人間は、何事に対しても「これによって自分はどういう利益を得られるか？」という観点からしか見ない、とアドラーは見抜いていた。

では、人類に貢献する偉業は虚栄心の産物にすぎないのか？　はたして自己権力の拡大欲が、世界を変革し評価されたいという欲求に対する真の動機なのか？

アドラーはこの疑問を否定している。真の天才には虚栄心はほとんど見られない。どんな偉業であれ、虚栄心から成し遂げられたものはその価値を損なうだけだ。本当に人類の福祉につながる卓越した仕事は、虚栄心とは相容れない共同体感覚が動機になっている。誰でもある程度の虚栄心を持っているが、健全な人間はそれを徐々に社会に貢献する気持ちに変えることができるからだ。

虚栄心の強い人は、そもそも甘んじて社会の要求に「屈する」ことができない。ひたすら地位や身分を追い求め、目的を達成しようとするあまり、社会や家族に対するごく当然の義務を平気で怠る。その結果、たいてい孤立し、人間関係が貧弱になる。だが、自分本位の考え方に慣れているため、そんな我が身の不遇も巧みに他人のせいにするのである。

社会生活には個人が必ず守るべき法律や原則がある。精神的にも肉体的にも、人間は一人では生きていけない。ダーウィンが指摘したとおり、弱い動物は決して単独では生活しないのだ。

人が習得する「心理的機能の中では、社会への適応が最も重要である」とアドラーは主張している。外面的には多くの業績を上げたとしても、肝心の社会への適応力がなければ、自分を価値のない人間だと感じるし、周囲からもそう見られるだろう。こういう人間は間違いなく社会の敵だ、とアドラーは言う。

目標こそが人間を動かす

アドラー心理学の核になる考え方は、「個人は常に目標に向かって努力している」というものだ。フロイトが人間の行動の原因を過去の出来事に求めたのに対し、アドラーは目的論的な見方をした。つまり、意識しているかどうかはともかく、人間は目標に突き動かされていると考えたのである。

利己的なものであれ社会的なものであれ、目的があると心は活気づき、絶えず目的を遂げようとする。今の自分はどういう人間で、将来どういう人間をめざしているのかといった「物語」に従って、われわれは生活している。事実に基づいているとは限らないが、この物語のおかげで、いつも目標に向かって元気に生きていけるという。

人間の心が壊れにくく、変わりにくいのは、まさにこの目標指向性があるためだ。アドラーはこう記している。

己を知り、己を変えることが、人間にとって一番むずかしい。

だからこそ、個人的欲求と社会通念のバランスを保つ必要があるのだろう。

心をより理解するために――

個人の権力志向と共同体感覚という性格形成にかかわる二つの力を強調したアドラーは、これがわかれば意識的に性格を変えられると主張したかったのである。

本書で紹介されている実在の人物のエピソードに、自分の姿を重ね合わせる読者もいるだろう。かつての夢など忘れ、家族や社会に守られて安穏と暮らしてきた人。「世界の支配者」気取りで、自分勝手に社会の慣習を無視できると思い込んでいる人。どちらにしてもバランスが悪く、結局は自分の可能性を狭めるはめになるのだ。

『人間知の心理学』には、心理学というより哲学に近い記述が多い。人間の性格に関するおびただしい数の一般論は、どれも逸話に基づくものであり、実証できない。この科学的な裏付けがないという点も、アドラーの著作が槍玉にあげられる主な原因になっている。とはいえ、劣等感コンプレックスをはじめ、アドラー心理学のさまざまな概念は、今では日常用語の一部になっている。

フロイトとアドラーはどちらも研究の目標を明確に決めていたが、社会主義に傾倒していたアドラーの目標は、比較的堅実なものだった。幼児期の経験がその後の人生に及ぼす影響を具体的に解明し、社会全体の利益につなげようとしたのである。

文化的にエリート主義者だったフロイトとは違って、アドラーは次のような信念を持っていた。無知がもたらす弊害を考慮すれば、人間性を理解することは万人にとって不可欠の仕事であり、決して心理学者だけに任せるべきではない、と。

心理学に対する、このきわめて民主的なアプローチから必然的に生まれたのが『人間知の心理学』である。ウィーン人民協会で行われた一年分の講義をまとめたこの本は、誰が読んでも理解できるものになっている。

32

1969

意味への意志

ヴィクトール・フランクル

苦悩や運命を意識的に受容すれば、
最高の業績に転換できる。

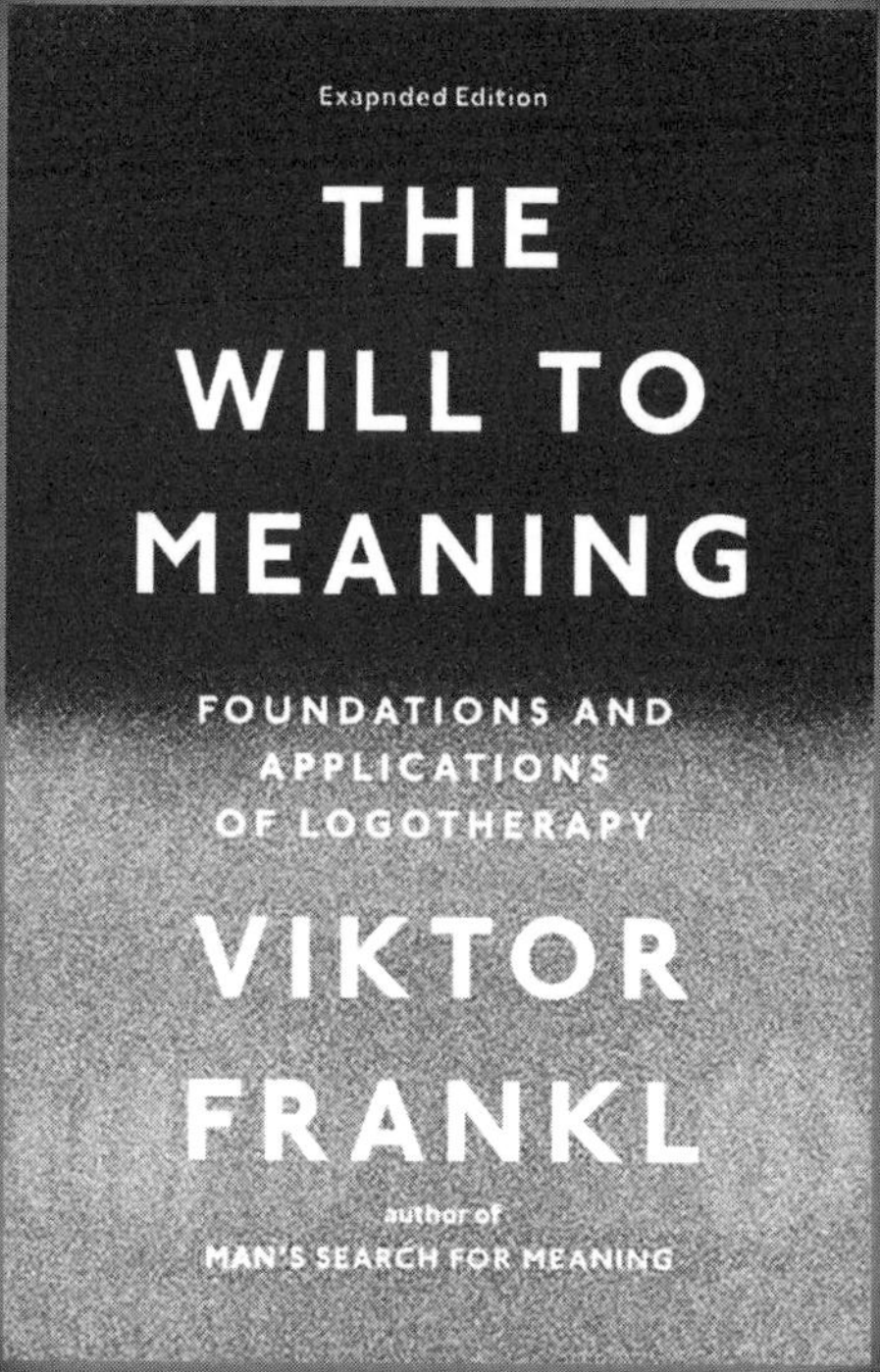

邦訳
『意味への意志』
春秋社　山田邦男 監訳

患者たちは無意味感を訴えるだけではありません。彼らは、私が「実存的空虚」と言い表した空虚感をも訴えているのです。（中略）私はいつも人から、どうして実存的空虚が生じるのかと説明を求められますが、そのとき私は次のような事実を指摘することにしています。――人間は、動物とは異なって、何をなさねばならないかを本能から告げられることはないし、また現代の人間はもはや、何をなすべきかを伝統から告げられることもない。その上、人間はもはや、自分が何を本当に意志しているのかを知らないように思われることもしばしばである。それだけに人間は一層、他人がなすことだけを意志しようとするか、あるいは他人が意志することだけをなそうとするか、のいずれかになる、と。前者は画一主義に至り、後者は全体主義に至るのであります。

❀

フランクルの著作で一番有名なものと言えば、『意味による癒し―ロゴセラピー入門』（春秋社）だ。これは、ナチスの強制収容所での自身の体験と、収容された人々の生きる姿勢に関する衝撃的な記録であり、退屈

Viktor Frankl

ヴィクトール・フランクル

一九〇五年、ウィーンに生まれる。ウィーン大学で医学を学び、医学博士号と哲学博士号を取得。

一九三〇年代、ウィーン総合病院で自殺願望を持つ患者の治療に携わった後、精神科医として開業。一九四〇年から一九四二年まで、ロートシルト病院で神経科主任として勤務。

一九四二年、両親と妻のティリーとともにテレージエンシュタットの強制収容所に送られる。一九四五年、アメリカ軍の進撃によって、ダッハウ強制収容所から無事開放される。家族の中に生き残った者はいなかった。

戦後、ウィーンに戻り、『意味による癒し』（春秋社）を発表。また、ウィーン神経科ポリクリニックの部長に任命され、一九七一年まで勤務。二九もの名誉博士号を贈られ、

で無意味な現代生活に対する一種の解毒剤として多くの読者に支持された。

『意味による癒し』の中でも、フランクル独自の意味に関する心理学——ロゴセラピー（ギリシャ語の「意味」をあらわす言葉「ロゴス」に由来する）——に触れてはいるものの、『意味への意志—ロゴセラピーの基礎と適用』では、その基本的立場と哲学的な根拠が本格的に説明されている。それだけに内容はむずかしいが、非常に読みがいがある。

フランクルが提唱するセラピーは、ウィーンの精神療法の中ではフロイトの精神分析やアドラーの個人心理学に次ぐ第三の流派とみなされる場合があるため、フランクルはこの本で両者との相違点を明確にしている。また、人間は環境によってつくられる複雑な生き物だと決めつける行動主義心理学にも異議を唱えている。

ハーバードをはじめアメリカ各地の大学やウィーン大学医学部で教鞭をとる。

他の著書には、『The Doctor and Soul（医者と魂）』、『「生きる意味」を求めて』（春秋社）、『識られざる神』（みすず書房）などがある。

一九九七年、マザー・テレサやダイアナ妃と同じ週に死去。

心理学の盲点

人間性が多元的なものだという事実を心理学は見落としている、とフランクルは考えた。といっても、遺伝や条件づけによって人間性が決まるということを否定したわけではなく、自由意志が働く余地もあると主張したのだ。つまり、われわれは自らの意志で何らかの価値観や人生の目標を持てるし、困難な状況にあっても威厳を保てるというのである。

フランクルは、愛や良心といったものが「条件反射」や生物学的にプログラムされたパターンに還元できるという考え方を容認できなかった。神経学者として、人間にはコンピュータにたとえられる部分がかなりあると重々承知しながらも、人間を機械と決めつけるわけにはいかないと主張したのだ。

われわれは、体内の化学物質のバランスにかかわる生理的な問題や、広場恐怖症のような心の問題に悩まされる。それだけでなく、道徳的・精神的葛藤などの精神的な問題（精神因性とフランクルが名づけている神経症）にもさいなまれる。従来の精神科医がこの種の問題を治療できないのは、何が原因なのか見当もつかないからだという（司祭かラビに相談したほうがましかもしれない）。

フランクルはこう問いかけている。聖ジャンヌ・ダルクを統合失調症と片づけかねないような連中に、罪、良心、死、尊厳といった問題にかかわる判断を安心して任せられるだろうか？

どんなことにも必ず「意味」がある

アルバート・カミュやジャン・ポール・サルトルの実存主義が人生の無意味さと結びついていたのに対し、フランクル自身が実存主義的だと考えていたロゴセラピーは、基本的に楽観主義的な療法である。そのねらいは、それが何であるかまだはっきりしなくても、人生には常に意味があると人々に納得させることにある。困難な状況や苦しい状況の中では意味を見出せなくても、その状況を乗り切って人間的に成長した後でわかると言い聞かせるのだ。

人間にとって最高の業績とは、成功することではなく、勇気を奮い起こして不変の運命に立ち向かうことだ、とフランクルは言う。彼は病院で担当したある女性患者を例にあげている。死を間近に控えたこの患者は、自分の運命にぼう然としていたが、やがて勇気を持って死に臨めば最も有意義な時間を過ごせると気がつく。「意味のない」早死ではなく、自ら選んだ死に方に大きな意味を見出したのだ。

「実存的空虚」を感じても神経症とは言えない、とフランクルは主張している。それはむしろ、きわめて人間的なものであり、意味への意志が正常に働いている証拠だという。さらに、小説家フランツ・ウェルフェルの次のような言葉を引用している。

脱水状態は水の存在を示す最も確実な証拠だ。

罪は自らの意志で引き起こされる

かつてフランクルは、カリフォルニア州の悪名高いサンクエンティン刑務所で講演したことがあった。彼の話に囚人たちは聞き入った。

フランクルは別に囚人たちをおだてたわけでもなく、犯罪者は社会や遺伝子の犠牲者だと言ったわけでもない。それどころか、みな自由で責任を負うべき人間であり、自らの意志で決断した結果、刑務所に入るはめになったのだと認めたからこそ、囚人たちは耳を傾けたのだ。罪を犯すというのがどういうことなのか、フランクルにはわかっていたのだ。

アメリカの西海岸に責任の女神像を建てて東海岸の自由の女神を補うべきだ、とフランクルはよく話していたという。相対主義が支配する現在では、個人の判断を超えた絶対的な価値観や意義はかつてほど重視されない。だが、皮肉なことに、このような普遍的概念にとらわれまいとすれば、やがて自分自身の自由の中に閉じ込められるのである。

良心とは何か

『意味による癒し』の中には、驚くような記述がある。自分には強制収容所に送られずにすむチャンスがあった、と書かれているのだ。ウィーンにいた頃、神経学者だった関係で、フランクルはアメリカに移住するためのビザを取得できた。しかし、両親には与えられなかったため、苛酷な運命に直面する二人を残して出国する気にはなれなかったという。

フランクルによれば、人は各々自分なりの人生の意味を見出すように運命づけられており、その意味を見出して受け入れるか、無視するかは、その人次第だという。究極的な「人生の意味」

があるわけではなく、われわれ一人一人の人生の意味が存在するにすぎない。自分自身の人生と自分の問題や目標に関係がなければ、「人生に何の意味があるのか?」と問うのは理屈に合わない。この意味の独自性を生み出すものが良心と呼ばれているというのだ。

心をより理解するために——

『意味への意志』の終わりの部分で、フランクルは次のような率直な疑問を投げかけている。

ロゴセラピーが人生の意味にかかわるものであるとすれば、宗教とどう違うのか?

これに対して彼は、宗教はそもそも魂を救済しようとするが、ロゴセラピーは精神の健康をめざしていると述べている。

このような違いがあるにもかかわらず、フランクルの心理学の根底には、究極的な意味に対するある種の宗教的信念があったため、ロゴセラピーはたちまち怪しい療法というレッテルをはられた。しかし、神経科と精神科の医師であり、二度の強制収容所生活を生き延びたフランクルは、神秘主義者でも夢想家でもなかった。人生自体に何か究極的な意味があると思えなくても、人間に意味への意志があるということは否定できない。

人間を動かすのは快楽や性に対する衝動だとするフロイトや、権力への意志を主張したアドラーに対して、意味への意志もそれに劣らず強い動機になる、とフランクルは信じていた。われわれは衝動に背中を押されながら、意味に牽引されているというのだ。

彼は、人間の行動が生物学的要因や環境的要因によって決まるという見方を容認する一方で、自由意志を実現する余地もある（自らの意志で何らかの価値観や人生の目標を持ち、困難な状況にあっても威厳を保つことができる）と主張した。心理学が人間の精神の健康に寄与するためには、快楽や権力を求める本能と同様、この意味への意志を考慮しなければならない、とフランクルは訴えたのである。

33

1951

大衆運動

エリック・ホッファー

人々が大義に身を投じるのは、
人生に対する責任を回避し、
現在の生活から逃れるためである。

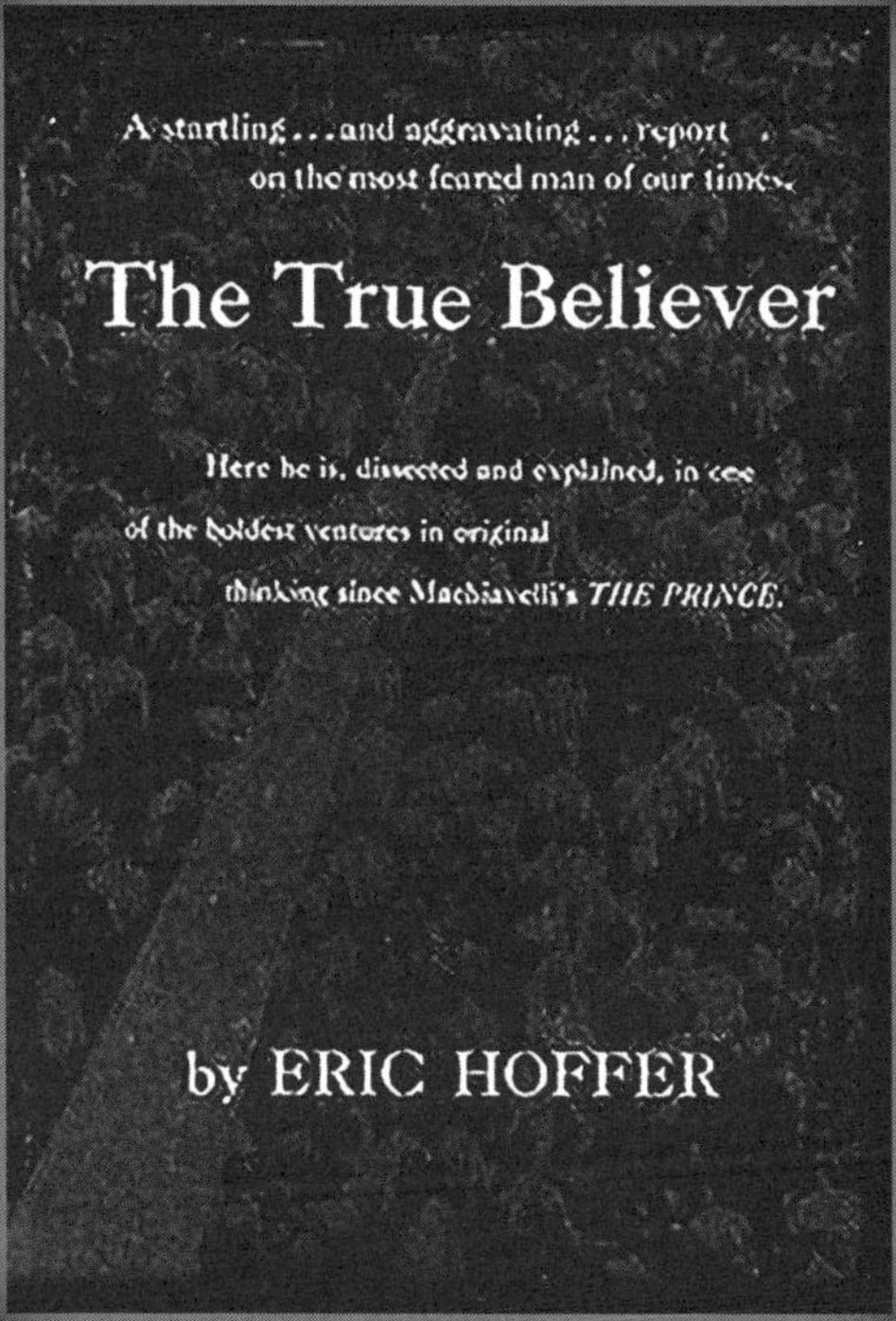

邦訳
『大衆運動』
紀伊國屋書店　高根正昭 訳

高まりつつある大衆運動は、運動の主義や約束によってではなく、個人的存在の不安や、無味乾燥さや、無意味さから避難する場所を提供して、追随者の注意を引き、追随者を引きとめるのである。

❀

大衆運動は、信者から現在の楽しみをだまし取っておいて、しかも彼らに未来の希望という興奮剤を飲ませると非難される。しかしそれにもかかわらず、欲求不満をもつ者にとって、現在はつぐなうことのできないほど損なわれているのである。だからどんな慰めも、どんな喜びも、現在を完全なものにすることはできない。そしてほんとうの満足や喜びは、欲求不満をもつ人びとの心の中には、希望以外のものからは絶対に生じ得ないのである。

❀

カルト集団に加わったり、改宗したり、あるいは政治運動に身を捧げたりするうちに、自分のアイデンティティを失ってしまう人がいるのは

Eric Hoffer

エリック・ホッファー

一九〇二年、ニューヨーク生まれ。家具師の父親がドイツからの移民であったため、ドイツ語と英語が飛び交う中で育つ。七歳のときに頭のけがで視力を失い、その後正規の教育をほとんど受けられなかった。十五歳のとき、手術もせずに奇跡的に視力が回復する。

まだ十代の頃に両親を失う。三〇〇ドルの遺産を受け取り、カリフォルニアに移住。移動労働者や金鉱の鉱夫として自活しながら、暇を見つけてはモンテーニュからヒトラーの『我が闘争』まで、ありとあらゆる本を読みあさる。その後、サンフランシスコで沖仲仕として働く。

他の著書には、『魂の錬金術―エリック・ホッファー全アフォリズム集』（作品社）、『The Ordeal of Change（変化の試練）』、『現代という時代の気質』（晶

なぜなのか？

本書はその謎に鋭く迫っている。素人が書いたものとはいえ（ホッファーの本業は沖仲仕（港湾作業員）で、サンフランシスコの波止場で働いていた）、大衆運動と人間の心理に及ぼすその影響力に関する大胆な考察は説得力があり、精神的な飢餓感に駆られてそれまでの自分を放棄し、もっと大きく輝かしいものに同化しようとする人間の姿がよくわかる。

たった一つの大衆運動（ナチズム）によってヨーロッパ全体が大惨事に見舞われた事実を考えれば、第二次世界大戦がまだ記憶に新しい時期にこの本が出版されたことには、特別な意味があった。しかし、集団と一体化する心理と進んで大義に殉じる人間の心理に関するホッファーの分析は、時代を超越している。

ここに書かれていることは、ほぼ今日のテロリストや自爆テロなどの問題にも当てはまるだろう。書かれてから半世紀以上たつが、今こそ読まれるべき本である。

文社）、『In Our Time（現代という時代に）』などがある。波止場の生活を日記風に描いた『波止場日記—労働と思索』（みすず書房）や、死後に発表された自伝『エリック・ホッファー自伝—構想された真実』（作品社）もある。

大衆運動によって自分を捨て去る

なぜ大衆運動は影響力が強いのか？　それは熱狂に満ちているからだ、とホッファーは言う。勢いのある政治運動には、決まって宗教的な熱狂状態が見られる。教会の教義と儀式をそっくり国家の制度に置き換えて考えれば、フランス革命はまさに新しい宗教だった。ボルシェビキ革命とナチスの革命にも同じことが言える。「ハンマーと、鎌と、鉤十字とは、十字架と同種のものである」とホッファーは述べている。

革命運動の初期に参加するのは、自分の生活を一変させたいと望む人々だ。したがって、これをわきまえた大衆運動の指導者は、精一杯「途方もない希望に火をつけ、あおる」ことになる。信奉者の生活を徐々に改善するのではなく、一気に変えることを約束するのだ。

通常、人が組織に加わるのは自己の利益を追求する（何らかの方法で自分を向上させるか、自分のためになることをする）ためだ。それに対して、革命的な大衆運動の場合は、「好ましくない自己を放棄するために」参加する。

今の自分に不満を持っていても、大衆運動では問題にならない。より大きな「神聖な大義」を前にすれば、自己などどうでもよくなるからだ。意味を見出せず、欲求不満を感じてばかりいた生活が大きく変化し、誇り、目的、自信、希望などに満ちあふれる。

> 神聖な大義への信仰は、かなりの程度まで、失われたわれわれ自身に対する信頼の代役を果たす。

皮肉なことに、この自己放棄の欲求が、大きな自尊心と自信をもたらしてくれるのである。

どんな人が大衆運動に惹かれるのか

ほかにはどんなタイプの人間が大衆運動に惹きつけられるのだろうか？　潜在的な参加者に関する章で、極貧者は運動の魅力に取りつかれない、とホッファーは指摘している。その日暮らしに満足して、壮大なビジョンになど興味がないからだ。取り込まれる可能性が高いのは、むしろ少し余裕があって、日常生活以外のことにも関心を寄せられる人々だという。

> 欲求不満の強度は、われわれが裸一貫でわずかばかりの要求をするときよりも、多くのものをもっているくせに、より多くを要求するときのほうが強いものである。われわれの不満は、何もかも足りないときよりもたった一つが足りないと思っているときのほうが強いものである。

自由経済の競争の激しい社会ではなかなか得られない帰属意識・仲間意識を求めて、大衆運動に参加する人間もいる。また、退屈でしかたがないというだけで参加する場合も考えられるという。ホッファーによれば、数人のドイツ人大物実業家の妻がヒトラーに資金を供給していたが、決まりきった娯楽や道楽ではもう満足できなくなったからというのがその理由だったらしい。

大義とその指導者に献身的に尽くすチャンスがあれば、我を忘れてのめり込むので、家庭や職場で手軽に気晴らしをするということもなくなる。実際、ホッファーは、大衆運動に惹かれるのはいくらでも参加する機会がある人々だ、という意外な事実について言及している。

最後に、大衆運動は人生に対する責任から逃れたいと望む人々も惹きつける。ナチスに入党した若者たちは、親の世代とは違って、自分でさまざまな意思決定をしながらゆっくり大人の仲間入りをするという重荷から解放されたいと思っていた。第三帝国の繁栄を簡単に請け合ったナチスに加担するほうが、はるかに魅力的に思われたのだ。

敗戦国の国民として戦争責任を追及される立場に立たされたとき、彼らがショックを受けたのも無理はない。こけおどしの新体制に躍らされて自分が放棄したのが、まさにその責任だったからだ。

死をも恐れぬ盲目さ

世界の劇的変革を大義名分にしているので、大衆運動では、通常の道徳的な抑制が軽視される可能性がある。神聖な目的や輝かしい目的のためには、どんな手段も正当化され、理想の世界を実現するためなら、信奉者が他の人間にむごい仕打ちをすることもある。「希望と夢が野放しにされているときには」注意を怠ってはいけない、とホッファーは警告している。何らかの災いがその後に起こるのがふつうだからだ。

信奉者以外の人間には、殉教者、カミカゼ特攻隊員、自爆テロ犯などの自己犠牲的行為はまったく理不尽に見える。しかし、現在の生活に価値を見出せず、運動に対して強い信念を持っていれば、大義のために命を捨てることはそれほど不思議ではない。これほどの覚悟を持った人間は、すでに自分の個別性を捨てているはずだ、とホッファーは言う。完全に集団と一体化し、もはや友人や家族が知っていた特定の個人ではなく、国民や党や種族の代理人にすぎなくなるのだ。

信奉者にとって、自分以外はみな、弱々しく堕落した人間、気骨のない退廃的な人間のように見える。信奉者は動機に不純なところはないと自覚しているので、崇高な目的の名のもとに何でも（自ら命を絶つことさえも）できる。

この無分別と言ってもいい偏狭さこそ、彼らの原動力なのだ。黒と白だけの世界に住んでいるなら、行動に迷いはしない。結局、驚きや矛盾に悩まされるのは心の広い人間だけなのである。

心をより理解するために――

どんな場合にも「存在するもの」より「存在しないもの」のほうが、行動の動機としては強力だ、とホッファーは指摘する。運命を切り開こうとする場合、ふつうの人間はすでに存在するものを何とかしようとするのに対して、大衆運動の信奉者は、まったく新しい世界を築くのでなければ満足しない。

現状を嫌悪するこのような姿勢は災厄をもたらしてきたが、その反面、改革を夢見て画策し、自由と平等といった理想のためには血なまぐさい革命をも辞さない人間がいなければ、数々の専制政治が覆されることはなかったはずだ。良くも悪くも、狂信者が世界をつくってきたのである。

本書は大衆運動ばかりでなく、人間性に関しても鋭い洞察を示した哲学的な作品であり、むだな言葉や文章はほとんど見当たらない。この本を読めば、人間の行動と動機に関する問題を心理学者だけに任せておけない理由もよくわかる。

34

1971

人間性の最高価値

アブラハム・マズロー

人間性に関する見方を広げて、常に進歩し、
自己実現に向けて歩む必要がある。

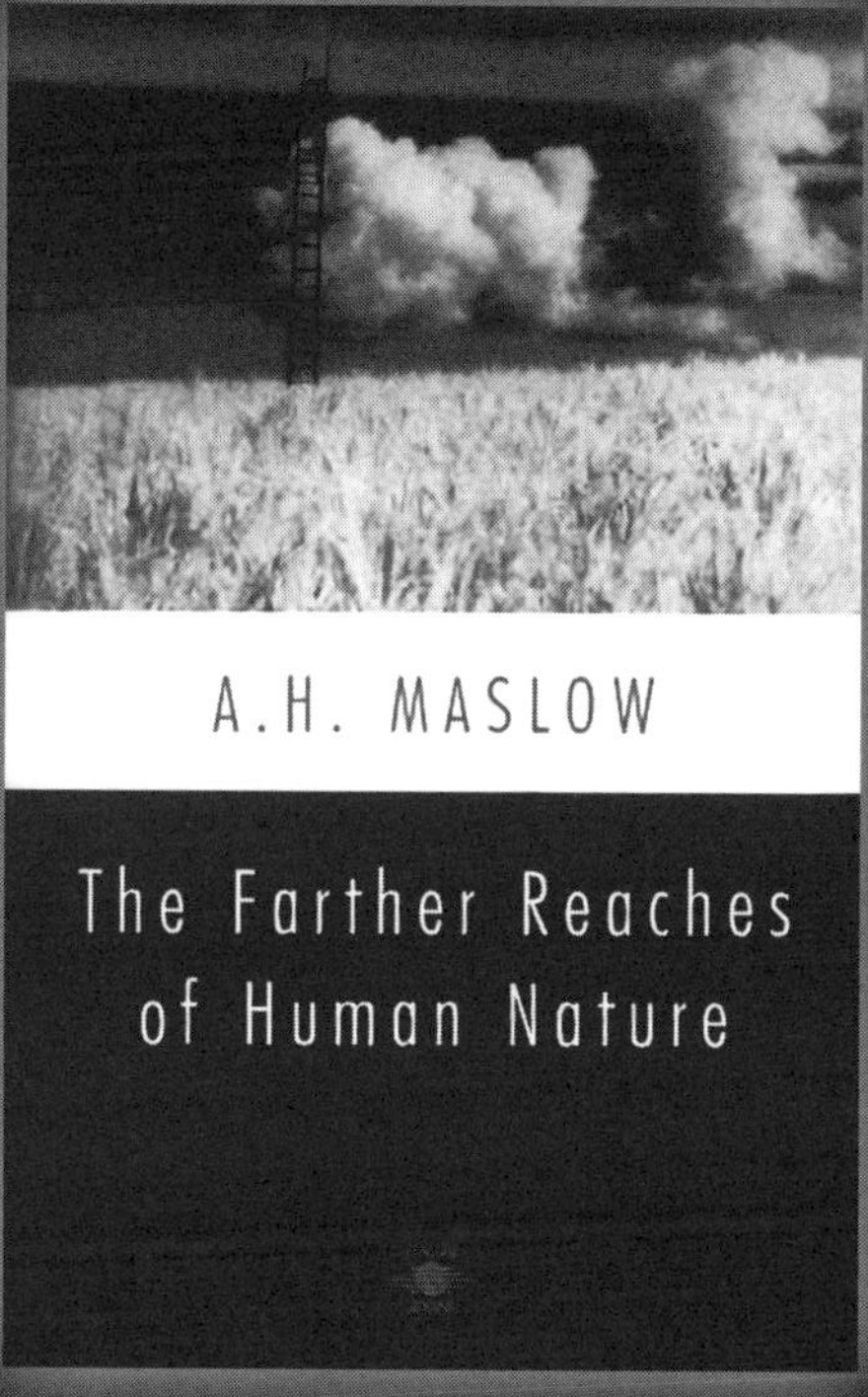

邦訳
『人間性の最高価値』
誠信書房　上田吉一 訳

自己実現する被験者として選ばれた人びと、その基準に合致する人びとは、次のような小さな形で、それを稼ぐのである。彼らは、自分自身の声に耳を傾ける。責任をもつ。正直である。そして、一生懸命働く。彼らは、生涯の使命によってのみならず、かくかくの靴をはいた時に足を痛めたとか、ナスが好きだとか嫌いだとか、もしくは、ビールを飲みすぎて一晩中眠れなかった、とかいう場合においてもまた、自分が誰であり、何ものであるのかを見つけ出す。彼らは、どうすることもできない、変えることの難しい、自分の生物学的本性や生まれつきの性質を発見するのである。

「自己実現」という用語をつくったのは心理学者のカート・ゴールドシュタインだが、その概念を有名にしたのはアブラハム・マズローである。「完全な人間性」を実現した人間、つまり、精神の健康と、仕事に没頭する非常に印象的な姿勢を兼ね備えた人間をあらわす言葉だ。

　このような人間がもっと大勢いれば世界は変わる、とマズローは論じている。自己実現する人間が生まれやすい社会を築き上げる努力をする

Abraham Maslow

アブラハム・マズロー

　一九〇八年、ニューヨーク市ブルックリンのスラム街で生まれる。

　ニューヨーク市立大学で法律を学んでいたが、一九二八年、ウィスコンシン大学に転校。心理学の研究に興味を持ち、霊長類の研究者ハリー・ハーロウ（489ページ参照）の指導を受ける。同年、いとこのバーサ・グッドマンと結婚。

　一九三四年、心理学博士号を取得するとニューヨークに戻り、コロンビア大学でエドワード・ソーンダイクと女子大生の性生活に関する共同研究を行って論議を呼ぶ。コロンビア大学ではアルフレッド・アドラー（377ページ参照）の指導も受ける。

　その後、ブルックリンカレッジに職を得て、以後一四年間教鞭をとる。この当時影響を受けた学者には、心理学者のエーリッヒ・フロムやカレン・

べきだというのである。

マズロー以前の心理学は二つの陣営に分かれていた。一つは、証明されない限り、どんな説も無効だという立場の「科学的な」行動主義者や実証主義者のグループ。もう一つはフロイト派の精神分析を支持するグループだ。

マズローは「第三勢力」である人間性心理学（ヒューマニスティック心理学）の創始者だ。人間性心理学では、人間は「環境に反応して」動く機械でも、潜在意識の意のままに動く手先でもなく、自己を取り戻して創造力や自由意志を持ち、潜在能力を発揮したいと思うようになるのである。

また、「至高体験」（あらゆるものに意味を見出し、自己が統合されて世界との間に一体感を持つ超越的瞬間）に関する彼の研究は、トランスパーソナル心理学の基盤をつくるのに一役買った。この「第四勢力」の心理学は、宗教的体験や神秘体験の研究にしっかりとした科学的枠組みを与えたため、一九六〇年代のアメリカ西海岸の文化的環境の中で、マズローの名は広く世に知られるようになった。

彼の死後に出版された『人間性の最高価値』は、まとまった一つの作品ではなく、論文集である。特に前半は示唆に富み、この冒険好きな心理学者の思想がわかりやすく説明されている。

ホーナイ（329ページ参照）、人類学者のマーガレット・ミードといったヨーロッパからの亡命者もいた。

一九四一年、『Principles of Abnormal Psychology（異常心理学の原理）』を出版。一九四三年、「サイコロジカル・レビュー」誌に発表された有名な学術論文『A Theory of Human Motivation（モチベーションの理論）』で、欲求段階説が初めて紹介される。

一九五一年から一九六九年までブランダイス大学で心理学部長として勤務。『人間性の心理学』（産業能率大学出版部）や『完全なる人間』（誠信書房）はこの時期の著作。

一九六二年、カリフォルニア州のハイテク企業の客員研究員になったことで、自己実現理論をビジネスの世界に適用するようになる。

一九六八年、アメリカ心理学会の会長に選ばれる。一九七〇年に死去。

マズローの「欲求段階説」

自己実現する人間に関するマズローの研究は、二人の師への称賛の気持ちから始まった。その二人とは、人類学者のルース・ベネディクトと心理学者のマックス・ウェルトハイマーだ。完璧ではないにしろ、彼らにはあらゆる面で十分進化した人間だと思わせるところがあった。マズローは、この種の人間を一般化できると考えてわくわくした、と書いている。

このような人間は他の者とどこが違うのか？　第一に、彼らは自分以外の何か大きなもの、つまり天職に打ち込んでいる。真善美や無邪気など、マズローが「存在（being）価値」と呼ぶものに一生を捧げている。

しかし、この「存在価値」は、単に自己実現する人間が思い焦がれるだけのすばらしい特質ではなく、絶対満たされなければならない要求だという。「ある程度限定した経験主義的な言い方で」マズローはこう述べている。

> 人間にとって、醜よりも美に生きることが必要なのは、空腹なときに食事をとり、疲れたときに休養をとる必要があるのと同じだ。

人間にとって飲食や睡眠が不可欠なのは当たり前だが、いったんこのような基本的欲求が満たされれば、高次の存在価値にかかわる「メタ欲求」が生じ、これもまた満たされなければ気がすまなくなるのだという。マズローのこの有名な「欲求の階層（ヒエラルキー）」は、空気や水などの生理的欲求から始まり、霊的・精神的充足感に対する欲求で終わる。

心理学的な問題はほとんど「魂の病気」から生じ、その病気の代表的なものが、意味の喪失やこの高次の欲求が満たされないことにまつわる不安である、とマズローは考えていた。ほとんどの人はこういう欲求を意識もしないが、完全な人間になるには、どうしてもこれを満足させる必要があるのだ。

自己実現の方法

マズローは自己実現の概念をわかりやすいものにするために、具体的にそれが何を意味しているか、日々どういう行動をとればいいのかを熱心に説明している。それによれば、自己実現は宗教の悟りのような「すばらしい一瞬」とは違い、以下の方法で経験できるという。

◆全面的に没頭する経験を持つこと。自己防衛も気取りも恥じらいも忘れるほど何かに打ち込むこと。このような瞬間に「幼い頃の純真さ」を取り戻す。
◆人生は選択の連続であり、人間的に成長するか退化するかはその選択次第だと認識すること。
◆自己の存在を意識し、親や社会の声ではなく、自らの声に耳を傾けること。
◆正直に生きることを心に誓い、自分の思考や感情に対して責任を持つこと。たとえ評判を落とす結果になっても、嫌なものは嫌だとはっきり言うこと。
◆意欲的に仕事に励み、能力を最大限に活用すること。どんな分野の仕事でも、最高のレベルをめざすこと。

◆自分の心理的防衛を見極め、それを放棄しようと努めること。

◆なるべく他人のいい面を見るように心がけること。つまり「永遠の様相の下に」人間を見ること。

自己実現した健康的、創造的な人間だけを研究して何の意味があるのか？　当然ながら、マズローはこのような疑問に対して「人間に対する見方が変わる」と答えている。

現在では、自己実現する人間に焦点を当てたマズローの考え方からどれほど大きな変革がもたらされたかは想像しにくいが、それがもともと心の病を専門にする医療パラダイムの中で起こったという事実を忘れてはならない。心理学が焦点を当てるべきなのは、むしろ「完全な人間性」だ、と彼は感じていた。

この観点から見れば、神経症患者は単に「まだ十分自己実現していない」人間にすぎないということになる。これは解釈の違いのように思われるが、実は心理学に根本的な変更を迫る考え方だった。

平凡が一番――ヨナ・コンプレックス

誰しも限りない潜在的可能性を持って生まれながら、ごく限られた者しかその可能性を実現できないのはなぜなのか？

マズローは、「ヨナ・コンプレックス」と彼が呼ぶ現象が原因の一つだと指摘する。ヨナとは聖書に出てくる人物で、神の重大な命令に逆らおうとした（神の予言を敵国に伝えに行くのが嫌で、船に乗って反対の方向に逃げ出した）臆病な商人である。その名を借りたヨナ・コンプレックスとは、「自己の偉大さを恐れる心」、あるいは運命や天職（召命）からの逃避を意味する。

マズローはこう述べている。われわれは最悪のものと同様に最上のものも恐れている。おそらく、生涯の使命を果たす勇気がなく、生活のために一連の仕事に甘んじている。自分の潜在可能性を垣間見る最高の瞬間は誰にでも訪れ、そのとき自分が偉大だと確信する。「しかしそれと同時に、まったく同じ可能性を前にして、弱気や畏敬の念や恐怖心に襲われてビクビクする」と。

マズローは学生たちによく次のような質問をした。「きみたちの中で大統領になりたいと思っている者はいるか？　誰かアルベルト・シュバイツァーのような聖人になりたい者は？」

こう質問されると、たいてい学生たちはもじもじしたり顔を赤らめたりする。そこでマズローは「きみたちがならなければ、いったい誰がなるんだ」と尋ね、さらに、この心理学者志望の学生たちに向かってこう訴える。

「平凡な心理学者になるために勉強して何の得がある。ほどほどの能力を発揮するだけで満足していたら、まったく不幸な一生を送るはめになる。きみたちは自分の能力や可能性から逃避しようとしている」

マズローはニーチェの永劫回帰の法則という考え方に触れている。つまり、映画『恋はデジャ・ブ』のように、われわれは永遠に人生を繰り返さなければならない。この法則を念頭に置いて生きるなら、本当に大切なことしかできないはずだというのである。

偉ぶっているだの欲張りだのと思われるのが心配で、大きな可能性を追求しようとしない人もいる。だが、これも単なる逃避の言い訳になりかねない。自分の力を試そうとせず、わざと謙虚にふるまい、目標を低く設定するのだ。

非凡な人間になる可能性が生じると、平凡な人間は怖じ気づく場合が多い。世間の注目を浴びることを不意に意識するからだ。ヨナ・コンプレックスには、自分を見失う恐怖、それまでとはまったく違う自分になるのではないかという不安も含まれているという。

マズローはこう忠告している。われわれは壮大な目標と地に足の着いた現実生活とのバランスをとる必要がある。大半の人はどちらかに偏っているが、首尾よく自己実現した人間を研究すれば、両方がほどよく混ざり合っているのがわかる。つまり、そういう人間は高い目標を掲げながらも、現実に根を下ろした生き方をしているのだ、と。

「無邪気」さがビジネスを発展させる

アカデミックな心理学の世界にいたマズローにとって、一九六〇年代に大企業から相談を受けたのは予想外の出来事だった。製品開発競争が激しさを増す時代には、従業員の創造性と能力を発揮しやすい職場環境をつくれば生産性も上がるのではないか、と企業の経営陣は感じていたのだ。

マズローは「ユーサイキア」について書いたことがあった。ユーサイキアとは、「邪魔が入らないように遮蔽されたある島で、自己実現をめざす一〇〇〇人の人間が生み出す文化」である。これは一種のユートピア社会だが、マズローは企業に、ユーサイキア的経営によって現実の問題を解決するように提案した。そうすれば職場のすべての従業員が精神の健康と充足感を得られると考えたのだ。

この本の四分の一以上は、創造性に関する問題に当てられている。というのも、創造性が「自己実現する人間」という概念の中心要素になっているからだ。マズローは創造性を二つに分けて考えていた。一つは、インスピレーションが閃き、つくる前に完成品の姿が「目に浮かぶ」ような一次的創造性、もう一つは、インスピレーションを練り上げ発展させて、最後に完成させる二次的創造性だ。

マズローによれば、世の中はかつてないほど急激に変化しているので、従来どおりのやり方では事がうまく運ばない。最も優れた人間は過去のやり方を躊躇なく放棄し、さっさと現在の問題を検討しようとする。彼が「無邪気」と呼ぶこのような特徴は、自己実現した人間に共通しているという。この特質について、彼はこう書いている。

> 最も成熟した人間は、誰よりも楽しむことができる。彼らは意のままに退行できる人間であり、子どもの気持ちになって子どもと遊び、親しくなれる人間である。

組織の中では、因習にとらわれない人間かトラブルメーカーにこの種の人間が多い、とはっきり認識していたマズローは、このような従業員を大事にして何らかの形で活躍の場を与えるべきだ、と企業に対して率直に助言した。

組織は本来保守的なものだが、生き残り、繁栄するためには、現実離れした創造的な思考も必要になる。それによって優れた新製品や新たなコンセプトに対する必要性を先読みし、またそれを生み出せるからだ。自己実現した人間の創造性（まったく新しいものを創造するための子どものようなインスピレーションと、ビジョンをねばり強く実現する成熟した人間性）が反映されるような職場が理想的だという。

心をより理解するために――

多くの先駆者たちと同様、マズローも自分の研究の方法論に少しも確信が持てなかった（「信頼度の低い知識もまた知識の一部である」と書いている）が、彼の見解は心理学に新風を吹き込んだ。ヘンリー・ガイガーがこの本の緒言で指摘しているように、マズローの著作は学問的に高い評価を受けたばかりか、一般読者の人気を得て非常によく売れた。

多くの読者に受けたのは、自己実現が非現実的な概念ではなく、ほとんど誰でも達成できる目標だと説明されていたからだ。自己実現は「聖人君子」や歴史上の重要人物だけの特権ではなく、人間の生得権なのである。

したがって、マズローの考え方がビジネスの世界に応用されてきたのも驚くにはあたらない。自己実現理論に触発されれば、何より生きがいのある仕事をしようと常に意欲を燃やすようになるし、ヨナ・コンプレックスを念頭に置けば、潜在能力を発揮して物事を大きな観点から考えなければならないという気持ちになるからだ。

35

1974

服従の心理
―アイヒマン実験

スタンレー・ミルグラム

人間の特性を理解すれば、
良心に反する命令に
盲目的に従う可能性は低くなる。

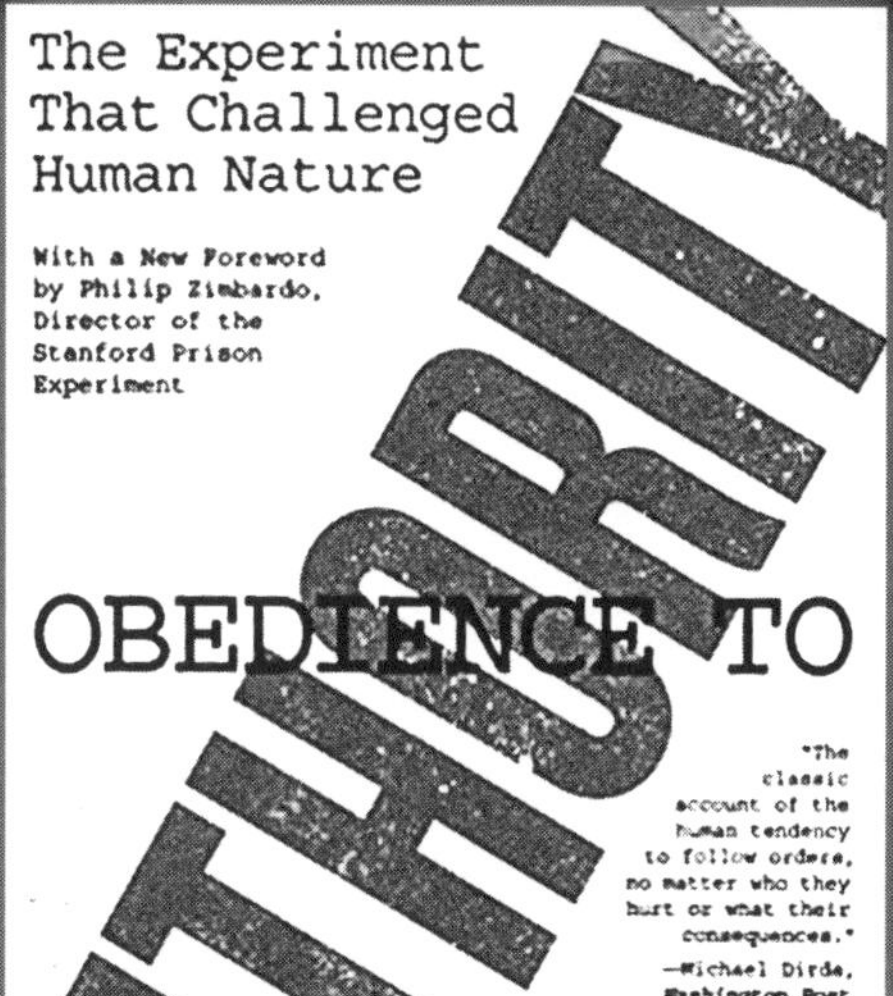

邦訳
『服従の心理』
河出書房新社　岸田秀 訳

ガス室が建てられ、死のキャンプを見張りが監視し、品物を製造するときと同じように能率的に、毎日の割当て数の死体が生産された。この非人間的な政策は一人の人間の頭から出たものかもしれないが、非常に多くの人たちが命令に従ったからこそ、大規模に施行することができたのである。

❀

人間は他の人々に腹を立て、憎々しげにふるまい、怒りを爆発させることがある。しかし、ここではそうではなかった。はるかにもっと危険な何ものかが暴露された。人間性を捨て得る人間の可能性、人間が大きな制度的構造のなかに自分のユニークな人格を没入させたときには必ずそうなる不可避性である。

❀

一九六一年から六二年にかけて、イェール大学である一連の実験が行われた。「記憶と学習の研究」という名目で募集された志願者たちがわず

Stanley Milgram

スタンレー・ミルグラム

一九三三年、ニューヨーク生まれ。一九五〇年、高校卒業後クイーンズカレッジに入学。一九五四年、政治学で学士号を取得する。

その後、心理学に関心が移り、夏期心理学講座を受講してハーバード大学の博士課程に進む。著名な社会心理学者ゴードン・オールポートの指導を受け、同調の心理に関する研究で博士号を取得。有名な同調実験を行ったプリンストン大学のソロモン・アッシュと共同研究を行う。

他の研究では、公共交通機関で席を譲る心理、ネットワークの拡大を説明する「六次の隔たり」の概念、攻撃性とノンバーバル（非言語的）・コミュニケーションなどが知られている。イェール大学での「Obedience（服従の心理）」実験や、都市生活が人間の行動に及ぼす影響に関する「The City

かな報酬で参加し、白衣の実験者が一人で二人の志願者を担当した。そのうちの一人は「先生」役、もう一人は「生徒」役だった。

「生徒」は椅子にひもで縛りつけられ、二語ずつ組になった単語のリストを記憶するように指示される。実験者は、「生徒」が単語を思い出せなければ軽い電気ショックを与えるように「先生」に命令する。答えを間違えるたびに電圧が上がり、はじめはブツブツと不満をもらす程度だった「生徒」が、やがて苦悶の金切り声を上げるようになる。「先生」はその様子をじっと見ていなければならない。

実は、「先生」役は事情を知らされていなかった。送電器と椅子の間に電流は流れていなかったし、「生徒」役の志願者も、役者が電気ショックを受けて苦しむ芝居をしていただけだった。実験の真の対象は「被害者」ではなく、送電器のボタンを押す「先生」役だったのだ。彼らが無防備な人間にだんだん激しい苦痛を与えなければならない状況にどう反応するかを知るのが目的だったのである。

本書に記録された実験は、心理学実験の中でも飛び抜けて有名なものだ。では、実際に何が起きたのだろうか？　なぜこの実験の結果が重要なのか？

and the Self（都市と自我）」など、記録映画も製作している。トーマス・ブラスによるミルグラムの伝記『The Man Who Shocked the World: The Life and Legacy of Stanley Milgram（世界を震撼させた男—スタンレー・ミルグラムの生涯と伝説）』も出ている。

一九八四年、ニューヨークで死去。

衝撃の事実

しょせん、実験にすぎないのだから、電気ショックを受けた人が本当に苦痛を感じているとわかった時点で実験は中止になる、とほとんどの人は思うだろう。実際の実験とは別にミルグラムが行った予想調査でもそういう結果が出ていた。このような状況に置かれた被験者の反応をさまざまな人々に予想してもらったところ、生徒役がやめてくれと言えば、先生役の被験者はそれ以上電気ショックを与えないだろう、と考える人が大半を占めていたのだ。ミルグラム自身も完全にそう思っていた。

ところが、現実には何が起きたか？

ほとんどの場合、先生役の被験者は実験に対して非常にストレスを感じ、これ以上生徒に苦痛を与える必要はないと実験者に抗議した。当然、その後で実験を打ち切るように要求してもよかったはずだ。しかし、現実にはめったにそういう要求は出なかった。

ためらう様子を見せながらも、被験者のほとんどは実験者の命令に従い続け、徐々に電気ショックのレベルを上げていった。ミルグラムによれば、「かなりの割合の者が、送電器の最高レベルまで実験を続けた」。生徒の叫び声が耳に入ろうと、もうやめてくれと嘆願されようと、彼らはやめなかったのである。

やましい心との闘い

長年、ミルグラムの実験は物議を醸してきた。世間は、ふつうの人間がこんな行為をするとはなかなか認めようとしないものだ。これまで多くの科学者が方法論の穴を見つけようとしたが、世界中で行われた追試でも同様の結果が得られたにすぎなかった。ミルグラムが言うように、その結果は世間をあっと言わせるものだった。

「志願者はみなサディスト的な人でなしだったのだ」という一般的な批判に対して、ミルグラムはこう念を押している。彼らは社会階層も職業もばらばらの正常な人たちであり、実験では異常な状況に置かれていたのだ、と。

「ショック」を与える側の被験者は、なぜやましさを感じて実験から降りなかったのか？　被験者の大半は自分の行動が正しくないと自覚していた、とミルグラムは気遣っている。とりわけ、被害者の訴えを無視してショックを与えるときは嫌な気分だったらしい。

しかし、残忍で無意味だと思いながらも、彼らは実験から手を引くことはできなかった。それどころか、緊張緩和のための心理的メカニズム（コーピング）の働きによって、自分の行為を正当化したのである。それは、以下のようなものだ。

◆実験の技術的側面だけに意識を集中する――仕事をうまくやり遂げたいという欲求が強まり、被験者の幸福より、実験とそれを成功させることに重きを置くようになった。

◆実験に対する道義的責任を指導者に転嫁する――どの戦争犯罪の裁判でもおなじみの「命令に従っただけだ」という弁明をする。被験者の道徳観念や良心は消滅するわけではなく、上司や指導者を満足させたいという願望に姿を変える。

◆壮大な大義を実現するために、自分の行動が求められていると意識的に信じる――過去には宗教や政治的イデオロギーを大義名分にして戦争が起きたが、この実験の場合の大義名分は科学である。

◆電気ショックを受ける人間を軽く見る――「二語ずつ組になった単語を覚えられないほどまぬけなら、罰を受けてもしかたがない」と考える。このような頭脳や性格に対する攻撃は、独裁者が人間の集団をそっくり排除させるときによく使う手だ。「大して価値のない連中だから、抹殺されてもどうってことはない。むしろ、いないほうが世の中のためになる」という理屈である。

命令に逆らえなくなる心理

おそらく次のようなミルグラムの見解に、この実験の最も驚くべき結果が示されている。

被験者の道徳観念は失われたわけではない。自分が痛めつけている相手ではなく、自分に命令を下す者に対して義務を感じ、忠節を尽くすように方向を変えられたのだ。

被験者がこの状況から抜け出せなかったのは、（驚くべきことに）実験者の要請に逆らえば礼を失することになりかねないと心配したからだった。実験に同意した以上、途中で抜ければ平気で約束を破るような人間だと思われてしまうと感じたのだ。

どうやら、権威者を喜ばせたいという気持ちのほうが、道義心に訴えるような生徒役の叫び声に勝ったらしい。エスカレートする実験に被験者が異議を唱えることはあったものの、たいていはきわめて礼儀正しい言葉でほのめかす程度だった。ミルグラムはある被験者について、「人を殺そうとしているくせに、まるでお茶の会のような話し方をする」と述べている。

権威に従う「代理人」

なぜわれわれはこのような反応をするのか？　ミルグラムは、権威に服従する性質が人間に備わったのは単に生き残るためだった、と述べている。

物事を成し遂げるには、指導者と追随者、それにヒエラルキーの存在が不可欠であり、そもそも社会的な動物である人間は、波風を立てることを好まない。どうやら、われわれは無防備な他人に危害を加えるときの良心の呵責よりも、集団の中で孤立するほうが怖いらしい。

われわれはたいてい幼い頃から、必要以上に他人を傷つけるのはよくないと教え込まれるが、他人にあれこれ指図されながら成年に達するので、権威に従うのが当たり前だと思うようになる。ミルグラムの実験で、被験者はまさにこのジレンマに陥ったのである。

他人に危害を加えないという意味で「良い人間」であるべきか？　それとも、指示を守るという意味で「良い人間」であるべきか？　ほとんどの被験者が後者を選んだことから、生まれつき人間の脳は、何よりも権威を受け入れやすい仕組みになっていると考えられる。

他人に害を与えたくないという生来の欲求は、ヒエラルキー構造に組み込まれると劇的な変化を遂げる。われわれは、自分の行為の責任はすべて自分で引き受ける自律的な人間のつもりでいるが、いったん組織やヒエラルキーの中に入れば、喜んでその責任を他の人間に譲り渡す。自分を捨てて、他の人間や物事の「代理人」になるのだ。

簡単に人を殺すようになる心理

ミルグラムはアドルフ・アイヒマンに関する話に影響を受けたという。ヒトラーの命令で六〇〇万人ものユダヤ人が強制収容所で殺害されたが、その指揮をとった人物がアイヒマンだ。ハンナ・アーレントはその著書『イェルサレムのアイヒマン』（みすず書房）の中で、アイヒマンはサイコパスではなく、従順な官僚だったと主張している。ただ、現実の死の収容所から遠く離れていたので、高邁な目的の名の下に残虐行為を命じることができたのだ、と。

ミルグラムの実験は、「悪の陳腐さ」というアーレントの考え方を裏付けるものになった。すなわち、人間は生来残酷なのではなく、権威者の求めに応じて残酷になるということだ。研究から得られた最も重要な教訓をミルグラムは次のように記している。

> 自分の仕事をしているだけで、特別な敵意を何らもっていない普通の人が、恐るべき破壊活動の一翼を担い得るのである。

『服従の心理』を読んで心理的苦痛を感じる読者もいるだろう。特に、ベトナム戦争のソンミ村虐殺事件にかかわった兵士のインタビュー記録を読むときは、つらい気持ちになるはずだ。

生まれつきのサイコパス、あるいは「悪」は存在するが、統計上はまれであり、むしろ警戒すべきはふつうの人間だ、とミルグラムは断定している。そのときの状況によっては、ふつうの人間が（女性の被験者もいたが、服従の度合いに関しては男性とほとんど差がなかった）、罪悪感も抱かず他人に残忍な仕打ちをする可能性がある、というのだ。

ミルグラムは、これが軍事訓練の目的だと言う。訓練を受ける兵士は一般社会とその倫理観から隔離された環境に置かれ、ひたすら「敵」について考えるように強いられる。そして、「任務」を愛する心、大義のために戦うのだという信念、命令に背くことの恐ろしさなどを徐々に教え込まれる。

表向きの目的は、新兵に軍事技術をたたき込むことだが、根本的な目的は、個性や自我の残りをことごとく破壊することである。

訓練兵は大義の代理人に仕立てられ、自由にものを考えられなくなるため、残虐行為に走りやすい。他の人間を人間と思わなくなるから、「付随的損害（巻き添え被害）」が生じ、民間人が犠牲になるのである。

理不尽な権威に逆らうには

では、権威に反抗する者がほかには誰一人いないのに、反抗できる人がいるのはなぜか？権威に逆らうのは容易ではない。ミルグラムの実験では、実験と実験者に忠誠を誓う被験者がほとんどだったのに対し、気持ちを変えて、権力組織よりも椅子に座って苦しんでいる人間のほうが大切だ、と考えることができた者はごくわずかしかいなかった。

ミルグラムによれば、相手が苦しがっていると実験者に抗議する（ほぼ全員がそうした）被験者と、実験の続行を実際に拒絶する被験者には大きな違いがある。倫理的、道徳的な理由で権威に背く少数の者だけが、本当に拒絶できるのだという。そういう人間は、服従せざるを得ない状況に置かれても個人的な信念を曲げないのに対して、ほとんどの人間は状況に屈するのだ。そこに、自分の命を危険にさらしてまで他人を救おうとする英雄と、アイヒマンのような人物との違いがある。

われわれは文化を通して権威に従うすべは学んだが、人道に背く権威者に反抗するすべは学んでいない、とミルグラムは述べている。

心をより理解するために──

本書を読むと、人間性を楽観視できる材料はほとんどないように思える。何千年もの間、明確な社会的ヒエラルキーの中で生きてきたため、人間の脳には、「上」の者に従いたくなる神経経路ができているのだ。

そうはいっても、悪事に手を染めるような状況に巻き込まれたくなければ、このぬぐいがたい傾向を自覚するほかない。

どんなイデオロギーにしろ、従順な人々がそれを名目にした行動を強いられる例は枚挙にいとまがないが、ミルグラムの実験では、被験者が恐れ敬ったイデオロギーは、宗教でも、共産主義やカリスマ的な支配者でもなかった。ちょうど神の名の下にスペインの異端審問官が行ったように、人間は科学の名の下にも残忍な行為ができるらしい。自分の身を任せられるほどの「大義」の下にいれば、他人を苦しめてもある程度正当化されるのは当然だと思えるのだ。

服従しなければならないという気持ちによって、それまでの教育や当たり前と思っていた思いやり、倫理観、道徳的規範などが無視される場合が往々にしてあるが、それはとりもなおさず、人間が大事にしてきた自由意志という概念が神話であるということを示している。

一方で、何とか命令を拒み、途中で実験から手を引いた被験者に関する報告を読めば、同じ状況に置かれたときの自分の行動に希望が持てるはずだ。権威に対する盲従も人間の遺産の一部だろうが、他人を害するようなイデオロギーを排除し、進んで組織より個人を重んじるのもまた人間の特徴なのである。

ミルグラムの実験がこれほど知られるようになったのは、もともと科学論文である『服従の心理』が人の心をつかんで離さない読み物になっているからだ。人間の心理に興味がある読者にとって、この本は必読書である。ルワンダのジェノサイド、ボスニア・ヘルツェゴビナでの大虐殺、それにイラクのアブ・グレイブ刑務所での人間の尊厳を踏みにじる出来事がなぜ起こったかは、すべてこの実験で得られた洞察によって理解できるし、一部は論理的に証明できるのである。

36

1927

大脳半球の働きについて
—条件反射学

イワン・パブロフ

ものの考え方が条件づけられているという点で、われわれは自分で思うほど自律的な存在ではない。

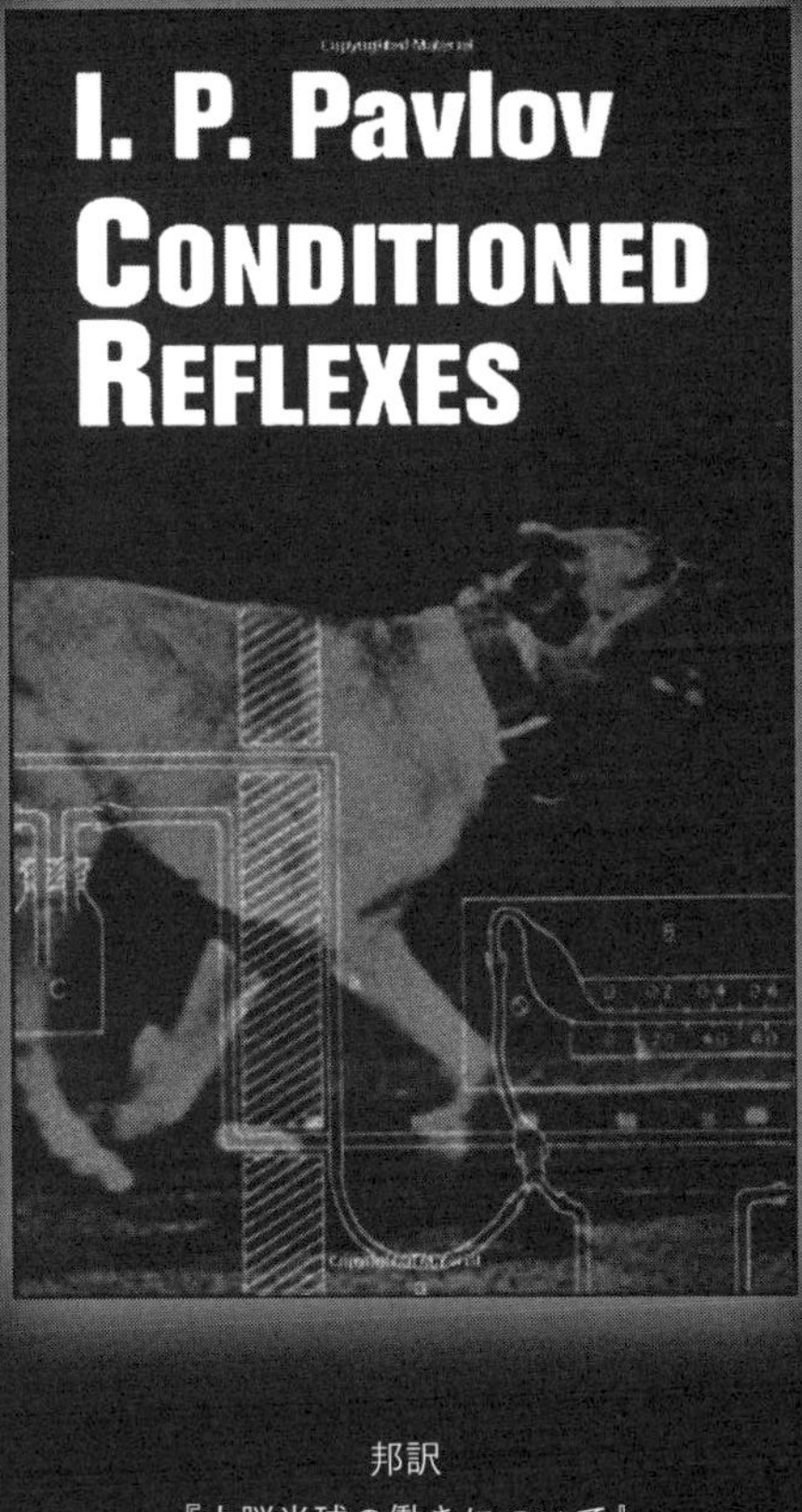

邦訳
『大脳半球の働きについて』
岩波書店　川村浩 訳

条件反射という事実はもっとも日常的に広く行なわれている事実である。これは明らかにわれわれが人間でも動物についても仕込む訓練、教育、習慣といったいろいろな名前をつけて認めていることである。これらはみな個体生活のあいだに一定の外部の要因と一定の応答活動のあいだに形成された結合ではないだろうか。

❀

パブロフの犬の有名な実験の話は、おそらく誰でも聞いたことがあるだろう。だが、パブロフとはいったい何者だったのか？　心理学にどんな貢献をしたのだろうか？

一八四九年、ロシア中央部で生まれたパブロフは、父親の後を継いで東方正教会の司祭になるはずだった。ところが、ダーウィンを読んで触発され、地元の神学校を退学して化学と物理学を学ぶためにサンクト・ペテルブルクに出る。

大学では生理学に夢中になって著名な教授たちのもとで研鑽を積み、やがて専門の消化と神経系に関する研究で名を上げる。生理学者のパブロフは、心理学という新しい科学を高く評価していなかった。しかし、

Ivan Pavlov

イワン・パブロフ

一八四九年、ロシア中央部のリャザンで生まれる。父親は村の司祭で、パブロフを筆頭に一一人の子どもがいた。ペテルブルク大学時代に膵臓の神経に関する研究で称賛を浴びる。

一八七五年に学位を取得して卒業した後、内科外科医学校に編入し勉学を続ける。そこで特別研究員として勤務し、後に生理学教授にも就任。学位論文は「心臓の遠心性神経」だった。

一八九〇年、サンクト・ペテルブルクの実験医学研究所に生理学部を設立。ここで若い科学者を主体とした大規模な研究チームを率い、消化や条件反射に関する研究の大半を行った。

ロシア科学アカデミー会員をはじめ数々の栄誉に輝き、一九〇四年にノーベル生理学・医学賞、一九一五年には

「条件づけ」、つまり環境に反応するために動物（人間を含む）が新しい反射を形成する仕組みについて洞察を得られたのは、その心理学のおかげだった。

『大脳半球の働きについて―条件反射学』はロシア語からの翻訳であり、一九二四年にサンクト・ペテルブルクの軍医学校でパブロフが初めて行った連続講義をもとにしたものだ。では、実際にパブロフは何を発見したのか？　また、その発見が人間の心理にどう関係するのだろうか？

フランスの最高勲位レジオンドヌール勲章を授与されている。

一八八一年、教師のセラフィーマ（サーラ）・ワシリエーヴナ・カルチェフスカヤと結婚。夭折した長男を除く四人の子どもが無事に成人し、そのうちの一人が物理学者になった。

一九三六年に八十六歳で死去するまで、研究室で研究を続けていた。

動物を「機械」と評したデカルト

パブロフは本書の冒頭で、当時は脳に関する知識が乏しかったと打ち明け、脳がもっぱら心理学の研究対象になっていたことを残念がっている。物理化学的観点から事実を追究する生理学者が当然取り組むべきだったというのである。

パブロフは、三〇〇年前に動物を「機械」と評した哲学者ルネ・デカルトを称えている。動物は環境と一定の釣り合いをとるために、外的刺激に従って予測可能な反応をする、とデカルトは考えていた。

このような反応は、神経系の働きによって一定の神経経路で生じる。この反射作用の一つが唾液の分泌であり、パブロフがはじめに調べたのは犬の消化腺の働きだった。彼はいろいろと条件を変えて、食物に反応して出る唾液の違いを化学的に分析しようとした。

ところが、初期の実験で不思議な現象が起こった。犬の唾液反射には心理的要素が関係していたのである。というのは、犬は餌にありつけそうだと思っただけでよだれを流し始めたからだ。デカルトが考えたような機械的な反応は、実際にはそう単純なものではなかったのだ。パブロフはこれをさらに深く追究しようと思った。

食物がなくても唾液は出る

パブロフは試しにさまざまな刺激を犬に与えて、ただの機械的反射でないとすれば、何が唾液の分泌を促す本当の原因なのかを突きとめようと考える。そこで実験の結果をリアルタイムで確認するためにちょっとした手術を施し、犬の頬に穴を開けて外側に設置した袋に流れ込む唾液量を測定できるようにした。

犬には多種多様の刺激が与えられた。たとえば、メトロノーム、ブザー、ベルなどの音やブクブクパチパチという音を聞かせたのをはじめ、黒い正方形を見せる、皮膚を熱で刺激する、身体のいろいろな部分を触る、ランプを点滅させるといったことも行った。どの刺激も餌をやる直前に与えられたので、次に同じ刺激を与えられると、たとえ食物が出されていなくても、犬は唾液を流すようになった。

メトロノームのリズムを刻む音を聞いただけで、目の前に餌がなくてもよだれが出るということは、メトロノームの音を聞いたときの反応と実際に餌を見たときの反応には、生理的な違いがまったくないということになる。犬にとっては、（ボウル一杯の肉よりもむしろ）メトロノームの音が餌を「意味する」ようになっていたのである。

「本能」は学習で身につけられる

パブロフによれば、環境に対する動物の反射あるいは反応には、次のような二つのタイプがある。

◆生まれつきの反射、もしくは「無条件反射」――たとえば、犬が物を食べ始めると消化を助けるために唾液が分泌されるような場合。

◆獲得された反射、もしくは無意識の学習から生まれる「条件反射」——たとえば、ベルの音が食物に「等しい」と学習した犬が、ベルの音を聞くと唾液を流し始めるような場合。

徐々に教え込めば反射は生得的な機能の一部になるという事実を発見したパブロフは、動物が本当に環境に反応する機械であるとすれば、非常に複雑な機械だと認識するようになる。

パブロフの実験によって、脳の中で最も進化した大脳皮質は、それにつながる神経経路と同様に順応性が高いという事実が明らかになった。いわゆる本能を学習で身につけることはもちろん、捨てることもできるのではないかと考えられたのは、食物を犬が嫌うものと結びつければ、反射もまた抑制あるいは消去できると実証されていたからだ。

しかしパブロフは、条件反射の形成には限界があることも報告している。時間とともに徐々に反射が消失したか、あるいは犬が反応を示そうとせず、ただ眠っている場合もあったという。これは大脳皮質が過重な労働や過激な変化に耐えられないためだ、とパブロフは考えた。どうやら犬が健康に生き延びるためには、脳の神経経路がある程度安定している必要があるらしい。

環境に応じて反射も変化する

パブロフは、環境に対する動物の反応の仕方に二つの段階があることに気がついた。まず、感覚器官を使って環境刺激の正体を解明する「神経分析」段階があり、次に、それまでの反応パターンや知識にその環境刺激が適合するかどうかを判断する「神経総合」段階に移るという。たとえば、犬は生き延びるために、あるものが自分を脅かすかどうかをすばやく見極める力がなければならない。

実験の中には犬の大脳皮質をそっくり除去して行うものもあった。この手術を施された犬は、単なる反射機械になってしまう。脳と神経系に組み込まれた無条件反射に異常はないが、環境に対して適切な反応ができないのだ。歩くことはできるものの、テーブルの脚のようなちょっとした障害物に行き当たっても、うまく対処できない。

これに対して正常な犬は、環境刺激のわずかな変化や何かなじみのないものがあれば、「探索反射」によって、耳をそばだてたり刺激物の臭いをかいだりする。たっぷり時間をかけて探索に集中し、最新の情報を集めて、環境が変化しても反射が適切に行われるようにしていると考えられるのだ。

これらの実験の結果は犬だけに当てはまるものではないということがパブロフにはわかっていた。高等な動物であればあるほど、「ますます外界と複雑にかかわり、外的状況に臨機応変に適応する」能力が高くなると彼は言う。

条件反射が生得的な無条件反射を上回ったという点を除けば、人間も犬と同じであり、「文化」や「社会」は反射を管理する複雑なシステムと理解することもできる。環境に対する最善の反応として、犬が群れやなわばりに関する高度な知恵を身につけたとすれば、人間は「文明」を創造したのである。

人間と犬はどこが似ている？

この本の最後の章で、パブロフは自分の研究を人間に当てはめている。犬と比べて人間の大脳皮質ははるかに大きいという事実を考慮して、彼は自分の研究を深読みしすぎないように慎重に論を進め、犬と人間の類似点を次のように述べている。

◆人間の教育やしつけや社会化の仕方は、犬の訓練とそれほど変わりがない。段階的に学ぶのが一番効果的な学習法だとわれわれは知っているが、犬の条件反射もやはり徐々に形成される。実験の犬と同様、人間も物事を学ぶだけでなく、意識的に忘れる必要がある。

◆実験用に防音材を使った特別な研究室を建てたのは、外部の刺激が犬の条件反射に影響を及ぼすとわかっていたからだ。人間でも、映画が上映されているところで本を読むのはむずかしいし、休暇の後やしばらく日課から遠ざかっていれば、「調子を取り戻す」のに苦労する。極度の刺激をそれまでの思考や反応パターンでうまく処理できない場合、神経症や精神病になるのは人間でも犬でも変わらない。

◆犬の反応は予測できなかった。実験室の建物がペトログラード（サンクト・ペテルブルク）名物の洪水に襲われたときには、興奮したりおびえたりする犬ばかりか、殻に閉じこもる犬までいた。人間でも、ひどい侮辱を受けるか愛する者を失った場合など、感情的にどういう反応を示すか予想がつかないのと同じである。このときの犬の反応は、人間の場合と変わらず、衝撃に対する二つの典型的な心理的反応をよくあらわしているように思われた。それは神経衰弱（疲労、引きこもり、運動不能）とヒステリー（神経症的興奮状態）である。

最後の項目でパブロフはこう言いたかったのではないか。進化の必然的な結果として、人間は大きな出来事に反応せざるを得ないが（しばらく気にとめざるを得ない）、最終的に安定した心理状態に戻るためには、自分が経験したことを受け入れる必要がある、と。難問に直面したときの「闘争─逃走反応」は、神経系の短期的な自己防衛手段だが、長期的には、ある出来事を経験したという事実が、そのうち環境と一定の釣り合いのとれた状態に戻れる保証になるのだ。

心をより理解するために──

パブロフは大脳皮質を複雑な配電盤とみなしていた。その中では細胞の塊が多種多様な反射を制御していて、新たな反射が形成される余地が常にあるだけでなく、既存の反射が変更される可能性もあると考えていた。実験した犬は確かに「機械的な」特徴を示したが、その反面、反射や反応を変えることもできた。この事実は人間にとってどういう意味があるのか？

人間はたいてい習慣に従うか文化にかなう生き方をしているが、行動パターンを変えられる動物である。条件づけの影響を受けやすいのは他の動物と変わらないものの、結局自分に不利になるとわかれば、自らの行動パターンを崩す能力も持ち合わせている。環境からのフィードバックによって、人間はそれが生存に有利な反応かどうかを見極められるようになるのだ。

パブロフの研究は行動主義心理学に多大な影響を与えた。刺激に対して予測可能な反応を示し、特定の行動をとるように条件づけられるという点で、人間は犬と大差ない、というのが行動主義の考え方である。筋金入りの行動主義者にとっては、自由意志の概念（何であれ心の中で考えたことから態度や行動が生まれるという考え方）など、根拠のない作り話でしかない。

しかし、パブロフ自身の観察結果はこの考え方と矛盾しているように思われる。たとえば、犬の反応の多くは予測できないものだったと彼は述べている。条件づけがうまくいったときでも、その反応の仕方にはそれぞれの犬の個性が出ていたという。大脳皮質の大きさを考えれば、人間のほうが環境に対してはるかに変化に富んだ反応を示すと思っても間違いはないだろう。

本書は非常に堅い科学的な文体で書かれている。いかにも実証可能な事実、道理、学問などを好んだパブロフらしく、その人柄をうかがわせるようなところもあまりないが、実際は興味深い人物であった。共産主義に批判的だったパブロフが頭角をあらわしたのは、ボルシェビキ革命の後だった。パブロフの研究は「全世界の労働者階級にとってきわめて重要」だというレーニンのお墨付きまでもらっている。

パブロフ自身が心理学に不信感を抱いていたことを考えると、その名が心理学に結びつけられるようになったのは皮肉である。測定可能な生理的反応だけに焦点を絞ったその研究姿勢は、もっぱら「心の中の衝動や願望」を研究対象にしたフロイト派とはほぼ対極にあった。しかし、心理学がより強固な科学的根拠に基づいて研究を行うようになったのは、パブロフのおかげなのである。

37

1971

自由への挑戦

B・F・スキナー

人間は環境によってつくられるが、
環境に適応し、つくり出す能力も持っている。

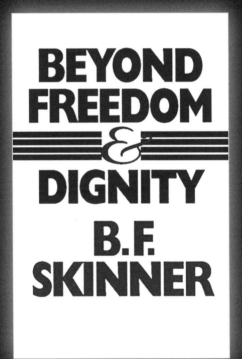

邦訳
『自由への挑戦』
番町書房　波多野進・加藤秀俊 訳

二千五百年前なら、人間は、世界のどの他の部分とも同じほど人間自身を理解していると言えたかもしれない。今日では、人間が一番わかっていないのは人間である。物理学と生物学ははるかに進歩したが、人間行動の科学の類には、これに比肩し得る進歩は何ひとつない。

スキナーほど論議の的になった心理学者も珍しい。よく知られているように、彼は、人間は動物とまったく変わらないと考えていた。心理学を学んでいた若い頃から、人間の行動が心の中の感情、思考、衝動といった「精神」の結果であると考えるのは非現実的だと反発していた。むしろ、パブロフの研究が示すように（427ページ参照）、環境と互いに影響しあう動物として人間を分析するべきだと考えたのである。

さらに、スキナーは「オペラント行動」（一定の結果を求めて環境に働きかける自発的行動）という説を主張し、パブロフの考え方を発展させる。人間はただの反射機械ではなく、自らの行動の結果に応じて行動を変える動物でもある、と彼は論じている。この哲学的な特徴から、人間は各々信じがたいほど異なっているという事実を説明できると同時に、人間は基

Burrhus Frederic Skinner

バラス・フレデリック・スキナー

一九〇四年、米国ペンシルバニア州のサスケハナという小さな鉄道町で生まれる。

ニューヨークのハミルトン・カレッジ英文学部卒業。作家になることを夢見て、しばらくグリニッチビレッジで当てもなく詩や短編小説を書きながら、自由奔放な生活を送る。その頃たまたま読んだパブロフや行動主義の創始者ジョン・B・ワトソンの著作に触発され、方針を変えてハーバード大学で心理学を学ぶ。

修士号と博士号を取得した後も、そのままハーバードで教鞭をとりながら研究に取り組む。その後、ミネソタ大学（一九三七～四五年）やインディアナ大学（一九四五～四八年／心理学部主任教授）に勤務。彼の名を有名にした実験の多くはこの時期に行われた。

一九四七年、ハーバード大学

本的に環境の生き物であるという行動主義的な立場も固守できるという。

スキナーが行動主義を代表する人物になったのは、実験に見事な手腕を振るったからでもあるが（パブロフの犬に対して、スキナーはハトを使った）、文才のおかげでもある。その技術的手腕と哲学的な大局観を得たいという欲求の不思議な相互作用の結果、研究者仲間から高く評価され、論議を呼ぶベストセラーまで書くことになったのである。

に戻ったスキナーはウィリアム・ジェームズ研究所付き講師として教鞭をとり、後にエドガー・ピアース心理学教授となる。

一九六八年にジョンソン大統領よりアメリカ国家科学賞（生物科学部門）を授与されるなど、多くの受賞歴がある。

主な著書は、『The Behavior of Organisms（生物の行動）』、『Walden II（ウォールデン2）』、『Verbal Behavior（言葉による行動）』（ノーム・チョムスキーの批判を浴びたことで有名）、『科学と人間行動』（二瓶社）、『About Behaviorism（行動主義について）』、『Particulars of My Life（スキナー自伝）』、『The Shaping of a Behaviorist（行動主義者の形成）』、『A Matter of Consequences（因果関係の問題）』など。

一九九〇年、白血病のため死去。

何が世界を変えるのか

本書が書かれたのは、人口過剰や核戦争などの問題が大きな脅威だと思われていた時代だった。人類の生存そのものが危ぶまれているときに、いったい何ができるのか、とスキナーは問う。スキナーは、テクノロジーや科学の進歩によって世界の諸問題を解決しようとするのは当然だとしながらも、人間の行動が変わらない限り、本当の解決策は得られない、と断言している。避妊具を持っていても実際に使うとは限らないし、最新の農業技術が開発されても必ず適用されるわけではない。問題を引き起こすのは人間なのである。テクノロジーをもっと有効利用する、あるいは使い勝手のいいものにするだけでは足りない。むしろ必要なのは「行動工学（人間行動に関するテクノロジー）」だという。

物理学や生物学に比べて心理学は少しも進歩していない、とスキナーは述べている。古代ギリシャの人々は、宇宙の仕組みを理解していただけでなく、何が人間を動かすのかもよく理解していた。ところが現代では、自然科学が飛躍的な進歩を遂げてきた割には、人間の自分自身に対する理解は深まっていないというのだ。

何が行動を引き起こすのか

心理学は人間の行動の動機を勘違いしているので、根本的に間違っている、とスキナーは考えた。悪霊に取りつかれると信じる人はもういないのに、心理学の基本的な考え方は昔と変わらず、人間の行動は「内在的な動因」によって決まるという立場を守っている。たとえばフロイト派は、一人の人間の行動が三つの内的要素（自我、超自我、イド）の相互作用で引き起こされると考える。

中世の錬金術師は、人間にはそれぞれ神秘的な「エッセンス」があり、それが行動を決めると信じたが、現代のわれわれは、その代わりに「人間性」と呼ばれるものの存在を信じている。その結果、世界のあらゆる問題は、つまるところ心の持ち方を変えれば片づくということになっている。たとえば、プライドを捨てる、権力欲や攻撃欲を抑える、自尊心や目的意識を持つ、といった具合に。

しかし、人間に関するこのような見方はすべて「前科学的」だとスキナーは言う。物理学や生物学が、事物や動物が「内在的な動因」によって動かされているという見方をとっくの昔に捨てたのに対し、心理学は依然として、非物理的な感情が物理的な攻撃行動を「引き起こす」と主張する。精神状態が行動を引き起こすことを前提にしているのだ。つまり、スキナーが「精神主義」と呼ぶ心理学では、行動そのものは研究の対象にされていなかったのである。

環境が行動を左右する

誰かに劇場に行った理由を尋ねて「行きたかったからだよ」という答えが返ってくると、それが行動の理由だと思うのがふつうだ。しかし、過去に劇場に行った理由、その劇に関する予備知識、観劇を決めた他の環境要因などを知れば、もっと確実な動機がわかるはずだ、とスキナーは言う。

われわれは人間を「行動を生み出す中心」とみなしているが、正確には環境との相互作用の産物であり、周りの世界が人間の行動に影響し、人間の行動がまた世界に影響を及ぼすのだという。行動の研究において、精神状態、感情、人格、目的などを知る必要はない。実際の行動の動機を理解するには、どのような状況下でその行動が起きたのかを知れば事足りる、とスキナーは指摘する。

環境は、人間がただ身勝手に行動する場ではなく、一定の行動をとるように導く。自分（自分の生存）にとって有益かどうかの判断に基づいて、人間は行動の方向を変えるのだ。

人間は自律的に行動すると考えるよりも、むしろ行動を「強化する」もの（強化因子）に従って行動すると言ったほうが真実に近い。ちょうど環境への適応性によって種が淘汰されるように、今ここにいるわれわれも、生まれてきた世界と相互に影響しあい、その世界に適応してきた結果なのである。

改善すべきは環境

この原書のタイトル『Beyond Freedom and Dignity（自由と尊厳を超えて）』は何を意味しているのか？「自由の文学」とでも言うべき文学に触発された人々が、圧制的な権力に対して反抗したケースはこれまで数多くある、とスキナーは認めている。当然この種の文献では、人間を統制し搾取するのは悪であり、統制から逃れるのは正当な行為だとされている。

しかし、スキナーは、この単純な図式ではとらえられないものを発見した。

実際、人間は意図的に多種多様の統制が存在する社会を築いてきた。その統制はあからさまな力ではなく、嫌忌（負の強化因子）か誘引（正の強化因子）に基づくものだ。

このうち、人々がたいてい比較的統制力の弱いものに快く従うのは、結局それが自分の社会的・経済的目的に沿うからだという。たとえば、仕事が嫌だと思っている人は無数にいる。それでも辞めないのは、辞めた後が怖いからだ。つまり、この場合、強制的な力ではなく、嫌忌的な条件によってコントロールされているのである。それでも、統制されていることには変わりがない。

ほとんどの人間が共同生活を営んでいる以上、共同体を維持するには、ある程度の管理が必要だ。いっそのこと、われわれは自分で思い込んでいるほど自由でもないし自律的な人間でもないと認め、従うべき統制の形態をおおっぴらに選んだほうがいいのではないか？　どういうものが一番効果的か、科学的に調べてみてはどうだろう？　これが行動主義の基本的な立場である。

スキナーによれば、社会全体の大きな目標を理解できず不適切な反応をした人間に、懲罰を与えるのは下手なやり方である。それよりも、別方向に強化刺激を与えて行動を変えたほうがいいという。目的や意図は他人の心に植えつけられないが、行動を誘導することはできるからだ。

環境の大きな影響力を考慮すれば、「人間を再設計するよりも環境を再設計する」ほうが、むしろ文化的資源をはるかに有効活用できる、とスキナーは書いている。心を変えることができない以上、行動を変えるためには環境を変えるしかないというのだ。

人間は鎖の輪の一つにすぎない

スキナーはこう強調する。われわれは莫大なエネルギーを費やして個人主義的倫理観を擁護しているが、優れた業績が生まれやすい環境づくりに専念したほうが、人類全体にもっと大きな利益をもたらすことができる、と。

彼は人類に多大な貢献をした人物の存在を否定しているわけではない。圧倒的な勢力を誇る個人主義的倫理観よりも、さらに良い結果を導くような環境をつくるほうが、優れた人物がもっと生まれやすいと考えたのだ。スキナーはこう表現している。

人々が文化を改善するという行動や意志のカギになるものがその人たちの知恵と共感であるにもかかわらず、究極の改善はその人たちを賢明にし共感を抱かせる環境に由来するのである。

「性格特性」と考えられているものは、環境によって強化されてきた行動の結果にすぎない。手短に言えば、われわれは人間を買いかぶっている、とスキナーは考えたのだ。人間が「なんと神に似ていることか！」と言うハムレットのセリフに対し、パブロフは「なんと犬に似ていることか！」と言ったらしい。

スキナーは人間を犬以上の存在と思っていたし、人間とその行動の複雑さに驚嘆していたが、一方で、科学的分析の対象となりうる点では犬と変わらないとも述べている。詩人、作家、哲学者などは、自我の指針となる内なる動機を昔から過大評価してきたが、スキナーは、「自我とは、一連のある偶然の状況（コンティンジェンシー）にふさわしい行動が蓄積されたものだ」と冷めた見方をしている。

また、良心や徳性については次のように述べている。

> 人間は、特別な性質や美徳を持っているという意味で道徳的な動物なのではない。道徳的なふるまいを促すような社会環境を築き上げてきたということだ。

人間は各々何から何まで異なっていると認めながらも、肝心な点が抜けているとスキナーは考えた。それぞれの人間は、自分が誕生するはるか以前に始まり、死後もおそらく綿々と続く過程の一段階にすぎない。この大きな流れの中で、個性について騒ぎ立てるのはばかばかしくはないか？　自分は長い鎖の輪の一つであり、遺伝的性質と環境に影響されるが、環境に影響を及ぼすこともできると考えたほうが生産的だ、とスキナーは言う。

心をより理解するために――

出版された当時、この本が非常に物議を醸したのは、個人の自由という倫理的価値観を攻撃していると思われたからだ。だが、本当にスキナーの考えはそれほど危険なものだったのか？

自由という概念はすばらしいが、文化や社会はそもそも緻密な管理システムがなければ維持できない。スキナーは、文化の進化を「自己統制しながらゴールに向かって進む大きな運動のようなもの」と表現しているが、これは個人が人生の計画を立て、確実に幸福な暮らしを続けられるようにするのと同じだ。したがって、現実には管理・統制はどうしても避けられない。

懲罰で脅すような嫌忌的なものが少なく、人々の同意が得られやすい肯定的統制が多い文化の創造は可能だ、とスキナーは主張する。実はこれが彼の有名なユートピア小説『Walden II（ウォールデン2）』の筋書きだ。

表面的には初期の共産主義のような印象を受けるが、両者には大きな開きがある。共産主義思想の根底には、人間性に対する見当違いの信頼がある。それに対し、どんな文化でも人間の現実の行動を科学的に分析する行動主義から生まれるものであれば、むなしい期待ではなく、観察可能な事実に基づいているはずだ。

スキナーの特に興味深い主張は、おそらく現代にも当てはまるだろう。彼はこう訴える。自由と尊厳を何よりも重視する文化、精神の自由といったものに関する心理学の「ロマンチックな」見方を受け入れる文化は、生き残りを最優先する文化に後れをとる恐れがある。今は「正しさ」を誇る国家でも、考え方を変えなければ将来どうなるかはわからない、と。

米国の小説家アイン・ランドのように、個人の責任、自由意志、卓越した能力などにいつも絶対的な信頼を置いてきた読者は、この本を読んで考え方が大きく変わる可能性がある。はたしてスキナーは、個人という考え方を捨てるべきだと信じていたのか？

いや、そうではない。ただ、「内なる人（精神）」が、英雄のように周囲の世界を思いのままにして目的を果たすという考え方を否定しただけである。スキナーはこう述べている。アイザック・ニュートンが虹を分析したからといって、虹の美しさが損なわれたわけではない。それと同様に、科学的に分析したからといって、人間が変わるわけではない、と。

今ではすっかり時代遅れになってしまったものの、かつてスキナーは多岐にわたる分野に多大な影響を与えた。そのうち、冷徹な研究者という世間のスキナーに対するイメージが変わり、見直される日が来るかもしれない。社会があまりに危機的状況に陥れば、人間性を基盤にしたイデオロギーや非現実的な考え方では対処できないことを見抜いていた人物として、正当な評価を受けないとも限らない。人間の運命を好転させる科学的根拠を模索したという意味において、スキナーは真の人道主義者だった。

6

Chapter6

私たちが愛する理由

38

1964

人生ゲーム入門
―人間関係の心理学

エリック・バーン

人間は「ゲーム」をする生き物である。

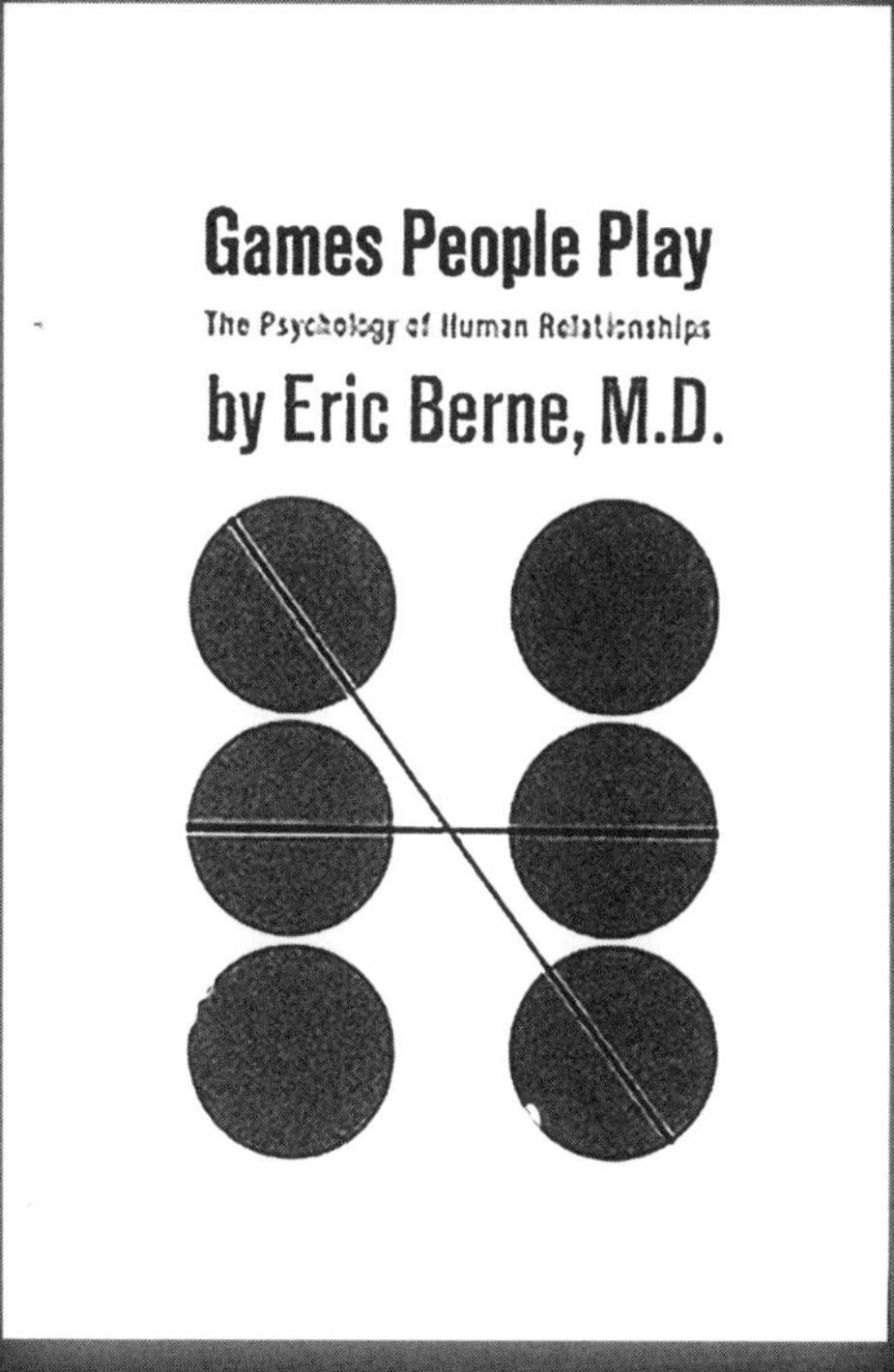

邦訳
『人生ゲーム入門』
河出書房新社　南博 訳

「ランチ・バッグ」のゲーム。高級なレストランで昼食をとる余裕を十分持っている夫が、毎朝いく切れかのサンドイッチを自分で作り、ペーパーバッグに入れてオフィスにもっていく。こうして彼は、パンの耳と夜食の残りと、妻が彼にとっておいたペーパーバッグを全部利用してしまう。このやり方で彼は、家庭経済を完全にコントロールできる。というのは、彼がこんなに自己犠牲を発揮しているのに、どうして妻がミンクのコートを買えるだろうか。

❀

一九六一年、精神科医のエリック・バーンは一冊の本を出版した。『Transactional Analysis in Psychotherapy（心理療法における交流分析）』という堅いタイトルのこの本は、新しい心理療法の基礎を築く著作となり、しばしば参照文献として引用され、かなりよく売れた。

その三年後、続編が刊行される。今度はもっとくだけた感じの本だった。人目を引くタイトル、そして人間の動機づけの中でも機知に富む愉快なものを取り上げたその内容。『人生ゲーム入門—人間関係の心理学』が前作よりも関心を集めるのは必至だった。控えめな広告と口コミだけ

Eric Berne

エリック・バーン

エリック・バーンスタイン（Eric Bernstein）はカナダのモントリオールで育った。父親は医者で、母親は作家。

一九三五年、マギル大学医学部を卒業し、イェール大学で精神分析医としての研鑽を積む。アメリカの市民権を取得し、ニューヨークのマウント・ザイオン病院に勤務。一九四三年、エリック・バーンと改名。

第二次世界大戦中は、陸軍病院の精神科医として勤務。戦後、サンフランシスコ精神分析協会のエリク・エリクソン（299ページ参照）のもとで研究を再開する。

一九四〇年代後半、カリフォルニアに居を構えた頃、精神分析に幻滅して自我状態に関する研究を始める。その後一〇年に及ぶ研究が実を結んで、交流分析が生まれることになった。国際交流分析連

で、二年後にはハードカバーで三〇万部を売り上げた。「ニューヨーク・タイムズ」のベストセラーリストにも二年間載り続けた（ノンフィクション作品としては異例）。

『人生ゲーム入門』は、単なる自己啓発でもアカデミックな心理学でもない、「ポピュラー心理学」と呼ばれる新しい心理学ブームの端緒を開くことになった。正統派の心理学者は、浅薄な大衆に迎合する本だと見下したものの、最初の五、六〇ページまではかなり学者らしい堅い文体で書かれている。第二部に入ってやっと軽快な調子になるが、ここが一番の売り物だ。

この本は現在までに五〇〇万部以上売れ、原書タイトルの「Games People Play」は英語の慣用句にもなった。

盟（ITAA）を設立し、個人で開業しながらコンサルタント業や病院勤務もこなした。

バーンの著作は多岐にわたる。「人生の脚本」という概念を考察した『What Do You Say After You Say Hello?（こんにちはの次は何と言いますか？）』はまたベストセラーになった。そのほかにも、『Layman's Guide to Psychiatry and Psychoanalysis（精神医学・精神分析学入門）』、『Structure and Dynamics of Organizations and Groups（組織と集団の構造とダイナミクス）』、『性と愛の交流分析』（金子書房）、それにバーンの死後出版された『Beyond Games and Scripts（ゲームと脚本を超えて）』などがある。一九七〇年に死去した。

人はみな「ストローク」を求めている

この本の序論で、バーンはある研究を引き合いに出し、身体的な接触を制限されると、幼児はたいてい精神的にも身体的にも回復できない欠陥をあらわすようになる、と指摘している。また他の研究にも触れ、「成人の感覚遮断は一時的な精神病を引き起こす」と書いている。子どもだけでなく大人にも身体的な接触が必要だが、それが無理な場合は、身体的な触れ合いの代わりにシンボリックな感情的「ストローク（愛撫）」を他人に求めるというのだ。たとえば映画スターなら、熱烈なファンレターを毎週山のようにもらえばストロークを得るだろうし、科学者なら学界の大御所から一度でもほめてもらえば十分だろう。

バーンはストロークを「社会行為の基本的な単位」と定義づけた。そして、このストロークの交換が「トランザクション（交流）」だ。社会的交流の原動力を説明するための「交流分析（トランザクション分析、TA）」という用語はこうして生まれたのである。

「ゲーム」という名の交流

ストロークの必要性を前提として、バーンはこう述べている。生物学的に言えば、人間はどんな社会的交流でも（たとえ、それがネガティブなものであっても）まったくないよりはましだと思っている、と。

このような親密な交流に対する欲求も、人間が「ゲーム」をする理由になっている。つまり、ゲームが本当の触れ合いの代わりになるのである。

バーンはゲームを「一定の結果を望みながら、本音を隠して一連のうわべを取り繕った交流を行うこと」と定義づけた。われわれは隠れた動機を満足させるためにゲームを行うが、ゲームをすれば決まってある恩恵が得られるというのだ。

たいていの場合、われわれはゲームをしているという意識がなく、単なるふつうの社会的交流と思っている。恩恵を得る（金儲けをする）ための戦略として本当の動機を隠して行われるゲームは、ポーカーそっくりだ。ビジネスで言えば、契約をとることが恩恵だろうが、「不動産業のゲーム」であれ「保険のゲーム」であれ「株取引のゲーム」であれ、セールスマンは一定の利益を得るために必要な駆け引きを無意識のうちに行っているのである。

では、親しい間柄ではどうだろう？　その場合の恩恵は、たいてい感情的な満足感か支配力の増大だ。

「三つの自己」を巧みに使い分ける

交流分析（トランザクション分析）は、もともとバーンが学び、実践していたフロイト派の精神分析から生まれたものだ。かつて、自分が本当は「大人の服を着た幼い子ども」だと訴える成人男性を治療したとき、バーンはいつも「今話しているのは子どもですか、大人ですか？」と尋ねていた。

こういった経験から、それぞれの人間の心には三つの自己、別の言葉で言えば三つの「自我状態」があり、たびたびぶつかり合っている、とバーンは考えるようになった。三つの自我状態とその特徴は次のようなものだ。

◆親に似た態度と考え方（親／Parent）
◆成人らしい合理性、客観性、現実評価（大人／Adult）
◆子どもらしい姿勢と固着（子ども／Child）

この三つの自我状態は、フロイトの超自我（親）・自我（大人）・イド（子ども）にほぼ対応する。どんな社会的交流においても、われわれはこの基本的な自我状態のどれか一つを表に出すが、次々と簡単に切り替えることもできる、とバーンは述べている。

また、子どものように創造力や好奇心を発揮し、魅力を振りまいたかと思えば、かんしゃくを起こしたりだだをこねたりするなど、一つの状態でも生産的な面と非生産的な面が入れ替わるときもある。目的を達するには、控えめな親ではなく、あれこれ指図する親のようにふるまうべきだと思うときもあれば、純粋無垢ではなく、コケティッシュな子どものように、あるいは、親しみやすい大人ではなく、聖人のような理性的な雰囲気を持つ大人としてふるまうべきだと思うときもあるのだ。

人はどんな「ゲーム」にはまるのか

この本の読みどころは、多くの人間関係の「ゲーム」をまとめた実例集だ。いくつか例を見てみよう。

相手の制約のせいだと思い込む

夫婦の間で行われる最もありふれたものが、「もしあなたがいなければ」というゲームである。夫婦のどちらかが「本当は○○がしたいのに、相手が邪魔をする」と文句を言うのだ。

しかし、ほとんどの人は自分の活動を制限してくれるような配偶者を無意識に選んでいる、とバーンは言う。これを説明するために、彼はこんな女性の例をあげている。この女性はダンスを習いたくてうずうずしていたが、困ったことに、夫がつきあいを嫌うため社交範囲が限られていた。何とかダンス教室に参加したものの、結局は人前で踊るのが怖くてやめてしまう。

バーンは、相手を非難する理由が、むしろ自分の精神的な問題になっているケースが多い、と主張する。「もしあなたがいなければ」というゲームをすれば、自分の恐怖心や欠点から目を背けていられるのだ。

同情を引くために問題を打ち明ける

このゲームは、まず主役が自分の悩みを打ち明けて、他の人がそれに対する建設的な解決策を提案する形で始まる。主役が「ええ、でも……」と異議を唱えると、別の解決策がいろいろと出される。

大人の自我状態になれば解決策を吟味して受け入れるだろうが、このゲームでは状態の切り替えが目的ではない。状況処理能力に欠けるところ（子どもの自我状態）を示して、他の人に同情してもらうのだ。逆に、解決策を提案する側が賢明な「親」を演じる機会にもなる。

責任逃れの言い訳をする

「木製の義足」という名のゲームを行う人は、「木製の義足（不良の子ども／神経症／アルコール依存症）を持っている人に何を期待するのですか？」という自己防衛的な態度をとる。人生に対する責任をあまり負わなくてもすむように、自分自身の何らかの特徴を、能力や意欲に欠ける言い訳として使うのだ。

「ゲーム」のメリットと危険性

それぞれのゲームにはテーゼとアンチテーゼがある。テーゼはゲームの基本的な前提事項とプレーの仕方。アンチテーゼは、参加者の一人がある行動を起こして「勝者」になるような終わり方を指す。

バーンによれば、ゲームは使い古したひもの輪をつなげるように代々伝えられる。われわれを束縛し、破滅させる反面、一種の慰めにもなり、参加すれば未解決の心理的な問題に直面しなくてもすむ。

ゲームがアイデンティティの基盤になっているような人もいる。利害関係を維持するためにごく親しい人と喧嘩をしたり、友人と組んで良からぬことをたくらんだりする必要性を感じている人も多い。

しかし、あまり長い間「悪い」ゲームをしすぎるのは自殺行為に等しい、とバーンは警告する。ゲームをすればするほど、他の人にも参加してもらいたいと思う気持ちが強くなる。のべつ幕なしにゲームをすれば、自身の動機や偏見に引き寄せて他の人の行動を深読みするようになるので、最終的には精神を患いかねないという。

心をより理解するために──

『人生ゲーム入門』は、「通俗的」すぎるし意味がない、と開業精神科医たちからさんざん非難を浴びたものの、交流分析そのものは現在でも大きな影響力を持ち続け、難治患者の治療にあたる多くの精神分析医やカウンセラーが頼りにする療法の一つになっている。

本書が画期的だと思われるのは、ふつう小説家や劇作家が扱う分野に、心理学の正確な分析を持ち込んでいる点だ。実際、アメリカの小説家カート・ヴォネガットがこの本の書評で、独創的な作家に長い間インスピレーションを与え続けるだろう、と述べたことはよく知られている。

念のために言えば、『人生ゲーム入門』はまさしくフロイト派の著作である。というのは、ゲームの多くが、抑制、性的緊張、無意識の衝動などに関するフロイト理論に基づいているからだ。それに、その言葉遣いと社会に対する見方も明らかに一九六〇年代のものだ。

それでも、この本は確かにものの見方を広げてくれると思われるし、時代に関係なく、人間は常にゲームをしている、というわかりやすい見解が受け入れられて、今では古典とみなされている。

バーンが指摘するように、なるほどわれわれは、文化に適応し世渡りをするための気晴らし、儀式、手続きなどはすべて子どもに教えるし、子どもの学校や習い事を選ぶときにも時間を惜しまない。しかし残念ながら、現実に家族や制度はことごとくゲームを原動力としているというのに、これについては教えないのである。

この本は、人間の本性に関していたずらに悲観的な見方を提示している、という印象を与えるかもしれない。しかし、それはバーンが意図したことではない。ほかにいい方法が見つかればゲームなどする必要はない、とバーンは述べている。

幼児期のもろもろの経験によって、われわれは生来の自信や自発性や好奇心を失い、物事の判断に「親」の考え方を取り入れるが、三つの自我状態について認識を深めれば、安らかな精神状態に戻れるのだ。そうなれば、もう自分の目的を達成するために誰かにお伺いを立てる必要もないし、無理にゲームをしなくても、本当の意味で他人と親しく交流できるようになるのである。

39

1997

ブラックメール
—他人に心をあやつられない方法

スーザン・フォワード

自らの統合性を保つには、
他人の思いのままにならないことだ。

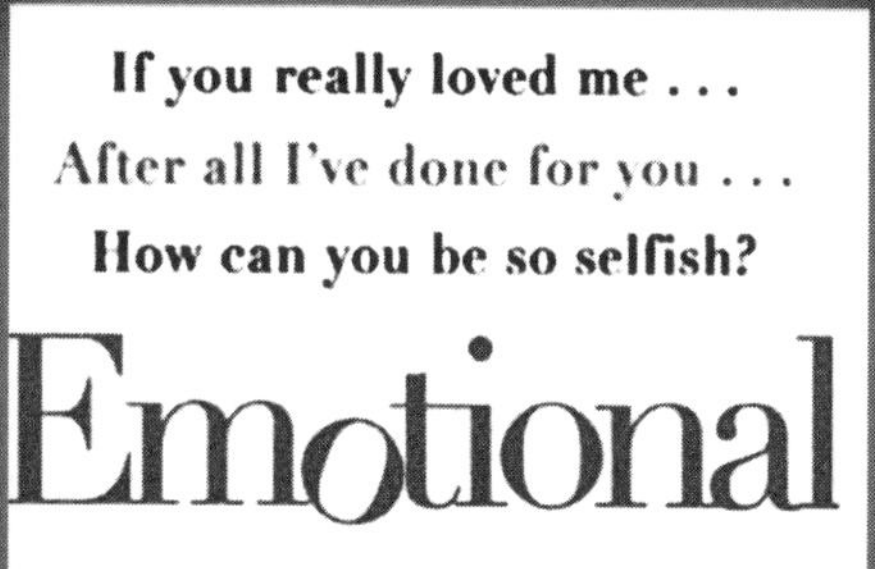

邦訳
『ブラックメール』
日本放送出版協会　亀井よし子 訳

人生のほかの面では、たぶん、一人前の大人として、まともな対処の仕方をしているはずなのに、彼らの「心理操作」に直面すると、戸惑いのあまりどうしてよいかわからなくなる。つまり、早くも彼らに手玉に取られてしまうのだ。

❀

彼らは、自分の希望を通せたときには、いやにやさしげな態度を見せるが、いったんそれができないと悟ると、わたしたちを脅して自分の思いどおりにしようとしたり、わたしたちに大きな罪悪感を押しつけたりする。

❀

一番困るのは、わたしたちがブラックメールに屈するたびに、価値観と行動の指針である内面の「統合性」を失うことだろう。

❀

Susan Forward

スーザン・フォワード

カリフォルニア大学ロサンゼルス校のロサンゼルス神経精神科病院でのボランティア活動がきっかけとなり、本格的に心理学とかかわる。カリフォルニア大学ロサンゼルス校の大学院で精神医学ソーシャルワークの修士号および博士号を取得。長年、セラピストとして開業するかたわら、南カリフォルニアの精神科をはじめとする数多くの医療機関で働く。

デビュー作の『近親相姦――病例とその分析』(河出書房新社)で児童虐待問題の権威として認められ、続いて出版された『ジェットコースター・ロマンス』(メディアファクトリー)、『毒になる親――一生苦しむ子供』(毎日新聞社)もベストセラーになる。ほかには、『その恋を捨てる勇気がありますか』(早稲田出版)、『Money Demons』(金の亡者)』、『男の嘘』(阪急コミュニ

関係が壊れるのを恐れて、やむを得ず意に染まないことをした経験はないだろうか？　そういう人に読んでほしいのが、スーザン・フォワードのベストセラー『ブラックメール―他人に心をあやつられない方法』だ。この本を読むと、心理的恐喝（エモーショナル・ブラックメール）がどれほど巷にあふれているかがよくわかる。

実際にブラックメールを行動にあらわすだけでも困ったことだが、あいにく、それはさらに深刻な問題の存在を暗示している。ブラックメール発信者（心理的恐喝者）と受信者（心理的恐喝の被害者）の心の問題だ。自分の希望を通すには脅しや恐喝をするしかないと思うのはなぜなのか？　どうして人はなすすべもなく食い物にされるのだろうか？

ケーションズ）などがある。『男の嘘』と『ブラックメール』はドナ・フレーザーとの共著。

フォワードはさまざまなメディアで活躍し、講演活動でも注目されている。また、著名人の裁判で専門家として証言することも多い。ニコール・シンプソンのセラピストとして、O・J・シンプソン裁判で証言したことは有名だ。

ブラックメールとは何か

対人関係のトラブルを避けるために、（家族であれ、仕事仲間であれ）相手を懐柔した経験がたいていい誰でもあるはずだ。そうでなければ、納得できない行為を強いられることに我慢できず、いつもおおっぴらに角突き合わせていることだろう。

ブラックメール発信者の本質は、一つの基本的な脅迫に集約される。それは、「私の言うとおりにしなければ、きみは苦しむことになるだろう」というものだ。彼らは相手のことをよく知っているので、その人の弱みにつけ込んで服従させようとする。ギブ・アンド・テイクのバランスがとれているふつうの人間関係なら互いに譲り合うものだが、ブラックメール発信者は、相手の気持ちなどおかまいなしに自分の望みを遂げようとする。

「FOG（霧）」のベールをかけるのも、彼らの特徴である。「FOG」とは「恐怖心（Fear）」「義務感（Obligation）」「罪悪感（Guilt）」の頭文字をとったものだ。このベールをかけられると、自分と相手の実際の関係がわかりにくくなる場合がある。恐怖心と罪悪感を吹き込まれると、往々にして、悪いのは恐喝者ではなく自分であるかのような錯覚に陥るからだ。

フォワードは、配偶者や仕事仲間、友人、親類などが以下の項目に当てはまる場合、われわれは彼らのブラックメールのターゲットになる可能性がある、と警告している。

◆「自分の望みどおりにしなければやっかいなことになるし、縁を切るかもしれない」と脅す。

◆「あなたが言うことをきいてくれないから自分は不幸なのだ」とほのめかす。

◆景気のいい約束をして、われわれを服従させようとするが、約束を守ることはない。
◆われわれの意見や気持ちを無視したり、軽視したりする。
◆服従しなければ、あれこれ悪口を言う。
◆金や愛情を利用してわれわれを操る。

人はこうしてブラックメールにはまる

ブラックメール発信者の要求に抵抗すればするほど、ますます大量の「FOG」を浴びせかけられる場合も多い。事の成り行きに混乱し頭に血が上るものの、断固たる態度をとることなどできそうにない。しょせん、われわれはそれくらいしか能のない愚か者なのだろうか?

フォワードによれば、ブラックメールには六つの段階があるという。

◆ブラックメール発信者が要求する。
◆ターゲットが抵抗する。
◆ブラックメール発信者が圧力をかける。たとえば、「二人にとってこれが一番いいと思うから言うんだよ」「きみはぼくを愛していないのかい?」など。
◆ターゲットの抵抗が続き、ブラックメール発信者が脅す。たとえば、「この程度のこともしてもらえないなら、もう別れたほうがいいかもしれないな」など。
◆ターゲットが屈服する(相手との関係を終わらせたくないので、要求をのむ)。

◆成功例に基づいて、この先もブラックメール発信者が心理操作を繰り返す。

特に重要なのは最後である。というのは、この段階でブラックメール発信者は、何をしてもわれわれを服従させられるという自信を持つからだ。こうして彼らは心理操作のパターンを発見し、われわれはその餌食となるのである。

ブラックメール発信者の胸の内

黙従しなければ懲罰を与えてまで自分の思いを遂げることが、ブラックメール発信者にとってなぜそれほど大事なのか？

その心理を分析した章で、フォワードはこう述べている。ブラックメール発信者は欲求不満を抱えているのがふつうであり、思い切った行動をとらなければ必要なものは手に入らないと思い込んでいる、と。

いきなり態度を硬化させた相手に、パートナーは驚くしかない。何しろ、親密な間柄であれば妥協するのが当たり前なのに、独りよがりの決定を押しつけてくるのだから。

依存心が強いか、憤慨しているか、あるいは絶えず人を試す人間はこういう傾向がある。これが大事な者を失う不安から自分を守る彼らなりの方法なのだ。まるでこちらが悪いような気がしてくるが、そんなことはない。むしろ、彼らが過去に経験したさまざまな問題が、現在の関係にあらわれているのだ。

相手を罰するのは関係を維持したり教訓を与えたりするためだ、とブラックメール発信者は思っている。そして、頑固な姿勢を貫く自分に誇りを持つようになる。ところが、懲罰を与えると決まって思いがけない結果が生じ、目的を果たせない。自分のペースに引きずり込むどころか、ターゲットをすっかり怒らせてしまい、取り逃がすはめになるのだ。

多くの場合、ブラックメールは、愛情を強く求める気持ちや独占欲という形であらわれる。たとえば、われわれが仕事で出張する、あるいは週末セミナーの受講を決めるときなど、パートナーを家に残して出かけるのにひどく罪の意識を感じることがある。留守中は寂しくて気がめいると相手に訴えられれば、同情しないわけにはいかない。

しかし、フォワードによれば、同情しているうちにますます心を操られてしまうのが落ちだという。精神の健康を保つためには、限度を設定しなければならない。たとえそれが愛情から出ているように見えても、ごく常識的なわれわれの要求に対して、彼らの要求は非常識だと認識する必要があるのだ。

ブラックメールにのみ込まれるな

ブラックメールにもいろいろな種類がある。攻撃的な脅しをかける場合もあれば、言うとおりにしなければどういう結果になるかを穏やかな口調で説明する場合もある。「むっつりだんまり型」のタイプなら、だんまりを決め込んで自分の要求を相手に察知させ、最後は関係の修復を必死に願う相手が要求をのむように仕向ける。

関係が親密になればなるほどブラックメールに弱くなる、とフォワードは述べている。「経済的な面倒は見ない」「離婚する」などと脅される、あるいは激しい怒りをぶつけられたり肉体的に虐待されたりすると、自分の立場を固守するのはなかなかむずかしいだろう。もっと複雑な事情があって、「私を愛していないの？」と情に訴えられたら、はたしてあっさり要求を拒めるだろうか？

たとえば、まだ安心できる段階ではないが麻薬を断とうとしている娘がいるとする。この娘が家を買おうと思えば、母親から容易に資金を借りられるはずだ。「貸してくれないと、また昔みたいになっちゃうよ」と脅せばいいのだから。

少なくともこれだけは肝に銘じておいてほしい、とフォワードは次のようにアドバイスしている。

自分がいけないからブラックメールを突きつけられる、と考えがちだが、ほとんどの場合、決してあなたのせいではない。ブラックメールは、発信者自身の内面のかなり不安定な部分から、それを安定させようとして生まれるものだ。

ブラックメールが人間関係を破壊する

たいていの人間関係に見られるふつうの意見の衝突や議論と「典型的な」心理操作には違いがある。前者の場合、多少いざこざがあっても、基本的には感情のもつれのない元の人間関係に戻るのに対して、後者の場合は、相手の自我を傷つけようともくろむか、実際に傷つけてしまう（相手を犠牲にして自分の権力を拡大する）。

フォワードによれば、どんなに激しく意見が対立しても人格攻撃までする必要はないし、健全な意見の衝突ならば決して「心理的に相手を打ちのめす」ことはないという。

ブラックメール発信者は、自分の動機のほうが優れている、相手のほうに何か落ち度がある（たとえば、利己的で思いやりがないなど）といったことをいつも証明しようとする。彼らは熟練したスピン（偏った情報操作）の達人だ。自分の不合理な要求を正当化し、「誰が見ても」文句のつけようがないものに仕立てるのだ。意見が違えば、誰でも正気を失っているか悪人ということにされてしまう。

こんなふうに事実を歪曲すれば、楽しみ、善意、親密さなどはことごとく失われ、人間関係が徐々にむしばまれる。信頼も思いやりもなくなり、後に残るものと言えば抜け殻だけ。亀裂が深まれば話題もなくなり、やがて、お互いを避け、薄氷を踏む思いで生活をするはめになる。フォワードはこう詩的に表現している。

かつては思いやりと親密さの優雅なダンスであったものが、仮面舞踏会に変わり、そこに参加する人々はますます本当の自分を隠すようになる。

ブラックメールに屈するたびに、われわれは自己の統合性を維持するための拠り所である「心の羅針盤」を信用できなくなる。ブラックメール発信者の希望どおりの人間になればなるほど、本来の自分を見失うのだ。

ブラックメールに立ち向かう

助けを求めてフォワードのもとを訪れるのは、彼女が「ブラックホール」(憂うつの穴)と呼ぶ心理状態に陥った人が多いという。パートナーに見捨てられると思っただけで怖くなり、後ろ向きの考え方に逆戻りして、関係を維持するためなら何でもするという心境になるのだ。フォワードはこう指摘する。

> ほかの面ではちゃんとした大人としてのふるまいができるにもかかわらず、パートナーから拒絶されたり、拒絶されそうだと感じたりすると、それだけでバランスを崩してしまう。

この見捨てられるという恐怖心から他のほとんどの恐怖心が生まれるため、ブラックメール発信者が目的を遂げるには、相手をこういう気持ちに追い込みさえすればいいということになる。逆に言えば、われわれが自己の統合性と心の平安を保てるかどうかは、恐怖心との闘いにかかっているのだ。

この本の第二部でフォワードが焦点を当てているのが、まさにこの問題だ。自分の心理的な弱点を認識し、二度と他人に心を操られないようにするためのさまざまな手法やテクニックを教えてくれる。これを読めば、自分の立場を守り、本当の問題から目を背けず、限度を設定し、ブラックメール発信者の要求に対してきっぱり「ノー」と言える方法がわかるはずだ。

心をより理解するために――

ここに紹介したのは『ブラックメール』のさわりにすぎない。第一部の「ブラックメールの発信と受信」だけでもこの本を買う価値があるが、実はそれ以上に価値があるのは、第二部の「理解から行動へ」だ。ここではブラックメールの分析にとどまらず、その撃退法の要点をまとめている。

ただ残念なのは、引用文献もしくは参考文献一覧がないことだ。フォワードが誰の影響を受けたのか、その洞察はすべてセラピーの実践を通じて得られたものなのかといったことがわかれば、さらに興味深かったに違いない。

ブラックメール発信者の心理と過去に関するフォワードの見解は、カレン・ホーナイ（329ページ参照）を思わせるところがある。ホーナイによれば、神経症的傾向は不安感を解消するために幼児期に形成されるが、成人後も残って問題を引き起こすという。

フォワードの著作（『ジェットコースター・ロマンス』という不思議なタイトルの本もある）によってこれまで数多くの人々が救われたが、本書は、優れた自己啓発書が心理学に大きく貢献できることを立派に証明している。これを読めば、一人の人間にどれほど複雑な行動と感情が見られるかを今まで以上に理解できるようになるだろう。

具体例として引用された人々の多くが、自分のパートナーは「世界一すてきで思いやりがある人」になる場合もあるし、「自分のことしか考えない薄情な心理的恐喝者」になる場合もある、と打ち明けている。実際、人間性とはそういうものだ。

とはいえ、ブラックメールを受け入れるような人間関係は絶対に避けるべきである。たとえ関係がその後続いたとしても、徐々に活力が失われていくだけだからだ。そのような事態を許してはいけない。

40

1999

愛する二人 別れる二人

ジョン・M・ゴットマン

円満な結婚生活や夫婦関係を築く秘訣は、
心理学的な調査によって発見できる。

邦訳
『愛する二人別れる二人』
第三文明社　松浦秀明 訳

結婚生活を成功させるのは、驚くほど簡単なことなのである。幸福な結婚生活を送っている夫婦は、とりわけ頭が良いわけでも、裕福でも、心理学に通じた人たちでもない。しかし、幸せな夫婦は、日常生活で相手のマイナス面よりもプラス面を重視するように心がけている。これを私は知的感情（emotional intelligence 感情を知的に処理すること）による結婚生活と呼んでいる。

ジョン・ゴットマン博士が研究を始めた一九七〇年代初頭には、結婚生活を成功させる要因に関する確実な科学的データがほとんどなかった。結婚カウンセラーの助言は、社会通念、常識、直感、宗教的信念、セラピストの見解などに基づいていたため、あまり効果的なものではなかった。

マサチューセッツ工科大学で数学を学び、シアトル市にあるワシントン大学の心理学部教授になったゴットマンは、一九八六年、通称「ラブ（愛情）研究所」と呼ばれるシアトル結婚・家族研究所を設立する。窓からワシントン湖が見える家具付きワンルームマンションが研究所の実験

John M. Gottman

ジョン・M・ゴットマン

現在は、一九八六年に初めて赴任したワシントン大学の名誉教授。発表した学術論文は一〇〇を超え、著書も多い。

主な著書は、『A Couple's Guide to Communication（夫婦のためのコミュニケーションガイド）』、『What Predicts Divorce?（離婚の予兆）』、『Raising an Emotionally Intelligent Child（EQの高い子どもの育て方）』、『「感情シグナル」がわかる心理学―人間関係の悩みを解決する5つのステップ』（ダイヤモンド社）、『The Mathematics of Marriage（結婚の数学）』など。

妻のジュリー・シュワルツ・ゴットマンとともに、専門家や家族のための訓練施設ゴットマン・インスティチュートを設立。シアトル結婚・家族研究所は、一五年にわたり米国国立精神保健研究所から資金援助を受けた後、現在はリレーションシップ・リサーチ・インスティチュート（人間関係

室だった。その中で夫婦に生活してもらいながら、さまざまな会話、口論、ボディー・ランゲージなどを撮影し、記録したのだ。

意外にも、本当の夫婦のやりとりを科学的に観察したのは、この実験が最初である。『愛する二人別れる二人―結婚生活を成功させる七つの原則』（ナン・シルバーとの共著）が出版された時点で、彼のチームは一四年間にわたり、六一五〇以上もの夫婦を調査していた。

研究所に相談に訪れたのは離婚寸前の夫婦が大半だったにもかかわらず、ゴットマンの七つの原則を学んだ夫婦が再度治療に訪れる再帰率は、結婚カウンセリング全体の平均の半分にも満たなかった。

人間関係の改善に関する本は数多くあるが、この本が優れているのは、善意による一般論ではなく、実際のデータに基づいて助言している点だ。したがって、その助言の多くは直感に反したものだ。幸せで安定したロマンチックな夫婦関係を築くにはどうすればいいのか？　この問題に付き物の神話をゴットマンは容赦なく打ち砕く。

研究所）という独立機関の一部になっている。

なお、共著者のナン・シルバー（Nan Silver）は「ペアレント」誌の寄稿編集者。

結婚生活における最大の神話

ゴットマンの研究に参加した夫婦は、この上なく幸せで円満な夫婦でも喧嘩をすることがあると聞かされると、決まってほっとする。結婚が成功するかどうかは、「相性」だけでなく、いざこざに対応する各々の姿勢にもよるのだ。

「セラピストの多くが失敗する理由」という見出しで、ゴットマンは結婚カウンセリングにまつわる最大の神話の正体を暴いている。それは、お互いにコミュニケーションを図るのが幸福な結婚生活を維持する秘訣だ、という神話である。問題はコミュニケーション不足だ、「冷静に、愛情を込めて」相手の意見に耳を傾ければ結婚生活が変わる、ののしり合いをやめて、相手の言うことを復唱し認めた上で自分の言い分を冷静に伝えれば、事態を打開できる、などとセラピストは言う。

この考え方は、そもそも心理学者のカール・ロジャーズ（507ページ参照）に端を発している。ロジャーズは、自分の判断を交えずに相手の言い分を聞き、感情をすべて受け入れることで親密な関係が生まれると主張した。しかしゴットマンによれば、この手法を夫婦関係に適用してもまったく効果はない。

実際、このとおりにした夫婦のほとんどが行き詰まり、一見効果があったように見える夫婦でも、たいてい一年以内にまた昔のぎくしゃくした関係に戻るという。精一杯努力して愚痴の聞き役に徹しても、相手が自分を非難しているという事実に変わりはないのだから、ダライ・ラマならともかく、目の前で批判を浴びながら冷静でいられるほど心の広い人間などそうそういるはずがない、とゴットマンは言う。

誤った結婚神話の数々

大きな意見の食い違いは改めるべきだ

夫婦の意見の衝突について、ゴットマンは「意見の相違の多くは、夫婦間で解決できないものだ」というショッキングな事実を明らかにしている。研究によって、いざこざの六九％が未解決のまま永続する問題だとわかったという。

いくつか例をあげてみよう。メグは子どもが欲しかったが、ドナルドはそう思っていない。ウォルターはセックスの回数を増やしたいと思っているのに、ドナはそう思っていない。クリスはパーティーでふざけ合うのが好きな性格だが、スーザンはそうではない。ジョンは子どもたちをカトリック教徒にしたいと思っているのに、リンダはユダヤ教徒にしたがっている。こういったケースは、解決のしようがない。

夫婦は膨大な時間とエネルギーを費やしてお互いを変えようと努力するが、価値観や世界観が違う場合には深刻な問題になる。そういうものは変えようがないからだ。結婚生活を維持できる夫婦なら、この事情をわきまえているので、お互いを「ありのままに」受け入れる道を選ぶのである。

本音を隠さず、お互い率直になればうまくいく

実のところ、結婚生活が順調であっても、いろいろな問題を「カーペットの下に」押し込んでいるケースが多い。夫婦喧嘩が起きると、夫はさっさとテレビに逃げ込み、妻は憂さ晴らしにそそくさとショッピングに出かける。その数時間後、頭を冷やしてまた顔を合わせると、短気を起こさなくてよかったと思う。こんな夫婦がよくいるものだ。多くの場合、本音をぶちまけたりしなくても、良好な関係を維持できるのである。

性差が大きな障害になる

男と女の根本的な相違点が夫婦間の問題に影響を及ぼすことがあるにしても、問題の実質的な原因となることはない、とゴットマンは述べている。夫婦の約七〇%が幸せな結婚生活の決定的要因としてあげたのは、性差でも何でもなく、パートナーとの友情だった。

「別れる二人」は予測できる

驚いたことに、何年間もの研究の結果、五分も観察すれば、その夫婦がこの先離婚するか結婚生活を続けていくかを九一%の正確さで予測できる、とゴットマンは主張する。

言い争うからといって、最終的に離婚するとは限らない。別れる主な原因になるのは、その口論の仕方なのだという。ゴットマンは、さまざまな夫婦のやりとりを膨大な時間にわたって録画

したテープを見るうちに、翌年、あるいは何年か先にその夫婦が離婚すると予想できる兆候をいくつか発見した。以下がその兆候である。

出だしの悪い会話

非難・皮肉・侮辱で始まるような話し合いは、ゴットマンの言葉で言えば「出だしの悪い会話」だ。はじめ悪ければすべて悪し、ということだ。

非難

配偶者のある行動に対する不満と、人格に対する非難は別物だ。

侮辱

冷笑する、目をきょろきょろさせる、相手のまねをする、悪口を言って相手を不愉快にさせる——どんな形であれ、こういう行為は相手に対する侮辱になる。「だからどうだって言うんだ」というおなじみのセリフに代表される喧嘩腰の態度はもっと悪い。

自己弁護

自分ではなく、相手に問題があると思わせようとする。

逃避

逃避とは、夫婦のどちらかが、非難・侮辱・自己弁護の繰り返しに耐えられず「知らんぷりをする」ことだ。戦場から撤退すれば、それだけ傷つかずにすむ。ゴットマンによれば、八五％の割合で夫が逃避者になるが、それは男性の心臓血管システムのほうが、ストレスを受けると回復が遅いからだという。

夫婦喧嘩で頭に血が上り、仕返しをしようとか、「どうして俺がこんな目にあわなきゃいけないんだ」などと考えるのは、どちらかというと夫だ。それに対し、妻はストレスの多い状況に追い込まれても気を鎮めるのがうまい。そういうこともあって、女性はたいてい夫婦関係のいざこざを問題にしなければ気がすまず、男性は回避しようとするらしい。

洪水

感情的な「洪水」とは、ふつう、夫婦のどちらかが相手から言葉による攻撃を嫌というほど浴びせられることを指す。攻撃されれば脈拍数が多くなり、血圧が上がる。おまけにアドレナリンなどのホルモンも分泌される。心理学的に言えば、われわれは口頭での攻撃を生存に対する脅威と受け止めるのだ。

ゴットマンの言うように、「『あなたはいつもトイレの戸を閉め忘れるわね、どうかしているんじゃないの？』という妻の侮辱的な言葉に遭遇したときも、虎と出会ったときも」、身体は同じ反応をする。洪水が頻繁に起きると、お互いにそれを避けたい気持ちが募り、最後には夫婦間の感情的な関係が絶たれてしまう。

リペア・アテンプト（修復努力）の失敗

仲の悪い夫婦の場合、口論が熱を帯びると急にはやめられなくなる。たとえば、「待ってくれよ、頭を冷やすから」と間をとったり、冗談を言ったりしてエスカレートするのを防ぐようなまねはできない。円満な夫婦には必ずこの不可欠な能力があるのだ。

これらの兆候だけで必ずしも離婚を予想することはできないが、こうしたことが次々に起き、それがしばらく続けば、破局も間近だと考えていい。ゴットマンは、自己弁護・逃避・非難・侮辱を「四つの危険要因」と表現している。

マイナス感情がゆっくりとプラス感情を支配し始め、幸せだったはずの結婚生活が見るも無惨な状態になる。感情的な関係が絶たれ、あれこれ白黒をつけようと争うこともなく、同じ家で暮らしながら別々の生活をするようになる。この時期に最も不倫が起きやすいのは、夫婦のどちらか、または双方が孤独感にさいなまれ、自分を気遣って支えてくれる人間を求めるからだ。ゴットマンはこう指摘している。

不倫は結婚生活が死んでいるときの症状であり、その原因ではない。

「友情」が円満な結婚生活の秘訣

幸福な結婚生活を維持するためのゴットマンの原則は、ほとんど全部、一つの重大な要素を中心にしてつくられている。それは友情だ。

友情があれば、お互いに対する尊敬の念と、ともに暮らす喜びを持ち続けることができる。友情はロマンスに火をつける場合もあれば、険悪な関係に陥るのを防いでもくれる。相手に対する「好意と敬意」がある限り、何が起きても夫婦関係は救われる。それがなければ、嫌悪感をむき出しにした口論が起きやすい。夫婦関係をむしばむものは嫌悪感なのである。

ゴットマンによれば、結婚の目的は、「価値の共有」だという。つまり、お互いに相手の夢と希望を応援するということだ。相手の幸せのために自分を犠牲にせざるを得ないような結婚生活は、いずれ破局を迎える。本当の友情は平等でなければならないからだ。

この友情という中心的な要素に関連する原則には、次のようなものがある。

二人で「愛情地図」の質を高め合う

強い絆で結ばれている夫婦は、お互いに関する詳細な「愛情地図（ラブ・マップ）」を持っているものだ。相手の感情や要求をよくわかっていて、どんな友人がいるかなどの基本的な情報を頭に入れている。このような知識がなければ、初めて子どもが誕生するといった重大な出来事も、結びつきを強めるどころか弱めることになりかねない。

相手から逃げず真正面から向き合う

交わす言葉がどんなに平凡でもロマンスは育つ、とゴットマンは指摘する。お互いを無視する（そっぽを向く）ようになると、夫婦関係はいよいよ危うくなる。ロマンチックなディナーや休暇をともに楽しむのが円満な結婚生活の秘訣だと思い込んでいる夫婦もいるが、実は、相手に対する日常のちょっとした心配りこそが大事なのだ。

相手の意見を尊重する

女性は生まれつきパートナーの影響を受け入れやすいのに対し、男性のほうは抵抗を感じる。しかし一般的には、夫が妻の言い分に耳を傾け、意見や気持ちを考慮するほうが丸く収まる。権力を分かち合うのが夫婦円満の秘訣だ。

心をより理解するために――

「結婚を成功させる要因」を科学的に理解すると、以前とは比較にならないほど夫婦関係を改善できるようになり、離婚を未然に防げるようになる。もちろん、これは結婚以外の長期にわたる人間関係にも当てはまる。

ゴットマンはゲイやレスビアンのカップルの調査も一二年間にわたって行ったが、その結果、彼らの相互関係も異性のカップルとそれほど変わらないことがわかった。意見の対立が起きた場合、ゲイは相手の言葉を自分への当てつけとはあまり考えず、敵意に満ちた策略や相手を抑え込むための駆け引きより、むしろ愛情やユーモアで対応しようとする傾向がある。それでも、対立とその解決法の基本的なパターンは同じなのだ。

五〇年後の未来から現在を振り返れば、対立する夫婦の生理的・心理的反応や、全般的に円満な人間関係を築く方法などに関する知識があまりにも乏しかったことに、おそらくびっくりするだろう。

逆説的な言い方をすれば、愛や恋、それに友情といった人生に不可欠なものについて、自然科学が研究しなければならないことはたくさんあるのである。

41

1958

愛の性質

ハリー・ハーロウ

健全な大人になるためには、
幼い頃の温かい身体的な結びつきが欠かせない。

未邦訳

本著書はAmerican Psychologist, 13, 673-685に掲載

愛に関するわれわれのなけなしの知識は、単純な観察から得られる情報に及ばないし、愛に関するわずかばかりの記述の中で、詩人や小説家の作品に勝るものはない。だが、もっと懸念すべきことは、人間の一生を貫く動機に注意を払う心理学者がだんだん少なくなっているという現実である。少なくとも教科書を書くような心理学者は、愛情や愛着がどこで生まれ、どういうふうに発達するかといったことに興味を示さないばかりか、その存在さえ気づいていないようだ。

❀

一九五八年、霊長類研究者のハリー・ハーロウは米国心理学会の会長に選出された。同じ年、彼は学会の年次総会が開催されていたワシントン市を訪れ、アカゲザルを使った新しい実験に関する論文を提出する。

一九五〇年代のアメリカでは、心理学の中心は行動主義だった。行動主義者はネズミを使った実験を果てしなく繰り返し、いかに哺乳動物が環境の影響を受けやすいかを証明しようとしたが、ハーロウと妻のマーガレットは常識に逆らってサルを使った。サルのほうがはるかに人間の行動を解明する手がかりを得られると考えたからだ。

Harry Harlow

ハリー・ハーロウ

一九〇五年、ハリー・イスラエル (Harry Israel) としてアイオワ州フェアフィールドに生まれる。子どもの頃から野心的で頭脳明晰だった。

スタンフォード大学で文学士号と博士号を取得した後、二十五歳でウィスコンシン大学に職を得る。この頃、米国聖公会の会員であっても反ユダヤ主義の影響でキャリアが危うくなると教えられ、姓をイスラエルからハーロウに変える。

まもなく霊長類心理学研究所を開設し、知能の研究で知られるルイス・ターマンやアブラハム・マズロー(403ページ参照)らとともに働く。

研究生活の大半をウィスコンシン大学で過ごし、一九七四年までジョージ・ケアリー・コムストック・リサーチの心理学教授として勤務。米陸軍に協力し人材開発部門で仕事ハーロウはまた率直な物言いを好み、愛情を「近接性」という言葉で言い換えるようなまねはしなかった。彼は講演で次のように語っている。

「愛は実に驚くべきものです。深みと優しさに満ち、報われるものでもあります。そのきわめて個人的で私的な性質のために、愛は実験的研究になじまないとみなす人もいます。しかしながら、個人的感情がどうであれ、心理学者としてのわれわれの使命は、人間や動物の行動に関するあらゆる側面を成分変数に分解することなのです。愛情や愛着に関する限り、心理学者はこの使命を果たしているとは言えません」

行動主義の基本的立場は、人間は飢え、渇き、排泄、痛み、性欲といった一次的動因によって動機づけられているというものだ。愛情や愛着のような他の動機は二次的な動因とされていた。育児でも愛情を注ぐことより、「しつけ」が重視され、乳幼児には身体的触れ合いが大切だという当たり前の事実が、当時はほとんど理解されていなかった。しかし、ハーロウの『The Nature of Love（愛の性質）』によって、事態は一変する。愛情や愛着を単なる「二次的動因」とみなさない彼の主張が評判を呼び、学術論文としては珍しく世間の注目を集めることになった。

をしたこともあったし、コーネル大学やノースウェスタン大学などでもよく講義をした。

一九七二年、米国心理学会から金賞を授与される。一九七四年、トゥーソンに移り、アリゾナ大学の名誉教授に就任。

霊長類の共同研究者でもあった最初の妻クララ・メアーズとは一九四六年に離婚。その後、マーガレット・キューエン（マーロウ）と結婚。一九七〇年にマーガレットが死去すると、その翌年、再びクララ・メアーズと結婚する。息子が三人と娘が一人いる。

一九八一年、死去。

食物、水、そして愛情

ハーロウがアカゲザルの子どもを実験に使ったのは、人間の乳幼児よりも成熟が早いという点に加え、乳を飲む、しがみつく、愛情に反応するなどのしぐさや、見たり聞いたりするしぐさまでもが、人間の子どもとほとんど変わらないからだった。ものを学ぶ方法、それに恐怖やフラストレーションを経験し、表現する方法もよく似ている。

ハーロウの実験では、母親との接触を断たれたこの実験室育ちのサルたちは、おりの堅い床を覆う布地の敷物（実はおむつ）に強い愛着を覚えるようになった。定期的に敷物を取り替えるときなど、激しいかんしゃくを起こした。この反応は、人間の赤ん坊が特定の枕や毛布、あるいはかわいいおもちゃに愛着を持つのにそっくりだ、とハーロウは述べている。

驚くべきことに、布の敷物がない金網のおりの中では、五日以上生き続けるサルがほとんどいないこともわかった。「しがみつくための柔らかいもの」は、ただの気持ちがいいものではなく、母親がいないサルにとっては、生き延びるために不可欠な要素となっているように思われた。

行動主義者の考え方では、サルであれ人間であれ、乳幼児が母親に愛情を示すのは、ミルクを与えて一次的欲求を満たしてくれるからである。しかし、布に対するサルの反応から、ハーロウはこの見方に疑問を抱く。赤ん坊が母親に愛情を示すのは、単にミルクをくれるからではなく、温かみと愛情を与えてくれるからではないか、おそらく愛情も、食べ物や水と同じように基本的欲求ではないかと思ったのだ。

布製の母親を求める子ザルたち

この説をさらに検証するため、ハーロウは研究チームとともに二種類の「代理母」(母親ザルの模型)をつくって実験を行う。一つは木製の土台を柔らかな布地で覆い、中に電球を入れて温かみを出すように工夫し、もう一つの「母親」は金網だけでつくった。そして、生まれたばかりの八匹のサルを四匹ずつ二つのグループに分け、一方のグループに対しては、布製の母親からは授乳できるが金網製の母親からは授乳できないようにし、もう一方は条件を逆にして実験を行った。

その結果、金網製の母親からしか授乳できない場合でも、サルたちは柔らかな布製の母親に寄り添ってしがみつきたがることがわかったのだ。

この結果は従来の常識を覆すものだった。それまでは、ミルクを与えてくれる母親は自分の生存に必要だから、乳幼児は母親に愛情を示すようになると考えられていた。しかし、明らかにこのサルたちにとって大事なのは、授乳能力ではなく身体的接触、つまり「母親の愛情」だったのだ。

ハーロウは、乳児と母親がたびたび身体的に触れ合える機会を確保するのが授乳の主な役割かもしれない、とまで述べている。それほど、愛情の結びつきは生存にとって不可欠だと思われたし、何といっても、授乳期が終わったずっと後まで残るからだという。

愛は盲目

人間の乳幼児なら、恐怖や危険を感じると母親のところへ逃げ帰ってその身体にしがみつくが、布製や金網製の代理母をあてがわれたサルの乳幼児でも、はたして同じ反応が見られるだろうかとハーロウは怪しんだが、反応は同じだった。サルたちは「授乳」能力の有無に関係なく、布製の母親のもとへ逃げていったのだ。サルをなじみのない部屋に置いて新しい視覚的刺激を与え、布製の母親のもとへ戻れるようにした実験でも同じことが起こった。

長期間（五カ月）代理母から引き離されていたサルを使っても、結果は変わらなかった。愛情の結びつきは、一度形成されるとなかなか消失しなかった。本物の母親も代理母もいない状態で育てられたサルでさえ、布製の母親を見せられると、はじめは困惑しおびえるものの、一日か二日たてば好意的な態度を見せて一定の関係を築いた。しばらくすると、このサルたちも、最初からずっと代理母をあてがわれていたサルと似た行動を見せるようになった。

そのほか、身体が揺れる上に温かく感じられるように工夫された代理母も使われた。子ザルたちはこの母親模型にいっそう愛着を示し、長ければ一日一八時間もその身体にしがみつくようになった。

子ザルの愛情をとりわけかき立てたのは、目や口を絵の具で大きく描いた代理母の顔だったのだろうか？

ハーロウが初めて実験で使った母親模型には顔がなく、木製のボールが身体の上についているだけだった。それでも子ザルは六カ月の間、この母親になついていた。その後、顔のある二個の布製模型と一緒にされると、そのサルはどちらも頭の向きを変えて顔が見えないようにした。慣れ親しんだ母親の顔を再現したのである。

この実験からも、母親との密接な結びつきが最も重要だということが証明された。母親がどんな顔をしていても、またどんなに無関心な対応をしてもかまわないのだ。

ハーロウは冗談のつもりで「愛は盲目」と書いたのではない。本物の母親であろうが代理母であろうが、子育ての質はほとんど変わらない、と彼は言い切っている。ごく基本的な「母親模型」しかなくても、サルの赤ん坊が健康で幸せに育つのは明らかだったからだ。

触れ合いがなければ心は育たない

しかし、結局この判断は時期尚早だった。子ザルたちが成長するにつれて、いろいろな問題が出てきた、とハーロウは述べている。反応が異常なほど極端になりがちで、しがみついて愛着を示すかと思うと破壊的な攻撃性をむき出しにし、自分の肉をかみちぎったり布や紙切れをずたずたに引き裂いたりする行動がたびたび認められたという。

成体になっても柔らかくフワフワしたものにしがみつかないと気がすまず、生物と無生物の違いがわかっていないように思われた。他のサルに親愛の情を示すことはできても、交尾の相手を得られる者はほとんどいなかった。

また、子どもを産んだサルも育児能力が欠如していた。偽の母親から正常な反応を得られず、他のサルから引き離されていたため、明らかに社会性が発達していなかったのだ。行動の適不適がわからず、正常な関係に付き物のギブ・アンド・テイクの概念を理解していなかったのである。

ハーロウ夫妻が発見した事実は、実のところ、一九四〇年代にハンガリーの心理学者ルネ・スピッツによってすでに観察されていた。スピッツの有名な研究は、二つの施設で育てられた人間の赤ん坊を比較したものだ。一つは非常に清潔できちんとしてはいるが、少し殺風景な孤児院。もう一つは刑務所内の託児所で、秩序が乱れ荒れた雰囲気があるものの、子どもが身体的な触れ合いを十分に経験できる場所だった。

二年もたたないうちに、孤児院にいた赤ん坊の三分の一以上が死んだのに対し、刑務所内の託児所にいた子どもは、五年後も全員生きていた。また孤児院で生き延びても、成長するにつれていろいろと問題が出てくるケースが多く、二〇人以上が施設に収容されていた。

なぜこのような差が出てくるかと言えば、託児所では母親に我が子の世話を任せていたのに、孤児院では専門看護師が子どもの生活をきちんと管理していたからだ。身体的接触によって愛情が伝えられなければ、身体的な「死」であれ、精神的な「死」であれ、結局は死に至るのである。

心をより理解するために――

ハーロウは常識を科学的に証明したにすぎないと批判する声もある。乳幼児が誰かに対して身体的にも感情的にも密接な結びつきを求めるのは、酸素が必要なのと同じで当たり前だというのである。

そうはいっても、わかりきっていることを確実に証明するのが本来の実験心理学の役割だという気がするし、ハーロウの実験のおかげで児童養護施設や社会福祉事業の運営の仕方が改善されたのも確かだ。

はじめは育児の常識に反するとされていたハーロウの発見は、今では常識になっている。たとえば、出産を終えた母親は、すぐに赤ん坊を素肌で抱きしめるようによく言われる。これももとを正せば、身体的接触の欠如が後に深刻な影響をもたらすと証明したハーロウの実験に由来するものかもしれない。

ハーロウのサルの研究によって、動物の知能と感情に関する一般の認識が深まった。B・F・スキナー（439ページ参照）は動物には感情がないと信じていたが、ハーロウのサルたちは、確かに成長過程で好奇心と学習能力を示し、切実な感情面の要求を持っていたのである。

だが、この研究から得られた知識は高くついた。きわめて皮肉なことに、「愛の性質」の究明に一役買った科学者の実験室は、サルにとってしばしば残酷な場所になった。年を重ねるにつれてハーロウの実験は非情なものになったので、動物解放運動から槍玉にあげられたのも無理はなかった。このような後期の実験に協力した人の多くも、衝撃的な経験だったと認めている。

ハーロウの私的側面——離婚、二番目の妻の死、再婚、アルコールの問題、親としての資質など——を知りたい読者には、デボラ・ブラムの『Love at Goon Park: Harry Harlow and the Science of Affection（ならず者パークの愛——ハリー・ハーロウと愛情の科学）』を勧めたい。この書名は、ウィスコンシン大学にあるハーロウの実験室のニックネーム「Goon Park（ならず者パーク）」に由来する。実験室の「600N.Park」という住所が、「Goon Park（ならず者パーク）」とも読めることからそう呼ばれていたのだ。

これはぴったりの名前だった。男性至上主義者であるばかりか、無愛想で知られ、冷酷な実験をする科学者といううわさもあったので、ハーロウは恐ろしい人物だと思われていたからである。

42

1967

幸福になる関係、壊れてゆく関係

トーマス・A・ハリス

身に染みついた反応と行動パターンを意識できれば、真に自由に生きることができる。

邦訳
『幸福になる関係、壊れてゆく関係』
同文書院　宮崎伸治 訳

この本の目的は、単に新しい情報を公開するだけでなく、方法はわかっているのに実際に人生がうまくいかないのはなぜか、という人々の悩みに答えることだ。人間の行動に関してこれまでさまざまな説が主張されてきたことは知っていても、それが二日酔い、結婚の危機、気むずかしい子どもといった問題の解決に役立ったとはとても思えない。

❀

いろいろなパターンやゲームをいったん理解すれば、現実に臨機応変な対応ができるようになる。

❀

テレビの連続ホームコメディに登場するくらいだから、もう古典的名著と言ってもいい。ある日の「となりのサインフェルド」（一九九〇〜九九年に米国で放送された人気ドラマ。人気コメディアン、サインフェルドと周囲の人物の非日常的な日々を描いたコメディ）で、ジェリー・サインフェルドがアパートのドアを開けて部屋に入ると、最低のだめ人間ジョージ・コスタンザがソ

Thomas A. Harris

トーマス・A・ハリス

米国テキサス州生まれ。フィラデルフィアのテンプル医科大学に学ぶ。一九四二年、ワシントンのセントエリザベス病院で精神科医として研鑽を積んだ後、海軍病院に数年間勤務し、真珠湾攻撃に遭遇する。その後、精神科部長に昇進。

戦後、アーカンソー大学で教鞭をとり、一時期、精神衛生局の上級官僚としても勤務する。一九五六年、カリフォルニア州サクラメントで精神科医として開業し、国際交流分析連盟（ITAA）で指導的役割を果たす。

ファーに寝そべって『幸福になる関係、壊れてゆく関係』を読んでいる、というシーンがあったのだ。もっともジェリーは、ばかげたタイトルの自己啓発書を読むのも負け組の証拠としか思っていないのだが。

実際、この本は一九六〇年代から七〇年代にかけて起きたポピュラー心理学ブームを象徴する作品になった。売れ行きはすさまじく、今では堂々一〇〇〇万部以上売れたベストセラー本の仲間入りを果たしている。だが、売り上げ部数に意味はない。たくさんのくだらない本が飛ぶように売れた時代だったのだから。『幸福になる関係、壊れてゆく関係』があまたのベストセラー本と違うのは、いまだに読まれ、利用されているという点だ。

「親」「大人」「子ども」――内なる三つの声

この本が受け入れられた背景には、ハリスの師エリック・バーンが『人生ゲーム入門』（453ページ参照）で提示した考え方があった。ハリスはバーンの仕事を基盤にしながら、「ゲーム」の分析ではなく、いわゆる三つの自我状態に焦点を当てた。

三つの自我状態とは、「親（Parent）」「大人（Adult）」「子ども（Child）」という元型的な人格特徴を持ち、始終われわれに語りかける内なる声である。人間は誰しもこれらの自我状態のデータを持っており、そのデータによって思考や判断が左右されるという。ハリスは、交流分析（トランザクション分析）によって理性的な「大人」が解放されると考えた。

「大人」は、盲目的な服従（子ども）や、根深い習慣や偏見（親）に心が乗っ取られるのを防ぎ、少しばかり自由意志の余地を残してくれる。ソクラテスに「吟味されない人生など生きる価値はない」と言わせた客観性を代表するのが、この自我状態だ。その場の状況に合うように「子ども」や「親」のデータをチェックしながら、人間的成長を促してくれる理性的・道徳的な声でもある。

たとえば、ホテルのフロント係が予約を取り違えると、かんしゃくを起こしたくなるものだ。しかし、そんなまねはせずに、とりあえず間違いを受け入れようと思うのは、平静を保つほうがいい結果を得られると（「大人」の内なる声に従って）判断するからだ。

ハリスは、「子ども」や「親」のパターンにとらわれた人々の会話例を数多く紹介し、今の自我状態がどのパターンなのかを自覚できなければ、人種差別に限らず、どの偏見もぬぐい去るのは並大抵ではないということを明らかにしている。

自分も他人も受け入れる

原書のタイトル『I'm OK-You're OK（私はOK、あなたもOK）』は、いったい何を意味しているのか？

ハリスによれば、子どもは周りの大人に比べて自分が無力だと感じるため、「私はOKではない、しかし、あなたは大人だからOKである」と思い込む。幸不幸に関係なく、どの子どもでも事情は変わらない。多くの場合、幼い頃のこの思い込みからやっと解放されるのは、大人になり、親が亡くなってからだ。そして自分の子どもが生まれると、今度は逆の立場でその関係が繰り返される。

だが、悲観する必要はない。それが「昔の」結論にすぎないと気がついた時点で、寛大な自分好みのパターンに取り替える決断を下せばいいのだ。

知らず知らずのうちに「私はOK、あなたもOK」のパターンになるということはない。ときにはそう感じることがあっても、多かれ少なかれ身に染み込ませるには、人間全体に対する信頼に基づいた（ただの気分ではなく）意識的な決断が必要だ。このパターンにはキリスト教の恩寵という概念に少し似たところがあり、自分も他人もすべて受容するのが特徴である。

また、こういう立場に立てば、他人の「親」や「子ども」がふつうなら怒りたくなるようなふるまいをしても、その背後にある意図をうまく見抜けるようになる。「私はOK、あなたもOK」と頭から信じていれば、人との交流に打算が働くこともあまりない。

「超自我」と呼ぼうが、「大人」あるいはニューエイジ風に「ハイアー・セルフ（高次の自己）」と呼ぼうが、人は成長するにつれて、成熟した自我を前面に出したいと思うものだ。「私はＯＫ、あなたもＯＫ」という成熟した立場に立てば、気づかずに閉じこもっていたかもしれない心の牢獄から自分を解放できる。

多くの場合、「ゲーム」をしたり、自己防衛的なふるまいをしたり、偏見の上にあぐらをかいたりするほうが、満足のいく結果を得られるし、間違いなく楽だ。それに、今のアメリカ社会では、基本的に「子ども」の自我状態のままで一生を過ごしても成功者とみなされる可能性がある。その際、われわれは他人を、援助してくれる味方か、目的を妨げる敵としか考えない。それに比べて、本当の意味の成功者は、他人を対等な存在とみなし、貴重な教訓を学ぼうとするのである。

心をより理解するために——

交流分析に関してはバーンの本に一日の長があるとしても、ハリスの『幸福になる関係、壊れてゆく関係』は大変なベストセラーになった。「親」「大人」「子ども」というわかりやすい枠組みを使ったことも成功した要因に違いない。少し拍子抜けするような用語だが、この三つの枠組みは、人間の行動を理解するためにフロイトが考案した、超自我・自我・イドという基本概念に相当するものだ。

本書はポピュラー心理学の本だが、ハリスはわざとレベルを下げた万人受けする書き方はしていない。エマーソン、ホイットマン、プラトン、フロイトなどの文章をふんだんに引用しているのも、そういう人物になじみのない読者を啓蒙したいという気持ちがあるからだ。

交流分析が日常用語として定着するとはとても思えないが、その真価は、ふつう意識しないネガティブな行動パターンを自覚させるところにある。その自己分析的な性質のために、主流派の精神科医にはあまり受け入れられなかったものの、今では有効な療法を求める心理学者やカウンセラーによって採用されるようにもなった。

交流分析はフィクションの世界にまで進出している。一九九〇年代最大のベストセラーの一つ『聖なる予言』(角川書店)を書いたジェイムズ・レッドフィールドは、ハリスとバーンに決定的な影響を受けたと認めている。「コントロールドラマ」(権力争い)にかかわった登場人物たちがそこから抜け出ようとするところは、交流分析のゲームとパターンをしっかり踏襲して書かれている。登場人物たちが生き残れるかどうか(人類が進化できるかどうか)は、この無意識の権力争いの裏に潜むものを見抜く力にかかっているのである。

43

1961

ロジャーズが語る自己実現の道

カール・ロジャーズ

真の人間関係や触れ合いでは、本当の自分を出せるので、お互いの潜在的な可能性がわかる。

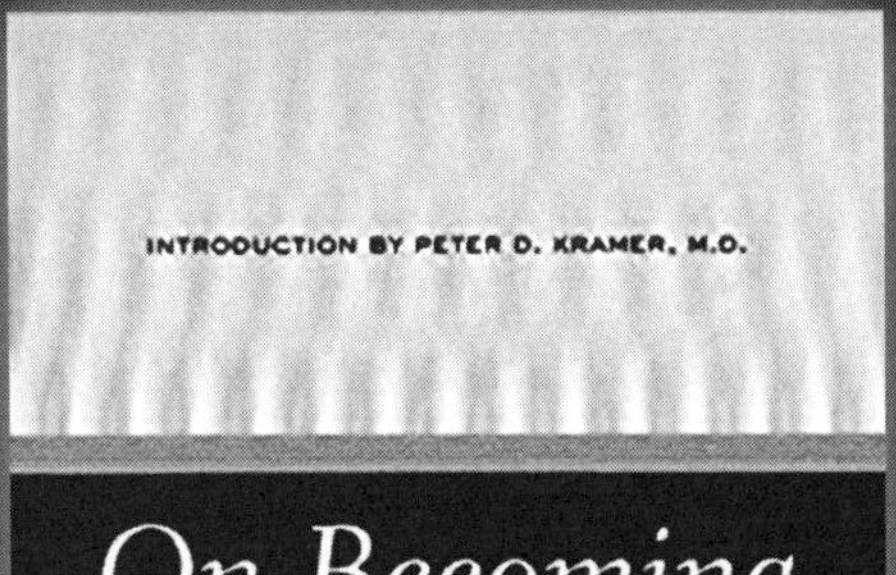

邦訳
『ロジャーズが語る自己実現の道（ロジャーズ主要著作集3）』
岩崎学術出版社　諸富祥彦・末武康弘・保坂亨 訳

人は世間に対してかぶっていた仮面、いや、それによって自分自身を欺いてきた仮面の背後に何があるのかを、苦しみつつ、少しずつ探究していくように思われる。（中略）このようにして、彼はますます、自分自身になっていく。――自分を偽って他の人に迎合しようとするのでもない。またすべての感情を冷ややかに否定するのでもない。知的な合理性という仮面をつけるのでもない。それは生きて、呼吸し、感じ取っていく、変化するプロセスである。――つまり彼は、一人の人間（a person）になるのである。

❀

人と話をした後で「癒された」と感じたことはないだろうか？　落ち着きや自信を取り戻した経験はないだろうか？　思い当たる節があるとすれば、おそらくお互いの間に率直に何でも語り合える信頼関係ができていて、相手がこちらに注意を集中し、何の判断も下さず話を傾聴してくれたからだろう。

カール・ロジャーズは、良好な人間関係に見られるこのような特徴に注目し、心理学者として、またカウンセラーとして自らの仕事にそれを

Carl Rogers

カール・ロジャーズ

一九〇二年、シカゴの宗教的に厳格な家庭で生まれる。ウィスコンシン大学農学部に入学するが、史学部に転部し牧師を志す。

一九二四年、ニューヨーク市にあるユニオン神学校に入学。その二年後、特定の宗教上の教義に束縛されることを嫌い、コロンビア大学教育学部に編入して心理学を学ぶ。一九二八年に修士号、一九三一年には博士号を取得。

博士課程で児童心理に関する研究を行いながら、ニューヨーク州ロチェスターにある児童虐待防止協会に職を得て、以後一二年間、非行少年や恵まれない子どもたちのカウンセリングに携わる。学問的な面はともかく、その仕事によって幼い子どもたちを養うことができた。

一九四〇年、著書の『問題児の治療』が評価されてオハ

応用した。その結果、従来の心理学者と患者の決まりきった関係が一変し、人間関係の改善にさらに広範な影響をもたらしたのである。

当初ロジャーズは、どんな患者の問題も「解決する」優れたセラピストをめざしていた。だがやがて、治療が進むかどうかは、むしろ診察室で向き合う二人がどれほど腹を割って理解しあえるかにかかっていると思うようになる。

彼は実存哲学者マルティン・ブーバーと「相手を承認する」というその考え方に強い影響を受けた。相手を承認するとは、相手の潜在的な可能性を完全に肯定すること、「本来実現すべき」その人自身の姿を想像できることを意味する。

このように人間の可能性に重点を移したことによって、ロジャーズはアブラハム・マズロー（403ページ参照）とともに、当時生まれたばかりの人間性心理学の中心人物になった。人間的成長と人間の潜在的な可能性といった考え方は今では常識だが、もとを正せば人間性心理学の概念なのである。

『ロジャーズが語る自己実現の道』は単独の論文ではなく、一〇年の間に書かれたいくつかの論文をまとめたものだ。ここには三〇年以上にわたって蓄積された心理療法の優れた成果がある。


イオ州立大学教授に就任。一九四二年、後に大きな影響を及ぼした『カウンセリングと心理療法―実践のための新しい概念』（以上、岩崎学術出版社）を出版。一九四五年、シカゴ大学教授に就任し、一二年間勤務。その間、カウンセリングセンターを開設。

一九五一年に出版した『クライアント中心療法』（岩崎学術出版社）で注目を集め、一九五四年、米国心理学会から初の科学功労賞を授与される。

一九六四年、カリフォルニア州ラ・ホーヤに引っ越し、西部行動科学研究所に勤務。以後、一九八七年に死去するまでカリフォルニアに住んでいた。

エンカウンターグループの研究や成人のための経験に基づく学習理論の研究、それに国際紛争の解決に研究を応用したことでも知られている。

常識破りの「クライアント中心療法」

臨床の訓練をしていた頃のロジャーズは、患者との関係をコントロールするのは自分であり、患者を物体のように分析し治療するのが自分の仕事だと当然のように思っていた。しかしやがて、患者（クライアント）自身に治療プロセスの舵取りを任せるほうがもっと効果的だという結論に達する。こうして、かの有名なクライアント中心療法（人間中心のアプローチ）が生まれたのである。

クライアントを「治そう」とするよりも、むしろ彼らの話に無条件に耳を傾けるほうがはるかに重要だとロジャーズは考えた。間違っている、説得力がない、奇妙だ、愚かだ、よくないといった印象を受けるとしても、とにかく話を聞くようにする。こういうスタンスで対処すると、相手は心の中で考えていたことをすべて受容するようになり、何回かカウンセリングをすれば自分の力で立ち直るという。

ロジャーズは自分の考えを「私が自分自身になって、相手が自分自身になるのを援助するだけだ」とまとめている。心理学と言えば実験室でネズミの行動などを研究するものが主流だった時代に、「頭のおかしい」患者に主導権を渡すという考えを打ち出したのは、心理学界に対する重大な挑戦だった。案の定、彼の見解は多くの非難を浴びた。

セラピスト自身の感情も重視する

ロジャーズはこれだけにとどまらず、クライアントの問題に主観を交えず耳を傾ける沈着冷静なセラピストという固定観念をも打ち砕き、セラピストにも人格を持ち感情を表に出す権利があると主張した。

たとえば、カウンセリング中にクライアントに対して敵意を抱くかいらだちを覚えれば、無理に愛想よく冷静なふりはしない。答えを知らないのに知っているかのような話し方はしないという姿勢で臨むのだ。クライアントとの間に真実に基づく信頼関係を築こうとすれば、セラピストの気分や感情にも偽りがあってはならないと彼は思ったのである。

ロジャーズの仕事の中心には、人生は変化していくプロセスだという考え方があった。自己実現をする人間は、当然、自分が「固定したものではなく、流れのように絶えず変化しているもの」だと理解するようになる。間違って自分の経験をことごとくコントロールしようとすると、人格が現実から遊離する結果になるという。

ありのままの自分を受け入れる

ロジャーズによれば、初めてカウンセリングを受けるクライアントは、配偶者や雇い主、あるいは自分自身の抑制しがたい行動などに悩んでいると訴えるのがふつうだが、こういったさまざまな「悩みの原因」は、決まって本当の問題ではない。実際には、どのケースにも共通する問題が一つあるだけだという。すなわち、クライアントが必死になって真の自己になろうとしているということだ。それまでの人生で演じてきた偽りの役割を捨てる、あるいはかぶっていた仮面をはぎ取る手助けを必死に求めているのだ。

概して、彼らは他人が自分をどう思っているか、一定の状況で自分がどうふるまえばいいかを非常に気にするが、カウンセリングを受ければ、再び人生や状況をありのままに経験できるようになる。社会を映す鏡ではなく、一人の人間になるのである。

クライアントが自己のあらゆる面を「自分のものと認める」、つまりまったく矛盾する感情を受け入れるようになる（あるクライアントは両親を愛していると同時に憎んでもいると認めた）のが、この人格変化の特徴でもある。感情や気分の問題を解決する際に、ロジャーズは「事実は常に味方である」ということをいつも念頭に置いていた。自分の感情を否定すれば、精神的な危機に陥る恐れがある。恥ずかしく思う感情を一つ一つ表に出すにつれて、その感情を受け入れても害はないとわかってくるのである。

心をより理解するために――

ロジャーズの影響は、直接関係のあるカウンセリング心理学の枠をはるかに越えて広がった。人間は自分を固定したものではなく、創造の過程にある流動的な存在とみなす必要があるという彼の主張は、一九六〇年代のカウンターカルチャー革命につながる思潮の形成に一役買った。

また今日の自己啓発書にも、明らかにその影響が見てとれる。たとえば、スティーブン・コヴィーが書いた『7つの習慣』（キングベアー出版）の第五の習慣「理解してから理解される」は、「本心を打ち明ければ相手が傾聴してくれるという安心感が当事者の間にない限り、円滑な人間関係は望めない」というロジャーズの考え方に非常に近い。それに、「好きなように生きろ」というスローガンも、ある意味では彼が重視した自己実現という概念に端を発していると考えられる。

心理学者は世界で最も重要な仕事をしている、とロジャーズは思っていた。最終的に人間を救うのは自然科学ではなく、よりよい人間関係だという確信があったからだ。彼が開発した開放的で透明性のあるカウンセリング技法を、家庭や会社、あるいは政治の場で応用すれば、不安を解消し、建設的な結果を得るのに役立つだろう。

ただし、そのためには相手の人間や集団に対して共感しようとする気持ちが必要だ。決して容易ではないが、このような意欲があればお互いを変えることもできるのだ。

7

Chapter7

ビジネスに効く心理学

44

1979

ピープル・スキル

ロバート・ボルトン

優れた対人能力を身につければ、
欲しいものが手に入り、人間関係も良好になる。

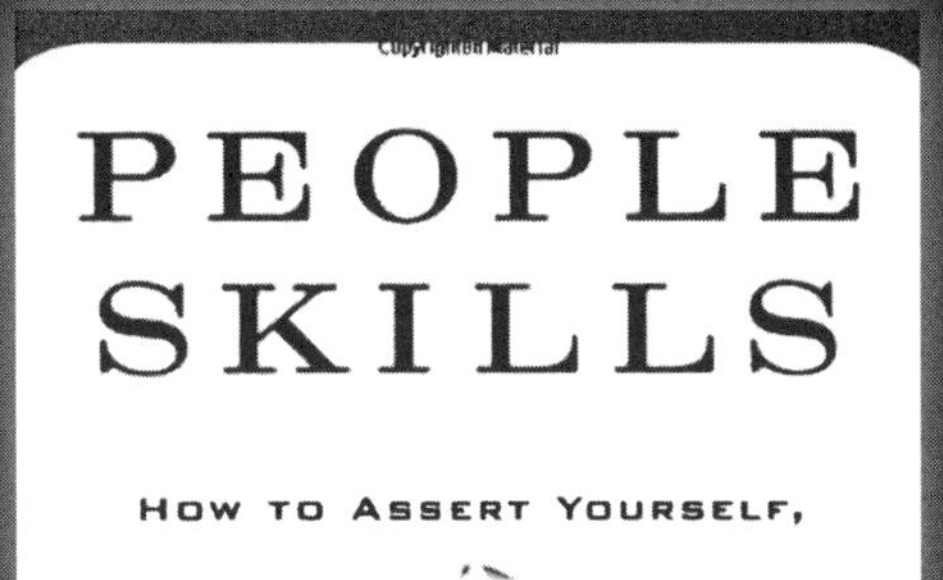

邦訳
『ピープル・スキル　人と“うまくやる”3つの技術』
宝島社　米谷敬一 訳

人と人とのコミュニケーションは人類が培った最高の能力だが、世間一般の人は十分にコミュニケーションをとっているとは言えない。コミュニケーションが不足すれば、友人、恋人、配偶者、子どもなどとの間に距離ができて孤立するし、職場でも能力を発揮できない。

❀

どんなにすばらしいコミュニケーション・スキルがあっても、それが相手への理解や誠意、思いやりの代わりになるわけではない。ただし、このスキルを身につければ、こういった性質をより効果的に相手に示すことができる。

❀

著者が自らの必要に迫られて書いた本が最高傑作になることがある。ロバート・ボルトンは、本書の序文にこう書いている。自分の対人能力（ピープル・スキル）があれほどお粗末でなければ、コミュニケーションの分野に足を踏み入れることはなかっただろう、と。

Robert Bolton

ロバート・ボルトン

一九七二年に設立されたリッジ・コンサルタント（現・リッジトレーニング社）の社長。職場のコミュニケーションと対人関係スキルに関するトレーニングとコンサルティングを専門とする。また、この会社を設立する前に、ニューヨーク州の精神衛生局のためにトレーニングプログラムをつくり、精神科クリニックを創設している。

他の著書には、妻のドロシー・ボルトンとの共著『People Styles at Work, and Beyond: Making Bad Relationships Good and Good Relationships Better（職場のピープル・スタイル―良好な人間関係を築くために）』などがある。

この本は、コンサルティング会社を経営するボルトンが、六年の歳月をかけて書き上げたものだ。その内容は、彼が主催するコミュニケーション・スキルの講習会で検証ずみである。この講習会には、大企業のお偉方から、病院の職員、中小企業の経営者、聖職者、それに修道女に至るまで、多種多様な人々が大勢参加している。

どんな仕事でも、十分なコミュニケーションをとることが成功の必要条件となる。とりわけ技術関係の仕事では、いわゆる「仕事」と言える部分はわずかしかなく、残りはマネジメント、あるいは人との交渉だ。したがって、コミュニケーション能力を高めれば、少なくとも半分は仕事に成功する可能性があるということになる。

評価や批判がコミュニケーションを妨げる

人はみな、相手ともっと親しい関係を築きたいと望んでいる、とボルトンは言う。「寂しい」と感じるのは、周りに人がいないからではなく、コミュニケーションが十分にとれていないからだろう、と。しかし、月面に着陸したり、悪性の病気を治したりできるようになった人間が、どうしてコミュニケーションをうまくとれないのだろうか？

一つには、われわれが非常に多くのコミュニケーション・スキルを、家族から学ぶためだと考えられる。おそらく親や、そのまた親のコミュニケーション能力に問題があったのだろう。

もっとうまくコミュニケーションをとりたいと思っているのに、なぜかコミュニケーションが行き詰まり、他人との意思疎通に支障を来す場合がよくある。特に、相手の話に裁定を下し、解決策を助言しようとする姿勢は障害になる。

そもそも人は、相手の言い分を傾聴せず、どうしても「自分の考え」を差し挟む傾向があるが、これ自体はそれほど悪いことではない。問題なのは、相手を批判したり、レッテルをはったりすることだ。

われわれは、身近な人間については「批判的な意見でも言わない限り、相手は変わらない」と感じるし、赤の他人には何らかのレッテルをはりたがる。しかし、「インテリ」「ガキ」「まぬけ」「小言屋」などとレッテルをはれば、人間を型にはめて見るようになる。「良い助言」に建設的なものがめったにないのは、それがたいてい相手の知的能力を侮辱するようなものだからだ。

評価や批判といったコミュニケーションに慣れきってしまって、それをやめたら何が残るのかと心配になるかもしれない。しかしそのときこそ、他人への理解と共感を示し、「あなたに関心を持っている」とはっきり知らせることができるのである。

上手に「聞く」には

そもそも、会話は競争なのか？「はじめに一息ついたほうが負けで、聞き役にされる」とでもいうのだろうか？

実のところ、相手の話を聞くのが上手な人はあまり多くはない。ある調査によれば、口頭でのコミュニケーションの七五％は、無視されるか誤解されるか、あるいはすぐに忘れられるという。単なるヒアリングとリスニングとの間には大きな違いがある、とボルトンは述べている。「リスニング」という言葉には二つの語源がある。一つは「聞くこと」をあらわす「hlystan」、もう一つは「気をもみながら待つこと」をあらわす「hlosnian」だ。つまり「リスニング」というのは、具体的な行為を意味するだけでなく、他人との心理的なかかわりをあらわす言葉でもあるのだ。

本来の意味でのリスニングをする場合、次のようないくつかのスキルが関係するという。

アテンディング――集中して話を聞く

多くの研究論文では、人間のコミュニケーションの八五％は非言語的なものだと推定されている。したがって、良好なコミュニケーションには「アテンディング・スキル」、つまり相手に「関心を向けて」話を聞く傾聴法が不可欠になる。よそ見をせずに、姿勢、アイコンタクト、身体の動きなどで、「身を入れて聞いている」と相手に伝えるべきなのだ。

ボルトンは、画家のノーマン・ロックウェルがアイゼンハワー大統領の肖像画を製作していたときのエピソードを紹介している。職務上の心配事を抱え、選挙運動も間近に迫っていたにもかかわらず、ポーズをとっていた一時間半の間、大統領は全神経をロックウェルのほうに集中させていたという。

コミュニケーション能力が優れている人物なら、誰でも同じことをするはずだ。全身全霊を込めて相手に注意を払うのである。

フォローイング――話しやすい状況をつくる

「フォローイング・スキル」は、相手が自然に話せるように手助けする技術である。われわれはよく助言したり元気づけたりするが、もっと効果的な方法は、「きっかけとなる」言葉をかけることだ。
たとえば――

◆相手のボディー・ランゲージに注目し、「今日は晴れやかな顔をしているね」と言う。
◆相手の話を促すように、「もっと聞きたいな」「この件について話してくれないか」「何を考えているんだい？」などと言う。
◆相手が話すのを黙って待つ。
◆ボディー・ランゲージで、相手の話を聞く気があるというメッセージを伝える。

こういう言動はどれも相手を尊重する気持ちをあらわしているので、相手は何のプレッシャーもなく、気が向くままに話してもいいし、話さなくてもかまわないと感じる。ボルトンはこう述べている。はじめは黙っていると気まずい思いをすることがよくあるが、少し練習すれば、簡単に気楽なやりとりができるようになる、と。

フォローイング・スキルを身につけると、その会話に対する話し手の姿勢を正確に把握でき、何でも言いたいことを言わせたり、引き出したりするのが上手になる。これは話し手にとっても聞き手にとってもありがたいことだ。

パラフレージング——言い換える

ボルトンの説明によれば、「パラフレージング」とは「相手の話の本質を、聞き手自身の言葉で簡潔にまとめた応答」である。たとえば、誰かの悩みを聞いているときに、その話を自分なりに一言で要約して相手に返す。こうすれば、われわれが真剣に耳を傾けていることが話し手にも伝わり、相手は自分が理解され、受け入れられていると感じるのだ。

はじめは違和感を覚えるし、変に思われるのではないかと心配するかもしれないが、たいてい相手は喜んでくれる。自分の気持ちが受け入れられて悪い気がするはずはないからだ。

リフレクティブ・リスポンス——受け入れる

このタイプのリスニングは、話し手に自分の心理状態や感情を認識させる鏡のような役割を果たす。ボルトンはある若い母親の話を例にとって説明している。たとえば、何もかもうまくいかない朝があるとする。赤ん坊が泣き、電話が鳴り、トーストが焦げる。この様子に気づいた夫が、「参ったな、おまえ、トーストの焼き方も知らないのか」とでも言えば、その女性が感情を爆発させるのは目に見えている。

しかし、夫がこう言えばどうだろう？「朝から大変だったね。赤ちゃんは泣くわ、電話は鳴るわ、おまけにトーストもこれじゃあな」。妻が経験していることを、評価も批判もせずにありのまま受け入れるこの姿勢が、「リフレクティブ・リスポンス」と呼ばれるものだ。前者のセリフと比べれば、どれほど妻の気分はよくなることか。

リフレクティブ・リスポンスが効果的なのは、人が必ずしも自分の本当の気持ちを詳しく説明したがらず、遠回しな言い方をすることもあるからだ。相手の本音を見極めるには、反応を示すのではなく、相手をそのまま受け入れるしかない。心理学者は「目下の悩み」や「根本的問題」を話題にするが、その悩みや問題はあくまで人が口に出して言ったものにすぎない。むしろ言葉にならないところに本当の問題があるのだ。

だからこそ、会話では耳を澄まして相手の気持ちを聞き取らなければならない。言葉だけを理解しようとすると道を誤りやすいからだ。

リフレクティブ・リスポンスは、時間がかかるし骨も折れると批判されている。短期的にはそのとおりだが、コミュニケーション不足によって生じる大きなトラブルを未然に防ぐ効果が期待できるのもまた確かなのだ。

上手に「自己主張する」には

ボルトンは、リスニングとアサーティブネス（自己主張）を、それぞれコミュニケーションの「陰」（受動的側面）と「陽」（能動的側面）にたとえている。

ほとんどの人はコミュニケーション・スキルを身につけていないため、何か欲しいものがあると、うるさくせがむか攻撃的な態度を見せる。または、はじめからあきらめる。これは、動物本来の「闘争－逃走」反応（ストレスのかかる事態に対処するための自律神経系の働き）だ。

しかし、人間には第三の選択肢もある。それが言葉による自己主張だ。人間は攻撃的な態度をとらずに、自分の立場を固守することができるのだ。これほど効果的なコミュニケーションの方法はまずありえない。にもかかわらず、自己を主張することを忘れる、あるいは主張の仕方を知らない者が圧倒的に多いという。

アサーティブな姿勢の本質は、他人の領域を侵さずに変化を起こすことにある。結果を意識しながらも、強迫や威圧はしない。内心穏やかでなく、その激しい怒りが言葉によって伝わることはあっても、敵意に満ちた攻撃的な態度をとったりはしない。自分が発するメッセージにどう応えるかを、相手自身に決めさせるのだ。それによって、相手の面子が保たれ、われわれの欲求が満たされる可能性も高まるというわけだ。

上手に「対立を解消する」には

誰もが勝者になれれば、もちろんそれに越したことはないが、ボルトンはふつうでは考えられないような提言をしている。

問題の解決策ばかりに気をとられると、勝者と敗者が生まれる。ウィン－ウィンの結果を得るには、解決策ではなく、各々の要求に焦点を合わせなければならない。

ボルトンはかつて指導した修道女のグループを引き合いに出して、こう説明する。彼女たちには自動車が一台しかなかったため、誰かを訪問したり集会に出かけたりする用事があると、どうしても奪い合いになる。車を使う修道女以外はみな敗者になるのだ。そこで、一人一人に車を使う目的を尋ねてみると、移動のためだと言う。

そうとわかれば、解決策はほかにいくらでも出てくる。古い諺にあるように、「問題がはっきりすれば、半分解決したようなものだ」。ボルトンは段階を追って必要性を突きとめ、解決策を導き出した。この方法を用いれば、手に負えないと思われた問題に対しても、驚くほど鮮やかな解答が見つかる可能性があるのだ。とはいえ、他人を幸せにするには、何よりもまず彼らが求めているものにしっかり耳を傾けることが肝心だ。

心をより理解するために——

出版されてから約四〇年が過ぎた今日でも、この本はよく売れている。では、ロングセラーの秘密はどこにあるのか？

まず、カール・ロジャーズ（507ページ参照）、ジークムント・フロイト（159ページ参照）、カレン・ホーナイ（329ページ参照）といった心理学者の著作から関連のある見解を引き合いに出すなど、知的基盤がしっかりしている。さらに、対人関係のすべての面をカバーしようとせず、基本的なものに絞り込み、「自己主張・傾聴・対立解消」という三つの不可欠で学習可能なスキルに焦点を当てているのもいい。ページ数が多く、繰り返しもかなりあるにもかかわらず、すぐに応用できる非常に実用的な情報とテクニックが盛り込まれている点も魅力的だ。

この本のどこを読んでも、人格を変えて人当たりの柔らかい「社交的な人間」になれとは書いていない。ただ十分な研究結果に基づいて、コミュニケーションに劇的な効果が期待できる技術を教えているだけだ。それらを活用すれば、読者は急に人の本音が理解できるようになり、自分が本当に求めるものをはっきりと伝えられるようになる。

逆に、優れた対人能力を身につければ自分の思いのままに他人を操れる、と考える傾向がある読者は、良い人間関係を築くために必要不可欠な要素をあらためて思い知らされることになる。もちろんそれは、共感、無私の愛、それに誠実さの三つである。

45

1970

水平思考の学習

―創造性のためのテキスト・ブック

エドワード・デボノ

水平思考で、ものの見方を拡げて既存の概念を打ち破ることができる。

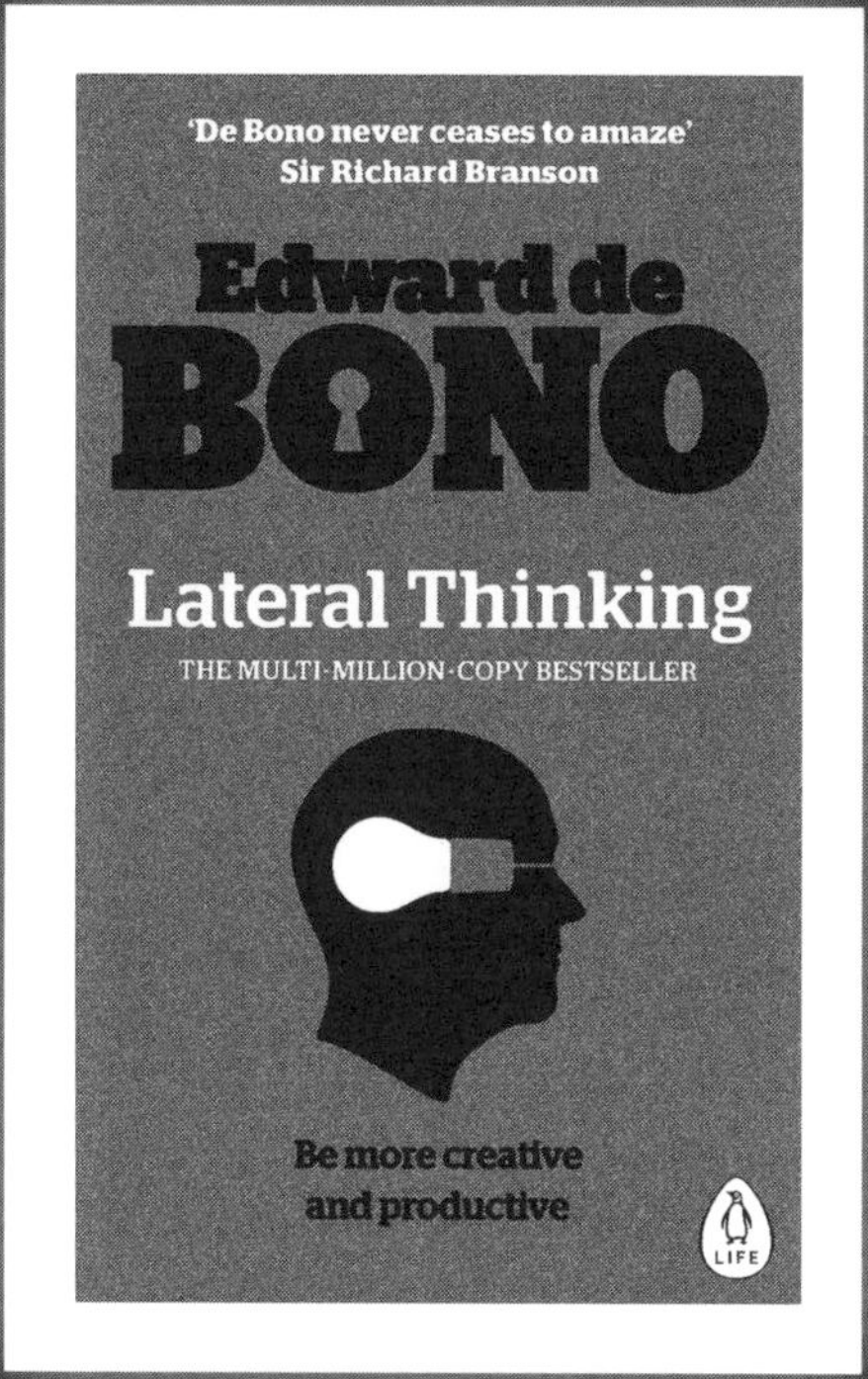

邦訳

『水平思考の学習』

講談社　箱崎総一・青井寛 訳

水平思考というものは、自動車におけるバックギアのようなものである。車を運転するのに、常にバックギアだけを使用するわけではない。その反面、バックギアが絶対に必要となる場合もある。たとえば、バックギアの使い方をよく知っていれば、運転がうまくなるし、袋小路にはいってしまっても、そこからうまく抜け出すことができるのである。

❀

水平思考の目的としては、思考が必ずしも常に正しいという必要はなく、むしろ効果的であることの方が大切である。

❀

エドワード・デボノと聞けば、まず「思考法」という言葉が頭に浮かぶ。実際、効果的な思考法の啓蒙にかけてはデボノほど有名な人物はいない。

ポピュラー心理学の先駆けとなった初期の著作は、文体こそおもしろみに欠けるものの、ユニークな考え方が受けてどれもベストセラーにな

Edward de Bono

エドワード・デボノ

一九三三年、地中海のマルタ島生まれ。父親は医学部教授、母親は雑誌記者だった。

セント・エドワード・カレッジで学んだ後、二十一歳でマルタ大学を卒業し、医学の学位を取得。ローズ奨学金を得て、オックスフォード大学クライスト・チャーチで学び、心理学と生理学で修士号、医学で博士号を取得。

ケンブリッジ大学で博士課程を終えた後、オックスフォード大学、ケンブリッジ大学、ロンドン大学、ハーバード大学などで教鞭をとる。一九七六年以降、著述業に専念。

数多くの大企業や政府機関をはじめ、教師や児童とも共同研究を行う。また、講演活動でも有名。著書は六〇冊を超えるが、主なものは以下のとおり。『頭脳のメカニズム―発想の源泉はどこにあるか』(講談社)、『デボノ博士のポー

っている。今ではオックスフォード英語大辞典にも載っている「水平思考」は、デボノが『水平思考の世界—電算機時代の創造的思考法』（講談社）の中で初めて使った用語だが、さらに多くの読者を獲得したのが本書『水平思考の学習—創造性のためのテキスト・ブック』（講談社／アメリカ版の邦訳は『デボノ式思考能力開発法—創造的行動への前進』日本生産性本部）である。

—第三の思考世界』（実業之日本社）、『世界の思想家—人類の歴史を変えた30人』（玉川大学出版部）、『会議が変わる6つの帽子』（翔泳社）、『デボノ博士の思考革命—岩のロジックから水のロジックへ』（きこ書房）、『How to Be More Interesting（魅せるアイデア）』、『魅せる会話—あなたのまわりに人が集まる話し方』（阪急コミュニケーションズ）。

水平思考とは何か

一九六〇年代にデボノが執筆活動を始めた頃は、新たな洞察を得られるような実用的で標準的な方法はなかった。少数の「創造的な」人間を除けば、みな既成の決まりきった考え方に従ってコツコツと努力するほかなかったのである。デボノは水平思考を、誰でも問題解決に使える初めての「洞察力による方法」という触れ込みで紹介する。

水平思考という概念は、頭脳の働き方に関する研究から生まれたものだった。デボノは、脳をコンピュータと考えるのではなく、「特殊な環境をつくり、情報が自律的に思考パターンの中に組み込まれやすくしている」ものと理解したほうが賢明だと思った。

頭脳は絶えずパターンを求め、パターンについて考える。また、自己組織化機能を持ち、既成の情報に照らして新たな情報を取り込む。このような事実から、新しいアイデアが誕生するときには必ず既存のアイデアとの間に衝突が起きると気づいたデボノは、衝突を起こさずに、無意識の洞察力によって新しいアイデアを生み出す方法を模索したのである。

水平思考のプロセスでは、パターンを再構築し、ものの見方を広げて既成の思考法の殻を破ることが可能になる。基本的に創造力から生まれる水平思考は、神秘的な要素など少しもない、単なる情報処理の方法だが、他の方法より創造的な結果をもたらす。デボノによれば、ユーモアは既存のパターンを唐突に再構築することから生まれるが、予期しない要素を導入できれば、既存のパターンにとらわれずにすむのである。

水平思考と対比されるのは「垂直思考」だ。一般に西洋文化、とりわけ欧米の教育システムでは論理的思考が重視され、一つ一つ正しい段階を経て、最終的に「正しい」解決策に到達することが求められる。たいていの場合、この種の垂直思考で事足りるが、きわめて困難な状況から一気に脱出しようとするとき（「創造的思考」が必要なとき）には間に合わない恐れがあるという。デボノはこう表現している。

垂直思考は、思考において同じ穴を、より深く掘るために用いられる。水平思考は、異なった場所に穴を掘るために用いられる。

水平思考は垂直思考を無効にするものではなく、通常の思考パターンが行き詰まったときの補完的思考法なのだ。

創造的思考のテクニックを実践する

「水平思考の一端に触れたというだけでは十分ではない。練習が必要だ」とデボノは強く主張する。この本の大部分を占めているのは、水平思考を促すテクニックの説明だ。以下はその主なテクニックである。

◆多様なアプローチの探求——効果的な解決策を得るには、アプローチの選択肢を増やすことが先決だ。

◆臆測に対する挑戦——臆測のおかげで通常の営みを維持できる場合は多いが、臆測を少しも疑わなければ、型にはまった考え方しかできなくなる。
◆割当——ある問題について、あらかじめ定められた数のアイデアを提案する。往々にして、一番役に立つのは最後に出るアイデアだ。
◆アナロジー（類推）——ある状況と一見異なる状況の類似点を探る、昔ながらの有効な思考法。
◆反転法——ものの見方を反転させ、正反対のものを見ると、意外なほどアイデアが生まれやすい。
◆支配的なアイデアの発見——習得には苦労するが、本、プレゼンテーション、会話などのつぼを押さえるにはきわめて役に立つ技術。
◆ブレーン・ストーミング——水平思考を直接促す技術ではないが、水平思考が生まれる下地をつくる。
◆判断の保留——一見魅力に乏しいと思われるようなアイデアであっても、しばらく温めて有効性を見極める。

水平思考のプロセスは常に正しいものである必要はなく、効果的でありさえすればよい、とデボノは何度も強調している。正しさを求めれば、新しいアイデアを出しにくい。アイデアを考え出す過程で何度か間違えても、最後には良い結果を得られる可能性が大いにあるので、数多くアイデアを出し、玉石混淆の中から良いものを選ぶことが肝心だという。

既存の概念が水平思考の邪魔をする

洞察力による問題解決法と新しいアイデアの特徴は、発見された後でごく当たり前のものと思われることである。

われわれの頭の中には、わかりきっているが優れたアイデアが埋もれていて、探し出されるのをじっと待っている。その回収を妨げているのは、なじみのあるレッテルや分類整理にとらわれた固定的な思考法だという（これをデボノは「既成の思考パターンの横暴」と表現している）。異なる結果を望むなら、情報処理の方法を変える必要がある。あるアイデアが独創的に思われるのは、必ずしもその概念自体が独創的なわけではなく、従来の考え方に縛られてそれを思いつかなかった人が圧倒的に多いからだ。

われわれが天才を崇拝し、アインシュタインのような著名人を賞賛する理由は、効果的な思考法を教わった人がほとんどいなかったということに尽きる。水平思考をずっと続けて練習すれば、独創的なアイデアが途切れることなく次々に浮かんでくる、とデボノは主張する。

心をより理解するために――

デボノの一連の著書は、その後の「マインド・パワー」をうたい文句にしたセンセーショナルな本の先駆けになったが、この『水平思考の学習』自体は一般受けしない無味乾燥な文体で書かれている。後に続々と登場した自己啓発セミナーの教祖的指導者とは違って、心理学と医学の学位を持つデボノのアプローチは厳密だ。

デボノの本を読んでもあまり参考にならなかったと思う人は、すでに水平思考が身についている可能性がある。しかし、よりよい思考法を習得することは誰にでもできるし、彼の一連の著作は格好の入門書になる。

説明を単純化しようと「ポー（PO）」のような造語を考案したことを人はばかにするが、思考そのものを考察するように大衆を啓蒙したデボノの功績は誰よりも大きい。これは重要な仕事だ。なぜなら、世界が進歩するときには、優れた新しいアイデアが常にその中心になっているのだから。

46

1984

影響力の武器
―なぜ、人は動かされるのか

ロバート・B・チャルディーニ

人間の自動的な行動パターンを理解すれば、
それだけ自分の精神の安定に役立つ。

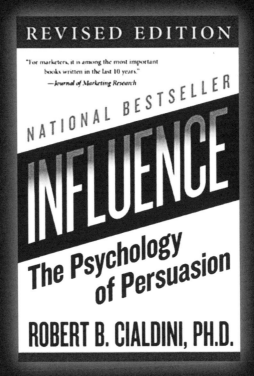

邦訳
『影響力の武器』
誠信書房　社会行動研究会 訳

他の人に対してイエスと答えさせるのは、どのような要因なのだろうか、それらの要因を効率的に使って承諾を引き出すことができるのはどのようなテクニックなのだろうか、何か頼み事をするのに、ちょっとしたやり方の違いで成功したり失敗するのはなぜだろうか、このようなことを考えるようになったのです。

❀

こうした点から考えてみると、きわめて秩序正しく、パニックも起こさず、心静かに彼らが毒の桶の前に進み出て死んでいったことがよく理解できます。彼らはジョーンズによって催眠術をかけられていたわけではないのです。部分的には彼の影響もあるのですが、さらに重要なのは社会的証明の原理によって、彼らは自殺が正しい行為であると確信していたのです。

❀

『影響力の武器―なぜ、人は動かされるのか』はこれまでに一〇〇万部

Robert B. Cialdini

ロバート・B・チャルディーニ

ノース・キャロライナ大学で心理学の博士号を取得。コロンビア大学で研修を終えた後、客員教授としてオハイオ州立大学とスタンフォード大学に勤務。

社会的影響力と説得力に関する研究の第一人者であり、アリゾナ州立大学の心理学教授。また、企業を対象にしたコンサルタント会社、インフルエンス・アット・ワークの経営者としても活躍。

他の著書には、説得と承諾の原理を集団に教えることを目的として書かれた『Influence: Science and Practice(影響力―科学と実践)』がある。

以上売れ、二〇カ国語に翻訳されている。まえがきの中で、ロバート・B・チャルディーニは次のように告白している。昔から物を買うときもセールスや寄付金集めに来た人間を相手にするときも、いいカモにされた、と。寄付金を頼まれると、にべもなく断ることはなかなかできなかったのである。

実験社会心理学者としてチャルディーニはこのことに疑問を感じ、他人を説得してふつうなら関心を持てそうにない行為をさせるためのテクニックとは実際どういうものかを知りたいと思った。研究の一環として、彼は種々雑多なセールス見習い募集の新聞広告に応募し、直接説得と売り込みのテクニックを学んだほか、広告やPR関係の会社、募金を集めている組織などに入り込み、プロから「服従の心理学」の秘訣を盗んだという。

その努力の結晶が、マーケティングと心理学の両方の分野にまたがる優れた作品となった。本書は、なぜわれわれが説得に弱いのかはもちろん、人間性についても多くのことを教えてくれる。

自動的に「イエス」と言わせる方法

この本のはじめに、チャルディーニは七面鳥の母性本能について論じている。七面鳥の母鳥は役目を立派に果たしてヒナ鳥をしっかり守り育てるが、その母性本能が発揮されるのは、たった一つのことが引き金となっているとわかった。それは、ヒナ鳥の「ピーピー」という鳴き声だった。

毛長イタチは七面鳥の天敵であり、母鳥はその姿を一目見るなり襲いかかろうとする。毛長イタチのぬいぐるみを見ても反応は同じだ。ところが、そのぬいぐるみの中にテープレコーダーを埋め込み、ヒナ鳥の「ピーピー」という鳴き声を流すと、不思議なことが起きる。七面鳥の母鳥はそのぬいぐるみを懸命に守ろうとするのだ。

しょせん動物だ、まぬけなこともするだろう、と思うのも無理はない。ボタンを押すと、たとえばかげていても一定の行動をとるのだから。

しかし、チャルディーニが七面鳥の行動について触れたのは、「人間の」自動的な反応について不愉快な事実を告知する下ごしらえにすぎない。われわれにもやはり「プログラムされたテープ」があり、ふつうはうまく機能している（たとえば、あまり考えなくても生きていけるように）が、知らない間にテープが再生されて困った事態になる場合があるのだ。

チャルディーニが六つに分類している「影響力の武器」は、人を自動的に行動させ、通常の合理的な意思決定プロセスを踏ませない方法である。このような簡単に誘発される行動を、心理学では「固定的行動パターン」と呼んでいるが、行動の引き金になるものがわかっていれば、かなりの確率で人の反応を予測することもできるという。

　この本の書名を内容に忠実なものに変えるなら、「提案について合理的に考える暇を相手に与えず機械的反応を引き出す方法」といったところだろう。チャルディーニが分類した基本的な影響力の武器は、相手に自動的に「イエス」と言わせるために説得術の専門家が使う戦術であり、返報性、コミットメントと一貫性、社会的証明、好意、権威、希少性の六つがある。

返報性――借りを返さなければ…

　返報性のルールはどの文化にも見られる。贈り物、招待、賛辞など、何であれ恩義を受けたらお返しをしなければならないというルールだ。

　嫌いな人より好きな人に親切にしてあげたいと思うかと問われれば、イエスと答える人がほとんどだろう。ところが、心理学の研究によって、好意の度合いは「借りを返さなければならない」という義務感には影響しないことがわかっている。要求したわけでもなく、また、大したものでなくても、われわれは何かをくれた個人や組織に恩義を感じるのだ。

　チャルディーニはハレー・クリシュナの募金活動を例にあげている。通りや空港で人々に花や小冊子をプレゼントするのがハレー・クリシュナの戦術だ。ほとんどの人は花を断って返そうとするものの、いったん受け取ると寄付をしなければ悪いような気持ちに追い込まれるという。

　また、慈善団体のダイレクトメールに応えて寄付をする人はふつう二〇%にも満たない。ところが、アドレスシールなどのプレゼントが手紙に添えられている場合には、数が劇的に増えるのである。

恩を返す義務はもちろん、恩を受ける義務があると感じさせるのも威力がある。借りを返さない人間だと思われたくないし、「ノー」と言えそうもないということになると、抜け目のない営業マンの餌食になってもしかたがない。チャルディーニはこう警告している。今度、要求もしない「プレゼント」をもらうようなことがあれば、好意以外の意図があると気づいてほしい。そうすれば、何のお返しをしなくても良心の呵責にさいなまれることはない、と。

ニクソン大統領を辞任に追い込んだ有名なウォーターゲート事件も引き合いに出されている。後から考えると、ウォーターゲートへ侵入するなど、いかにも愚かな行為である。リスクがあるし費用もかかる。そもそも、その必要もなかった（いずれにせよ、ニクソンが次の選挙に勝つ見込みが強かった）。

しかし、共和党の再選委員会がこの愚行を許したのは、党内の強硬派であるG・ゴードン・リディを懐柔するためだった。リディは以前、はるかに突拍子もない計画案を二つ提出したが、莫大な費用がかかり、強盗から誘拐まで手段を選ばぬ計画だったので却下されていた。そういう経緯があったため、彼が規模を縮小して民主党本部への侵入案を提出すると、委員会は譲歩して「イエス」と言わざるを得なかったという。

委員会のメンバーだったジェブ・マグルーダーは次のように述べている。「何の花も持たせず彼を追いやってしまうことには後ろめたさを感じた」。恩に報いようとする動機が影響力の武器になることに注意する必要がある。

コミットメントと一貫性――最後まで貫きたい

人間には一貫性を保ちたいという気持ちがある。われわれはある物事にコミットメント（行動に言質を与えて束縛されること）をすれば、それに対する思い入れが強くなり、できる限り自分の決定を正当化しようと努める。なぜ、そうなるのだろうか？

一つには、社会的なプレッシャーがあるからだ。考えや気分がすぐに変わるような人間に好意を持つ者はいないし、誰でも首尾一貫した人格の持ち主だと思われたいのだ。あいにく、セールスマンはここにつけ込んでくる。気持ちを変えることに抵抗があるというわれわれの心理を見抜いた上で、巧みに利用するのだ。

たとえば、慈善団体から電話がかかってきたとする。はじめに丁寧な挨拶をされれば、そっけない応対はまずできない。その後、災害の被害者や病気で苦しむ人への寄付を依頼されたからといって、急にぞんざいで不機嫌な応対に切り替えて不幸な人たちへの援助を断るようなまねができるわけがない。一貫性を保つには、寄付に応じるほかないのである。

物を売り込もうとする人間なら、少しコミットメントを引き出せば客の自己イメージを操作できる、ということは承知している。だから、たちの悪い自動車販売業者には、まず非常に安い値段を提示して客をショールームに誘い込もうとする者もいる。もちろん、後でいろいろ料金を上乗せするので、最初の安い値段で買えるわけがない。しかし、誘い込まれた段階で、すでに客は買わざるを得ない心境になっている。

また、セールスマンが客自身に注文書や売買契約書を記入させて、引くに引けない立場に追い込む戦略もある。パブリック・コミットメント（自分のコミットメントを公表すること）は強力な武器になるのだ。

チャルディーニは「ばかげた一貫性は偏狭な心に住む子鬼である」というエマーソンの有名な言葉を引用し、次のように警告している。特に説得されて物を買う場合、人間には生まれつき一貫性を維持する傾向があるという事実を思い出せば、結局は不利になるような取引から簡単に手を引くことができる。首尾一貫した態度を示そうと、あわててコミットしないで、まず直感に従って物事の価値を考えてみるべきだ、と。

社会的証明——周りと同じなら安心

あらかじめ録音された笑い声は、なぜ今でもテレビのコメディ番組で使われているのだろうか？　創造力豊かな出演者たちが屈辱的だと思い、ほとんどの視聴者がないほうがいいと言うものをどうして使い続けるのか？　実は調査によって、本物でなくても他人の笑い声が聞こえるほうが、視聴者はギャグをおもしろいと感じるということがわかっているからだ。

人間は「社会的証明」を必要としている、とチャルディーニは言う。つまり、他人がしている行為なら自分も気持ちよくできるというのだ。彼は悲惨な事件を例にとって、これを説明している。一九六四年、ニューヨーク市クイーンズ地区の路上で、キャサリン・ジェノヴィーズという女性が殺害された有名な事件だ。

犯人は、三〇分の間に三回襲いかかった末にやっと彼女の命を奪っている。叫び声やもみ合う音も聞こえていた。さらに信じがたいことだが、三八人もの住民がその様子を目撃していた。にもかかわらず、あえて助けようとする者は一人もいなかったのである。

薄情なニューヨーカーだからこんなことが起きたのか？　そうとも考えられるが、自分が何も手を打たなかったことに目撃者自身ショックを受けているようだった。ようやくわかったのは、どうやら、他の人が何とかするだろうと誰もが思っているうちに、こういう事態になったということだ。

周囲に大勢の人がいるよりも、たった一人しかいないときのほうが、困っている人は助けてもらえる可能性が高い、とチャルディーニは言う。群衆の中であれ町中であれ、困っている人を助けようとする人が誰もいなければ、自分が助けようという気にはなれないものだ。人間には行動する前に「社会的証明」が必要なのだ。

まだ一般的な問題になる前に、チャルディーニは「後追い」自殺について論じていた。自殺に関連する社会的証明の事例で一番有名なのは、一九七八年、ガイアナのジョーンズ・タウンで起きたおぞましい事件だ。

この事件では、ジム・ジョーンズ率いるカルト集団、人民寺院のメンバー九一〇人が、桶の中の毒入りソフトドリンクを飲んで集団自殺している。これほど多くの人間がこれほど快く死を選んだのは、いったいどうしてなのか？　自殺したのはサンフランシスコで人民寺院に加わったメンバーがほとんどだったことから、チャルディーニは、異国の地での孤立した生活によって、人間本来の「類似した他者の行動に従う」傾向が強まったのが原因だ、という見解を示している。

もっと身近な例もある。広告やマーケティングは、たいてい社会的証明の原理に基づいて戦略を練っている。他の人があまり使わないうちは買いたくないと思っていれば、製品の良し悪しを手っ取り早く見極められる場合が多いのは確かだが、セールスマンにとっては、この裏をかくのは朝飯前だ。われわれは「偽の証拠」に用心しなければならない。俳優を動員したヤラセでも、われわれの購買意欲に影響を及ぼす「証明」になるからだ。

希少性――少ないものほど欲しくなる

「なくなる可能性があると思えば、何でも大事にするものだ」と、G・K・チェスタトンは述べている。手に入りにくくなると物を大切にするのが人間の常だ。実際、価値が同じでも、豊富にあるものより、なくなる恐れがあるものを求める気持ちが行動の動機になりやすい。

小売業者はこの心理をうまく利用している。彼らは、年がら年中「在庫が少なくなっています」と声をからして商品を宣伝するので、特に欲しいものでなくても、この機を逃すと損をするという気にさせられるのだ。

映画や本が検閲を受けたり禁止されたりすると、その需要が急増するのがふつうだ、とチャルディーニは指摘している。どんなものであれ、禁止されるものに対して、われわれは関心を抱くのだ。

これに関して「ロミオとジュリエット効果」と呼ばれる現象も紹介されている。ティーンエイジャーのカップルの場合、両家の親たちの反対で会うこともままならない状況に追い込まれると、かえって二人の絆が強まる可能性が高くなるという。

希少性に反応すると合理的な思考力に悪影響が及ぶので、気をつけるべきだ。実際にわれわれは、競売に参加して予算外のものを買わされるような愚かなまねをしているのである。「在庫はこれで最後です」と訴える店員の言葉に釣られることもあるし、「この町に引っ越してくるお医者さんのご夫婦も、この家が気に入ったとおっしゃっていました」と決断を迫る不動産業者の餌食になることもある。希少性の圧力に屈せず、物事の価値を冷静に評価するように注意したいものだ。

心をより理解するために――

影響力の武器のうち、「好意」と「権威」という二つのカテゴリーは紹介できなかったので、本を購入してお読みいただきたい。「権威」について少し触れておくと、チャルディーニはここでスタンレー・ミルグラムの実験（415ページ参照）を引き合いに出している。権威者がきわめていかがわしい人物でも、人間には本来権威を尊重する傾向がある、ということを証明した有名な実験である。

この本には、人間がいかに心理操作に無防備であるかということについて、有益な教訓（ゾッとするものも多い）がいろいろと示されている。しかし、それがわかったからといって、必ずしも人間性の評価を下げるには及ばない。むしろ、人間の自動的な行動パターンを理解すれば、それだけ自分の精神の安定に役立つ可能性があるのだ。

影響力の武器から身を守る一番効果的な方法は、その知識をできるだけ多くの人に共有してもらうことだ。その点では、『影響力の武器』は社会に大きな貢献をしてきたと言える。

本書の改訂版には興味深い特徴が一つある。影響力の武器を目撃したか、その被害を受けた経験を伝えたいと願う人たちの投書がそのまま掲載されているのだ。『影響力の武器』は、販売手法の手引き書としても大いに役立つが、本来のねらいは、人間の意思決定プロセスを明らかにすることである。

自分で下した決定は、実は、誰かに心理的、あるいは感情的に操られた結果にすぎないのではないだろうか？　われわれは本当に理性的に考えているだろうか？

47

1996

クリエイティヴィティ
—フロー体験と創造性の心理学

ミハイ・チクセントミハイ

自分の仕事の手段や分野に精通して初めて、
本当の創造性を発揮できる。

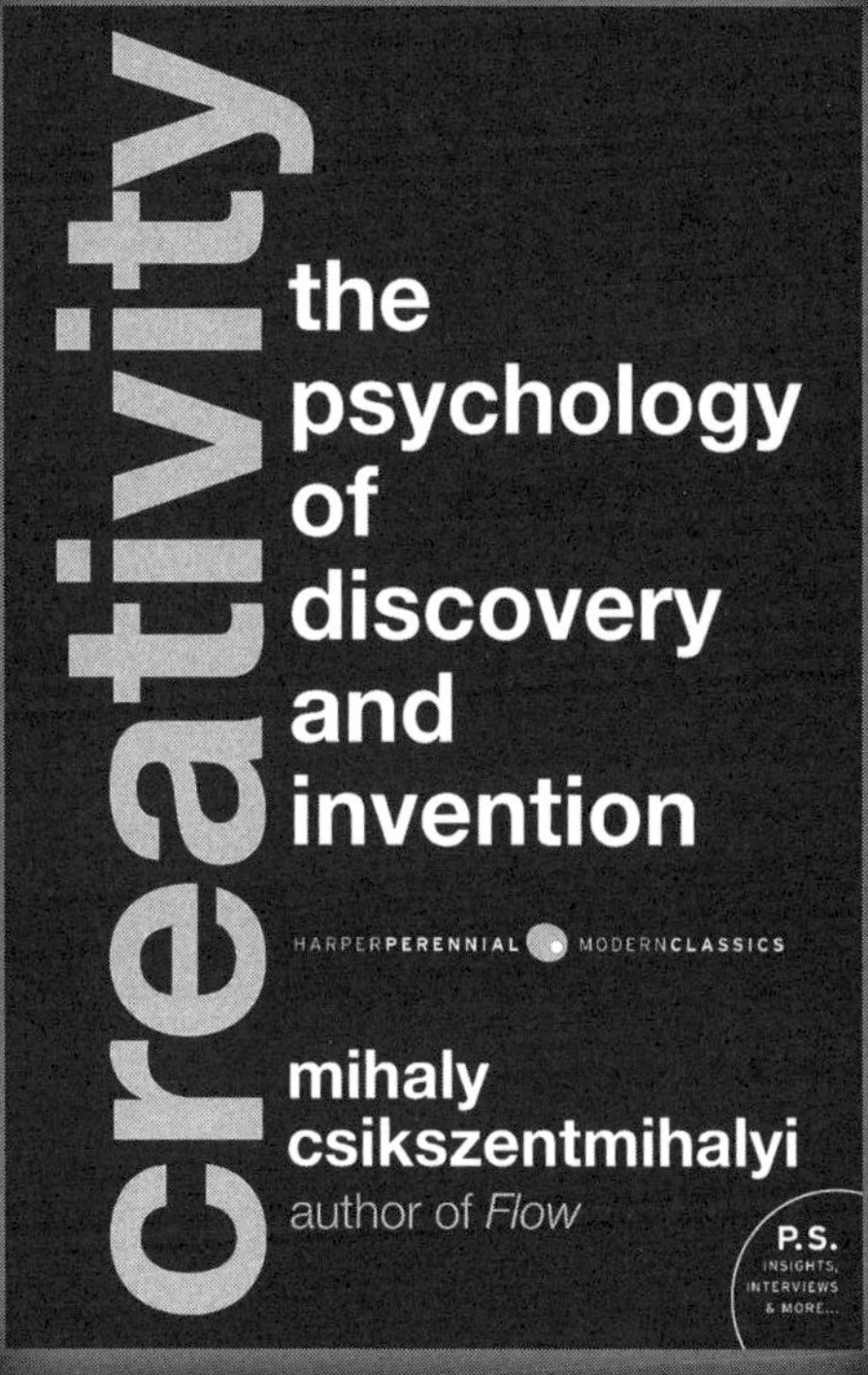

邦訳
『クリエイティヴィティ—フロー体験と創造性の心理学』
世界思想社　浅川希洋志 監訳　須藤祐二・右羽郁夫 訳

創造性の正体は、巷にあふれるあまりにも楽観的な見解とは違って、わかりにくく不思議なものである。私はその理由をこれから明らかにするつもりだが、一つには、「創造的」と呼ぶに値するアイデアや生産物が、たった一人の人間の頭から生まれるのではなく、多様なものの相乗作用によってもたらされるからだ。その上、一瞬のひらめきから本当に創造的な仕事が生まれることなどめったにない。ほとんどは長年の懸命な努力の賜物なのである。

❀

人間は主として創造性を発揮するために生きている。こう主張する理由はいくつかあるが、そもそも、おもしろいものや重要なもの、それに人間らしいものは、たいてい創造力によって生み出されているのだ。人間は遺伝子構造の九八％をチンパンジーと共有している。もしも人間に創造性がなければ、類人猿と区別がつかなくなるだろう。

❀

Mihaly Csikszentmihalyi

ミハイ・チクセントミハイ

一九三四年、アドリア海沿岸のフィウメ（リエカ）に生まれる。父親はハンガリー領事として、当時イタリア領だったこの都市に赴任していた。チクセントミハイという姓は、「チク州の天使長ミカエル」という意味をあらわしている（チクとはもともとハンガリーの州の名前）。

青年時代をローマで過ごし、ファミリーレストランの経営を手伝いながら古典教育を受ける。卒業後は写真家兼旅行業者として働いていたが、一九五八年、シカゴ大学に入学。学士号と博士号を取得。

カール・ユング（179ページ参照）の説に関心があったものの、大学ではやむなく行動主義心理学を学ぶ。フロー、創造性、自己などに関する理論を展開するようになったのは、後年、シカゴ大学に教授ミハイ・チクセントミハイが創造性に関心を向けたのは、有名な『フロー体験—喜びの現象学』（世界思想社）を書いた後だった。『フロー体験』では、幸福そのものを追求するのは間違いであり、どんなときに本当に幸せだと感じるか、何をしているときに力がみなぎり、本来の自分になれるかを認識し、その活動をもっと行うべきだという見解が示された。

フロー活動は、純然たる楽しみや知的満足感のために行うのであり、何らかの外的報酬を目的にするものではない。たとえば、チェスで勝ちたいと思っても、勝つのが目的でチェスをするわけではない。何もかも忘れて没頭できるからするのである。

チクセントミハイはこのような考え方を、本物の創造性を身につけるにはどうすればいいかという問題に応用した。彼の言う創造性とは、ケーキづくり、カーテン選び、子どもの想像力豊かな話などに必要な「ちょっとした創意工夫」程度のものではなく、「専門分野」全体、またはあらゆる人間の営みを変えるようなものだ。

真に創造的な人間は、機械を発明するにしても曲をつくるにしても、一般的なものの見方、理解や認識の仕方、あるいは行動の仕方を根本的に変える能力を持っているという。チクセントミハイはこのような創造力を生み出す要因を明らかにしようとした。

として勤務するようになってからのことである。

一九九九年から、カリフォルニア州のクレアモント大学大学院教授。クオリティ・オブ・ライフ・リサーチ・センターで、ポジティブ心理学のさまざまな側面を研究している。

他の著書は、『楽しみの社会学』（思索社）、『The Evolving Self: A Psychology for the Third Millennium（進化する自己—第三千年紀のための心理学）』、『Finding Flow: The Psychology of Engagement with Everyday Life（日常生活のフロー）』など。

創造的人間を初めて研究した本

この本のはじめに、チクセントミハイは、現存する創造的な人間を系統的に研究したものはこれが初めてだと記している。実際、彼は九一人の人々に面接調査を行った。対象となったのは、芸術、ビジネス、法律、行政、医学、科学（ノーベル賞を受賞した科学者が一四人いる）といった専門分野でそれぞれ顕著な影響を与えたと考えられる人物である。

その中には、哲学者モーティマー・J・アドラー、物理学者ジョン・バーディーン、経済学者ケニス・ボールディング、数学者マーガレット・バトラー、宇宙物理学者スーブラマーニア・チャンドラセカール、生物学者バリー・コモナー、歴史学者ナタリー・デイビス、詩人ジョルジ・ファルディ、作家ナディン・ゴーディマー、古生物学者スティーブン・J・グールド、経済学者ヘイゼル・ヘンダーソン、画家エレン・ラニアン、動物学者エルンスト・マイヤー、心理学者ブレンダ・ミルナー、化学者イリヤ・プリゴジーン、銀行家ジョン・リード、生物学者ジョナス・ソーク、音楽家ラビ・シャンカール、小児科医ベンジャミン・スポック、陶芸デザイナーのエヴァ・ゼイセルらの名前がある。

このような人々に関する記述を読むだけでも、この本を買う価値はある。誰でも知っている有名人から、知る人ぞ知る人物まで多彩な顔ぶれがそろっているが、ほとんどが六十歳を超えている。そのほうが完成の域に達した仕事ぶりを調査でき、成熟した創造的人間の成功の秘密を明らかにするには都合がよかったのである。

偉大な創造はどのようにして生まれるか

創造的人間が自分の力だけで優れた洞察、発見、作品、発明などを生み出すというのはよくある誤解だ、とチクセントミハイは指摘する。創造性は、人と環境や文化との複雑な相互作用から生じるものであり、タイミングにも影響されるというのである。

たとえば、ギベルティやミケランジェロといったルネサンスの偉大な芸術家がほんの五〇年早く生まれていたら、芸術家に資金を供給し偉業の達成を後援するような文化的環境はまだ整っていなかったはずである。個々の天文学者を例にとってもいい。何世紀にも及ぶ望遠鏡などの技術的進歩と宇宙に関する知識の進展がなければ、彼らの発見はありえなかっただろう。

チクセントミハイが主張しているのは、個人ばかりでなく、その活躍の場である専門分野の発展にも関心を向ける必要があるということだ。それによって初めて進歩のプロセスをうまく説明できるのであり、個人は単なる「鎖の輪、プロセスの一局面」にすぎないという。

アインシュタインは相対性理論を本当に「考え出した」のか？　エジソンが電気を「発明した」のだろうか？　そう考えるのは、いろいろな要素が絡んで火事が起こるに決まっているのに、火花のせいで火事になったと言うようなものである。

創造力で生み出したものも、その価値がわかる人間に評価してもらう必要がある。せっかくの創造物も、認められなければ消えていくのだ。言語、習慣、法律、歌、理論、価値観など、遺伝子のように模倣を繰り返して受け継がれていく文化は「ミーム」と呼ばれている。強力なミームは生き残るが、そうでないものは姿を消す。

創造的人間はこのようなミームをつくり出し、自分の文化に大きな影響を与えようとするのである。創造者が偉大であればあるほど、ミームは長期にわたって大きな影響を及ぼすことになる。

好きな仕事に熱中する

創造的人間が突然大成功を収めるということはありえない。成功例のほとんどは、長年頑張ってきたことに打ち込んだ結果である。独創的な発見、とりわけ科学上の発見は幸運によってもたらされる場合が多いが、たいていその「幸運」は、その分野で緻密な研究を長年積み重ねた末に訪れるのである。

チクセントミハイは天文学者のベラ・ルービンを例にとって説明している。ルービンは、星の周回方向がすべて同じとは限らず、銀河の中には時計回りに回る星もあれば、反時計回りのものもあるという事実を発見した人物である。

チクセントミハイによれば、彼女の発見は、新たに開発された、より明確なスペクトル解析システムを利用できたおかげであり、またその便宜を与えられたのも、天文学に多大な貢献をした学者としてすでに名声を得ていたからだという。ルービンは大発見をしようと躍起になっていたわけではない。その発見は、むしろ星の注意深い観察と仕事に対する情熱の賜物だった。データの記録が当初の目的だったのに、我を忘れて仕事に打ち込んだおかげで予期せぬ発見をしたのだ。

真に創造的な人間は、仕事が好きだから仕事をする。世間の注目を浴びるような発見をしたり有名になったりするのは、彼らにとってはボーナスみたいなものだ。そういう人間を報酬以上に突き動かすのは、秩序が存在しなかったところに秩序を見出すかつくり出すかしたいという欲求なのである。

専門分野に熟達する

一般に、創造的な人間は、基準、教義、習慣などにことごとく抵抗するというイメージがあるが、これは誤った印象を与える。なぜなら、本当の変化を生み出すような人間は誰でも、まず自分の専門分野に熟達する必要があるからだ。その分野の技術や知識を吸収し習得した後で、ようやく本当に独創的な仕事をすることができるのだ。その分野特有の「ルール」が自分のものになれば、そのルールを曲げたり壊したりして新しいものを創造すればいい。要するに、従来にないものを生み出すためには、従来のものをマスターすることが先決なのである。

創造的人間に共通する特徴

チクセントミハイは、ほかにも以下のような見解を示している。

◆創造的人間は苦しむものだという考え方は、概して俗説である。調査対象者のほとんどは、自分の人生と創造的な仕事に非常に満足していた。

◆成功を収めた創造的人間は、旺盛な好奇心と意欲を持っている場合が多く、自分が取り組む仕事にすっかり心を奪われる。彼らの成功の決め手は才能ではなく、仕事を成し遂げたいというひたむきな気持ちである。

◆創造的人間は直感を大切にし、混乱状態の中にもパターンを見出すので、別々の分野の知識を関連づける力がある。

◆創造的人間は傲慢だと思われがちだが、これは通常、自分が夢中になっている仕事以外のものになるべく気を使いたくないと思っているからだ。

◆創造的人間はどこでも創造性を発揮できるが、自分の興味を満足させやすく、同じ考えを持つ人々に会うことができ、しかも自分の仕事を認めてもらえるようなところに集まる。

◆創造的な思考力を開発するには、「創造性」に関するセミナーを開くよりも、環境を美化するか刺激的なものにするほうが効果的だ。

◆著名な創造的人間には、学校によって大きな影響を受けた者は少ないように思われる。大学時代でさえ、注目を浴びた例は少なかった。後に天才とみなされた者たちの多くも、子どもの頃は特に目立つ存在ではなかったが、みな好奇心だけは際立っていた。

◆成功を収めた創造的人間には、幼い頃に両親を亡くしたか父親との接触がほとんどなかった者が多い。その一方で、非常に教育熱心で愛情深い母親に期待されて育った者も多い。

◆創造的人間が育った家庭環境はだいたい二つに分類できる。貧しく恵まれなかったにもかかわらず、学問や職業で成功するように後押ししてくれる親がいたか、インテリ、研究者、専門家、作家、音楽家などの家庭に育ったかのどちらかだ。中流家庭の出身者は一〇%にすぎなかった。つまり、創造性豊かな大人になるには、快適な中流階級の暮らしに安住する家庭ではなく、知的活動に価値を置く家庭で育つに限るということだ。
◆創造的人間は謙虚であると同時にプライドが高い。自分の専門分野と目標のために献身的努力をしながら、自分は大きな役割を果たせるし成功するという自信も持っている。
◆一つの「創造的な人格」が存在するという考え方には根拠がない。創造的人間が例外なく共有しているものがあるとすれば、それは複雑さだ。彼らは「人間のありとあらゆる可能性を自分の中に取り込む傾向がある」。

心をより理解するために——

創造的人間を特権的なエリートだとみなすのはあまりに安易な考え方だ、とチクセントミハイは述べている。それどころか、彼らの人生を見れば、やりがいのある気に入った仕事を見つけられるのは、なにも特別な人間だけではないとわかるはずだという。

調査対象となった九一人の大半が、特権的な家庭に生まれたわけではなく、経済的に困窮していたか家庭に問題があったために、好きな仕事をするのに苦労せざるを得なかった。中には、世間の予想を裏切って自らの人生やキャリアを切り開いたことが一番誇らしい業績だ、と思う者もいた。

いったいなぜ、われわれは創造性に関心があるのか？　フロー体験に関するチクセントミハイの研究から、「何か新しいものを考案するか発見する」活動に従事しているときに、人は一番フロー状態を体験しやすいことがわかった。創造的な活動をしているときに何よりも幸せを感じるのは、忘我状態になって自分が何か大きなものの一部になったような気分になるからだ。

チクセントミハイはこう述べている。人間は確かに発見や創造的活動から満足や喜びを感じるようにプログラムされている。というのは、それが種の生存につながるからだ、と。人類の存続のためにはこれまで以上に新しい発想が求められるが、最高のものを生み出す可能性があるのは真に創造的な人間である。

48

1983

心の構成

ハワード・ガードナー

多種多様な形態の知能は、
IQテストでは測れない。

未邦訳

もっと大きな観点から考えて定義し直さない限り、人間の知性を適切に評価し、効果的に育てることはできないだろう。

私の意見では、言語能力や論理能力を才能と呼ぶのであれば、音楽能力や空間能力もそう呼んでかまわない。しかし、特定の能力を任意に選び出し、何の根拠もなくそれを知能と決めつけていいとは思えない。

ハーバード大学の心理学教授ハワード・ガードナーが『Frames of Mind（心の構成）』を書いたのは今から三〇年以上前のことだが、当時はＩＱテスト、つまり知能指数による知能検査で知能は簡単に測定できるというのが常識だった。ＩＱが高い人間は頭がよく、成功するチャンスにも恵まれるが、ＩＱが低ければ頭が鈍く、チャンスもそれなりに限られるとされていた。

ハワード・ガードナー

一九四三年、ペンシルバニア州生まれ。両親はナチス・ドイツから亡命したユダヤ人。ハーバード大学に入学し、はじめは歴史を学ぶ。ロンドンスクール・オブ・エコノミクスで一年学んだ後、一九六六年、ハーバード大学大学院の博士課程に進み、発達心理学の研究を始める。

その翌年、「プロジェクト・ゼロ」（人間の知能と創造性の発達を長期にわたって研究するプロジェクト）のための研究チームに参加。恩師のエリク・エリクソン（299ページ参照）の影響で人間の認知に関心を持つ。

ハーバード大学教育学大学院（認知・教育学）教授、ボストン大学医学大学院（神経学）非常勤教授、ハーバード大学のプロジェクト・ゼロ運営委員長。多数の名誉博士号や賞を授与されている。

他の著書は、『The Unschooled

ＩＱテストによって測定される論理的・数学的知能や「一般的」知能では、実は個人の潜在能力をうまく測れないのではないか、という考え方が一般に広まったのは、この本が出版されてからだ。

ＩＱテストは学業成績の予測にはかなりの効果を発揮したかもしれないが、交響曲を作曲する、選挙戦に勝つ、コンピュータでプログラミングする、外国語を習得するといった能力の測定には役に立たなかった。ガードナーは、従来の「どれほど頭がいいか」という問題ではなく、もっと賢明で包括的な「どんなふうに頭がいいか」という問題に注目したのである。

人生で成功するかどうかは学校の成績で決まるわけではない、とわれわれは直感的に知っているし、人一倍頭がいいのに大して成功しなかった人間などどこにでもいる。さらに、モーツアルト、ヘンリー・フォード、ガンディー、チャーチルといった人物たちの業績が、単なる「高いＩＱ」の結果とも考えにくい。

本書が明確に提示している知能に関する認識は、世間一般の通念には反するが、われわれの実感に近いものだ。どんな知能を持っているかは人によって異なるし、成功はこのような知能を絶えず磨き、活用することから生まれるのだ。

Mind: How Children Think and How Schools Should Teach（教育を受けていない心—子どもの考え方と学校の教え方）』、『多元的知能の世界—ＭＩ理論の活用と可能性』（日本文教出版）、『The Disciplined Mind: Beyond Facts and Standardized Tests（訓練された心—事実と標準テストを超えて）』、『リーダーなら、人の心を変えなさい。』（ランダムハウス講談社）など。

七つの知能

ガードナーの主張によれば、人間は誰でも独自に組み合わされた七つの知能を持ち、それによって世界とかかわり、目的を遂げようとする。この「多重知能」には、一般的に学校教育で尊重されてきたものが二つ、ふつう芸術と関連づけられるものが三つ、それに彼が「個人的知能」と名づけたものが二つある。

以下、それぞれの特徴をあげよう。

言語的知能

言語理解力、言語学習能力、目標を達成するために言語を使う能力など。説得や話がうまい人、それにユーモアを巧みに使える人は、言語的知能が高いと思われる。作家、詩人、ジャーナリスト、弁護士、政治家などがその典型的な例である。

論理的数学的知能

問題を分析して数学的な操作を行う能力、科学的な方法で問題に取り組む能力。ガードナーの言葉を使えば、パターン認識、演繹的推論、論理的思考などの能力であり、言語的知能とともにIQテストによって主に測定される知能と言える。多くの場合、この知能に恵まれていると考えられるのは、科学者、研究者、数学者、コンピュータ・プログラマー、会計士、エンジニアなどである。

音楽的知能

音声やリズムや音楽パターンを考える能力。さまざまなパターンの音楽の演奏、作曲、鑑賞などのスキルも含まれる。この種の知能を活用する典型的な職業は、音楽家、ディスクジョッキー、歌手、作曲家、音楽評論家など。

身体運動的知能

複雑な身体の動きを制御し調整する能力、身体の動きで自己表現する能力。ボディー・ランゲージ、パントマイム、演技などのほか、どんなスポーツをするにもこの知能が必要になる。特に高い知能を求められるのは、スポーツ選手、ダンサー、俳優、手品師、体操選手などだが、動作のバランスと協調が命にかかわる消防士のような職業にも欠かせない。

空間的知能

空間の中の対象物を正確に知覚する能力、「ものの正しい配置」を認識する能力。彫刻家や建築家はもちろん、航海士、ビジュアル・アーティスト、インテリア・デザイナー、エンジニアなどにもこの種の高い知能が要求される。

対人的知能

他人の目的、モチベーション、欲求などを理解する能力。人間関係の構築に役立つ。教育者、マーケティング管理者、セールスマン、カウンセラー、政治的指導者などには高い対人的知能を持つ者が多い。

内省的知能

自己を理解し、自分の感情とモチベーションに対する意識を高める能力。この知能によって現実に即した自己モデルを創造し、そのモデルに基づいて生活を律する。どちらかと言えば、作家や哲学者がこの種の知能に恵まれている。

教育システムに対する挑戦状

ガードナーの理論は、既存の教育モデルに堂々と挑戦状を突きつけるものだった。もしも人間がそれぞれ独自に組み合わされた七つの知能を持っていると一般に認められれば、教育システムを慎重に調整し、個々の生徒が潜在能力を発揮できるようにしなければならないからだ。

ガードナーはこう述べている。心理学的見解をそのまま教育政策に反映させることはできないし、そもそも多重知能の存在を証明するためには、さらに研究を重ねる必要がある。しかし、ふつうに考えれば、生徒一人一人の個性を配慮する教育システムが悪いはずはない、と。

心をより理解するために――

われわれはこれからもずっと「IQ」で能力を測定されるのだろうか？　それともガードナーの理論によって、アメリカで行われている有名な大学進学適性試験（SAT）のような現行の知能検査システムが廃止されるのだろうか？

知能検査が一〇〇年以上の歴史を持っていることなど、ほとんどの人は知らないだろう。一九〇五年にフランスの心理学者アルフレッド・ビネーとテオドール・シモンが考案したものを皮切りに、知能検査は大勢の人間を「成績」順に選別する比較的簡単で安上がりな方法として定着してきた。しかし、知能検査では自分の本当の価値が評価されないと一般の人が感じる限り、多重知能という考え方が消えることはないだろう。

結局、大事なのは「客観的」という建前の知能検査ではなく、何らかの能力が自分にあると信じ、それをとことんまで追求しようとする自制心なのだ。ガードナーはこれを「与えられた環境の中で問題を解決する能力」と名づけている。

ある意味で「頭の切れる人間」をわれわれは称賛する傾向があるが、それは自らの考え方や行動の仕方に磨きをかけて非凡なものにした人間、生まれつきの知能だけでなく、思慮分別を持っている人間なのである。

したがって、「ある任意の知力基準に達しているかどうかを心配する必要はない。本当に頭のいい人間とは、自分の優れた能力を正確に見極め、それに基づいて生きる人間である」というのが、おそらく本書の教訓だろう。知的能力や身体的能力、あるいは社会的能力を持っているだけの人間と、成功を手にするためにそれを効果的に用いる人間との間には大きな差があるのだ。

49

1998

ビジネスEQ

ダニエル・ゴールマン

あらゆる分野で卓越した業績を上げるには、
ＥＱ＝心の知能指数を発揮できなければならない。

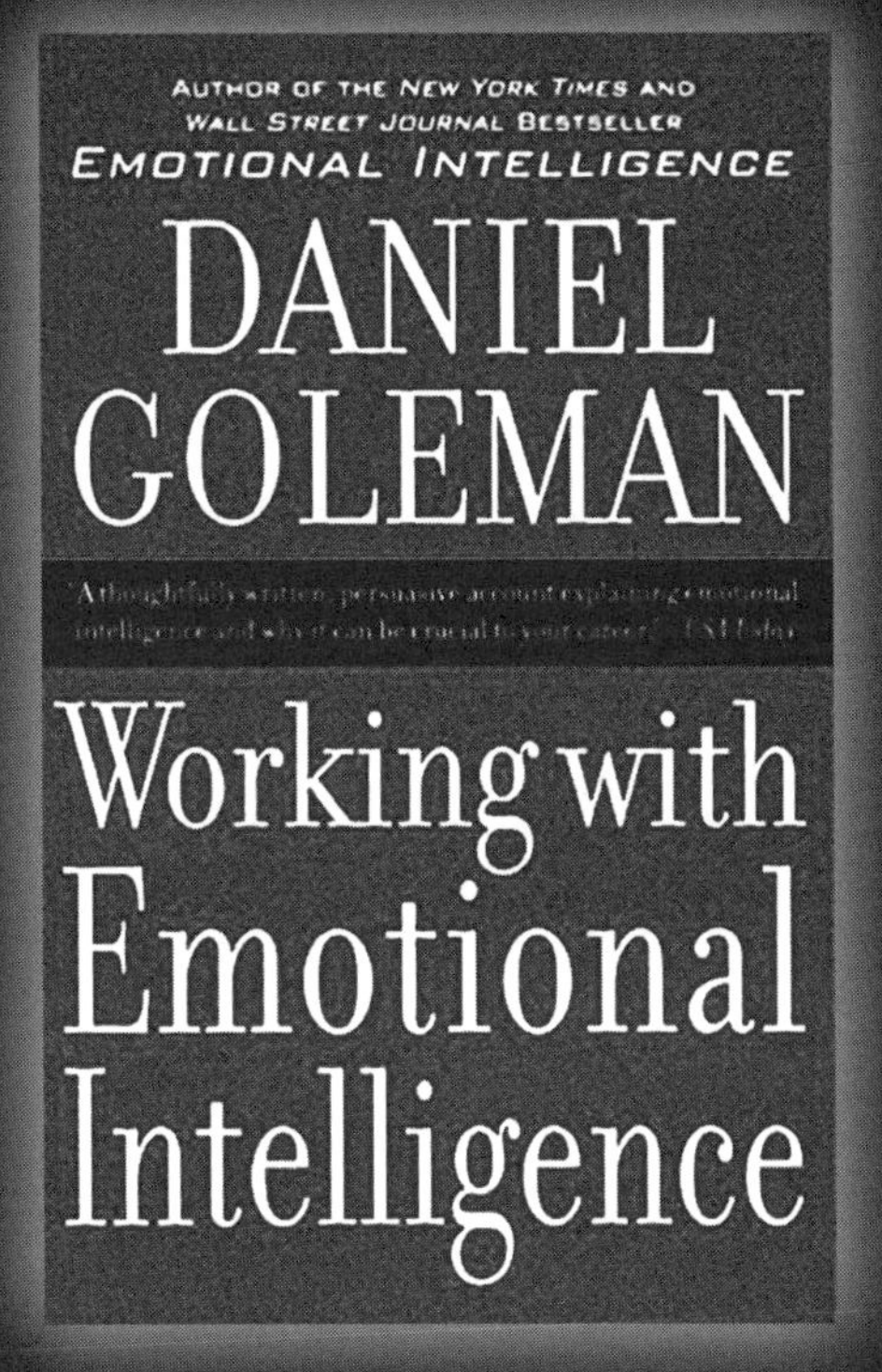

邦訳
『ビジネスEQ』
東洋経済新報社　梅津祐良 訳

卓越した業績には、純粋な認知能力と比較して、感情コンピテンスが二倍の重要性を備えている。（中略）組織の上部へ昇進すればするほどEQの重要性も増してくる。

❀

人々は、成功のためには知性の豊かさと専門的な手腕だけでは十分でない、将来の乱気流下の労働市場で生き残り、成功していくためには、何らかの別のスキルが必要とされる、という事実を認識しはじめている。たとえば弾力性、率先行動、楽観的な考え方、適応性といった精神的な資質に対して、新たな価値が認められはじめているのだ。

❀

ダニエル・ゴールマンの前著『EQ—こころの知能指数』（講談社／『世界の自己啓発50の名著』参照）は一九九五年に出版されて大ヒットし、全世界で五〇〇万部以上売れた。感情と知性の関係を研究するジョン・メイヤーとピーター・サロベイの学術論文に感銘を受けて書き上げたこの作品

Daniel Goleman

ダニエル・ゴールマン

カリフォルニア州ストックトンに生まれ育つ。アマースト・カレッジを卒業後、ハーバード大学大学院でデイビッド・マクレランドの指導を受け、心理学の博士号を取得。

一二年間「ニューヨーク・タイムズ」の行動科学および脳科学に関するコラムを担当。また「サイコロジー・トゥデイ」誌のシニア・エディターとしても活躍。ジャーナリストとして米国心理学会からキャリア・アチーブメント賞を授与される。

一九九四年、子どもの学校や社会への適応を支援するために、CASEL（学問的・社会的・感情的学習促進協会）を共同で設立。ラトガーズ大学で組織のEQを研究するコンソーシアムの共同議長を務める。

他の著書は、『The Meditative Mind（瞑想的なこころ）』、『EQリーダーシップ—成功する人

は、ゴールマンのジャーナリストとしての感性（「ニューヨーク・タイムズ」の記者だった）と心理学者としてのキャリア（ハーバード大学で心理学の博士号を取得している）が結びついた結果、ポピュラー心理学の文献としては例がないほど各方面に影響を及ぼすことになった。

一般の幅広い読者に支持されたのはもちろんだが、ビジネス界の大きな反響を呼んだのもゴールマンには驚きだった。多くの人から寄せられた感想は、たいてい「自分も大学時代はあまり出来のいいほうではなかったが、今では大企業の経営者になっている」という内容の話だった。ＥＱ（心の知能指数、感情知能）が、知的能力に勝る同僚たちより自分が出世した理由を説明してくれたように思えたのだ。

ベストセラーの続編はたいてい期待はずれに終わるものだが、『ビジネスＥＱ—感情コンピテンスを仕事に生かす』は、前作に劣らずすばらしい。ゴールマンはこの本を五つの部に分け、ビジネスの世界で勝ち抜いていくために必要な二五の「感情コンピテンス」（高い業績を出す人の感情と思考の特性）の定義を試み、なぜＥＱを重視した組織づくりに努めなければならないかを理論的に説明している。

の「こころの知能指数」の活かし方』（リチャード・ボヤッツィス、アニー・マッキーとの共著／日本経済新聞社）、『なぜ人は破壊的な感情を持つのか』（ダライ・ラマとの共著／アーティストハウスパブリッシャーズ）など。

雇用主の六七％がＥＱを重視

この本はまず、これまでのビジネスの原則が大きく変わり、雇用はもはや保障されてはいないという説明から始まる。かつては、われわれが最終的にどういう仕事をするかは、大学の学業成績や専門技術によって決まっていた。ところが今は、学力や専門能力は仕事を始めるための最低条件にすぎない。

仕事の「できる」人間になるには、これ以外に弾力性、独創力（イニシアティブ）、楽観的なものの見方、適応力、共感性といった能力や資質が求められる。ＥＱを雇用の条件にしていると認める経営者はほとんどいないが、いずれＥＱが決め手になるケースが多くなるという。性格、人格、成熟、ソフト・スキル、向上心といった他の言葉でＥＱを言い換えてもいいだろう。

ゴールマンは、今なぜＥＱが企業にとって重要なのか、なぜ従業員がＥＱを伸ばすことを要求されているのかを明らかにしている。競争の激しい業界では、新製品の開発から得られる利益は限られているため、企業は製品だけで勝負するのではなく、人材活用の面でも競い合うというのがその理由だ。厳しいビジネス環境の中で企業が成長するには、ＥＱのスキルが不可欠なのである。

ゴールマンによれば、企業一二〇社を対象とした調査では、従業員が優れた業績を上げるためにどんな能力が必要かという問いに対して、雇用主の六七％が「感情コンピテンス」と答えたという。つまり、三分の二がＩＱや専門知識よりも、むしろ一般的な行動に関するスキルを必要条件と考えているのだ。特に雇用主が従業員に求めるスキルは以下のとおりである。

◆傾聴とコミュニケーションのスキル
◆変化に対する適応力と障害を乗り越える力
◆自信、モチベーション、自分のキャリアを伸ばそうとする意欲
◆協調性と意見の不一致に対処する力
◆組織に貢献する、あるいはリーダーシップを発揮する意欲

EQの五つの領域

一九七三年、ゴールマンの恩師デイビッド・マクレランドは「アメリカン・サイコロジスト」誌に有名な論文を発表し、従来の学力テストや知能テストでは人が仕事でどれほどの業績を上げられるかはうまく予測できない、むしろ仕事に重大なかかわりがある「コンピテンス」(高い業績を出す人の行動特性)を測定するためのテストを実施するべきだ、と主張した。

これがきっかけとなってコンピテンスを測定するテストが実施されるようになり、今では従来の学力や経験を測定するテストに加えて、求職者の選抜やチーム編成などに幅広く用いられている。

現在ではマクレランドの考え方はほとんど社会通念になっているが、当時は画期的なものだった。ゴールマンはマクレランドの考えを発展させ、次のようなEQの五つの領域に属する二五の感情コンピテンスを提示している。

自己認識

自分の感情についての認識、およびその感情をよりよい意思決定を導くために利用する能力。自分の強みと弱みについての認識。能力に対する自信。

自己統制

倫理的な姿勢。満足を後回しにして目標を達成する態度。精神的苦痛から回復し、感情をうまく処理する力。

モチベーション

達成基準や目標を設定し、さらに向上させたいという意欲。挫折や障害は全体的な視点からとらえられ、イニシアティブ（率先行動）やねばり強さなどの性質に磨きがかかる。

共感性

他人の感情や考えを理解し、さまざまな人に影響を及ぼす能力。

社会的スキル

親密な個人的人間関係を維持しながら、社会的連帯感や政治的な感覚も持つ能力。相互支援的な関係を築き、協力して結果を出す能力。

EQは人とかかわる技術

EQによってどんな専門技術でも最大限に活用することができる、とゴールマンは述べている。科学者は他の人にも自分の研究内容を伝えたいと望むし、プログラマーは自分がただの「技術屋」ではなく、サービスにも力を入れていることを顧客に知ってほしいと思う。

ほとんどのハイテク企業は、顧客と連絡を取り合って問題を解決できる高給取りのトラブルシューターを雇っている。彼らは他の技術スタッフに劣らず頭が切れるし、たいていは熟練しているが、それだけではない。他人の言葉に耳を傾け、影響を与え、やる気を引き出し、協力するように説得する能力も持ち合わせているのだ。

ゴールマンによれば、EQは「人当たりの良さ」でもないし、感情を表現する力でもない。EQは、ふさわしい時期に、ふさわしいやり方で、どのように感情を表現するかをわきまえていることであり、他人に共感し、うまく協力できる能力なのである。

IQでは職務遂行能力の二五％しか説明がつかず、残りの七五％は他の要素が絡んでいる、とゴールマンは主張する。たいていの分野では、ある程度の認知能力やIQが前提とされていて、基本的なレベルのコンピテンス、知識、専門技術なども当然要求される。しかし、こういったもの以外に、感情的社会的コンピテンスがなければ、リーダーにはなれないというのだ。

優れたリーダーの条件

組織の中で昇進すればするほど、優れた業績を上げるために「ソフト・スキル」が大切になる、とゴールマンは述べている。トップレベルのリーダーになると、技術的スキルはあまり重要ではない。達成意欲やリーダーシップなどが必要なのは言うまでもないが、それ以外の要件は以下のようなものだという。

◆「大局的見地」から物事を考える能力。つまり、現在入手できる膨大な情報から、今後の方向性を正確に見定める能力。
◆政治的認識。言い換えれば、特定の人やグループがどのように互いに交流し、影響しあうかを理解すること。
◆自信。心理学者アルバート・バンデューラの用語で言えば、自分の潜在的な可能性や職務遂行能力を信じる「自己確信」。自分の能力を信じるだけでも、今後仕事で優れた業績を上げられる確率が高い。
◆直感。企業経営者および最高幹部を調査したところ、これが意思決定プロセスの中心になっていることがわかった。他者に自分の意見を納得させるには「左脳型」の分析を行う必要があるにもかかわらず、半ば無意識のうちになされる分析が正しい判断を下す決め手になっていた。

脱落した経営幹部の例も参考になる。レベルの高い仕事をしていながら、解雇もしくは降格された経営幹部に関する調査がこの本にはいくつか紹介されている。有名な「ピーターの法則」に従って、このような人は「自分の能力が無効になるレベルまで出世」し、そこで終わりになるのだ。

これは主要なＥＱ（感情コンピテンス）が欠けているからだとゴールマンは考えた。頭が固すぎるか、能力がないか、あるいは意欲がないために、彼らは事態を改善できないし、変化に対応できない。さもなければ、組織内の人間関係がおそまつで部下と疎遠になるのだ。

エグゼクティブ・サーチ（管理職探し）を専門にするエゴン・ゼンダー社の調査によれば、負け組の経営幹部はたいてい高いＩＱと専門能力を備えていたものの、傲慢、協調性の欠如、変化への不適切な対応、自らの知力に対する過度の依存といった重大な欠陥が見られる場合が多かった。それにひきかえ、勝ち組の幹部は危機的状況でも冷静な態度を保ち、批判に十分耳を傾け、率先して行動することができ、ともに仕事をする人間への気配りを決して怠らないことがわかったという。

心をより理解するために——

IQとEQの最も重大だと思われる相違点について、ゴールマンはこう言及している。人間が持って生まれた一定のレベルの知的能力は十代以降あまり変化しないのに対し、EQはほとんど後天的に習得できるものだ、と。

時とともに衝動や感情をうまく制御できるようになるし、目的意識や社会意識が強くなる可能性もある。古くさい言葉で言えば、「人格」を陶冶し「成熟」するのだ。ただし、生得的な知的能力と違って、EQを伸ばせるかどうかは自分の責任である。

EQの概念は、これまでかなり論議を巻き起こした。その名づけ親である心理学者のジョン・メイヤーとピーター・サロベイはこう言明している。EQの構成要素に関するゴールマンの説明（熱意、ねばり強さ、成熟、人格といった言葉も含まれる）は、本来の定義を大きく逸脱し歪曲している。また、EQが人生で成功するカギになるという主張も疑わしい、と。

しかしゴールマンは、三〇年に及ぶ感情コンピテンスに関する数々の研究と、五〇〇以上の企業や組織に対して行われた調査を引き合いに出している。このような研究の重みを考えれば、仕事で優れた業績を上げる決め手はIQよりもEQだと言えそうだ。

EQの存在そのものについても、依然として議論は多い。心理学者の中には、EQの属性の多くは性格的なものにすぎないと批判する者もいれば、仕事で成功するかどうかの指標としては、やはりIQが一番信頼できると言い張る者もいる。

だが、ゴールマンの主張は曲解されている。IQがどうでもいいとはどこにも書かれていない。他の条件が同じなら（知的レベル、専門知識、教育など）、協調性や先見の明を持ち、他人に共感し、自分の感情を認識できる人のほうが、仕事で成功する可能性がはるかに大きいと主張しているだけだ。社会人になって「出世」できるかどうかは専門学校や大学で学んだ知識にはほとんど関係がないとわかれば、この見解にうなずけるはずである。

この本の第二部と第三部は第一部を補完し、発展させたにすぎないが、数多く紹介されているビジネス界の実例は興味深い。一九九〇年代後半の各企業に関する具体的情報に時代を感じるのはやむを得ないが、本書はEQを重んじる組織運営の青写真として使えるし、仕事のやり方に対する見方を変えてくれるかもしれない。

50

1999

言いにくいことをうまく伝える会話術

ダグラス・ストーン／他

相手の行動の動機を探るように会話をすれば、
人間関係を変えるチャンスになる。

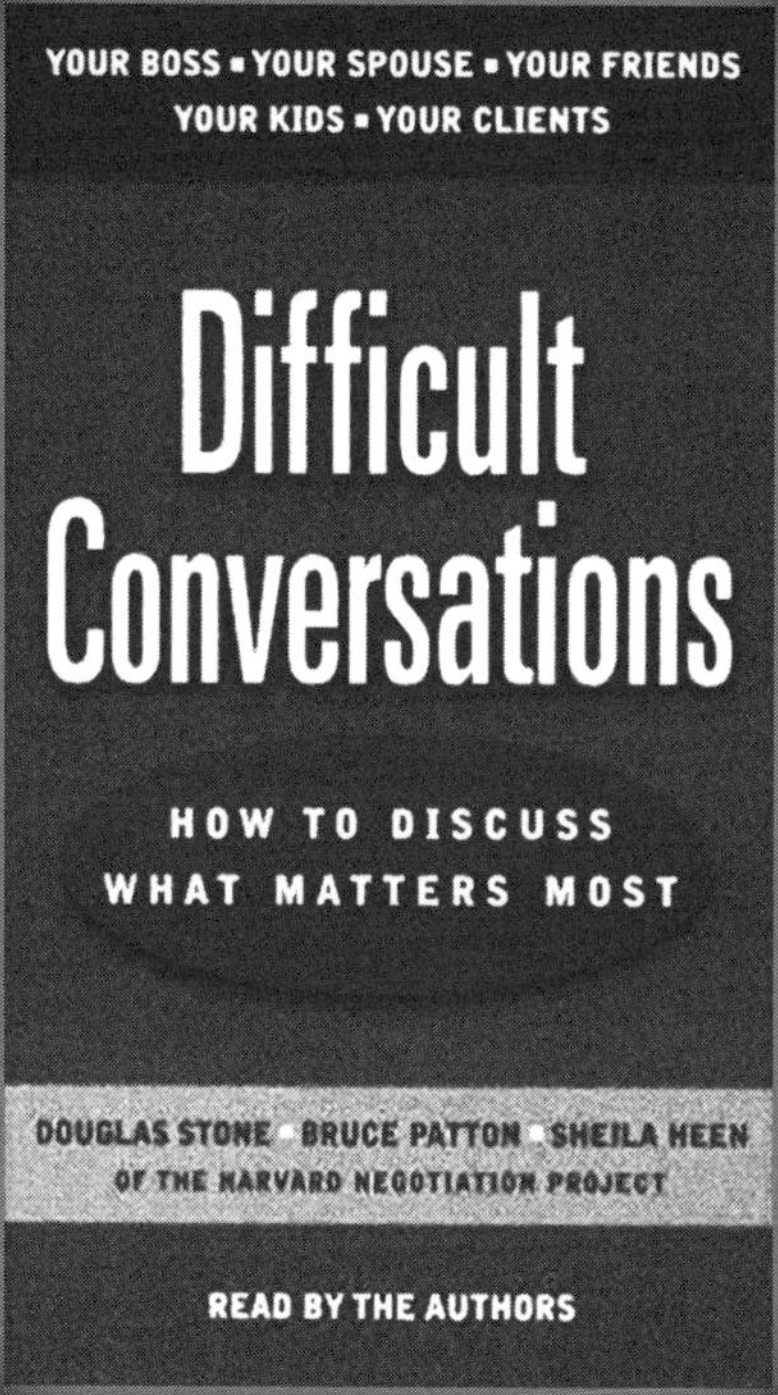

邦訳
『言いにくいことをうまく伝える会話術』
草思社　松本剛史 訳

わたしたちのプロジェクトで、きわめて困難な会話に対処する新たな方法を学んだ人たちからは、こうした報告が寄せられている。どんな会話でも以前ほどの不安を感じることなく、効果的に話せるようになった。相手がどんなことを言うかがあまり恐ろしくなくなった。苦しい状況でもこだわりのない意識を保つことができ、自信が増し、誠実さと自尊心をより強くもてるようになった。彼らはまた、むずかしい話題や危険な状況に前向きに対処することが、往々にして人との関係を強めるということも知った。じっさい、それは逃すには惜しいチャンスでもあるのだ。

❀

『言いにくいことをうまく伝える会話術』は、四〇〇万部のベストセラー『ハーバード流交渉術』（三笠書房）で知られるハーバード・ネゴシエーション・プロジェクトの一五年に及ぶ研究の結実である。プロジェクトの一環として、ストーン、パットン、ヒーンの三人の著者は、一対一のコミュニケーションを大幅に改善できる方法の発見をめざした。さまざまな学生や専門家を対象に、困難な会話や対立関係についての調査を行

Douglas Stone / Bruce Patton / Sheila Heen

ダグラス・ストーン

ハーバード大学法学大学院で法律を教えるかたわら、リーダーシップ、ネゴシエーション、コミュニケーションなどを専門とするコンサルティング会社トライアッドのパートナーとしても活躍。南アフリカ、キプロス、コロンビア、エチオピアなどで調停者として働き、世界保健機関（WHO）に助言もしている。

ブルース・パットン

ハーバード・ネゴシエーション・プロジェクトのサブ・リーダー。コンサルティング会社バンテージの設立者。数々の国際交渉の場で中心的な役割を果たした経験を持つ。その中には、南アフリカでのアパルトヘイトの撤廃につながる交渉や、一九八〇年のイラン人質事件での米国とイランの折衝などが含まれている。ロジャー・フィッシャーやウィ

い、衝突や相互関係を理解するための新たな方法を確立しようとしたのである。
三人の著者は、ネゴシエーション(交渉)、調停、法律など、各々異なる分野の研究者だが、組織行動論、認知療法、社会心理学、コミュニケーション理論などの成果に基づいて研究を行った。とりわけ、家族間コミュニケーションのあり方に関する部分ではその傾向が強い。彼らが主に影響を受けたのは、心理学者のアーロン・ベック、デビッド・バーンズ(201ページ参照)、それにカール・ロジャーズ(507ページ参照)だという。
こうして、心強い会話術を教えてくれる注目すべき本が生まれることになった。この方法は世界の紛争の現場でも採用され、対立する両陣営を和解に導き、新たな未来を築くのに一役買っている。

リアム・ユーリーとともに『ハーバード流交渉術』の著者にも名を連ねる。

シーラ・ヒーン
ハーバード大学法学大学院講師。企業コンサルタント。ギリシャ人とトルコ系キプロス人との紛争解決に助力し、労使紛争を調停した経験も持つ。

むずかしい会話とはどういうものか

「何であれ、話しにくく避けたい話題」を調査した著者たちは、ほとんどの人が困難を感じるのは次のような場合だと指摘している。

◆人を解雇する。
◆人との関係を終わらせる。
◆義理の母親と対立する。
◆偏見問題を取り上げる。
◆昇給を要求する。

彼らは、言いにくいメッセージを伝えるのは手榴弾を投げるようなものだと言う。「たとえ砂糖にくるもうと、強く投げようとそっと投げようと、ダメージを与える」ことに変わりはないからだ。「如才なく」投げてもむだだし、「感じがいい」だけでもだめだ。優しく穏やかに話を切り出せば必ずスムーズに事が運ぶ、と期待しても無理なのだ。

では、どうすればいいのか？　手榴弾を投げて「メッセージを送る」のではなく、困難な会話を「学ぼうとする会話」と呼ばれるものに変えればいい、とストーンらは断言する。マスターする手間はかかるものの、この新しいコミュニケーションの方法によって、人間関係のストレスが激減する可能性があるという。

「学ぼうとする会話」ができれば、非難の応酬はなくなり、相手の言葉に耳を傾けるようになるので、当事者全員の自信が増す。その結果、当然、信頼関係が高まり、衝突から理解しようとする姿勢に変わるというのである。

同時に進行する三つの会話

本書は、「むずかしい話し合いは、実はそれぞれ三つの会話から成り立っている」という考え方に基づいて書かれている。実際に話された言葉のほかに、たいていは心の中で、そのやりとりに対する感じ方や考え方をめぐって別の会話が行われるというのだ。

事実をめぐる会話

これは、誰が何を言ったのか、誰が責められるべきか、誰が正しいのかといった結果に対する見方を検討する会話だ。問題なのは、われわれが自分の見方に少しも疑問を持たず、事実の意味について話し合うのではなく、「事実を正す」ために話し合うのだと信じて疑わないことである。こういう会話はどうしても見方、解釈、価値観などのぶつかり合いになる。

しかし、メッセージを伝えるのではなく、相手のものの見方を知ろうとする姿勢に変えたとたん、会話の深刻でとげとげしい雰囲気が薄れてくる。自分の解釈にすぎないものを「真実」として押しつけずに、自分なりの一つの見方として示すのだ。

感情をめぐる会話

相手の言葉に対して私はどう感じているか？　相手の感じ方は正当だったか？　私の感じ方は正当か？　もし相手が怒ったり傷ついたりしたらどうするか？

口に出しはしないものの、むずかしい話し合いにはさまざまな強い感情が伴う。二人で会話をしている最中に、それぞれの心の中では並行して、その感情をめぐる会話が行われているのだ。感情のせいで判断が曇り、不愉快な思いをするのであれば、「感情を完全に排除する努力をするべきではないか」『事実』だけにこだわればいいのではないか」といった疑問が出てくる。

これに対して、ストーンらはこう述べている。それはいい考えだが、感情を無視してむずかしい会話に取り組むのは、音楽抜きでオペラを上演するようなもので、話の筋はわかるが、肝心なところが抜けてしまう、と。

むずかしい話し合いとは、ただ感情を伴うというだけでなく、本質的に感情をめぐるものなのだ。

アイデンティティをめぐる会話

相手に言ったり言われたりする言葉は、自分のアイデンティティに影響するのか？　会話の最中にふと、自分が本当は悪い人間、あるいは無能か裏切り者のような気がしたことはないだろうか？　アイデンティティをめぐる会話とは、自己イメージや自尊心にまつわる会話である。

上司との昇給交渉は緊張するものだ。というのも、昇給してもらえるかどうかは、われわれ自身に対する上司の評価にかかっているからだ。単なる金銭の問題ではなく、アイデンティティが絡んでいるのだ。逆に、もし上司の立場になって部下を解雇しなければならないとすれば、その行為は自分自身に対する見方にどういう影響を与えるだろうか？　情け容赦もない嫌な奴になった気がするだろうか？　部下を解雇するという行為は、ほとんど部下とはかかわりがない問題なのだ。

心の中で自分自身と「アイデンティティをめぐる会話」をしていると気づくだけでも、困難な話し合いに大きな違いが出てくるはずだ。話し合いは自己イメージにもかかわりがあるとわかっていれば、突然取り乱すようなことも少なくなる。

相手を責めるのはやめる

むずかしい話し合いでは三つの会話が同時進行しているという事実を理解し、それぞれの会話で犯す間違いを自覚すれば、会話の焦点を変えようという気になる、とストーンらは信じている。是非を論じるよりも、何が問題になっているかを探ることにもっと焦点を当てるはずだというのである。

困難な会話はたいてい非難の応酬になりやすいが、人を責めても、さらに対立や拒絶や不正確な判断が生じるだけだ。責任を押しつけ合えば問題が見えにくくなり、何が悪いのかわからなくなるのが落ちである。

責め合う代わりに、協力して事にあたるべきなのだ。あら探しをやめ、問題の原因を突きとめる努力をすることだ。人から問題そのものに焦点を少しずらせばいい。自分の正しさを主張して相手に「身のほどを思い知らせる」スタンスから、相手に好奇心を持ち、ともに問題解決にあたるスタンスに変えるのである。

お互いのストーリーに耳を傾ける

非難から協力へとスタンスを移すには、まず相手の話に耳を傾ける必要がある。相手は状況をどう見ているのか？　なぜそういう見方をするようになったのか？

著者たちは原則として「人は自分が理解されているという実感がない限り、絶対に変わりはしない」と考えている。相手に何かを指図してもなかなかうまくいかないが、理解しようとすれば何とか抵抗の壁を崩せる場合がある。

たとえば、トレバーは、カレンがいつも時間どおりに書類を提出しないので困っている。しかし、カレンの立場になれば、自分の事情を理解する姿勢をトレバーが示さない限り、この書類仕事が大事だとは考えないだろう。

実際、二人が腰を落ち着けて話し合えば、カレンの書類処理が遅いのは、サボったわけでも悪意があったわけでもなく、要求の多いクライアントを優先せざるを得ないためだとわかるし、カレンはトレバーの説明で、書類が遅れるといろいろと面倒なことになるという事情を納得する。双方が理解しあってこそ問題を解決できるのであり、そうでなければ解決などおぼつかない。

意見の不一致があるときに何らかの進展を得るには、相手のストーリーをよく理解し、相手の結論がそのストーリーの中で理にかなっていることを知らなければならない。

とはいえ、こちらのほうが絶対に正しく、向こうが間違っていると思うときがあるのは確かだ。たとえば、自分の娘の喫煙をやめさせようとするのは、正しいことには違いない。だが、正しいだけではすまない状況もたくさんある。タバコを吸うのが身体に悪いことぐらいは娘もわかっているはずだ。

この場合、「いい子」のイメージを振り払って自立したいという娘の気持ちが意見の対立を招いたとも考えられるのである。それまでの自分とは違うという主張が理解されたと思えば、娘がタバコを吸い続ける必要はなくなるだろう。

感情的にならずに感情を伝える

困難な話し合いを生産的なものにしたければ、慎重な感情表現が不可欠だ。ストーンらはこれに関して多くの助言をしているが、その中には次のようなものがある。

◆感情を抑えようとしても、声の調子、身ぶり手ぶり、顔の表情などにおのずとあらわれる。

◆感情的になることと、「私は不愉快だ」「私は腹が立っている」といったように感情をはっきり伝えることを混同するべきではない。また、感情で相手を判断してはいけない。
◆「私はこう思うのですが」という言い方で話を切り出すことに抵抗を感じる人もいるが、こう言えば相手が本気で耳を傾けてくれる可能性がある。
◆自分の感情を否定してはいけない。感じていることは確かなのだ。「善良な人間でも悪い感情を抱く場合がある」と思っておくことだ。
◆他人の感情と同様、自分の感情も大切である。自分の感情が正当だと思えなければ、相手との関係が壊れる恐れがある。たとえば、配偶者に対する怒りを心に封じ込めている限り、以前と同じような愛し方はできないだろう。

「オール・オア・ナッシング」で考えるな

むずかしい会話はわれわれのアイデンティティを脅かす、と著者らは述べている。むずかしい会話が怖いのは、ある問題をめぐって相手と対峙しなければならないばかりではなく、「私たちが自分自身について自分自身に語りかけるストーリー」の真実が問われるからだ。自己イメージはアドレナリン反応に直結しているため、急に不安や怒りを感じたり、その場から逃げ出したいという欲求に駆られたりする場合があるのだという。

たとえば、上司に昇給を要求したものの、今年の働きぶりにケチをつけられ、断られたとする。動揺したわれわれは二つの反応を示す可能性がある。一つは、上司の見方を否定する、つまり、自分自身と自分の実績を守ろうとする。もう一つは、逆に上司の見方を誇張する、つまり、上司の言うとおり自分は昇給に値しない人間だと思い込むのだ。

この二つの反応は「オール・オア・ナッシング」の思考法の結果である。われわれは聖者でなければ悪魔であり、有能でなければ無能だと考えるのだ。「オール・オア・ナッシング」の思考法では安定したアイデンティティを確立できず、ほんの少しでも批判されると傷ついてしまう。

困難な会話の場合には特にこの種の危険な考え方に陥りやすいが、これは現実に即したものではない。すべてかゼロかという状況はそうそうあるはずがない。これはあまりにも単純なものの見方である。

こうした事態を避けるには、アイデンティティを「複雑にする」べきだという。つまり、今年は目標を下回ったプロジェクトもあったが、ずば抜けた成果を上げたプロジェクトもあったではないか、全体的に見れば、自分は昇給に値するだけの仕事はしたのだ、と認識するのである。

いつもの感情のぶつかり合いがなければ、むずかしい話し合いは真相を究明する絶好の機会であり、良い学習の場になるということを忘れてはいけない。上司との面接では、いきなり「給料を上げてください」というメッセージを伝えるのではなく、「給料が増えてもおかしくはないと思うのですが」と切り出す手もある。要求しているわけではないので、上司は身構えず、こちらもむげに拒否されずにすむ。両方ともその状況について検討し、情報を得ようとしているだけなので、結果がどうあれ、どちらも相手にねじ伏せられた気はしないし、少なくとも何かを学べるはずだ。

心をより理解するために——

ここで紹介したのは、『言いにくいことをうまく伝える会話術』で取り上げられた問題やテクニックのさわりにすぎない。本書は、常に手元に置き、重要な問題を話し合う機会があれば必ず参照するべき本である。三人の共著という割には違和感もないし、実例が豊富なので読んでいて飽きない。ただ残念なのは、明らかに多くの先人たちの影響が見られるのに、参考文献一覧がないことである。

本書で一番気持ちがいいのは、小手先のテクニックがない点だ。心理的なごまかしで人を操る方法を教えるのではなく、重大な話し合い全体の雰囲気を変えて、当事者がお互いの要求や欲求に好奇心を持ち、新たな認識と理解が生まれるようにするのがこの本のねらいなのだ。むずかしい会話から臆測と非難を取り除けば、後に残るのは真実だけである。

LIBERAL ARTS COLLEGE

世界の心理学50の名著

発行日	2019年　5月30日　第1刷 2020年　11月12日　第3刷
Author	T・バトラー＝ボードン
Translator	米谷敬一（翻訳協力（株）トランネット）
Book Designer	辻中浩一　小池万友美　久保沙織（ウフ）
Publication	株式会社ディスカヴァー・トゥエンティワン 〒102-0093　東京都千代田区平河町2-16-1 平河町森タワー11F TEL　03-3237-8321（代表）　03-3237-8345（営業） FAX　03-3237-8323 http://www.d21.co.jp
Publisher	谷口奈緒美
Editor	原典宏　堀部直人　渡辺基志
Publishing Company	蛯原昇　梅本翔太　千葉正幸　古矢薫　佐藤昌幸　青木翔平 大竹朝子　小木曽礼丈　小山怜那　川島理　川本寛子　越野志絵良 佐竹祐哉　佐藤淳基　志摩麻衣　竹内大貴　滝口景太郎　直林実咲 野村美空　橋本莉奈　廣内悠理　三角真穂　宮田有利子　井澤徳子 小田孝文　藤井かおり　藤井多穂子　町田加奈子
Digital Commerce Company	谷口奈緒美　飯田智樹　大山聡子　安永智洋　岡本典子　早水真吾 三輪真也　磯部隆　伊東佑真　王廳　倉田華　榊原僚　佐々木玲奈 佐藤サラ圭　庄司知世　杉田彰子　高橋雛乃　辰巳佳衣　谷中卓 中島俊平　西川なつか　野﨑竜海　野中保奈美　林拓馬　林秀樹 牧野類　三谷祐一　元木優子　安永姫菜　青木涼馬　小石亜季 副島杏南　中澤泰宏　羽地夕夏　八木眸
Business Solution Company	蛯原昇　志摩晃司　藤田浩芳　野村美紀　南健一
Business Platform Group	大星多聞　小関勝則　小田木もも　斎藤悠人　山中麻吏　伊藤香 葛目美枝子　鈴木洋子　福田章平
Corporate Design Group	松原史与志　岡村浩明　井筒浩　井上竜之介　奥田千晶　田中亜紀 福永友紀　山田諭志　池田望　石橋佐知子　石光まゆ子　齋藤朋子 俵敬子　丸山香織　宮崎陽子
Proofreader	文字工房燦光
DTP	朝日メディアインターナショナル株式会社
Printing	大日本印刷株式会社

ISBN978-4-7993-2473-8